GRUNDFRAGEN DER PÄDAGOGIK

Studien – Texte – Entwürfe

Herausgegeben von Jürgen Rekus

Band 9

PETER LANG
Frankfurt am Main · Berlin · Bern · Bruxelles · New York · Oxford · Wien

Walter Jungmann

Gibt es moralisches Wissen?

Zum Konstituierungsproblem der Erziehungswissenschaft unter den Bedingungen des ‚postmodernen' Pluralismus

PETER LANG
Europäischer Verlag der Wissenschaften

Bibliografische Information der Deutschen Nationalbibliothek
Die Deutsche Nationalbibliothek verzeichnet diese Publikation in der Deutschen Nationalbibliografie; detaillierte bibliografische Daten sind im Internet über <http://www.d-nb.de> abrufbar.

ISSN 1619-246X
ISBN-10: 3-631-55816-3
ISBN-13: 978-3-631-55816-4

www.peterlang.de

Vorwort

Der tradierte Anspruch der Erziehungswissenschaft ist es, in einem einzigen Begründungsakt Subjektgenese, Gesellschaftsentwicklung und Zukunftsgestaltung in konsistenter Weise aufeinander beziehen zu können. Angesichts der Herausforderungen durch den postmodernen Pluralismus gerät dieses disziplinäre Selbstbild immer stärker unter Hybrisverdacht.
Das Ziel der Untersuchung ist es, einen Beitrag zur Begrenzung respektive Überwindung dieser Irritationen im Selbstverständigungsprozess der Erziehungswissenschaft zu leisten.

Bei der vorliegenden Schrift handelt es sich um meine stark gekürzte Habilitationsschrift, die im Februar 2000 von der Philosophischen Fakultät der Universität Mannheim angenommen wurde. Angesichts der Tatsache, dass die darin thematisierte Problematik weder an Aktualität noch an Schärfe verloren hat, habe ich mich dazu entschlossen, den zentralen Argumentationsgang aus der Habilitation auszugliedern und als eigenständigen Text zu veröffentlichen. Um dieses Vorhaben nicht zu konterkarieren, habe ich darauf verzichtet, die neuere Literatur einzuarbeiten. Dennoch halte ich aber an dem Anspruch fest, mit den analysierten Positionen einen auch noch für die heutige Diskussion repräsentativen Querschnitt berücksichtigt zu haben.

Ohne das Interesse und die vielfältige Unterstützung zahlreicher Personen wäre diese Publikation nicht zustande gekommen. Allen namentlich zu danken, würde den Rahmen sprengen. Ausdrücklich und stellvertretend Dank gesagt sei aber Prof. Dr. em. Günther Groth, Prof. Dr. Jürgen Rekus und Miriam Behnke.

Karlsruhe, im Oktober 2006
Walter Jungmann

Kontraste

„Nur um der zerstreuenden und verwirrenden Vielfalt zu entfliehen, sucht man Allheit; um sich nicht auf eine leere und unfruchtbare Weise ins Unendliche hin zu verlieren, bildet man einen, in jedem Punkt leicht überschaubaren Kreis; um an jedem Schritt, den man vorrückt, auch die Vorstellung des letzten Zwecks anzuknüpfen, sucht man das zerstreute Wissen und Handeln in ein geschlossenes, die bloße Gelehrsamkeit in eine gelehrte Bildung, das bloße unruhige Streben in eine weise Thätigkeit zu verwandeln."

(Wilhelm von Humboldt: Theorie der Bildung, 1793)

„Ein Chaos von > Existenzialurteilen < über unzählige einzelne Wahrnehmungen wäre das einzige, was der Versuch eines ernstlich > voraussetzungslosen < Erkennens der Wirklichkeit erzielen würde. (...) In dieses Chaos bringt **nur** der Umstand Ordnung, daß in jedem Fall nur ein **Teil** der individuellen Wirklichkeit für uns Interesse und **Bedeutung** hat, weil nur er in Beziehung steht zu den **Kulturwertideen**, mit welchen wir an die Wirklichkeit herantreten. (...) > Kultur < ist ein vom Standpunkt des **Menschen** aus mit Sinn und Bedeutung bedachter endlicher Ausschnitt aus der sinnlosen Unendlichkeit des Weltgeschehens. (...) Transzendentale Voraussetzung jeder **Kulturwissenschaft** ist **nicht** etwa, daß wir eine bestimmte oder überhaupt irgend eine > Kultur < **wertvoll** finden, sondern daß wir Kultur**menschen sind**, begabt mit der Fähigkeit und dem Willen, bewußt zur Welt **Stellung** zu nehmen und ihr einen **Sinn** zu verleihen."

(Max Weber: Die „Objektivität" sozialwissenschaftlicher und sozialpolitischer Erkenntnis, 1904)

„Postmoderne Wirklichkeit verlangt zunehmend, zwischen verschiedenen Sinnsystemen und Realitätskonstellationen überzugehen. Dies wird geradezu zur Bedingung gelingenden Lebens unter den Auspizien der Postmoderne. (...) Der Mensch der Postmoderne ist kein uomo universale, kein verschwindendes Antlitz im Sand des Einerlei, keine Monade. Er ist vielmehr eine Figur des Übergangs und der Verknüpfung verschiedener Möglichkeiten. Weder kann er das Ganze sich anmaßen noch mit dem Singulären sich zufriedengeben."

(Wolfgang Welsch: Wege aus der Moderne, 1994)

INHALT

1. Problemzusammenhang

Ein Gespenst namens „Pluralismus" geht um in der westlichen Welt: Wenn man den zahlreichen Zeitgeistanalysen zum ausgehenden 20. und zu Beginn des 21. Jahrhunderts Glauben schenken darf, zeigen sich im Zeitalter der „Globalisierung", „Technisierung" und „Individualisierung"[1] der allgemeinen Lebensverhältnisse immer mehr Menschen von diesem Gespenst verunsichert oder gar verängstigt, zumindest aber beeindruckt. Manch einem gilt der Pluralismus daher gar als Signum eines universalgeschichtlichen Übergangs von modernen zu *postmodernen* Daseinsverhältnissen.[2]

Weltweite Wanderungsbewegungen, internationalisierte Ökonomie, transnationale politische Institutionen, aber auch Massentourismus und moderne Kommunikationsmedien machen den unmittelbaren Kontakt mit den unterschiedlichsten kulturellen, ethnischen und religiösen Sitten und Gebräuchen sowie mit anderen Sprachen für immer mehr Menschen zur alltäglichen Erfahrung. Wissenschaftlich-technische Entdeckungen und Erfindungen mit globalen Auswirkungen,

---

[1] Dies ist weder der richtige Ort noch die passende Gelegenheit, um die im wesentlichen von Ulrich Beck in die wissenschaftliche Diskussion eingeführten Begriffe *„Individualisierung"* und *„Globalisierung"* auf ihren empirischen Gehalt oder ihre theoretische Konsistenz hin zu überprüfen (zur aktuellen Auseinandersetzung vgl. Weiß 1998). Im vorliegenden Zusammenhang erfüllen sie, wie im weiteren unschwer zu erkennen ist, einen heuristischen Zweck, ohne damit insinuieren zu wollen, daß Pluralismus quasi den terminologischen Generalnenner der mit Individualisierung, Globalisierung und Technisierung bezeichneten Phänomene darstellt. Für Charles Taylor ist das *„Unbehagen an der Moderne"* – so der Titel seines gleichnamigen Buches – durch drei Seiten gekennzeichnet: *„Die erste (...) betrifft den sogenannten Sinnverlust, das Verblassen des moralischen Horizonts. Bei der zweiten geht es um das Verschwinden der Zwecke angesichts der wuchernden instrumentellen Vernunft. Die dritte gilt einem gewissen Mangel an Freiheit."* (1995a, S. 17) Ohne der weiteren Darstellung vorzugreifen, sei bereits hier angemerkt, daß Pluralismus als eine 'kognitive Gemengelage' aufgefaßt werden kann, die sich aus allen drei Phänomengruppen speist (Näheres dazu in Kapitel 3). Es ist m. E. daher auch unerheblich, welchem der Begriffe – „Postmoderne" oder „Zweite" oder „Reflexive Moderne" – man den Vorzug gibt.

[2] Was in der heutigen Wissenschaftssprache alles unter *„Postmoderne"* verstanden wird, bringt m. E. Norbert Bolz am treffendsten auf den Punkt, wenn er feststellt: *„Dieser Name benennt nicht eine neue Epoche, sondern zunächst einmal das befreiende Gefühl, >danach< zu sein. Wir sind den Druck des modernen Avantgardismus los. Die Postmoderne weiß nicht, was kommt. Gerade das erscheint nun als Lebensreiz. Die Kultur der Postmoderne ist das ironische Arrangement mit der Unmöglichkeit, ein Bild von der Zukunft zu haben, man benutzt postmodern die vergangenen Stilformen wie Modefarben, die man neu kombinieren kann.* ***Die Postmoderne spielt mit Andersheiten – sie ist der Eklektizismus mit gutem Gewissen.*** *Viele Welten und viele Stile sind gleichzeitig möglich. Geschichte verwandelt sich in ein Museum. An die Stelle der Erinnerung tritt ein Sampling der Zeiten."* (1997, S. 242f., Hervorhebung W. J.)

wie Kernspaltung, Raumfahrt, Informationstechnologie, Genmanipulation, aber auch solche, die primär individuelle Folgen zeitigen, wie künstliche Befruchtung, Organtransplantationen, schönheitschirurgische Eingriffe bis hin zur Geschlechtsumwandlung, lassen den alten Menschheitstraum von der umfassenden Beherrschung der Natur zunehmend wahr werden. Die Lockerung traditioneller Sozialbindungen, die Möglichkeit des Wechsels von Religionen und Wertüberzeugungen, die Collagierung ästhetischer Stile und persönlicher Identitäten nähren die Illusion von einem Leben nach selbstgesetzten Maßstäben.

Mit wenigen Schlagworten läßt sich das weitläufige Terrain abstecken, auf dem das Pluralismusgespenst sein Unwesen treibt. Sowohl im Alltagsgespräch unter Freunden, Nachbarn und Kollegen als auch im Versuch, die gesellschaftlichen Verhältnisse in der nüchternen Sprache sozialwissenschaftlicher Indikatoren zu beschreiben sowie im philosophischen Diskus über Ursachen und Konsequenzen der postmodernen Weltverhältnisse, gehören diese Schlagworte mit größter Selbstverständlichkeit zum semantischen Repertoire.[3] Und wir alle können uns dabei ertappen, den Pluralismus eben noch als Segen und Ermöglichungsbedingung individueller Freiheit erlebt und gepriesen zu haben, um ihn dann im nächsten Moment ebenso selbstgewiß als eine der Ursachen für die zahlreichen Übel der Zeit zu verdammen. Dieser Wendigkeit und Gegensätzlichkeit, so scheint mir, verdankt der postmoderne Pluralismus seinen trugbildhaften Grundcharakter. Im Vergleich zu seinem Vorläufer, dem modernen Pluralismus, hat sich nicht nur sein Wirkungsbereich erheblich ausgeweitet, sondern augenscheinlich ist bei ihm auch die sinnestäuschende Charaktereigenschaft stärker ausgeprägt. Grund genug, sich von wissenschaftlicher Warte aus mit dem Gefährdungspotential des postmodernen Pluralismus auseinanderzusetzen.

Angesichts seiner Allgegenwart, Vielgestaltigkeit und Widersprüchlichkeit kann es nicht überraschen, wenn der Pluralismus in seiner postmodernen Aufmachung inzwischen auch im erziehungswissenschaftlichen Diskurs eine zentrale Rolle spielt.[4] Frieda Heyting und Heinz-Elmar Tenorth bewerten diesen Umstand

---

[3] Wolfgang Welsch ([5]1997 S. XVII, und öfter) erhebt Pluralität gar zu d e m *„Schlüsselbegriff"* der postmodernen Daseinserfahrung und Daseinsdeutung. Was im einzelnen damit gemeint ist und inwieweit mit dieser Lesart nicht wieder die Gefahr heraufbeschworen wird, Pluralität zur alles überwölbenden 'Meta-Erzählung' zu hypostasieren, die es gerade zu überwinden galt, wird im Laufe der weiteren Darstellung noch zu klären sein.

[4] An dieser Stelle mag ein Verweis auf eine repräsentative Auswahl von Stellungnahmen zur Pluralismusthematik in vier Aufsatzsammlungen genügen: *„Pädagogik im Pluralismus"*, herausge-

gar als Beweis für „den unbestreitbaren Siegeszug des Pluralitätsgedankens (...)"[5](1994, S. 7). Von der Auseinandersetzung mit den lebensweltlichen Erscheinungsformen des Pluralismus versprechen sich beide nicht nur einen angemesseneren Realitätsbezug der Forschung, sondern zugleich – und mit dieser Einschätzung befinden sie sich in Übereinstimmung mit der großen Mehrheit der heute 'praktizierenden' Erziehungswissenschaftler – die Überwindung überkommener „Einheitsfiktionen"[6] und damit auch einen im Vergleich mit den Sozialwissenschaften längst überfälligen Modernisierungsschub für die Lehrgestalt ihrer Disziplin. Denn das Selbstbild einer Wissenschaft, deren tradierter Anspruch es ist, Subjektgenese, Gesellschaftsentwicklung und Zukunftsgestaltung erziehungstheoretisch sowie erziehungspraktisch in einem einzigen Begründungsakt konzipieren zu können, und in diesem zu guter Letzt dann auch noch das ureigenste metatheoretische Fundament zu finden vermeint, steht seit eh und je unter Hybrisverdacht und muß angesichts der vielfältigen Herausforderungen durch den modernen Pluralismus zweifelsohne noch mehr in Bedrängnis geraten.[7] Vor diesem Hintergrund wäre das

---

geben von Gertrude Brinek & Alfred Schirlbauer (1993), *„Pädagogik und Pluralismus"*, herausgegeben von Frieda Heyting & Heinz-Elmar Tenorth (1994), *„Pluralitätsverarbeitung in der Pädagogik"*, herausgegeben von Reinhard Uhle & Dietrich Hoffmann (1994) sowie *„Pluralität und Bildung"*, herausgegeben von Ingrid Gogolin et al. (1998).

[5] Die *„Verzögerungen und Verspätungen"*, die Heyting und Tenorth in *„der Rezeption und vielleicht noch mehr in der Anerkennung von Pluralität im pädagogischen Milieu beobachten"*, suchen sie verständnisvoll damit zu erklären, daß die *„Pädagogik in Theorie und Praxis (...) in der modernen Welt (...) unausweichlich einen Bezug zur Einheit, Eindeutigkeit und Allgemeinheit"* habe, so daß sich ihnen *„die Hinwendung zu Pluralismuskonzepten und die Anerkennung von Vielfalt [als] ein eher erstaunliches Faktum darstellt."* (1994, S. 7) Trotz aller theoretischen und praktischen Schwierigkeiten, die beide bei der Berücksichtigung des Pluralismusgedankens im erziehungswissenschaftlichen Bereich freilegen und diskutieren, halten sie auch in neueren Beiträgen an dessen positiver Einschätzung fest (vgl. Heyting 1999b, und Tenorth 1999b).

[6] Als eine der traditionsreichsten und wirkungsmächtigsten Einheitsformeln der (deutschen) Pädagogik, die Heyting und Tenorth freilich nicht eigens diskutieren, kann m. E. der Bildungsbegriff gelten. Gleichwohl er selbst wieder in unzähligen Varianten die pädagogischen Lexika und Wörterbücher bevölkert, scheint sich mit ihm, ganz im Sinne der eingangs zitierten Bildungstheorie von Wilhelm von Humboldt, durchgängig die Erwartung der Überwindung von verwirrender Vielfalt, Antinomien, Widersprüchen etc. zu verbinden (vgl. dazu im einzelnen Kapitel 3.3.3)

[7] Einen Eindruck vom Stellenwert sowie einen Überblick über Verlauf und Stand der erziehungswissenschaftlichen *Postmodern*ismusdebatte vermitteln die einzelnen Beiträge zum 29. Beiheft der Zeitschrift für Pädagogik (1992): *„Erziehungswissenschaft zwischen Modernisierung und Modernitätskrise"*, herausgegeben von Dietrich Benner et al. sowie die Habilitationsschriften von Christian Beck: *„Ästhetisierung des Denkens"* (1993) und Johannes Fromme: *„Pädagogik als Sprachspiel"* (1997). Und einen Eindruck von der Heterogenität der Diskussion vermitteln auf ihre Weise auch die 'Stilblüten' von Heinrich Kupffer: *„Pädagogik der Postmoderne"* (1990) und Gita Steiner-Khamsi: *„Multikulturelle Bildungspolitik in der Postmoderne"* (1992).

vielstimmige Bekenntnis zum Pluralismus nicht weiter des Berichtens wert, wenn da nicht permanent skeptische Untertöne mitklingen würden. Da ist die Rede von „Entgrenzung des Pädagogischen“, „subdisziplinärer Fragmentierung“, „metatheoretischer Diversifikation“, „Bedeutungsverlust des Allgemeinen“, „Verlust des disziplinären Integrationskerns“ und von vielen weiteren Symptomen einer disziplinären Identitätskrise bis hin zur prinzipiellen Infragestellung der Existenzberechtigung einer wissenschaftlichen Pädagogik als eigenständiger akademischer Disziplin überhaupt.[8] Diese Mißklänge legen die Vermutung nahe, daß es manch ein Erziehungswissenschaftler entweder nicht ganz so ernst meint mit seinem Bekenntnis zum Pluralismus, oder aber, daß einige die Schwierigkeiten unterschätzen, die eine konsequent pluralistische Denk- und Argumentationshaltung mit sich bringt. Unabhängig von der subjektiven Motivlage, ob nur als Nachweis der eigenen Modernität, als Ausdruck wissenschaftlicher Erkenntnis oder aus tiefster innerer Überzeugung, dem Pluralismus seine Reverenz erweisen zu müssen: Als Ergebnis scheint sich jedenfalls früher oder später immer wieder jene ausgeprägte Ambivalenz im Umgang mit dem Pluralismus einzustellen, wie sie bereits mehrfach angesprochen wurde. Früher oder später, vermutlich aber spätestens immer dann, wenn die Überzeugungskraft vermeintlich unumstößlicher Grundgewißheiten zu schwinden beginnt, scheint die Hochschätzung des Pluralismus in Ablehnung umzuschlagen. Diese Schwierigkeiten sind aufgrund der verspäteten Auseinandersetzung in weiten Teilen der heutigen Erziehungswissenschaft – so meine übergreifende Ausgangsthese – sehr viel stärker ausgeprägt als etwa in der Soziologie und Philosophie. Im Unterschied zu den Angehörigen der beiden Nachbardisziplinen

---

[8] Zur Ambivalenz der Beurteilung der Pluralisierungsprozesse durch die Erziehungswissenschaft vgl. insbesondere die in 2.2 und 2.3 besprochene Literatur. Hier sei nur der Hinweis angefügt, daß es sich dabei offensichtlich nicht nur um (wissenschafts-) theoretisch konstruierte Schwierigkeiten handelt, sondern auch – und dies nicht nur nebenbei – um drängende Fragen aus der pädagogischen Praxis. Arno Combe und Werner Helsper stellen in diesem Sinne in ihrem Einleitungsbeitrag zum Sammelband *„Pädagogische Professionalität“* fest: *„Die Vervielfältigung pädagogischer Handlungsräume und Handlungsformen im Rahmen sozialer und kultureller Pluralisierung wirft verschärft das Problem auf, ob eine >Einheit< des Pädagogischen noch zu denken und zu konstruieren ist, oder ob pädagogisches Handeln letztlich aus einer Vielzahl disparater Praxen ohne integrierendes Band besteht.“* (1996, S. 26) In die gleiche Richtung argumentiert auch Heinz-Elmar Tenorth in seiner Auseinandersetzung mit der Zukunftsfähigkeit dessen, was künftig u.a. in der Schule unter „allgemeiner Bildung“ zu verstehen ist: *„Im Alltag von Kindheit und Jugend und angesichts der Pluralität von Lebensentwürfen sind Modelle gelungenen Lebens rar, an denen sich Heranwachsende orientieren können, ihre Interessen ausbilden und ihre Bedürfnisse zu kultivieren lernen. Das 'Allgemeine', das die alteuropäischen Lebensformen vielleicht noch bis ins 20. Jahrhundert bereitgehalten und dargestellt haben, ist nicht mehr verfügbar, die sozialen Milieus, die in der Verläßlichkeit von Traditionen, Werten und Lebensperspektiven nicht nur in sich selbst ruhten, sondern auch politisch und ökonomisch Bedeutung hatten, sind weitgehend aufgelöst, die Strukturen unserer Welt sind offener, diffuser, pluraler und komplizierter geworden.“* (1994a, S. 185f.)

tun sich viele Erziehungswissenschaftler nämlich immer noch erheblich schwerer damit, das Pluralismusphänomen in all seinen Erscheinungsweisen 'nur' als Herausforderung oder Objekt der Forschung zu definieren. Stattdessen besteht bei ihnen eine ausgeprägte Neigung, das 'Pluralismusgespenst' geradezu zum Hausgeist im traditionell einsturzgefährdeten Gewölbe der fachwissenschaftlichen Identität zu stilisieren. Unwillkürlich lenkt deshalb die gegenwärtige Pluralismusdiskussion die Aufmerksamkeit wieder auf die immer schon unzureichend bestimmte Statik des Wissenschaftsgebäudes der Pädagogik.[9] Es überrascht nicht, daß bezüglich der Konsequenzen, die aus den statischen Mängeln zu ziehen sind, selbst wieder mehrere Vorschläge vorliegen. Während einige die Probleme für so gravierend halten, daß sie für einen 'Abriß' plädieren, um unter anderer Bezeichnung einen stabileren 'Neubau' konzipieren zu können, setzen sich andere für den 'Umzug' ins Nachbargebäude der empirischen Sozialwissenschaften ein und wieder andere schmieden Pläne für eine 'Generalsanierung' unter Verwendung systemtheoretischer, transzendentalphilosophischer, konstruktivistischer oder sonstiger Stützpfeiler.[10]

Dieser hier zunächst noch etwas apodiktisch formulierte Zusammenhang zwischen den vielfältigen sozialen, gesellschaftlichen, kulturellen und lebensweltlichen Pluralisierungsprozessen auf der einen und dem erziehungswissenschaftlichen Modernisierungsanspruch sowie der jüngsten disziplinären Identitätskrise auf der anderen Seite ist der eigentliche Anlaß, im Rahmen der vorliegenden Untersuchung wieder einmal den notorisch schwerfälligen Selbstfindungsprozeß der Erziehungswissenschaft zu thematisieren. Dabei soll es nicht – wie eventuell zu vermuten wäre – primär um eine Auseinandersetzung mit *postmodernistischen* und kon-

---

[9] Bezüglich der sich im Laufe der Jahrzehnte zwar wandelnden, aber dennoch nie überwundenen Probleme mit der „Statik" erziehungswissenschaftlicher Identität findet sich bei Friedhelm Nicolin (1969) eine repräsentative Auswahl von Stellungnahmen. Die Tatsache, daß sich gegenwärtig diese Probleme wieder einmal zuzuspitzen scheinen, kommt nicht von ungefähr, wird die Erziehungswissenschaft doch gemeinhin als Teilprojekt der Moderne und damit als Abkömmling der Aufklärung beschrieben, von deren Ende ja angeblich der moderne Pluralismus kündet (vgl. dazu u. a. den von Heinz-Hermann Krüger 1990 unter der bezeichnenden Titelfrage *„Abschied von der Aufklärung?"* herausgegebenen Sammelband mit Beiträgen zur Postmodernismusrezeption und -diskussion).

[10] So tritt beispielsweise Dieter Lenzen in jüngster Zeit mit dem Vorschlag auf den Plan, die Erziehungswissenschaft in *„Lebenslaufwissenschaft"* (vgl. 1998a) oder *„Humanvitologie"* (vgl. 1998b) umzubenennen, die Warnungen vor einer sozialwissenschaftlichen Umschrift der Pädagogik sind seit Heinrich Roths Ausrufung der *„realistischen Wendung"* bereits Legende (vgl. z. B. die Analyse dieses Transformationsprozesses von Tenorth, 1996), und Pläne, wissenschaftstheoretische Stützpfeiler einzubauen, finden sich in neueren Veröffentlichungen gehäuft (vgl. exemplarisch die einzelnen Beiträge in Brinkmann & Petersen 1998 sowie die differenzierten Nachweise in Kapitel 2.2 und 2.3).

struktivistischen Ansätzen in der Erziehungswissenschaft gehen (vgl. dazu Beck 1993, und Fromme 1997). Da das pädagogische Feld ebenso wie das erziehungswissenschaftliche Erkenntnisinteresse immer schon durch Heterogenität und Vielfalt gekennzeichnet war, läßt sich die Ausbildung dieser Positionen vielmehr nur als Teilprozeß dessen begreifen, was hier im weiteren als Pluralismusproblem der Erziehungswissenschaft einer eingehenden Analyse unterzogen wird. Angesichts der langen und intensiv geführten Diskussion um die Frage, ob die Pädagogik sich überhaupt als Wissenschaft im modernen Verständnis betreiben läßt, kann es bei dieser Analyse aber auch nicht darum gehen, eine historisch-systematische Dogmengeschichte der unterschiedlichen Positionen in dieser Debatte – etwa im Stile Rudolf Lochners (1963) oder Dietrich Benners (^{3}1991a) – zu versuchen. Und auch eine transzendentalphilosophisch oder phänomenologisch fundierte Enzyklopädie des Pluralismus zusammentragen zu wollen, wäre im vorliegenden Problemzusammenhang ein abwegiges Unterfangen, was schon alleine dadurch deutlich wird, daß dies letztlich auf den Versuch hinausliefe, die alte philosophische Frage nach der Vorherrschaft der intelligiblen gegenüber der empirischen Welt oder vice versa entscheiden zu wollen (vgl. dazu insbesondere Welsch 1996a).

Das wesentlich bescheidenere Ziel der folgenden Ausführungen ist es vielmehr, einen Beitrag zu leisten zur Begrenzung respektive Überwindung der Irritationen im Selbstverständigungsprozeß der Erziehungswissenschaft unter den Bedingungen des *postmodernen* Pluralismus. Nach der vorausgegangenen Problemskizze sollte leicht nachvollziehbar sein, weshalb dieser Beitrag primär auf die Klärung der Ursachen für die Ambivalenz in der Bewertung des Pluralismus zielen wird. Im Fortgang der Untersuchung wird sich darüber hinaus noch erweisen, daß dabei der Auseinandersetzung mit dem eben fast beiläufig formulierten „Früher-oder-Später" des Umschlagens der Hochschätzung des Pluralismus in dessen Ablehnung eine Schlüsselfunktion zukommt. Denn diese Formulierung macht genau besehen darauf aufmerksam, daß Pluralismus offensichtlich nicht – wie es vielfach fälschlicherweise geschieht – als „Alles-oder-Nichts-Phänomen" aufzufassen ist, und es deshalb lohnenswert erscheint, in systematischer Weise nach Möglichkeiten der Bestimmung von unterschiedlichen Quellen, Formen, Dimensionen, Reichweiten oder Ausprägungen des Pluralismus Ausschau zu halten. Damit wären dann letztlich auch die Voraussetzungen gegeben, um die Pluralitätserfahrungen in den verschiedenen Bereichen und auf den unterschiedlichen Ebenen pädagogischen Denkens und Handelns systematisch zu differenzieren und in einem nach „Änderungsresistenzen" und „Wandlungsanfälligkeiten" gestuften Grundlagenkonzept von Erziehungswissenschaft zu berücksichtigen.

Vor dem Hintergrund dieses sich in seinen Umrissen allmählich konkretisierenden Vorhabens rücken nun eine Reihe von Fragen ins Zentrum des Interesses: Wie zeigt sich der *postmoderne* Pluralismus, was kennzeichnet dessen „neue" Qualität, und was ist hieran insbesondere für eine sich modernisierende Erziehungswissenschaft von Bedeutung? Wie zeigt sich die Pluralismuskrise in der gegenwärtigen Erziehungswissenschaft, und welchen Anteil hat die ambivalente Bewertung des Pluralismus an dieser Krise? Worin genau besteht das Gefährdungspotential des *postmodernen* Pluralismus, und was ist konstitutiv für dessen trugbildhaften Grundcharakter? Wie kann man sich als Erziehungswissenschaftler vor den Gefährdungen schützen, die von dem 'Pluralismusgespenst' ausgehen? Was sind die (logischen) Voraussetzungen und worin bestehen die (praktischen) Vorteile einer nach Dimensionen, Ausprägungen, Tiefendimensionen, Reichweiten etc. differenzierten Auseinandersetzung mit dem *postmodernen* Pluralismus? Alles in allem verweist ein solches, zugrunde liegendes Erkenntnisinteresse auf einen Fragenkomplex, mit dem man sich freilich leicht übernehmen kann, und der denn doch nicht so bescheiden ist, wie die Zielformulierung dies zunächst vermuten ließ. Wer sich nun trotzdem auf die Auseinandersetzung mit dem 'Pluralismusgespenst' einläßt und dabei auch noch erziehungswissenschaftliche Interessen verfolgt, ist deshalb gut beraten, Vorkehrungen zu treffen, damit er sich und seinen Forschungsgegenstand nicht im *„weißen Rauschen des Indifferentialismus"* (Jean Baudrillard) verliert.

Diesem Bemühen entspringt als **erste Vorkehrung** die Formulierung der zum Haupttitel der vorliegenden Arbeit auserkorenen Frage: „Gibt es moralisches Wissen?" Wie dies offenbar bereits Sokrates wußte, aber auch uns allen aus vielen Alltagssituationen bestens vertraut ist, kann man etwas nur finden, wenn man eine (wenigstens grobe, hypothetische oder heuristische) Vorstellung davon hat, wie und woran sich dieses Etwas zeigt. Die wohlüberlegte Formulierung der Frage, mit welcher Auskunft über einen vermißten Sachverhalt eingeholt wird, ist demnach bereits ein wichtiger Beitrag zur Klärung des Problems selbst. Unter Verweis auf diese elementare Einsicht ist dann beispielsweise auch Helmut Heid (1994) zuzustimmen, wenn er betont, daß Pluralität nicht „an sich", sondern immer nur als die Eigenschaft von etwas inhaltlich Festgelegtem oder material Gegebenem erfahren werden kann.[11] Pluralität bezeichnet deshalb auch schon im Alltagssprachgebrauch die „relationale Eigenschaft“ einer Sache oder eines Sachverhalts, die sich jeweils erst durch den Bezug auf ein ‘relevantes’ Vergleichskriterium ergibt. Die Kategorien „Wissen“ und „Moral“ spielen ganz in diesem Sinne des Vergleichskriteriums seit jeher eine tragende Rolle im Verständigungsprozeß über das Wie, Was und Weshalb praktischer Erziehung. Die Vorstellung, daß Erziehung mit der Erwartung verbunden ist, Unwissen in Wissen und natürliche Wildheit und Roheit in Moralität verwandeln zu können, ist deshalb auch von allem Anfang an Gegenstand der wissenschaftlichen Beschäftigung mit dem Erziehungsphänomen.[12] Unter systematischem Bezug auf die erziehungswissenschaftliche Bedeutung und Relevanz von Moral und Wissen sollte es folglich möglich sein, den Schaden zu bilanzieren, den das Pluralismusgespenst bereits im Selbstverständnis der modernen Erziehungswissenschaft angerichtet hat. An der Schadensanalyse können dann auch kontrollierte Versuche ansetzen, das Gespenst zumindest soweit zu entzaubern, daß sich sein Aktionsradius im erziehungswissenschaftlichen Feld genauer bestimmen und begrenzen läßt, bevor man sich gar der verwegenen Frage zuwenden kann, ob von ihm nicht auch konstruktive Impulse ausgehen können.

Die **zweite Vorkehrung**, die ich getroffen habe, um einem Verirren in den gedanklichen und begrifflichen Labyrinthen *postmodernen* Philosophierens vorzubeugen, ist – dies wird wenig überraschen – eher methodologischer Art. In dieser Hinsicht sollte sich aus der vorangegangenen, zunächst noch sehr ‘holzschnittartigen’ Beschreibung der Untersuchung zweierlei abgezeichnet haben. Der erste Aspekt ergibt sich daraus, daß das Erkenntnisinteresse auf eine manifeste Prob-

---

[11] Das von Helmut Heid zum Ausgangspunkt seiner Überlegungen gewählte Beispiel macht dies m. E. besonders anschaulich, wenn es auch, wie sich im Rahmen der weiteren Untersuchung noch zeigen wird, die tatsächliche Problematik stark vereinfacht: *„Es dürfte extrem selten, weil belanglos sein, die Verschiedenheit beispielsweise von Molekulargeschwindigkeit, Pflaume, Quadrat, C-Dur, Lüge, Hochspannung oder Wahlergebnis – als Entitäten, denen allenfalls das 'Dasein' gemeinsam ist – 'festzustellen' und zu problematisieren.“* (1994, S. 121)

[12] An dieser Stelle mag ein pauschaler Verweis auf die Erziehungstheorien der beiden Stammväter der Pädagogik als Wissenschaft, Johann Friedich Herbart und Friedrich Ernst Daniel Schleiermacher, genügen. In Herbarts Schrift *„Allgemeine Pädagogik aus dem Zweck der Erziehung abgeleitet“* von 1806 wird die Pädagogik zur Berufs-Wissenschaft der Erzieher und hat vor allem die Aufgabe, zu klären, wie *„Erziehung >durch< Unterricht“* ermöglicht werden kann, d.h. wie die systematische *„Ergänzung von Erfahrung und Umgang“* und die *„Charakterstärke der Sittlichkeit“* im Unterricht aufeinander abgestimmt werden können (1997, S. 61f. und S. 82). Und in Schleiermachers *„Theorie der Erziehung“* aus dem Jahre 1826 ist es die *„Aufgabe einer Theorie der Erziehung“* zu klären, wie im Generationenwechsel sowohl das *„>Erziehen< im engeren Sinne oder die Entwicklung der Gesinnung“* als auch das *„>Unterrichten< oder die Mitteilung von Kenntnissen und Fertigkeiten“* erfolgen kann (1959, S. 36ff.).

lemlage mit sehr heterogenen und teilweise sehr gravierenden Symptomen gerichtet ist. Damit gewinnen aus meiner Sicht deskriptive und analytische Verfahren an Stellenwert, mit deren Hilfe strukturelle Zusammenhänge und idealtypische Konstellationen sichtbar gemacht und in ihrer Tragweite abgeschätzt werden können. Demgegenüber treten im vorliegenden Zusammenhang die Rekonstruktion historischer Singularitäten, exegetischer Idiosynkrasien oder wissenschaftsgeschichtlicher Anekdoten in den Hintergrund. Denn diese richten die Aufmerksamkeit in aller Regel ohne ausdrückliche oder differenzierte Reflexion ihres Gegenwartsbezugs in die Vergangenheit und münden unversehens in einen infiniten Regreß historischer, enzyklopädischer oder erkenntnistheoretischer Art. Analog zu so manchen wissenschaftstheoretischen Forschungsfragen ist ihnen eine Neigung zur Selbstzweckhaftigkeit immanent und von daher sind sie auch nicht selten bestrebt, vorschnell gedankliche Einheit zu stiften und Heterogenität oder Pluralität zu überwinden, anstatt ihnen gerecht zu werden. Was mit den saloppen Formulierungen „vorschnell gedankliche Einheit stiften" und „der Pluralität gerecht werden" genau gemeint ist, wird sich im weiteren Verlauf der Darstellung konkretisieren.
Aber noch ein zweiter Aspekt hat sich in den vorangegangenen Überlegungen abgezeichnet, der m. E. in methodologischer Hinsicht bedacht sein will: Die Auseinandersetzung mit dem *postmodernen* Pluralismus führt ganz offensichtlich zur Definition einer Problemlage, für die es in Zeiten des „Paradigmenpluralismus" eine problemunangemessene Vereinfachung darstellen würde, wollte man sich zu ihrer Bearbeitung auf e i n e n der ausgetretenen Paradigmenpfade begeben oder versuchen, in einer Art ritueller Referenz bei e i n e m Klassiker der Pädagogik oder e i n e r wissenschaftstheoretischen oder philosophischen Schulmeinung 'Rückendeckung' zu finden. Deshalb wird hier eine Forschungsstrategie verfolgt, die im Vorgriff auf Einsichten, die freilich erst im weiteren Argumentationszusammenhang systematisch entwickelt werden können, als 'reflektierter Eklektizismus' bezeichnet werden kann. Ein Eklektizismus, der sich, wie in den Anmerkungen und Fußnoten zu den Kapiteln 3 und 4 angeführten Quellen deutlich wird, im wesentlichen aus Überlegungen des 'kritischen Realismus' (Max Weber und Karl Mannheim), des Pragmatismus (John Dewey und William James) und der Sozialphänomenologie (Alfred Schütz und Thomas Luckmann) speist. Der leitende Gesichtspunkt, unter dem die unterschiedlichen Positionen zusammengeführt werden, entspringt – wie sich in den einzelnen Etappen der Untersuchung noch konkret erweisen wird – dem Bemühen, eine der begrenzten theoretischen Reichweite der hier entwickelten Problemstellung angemessene erkenntnispraktische Strategie zu erarbeiten.

Die **dritte Vorkehrung** betrifft nun in Konsequenz der beiden zuvor beschriebenen die Konzeption und Präsentation der einzelnen Untersuchungsschritte. Deren Anordnung folgt dem griffigen Prinzip „safety first“. Gemeint ist damit der Versuch, den äußerst ‘unfallträchtigen’ Wirkungsbereich und die sinnestäuschende Wirkungsweise des Pluralismus auf eine Art und Weise zu erkunden, die verhindert, daß sich das ‘Gespenst’ gar in eine ‘Hydra’ verwandelt. Diese Vorgehensweise zeichnet sich dadurch aus, daß sie sich um gedankliche und argumentative Sicherungshaken bemüht, die in sorgsam geprüften, historisch-anthropologischen Untergrund eingeschlagen werden, um so stets die Rückbindung an Fundamente zu ermöglichen, die sich – unter den jeweiligen, genau bestimmten Bedingungen – als tragfähig erwiesen haben. Mit der Kontrolle der Antezedensbedingungen, sowohl ihrer Sicherungshaken als auch ihrer Fundamente, läßt sich sicherstellen, daß weder deren konkrete Beschaffenheit noch deren Wandlungsanfälligkeit verabsolutiert werden müssen. Dieses zunächst vielleicht etwas umständlich anmutende aber im ‘guten’ pragmatischen Sinne gemeinte Vorgehen läßt sich am treffendsten unter Hinweis auf das Idealtypenkonzept von Max Weber illustrieren. Dem Idealtypus kommt dabei der Status eines Brückenkonzepts oder eines „regulativen Prinzips“ zu, das zwischen „realgeschichtlicher Deskription“ und „begrifflicher Kategorisierung“, oder zwischen „gegenständlich Gegebenem“ und „begrifflich Bezeichnetem“ in dialektischer Weise zu vermitteln sucht.[13]
Diese wenigen einleitenden Hinweise auf die „Interdependenz“, „Interpenetration“, oder besser: „Gleichursprünglichkeit“ von Theorie und Empirie mögen genügen, um leichter nachvollziehen zu können, weshalb bei der Konzeption der vorliegenden Untersuchung, ebenso wie bei der Präsentation der einzelnen Befunde, deskriptive und analytische Passagen alternierend angeordnet wurden. Wie sich dies konkret auswirkt, ist dem nun folgenden, zweiten Kapitel unmittelbar zu entnehmen. Darin wird es zunächst darum gehen, die Fragestellung und den Gegenstand der Untersuchung systematisch zu verorten, d. h. deren problem-

---

[13] In Abgrenzung gegenüber induktivistischen und deduktivistischen Methoden versteht Max Weber unter Idealtypen „*Gedankenbilder*“ oder „*>genetische< Begriffe*“, die weder rein theoretischen noch rein empirischen Ursprungs sind. Gleichsam als Zwittergestalt vereinigen Idealtypen immer „*bestimmte Beziehungen und Vorgänge des historischen Lebens zu einem in sich widerspruchslosen Kosmos >gedachter< Zusammenhänge. Inhaltlich trägt diese Konstruktion den Charakter einer >Utopie< an sich, die durch >gedankliche< Steigerung bestimmter Elemente der Wirklichkeit gewonnen ist.*“ (*1973a, S. 190) Als „*ideale[r] G r e n z begriff[e]*“ können Idealtypen nicht für sich in Anspruch nehmen, „*die historische Wirklichkeit oder die >eigentliche< Wirklichkeit*“ zu verkörpern oder ein Schema vorzugeben, „*in welches die Wirklichkeit als >Exemplar< eingeordnet werden sollte.*“ (ebd., S. 194) Sie dienen vielmehr dazu, die „*Kulturbedeutung*“ eines empirisch Sachverhalts durch dessen Vergleich mit einem „*idealen Grenzfall eindeutig zu Bewußtsein zu bringen*“ (ebd., S. 195).

strukturierenden Umriß zu ermitteln, um dann darauf bezugnehmend eine thematische Eingrenzung und inhaltliche Konkretisierung vornehmen zu können. Im Zentrum des Interesses steht dabei die differenzierte und weitgehend deskriptiv gehaltene Schadensermittlung. Das dritte Kapitel schließlich ist der systematischen Bestimmung der Gefährdungspotentiale des Pluralismus gewidmet. Die Aufmerksamkeit ist hierbei stärker auf die allgemeinen Ursachen, Quellen und Dimensionen der ‚sinnestäuschenden' Wirkungsweise des Pluralismus gerichtet, mit dem Ziel, ein analytisches und terminologisches Instrumentarium zur weiterführenden Präzisierung und gegebenenfalls erforderlichen Klärung der erziehungswissenschaftlichen Pluralismuskrise zu entwickeln. Unter Zuhilfenahme dieser Einsichten werden im vierten und letzten Kapitel dann Schutzmaßnahmen vorgeschlagen, die nicht nur als reine Abwehrreaktion zu verstehen sind, sondern zugleich auch im Bereich der Erziehungswissenschaft Möglichkeiten des offensiven Umgangs mit dem Pluralismus aufzeigen sollen.

2. Schadensermittlung:
Erziehungswissenschaft in Zeiten *postmoderner* Pluralität

"Pluralität", so betont Wolfgang Welsch, *"ist nicht nur der Kampfruf, sondern auch das Herzwort der Postmoderne"* ([2]1994, S. 13), und an anderer Stelle schreibt er: *"1. Postmoderne wird hier als Verfassung radikaler Pluralität verstanden, Postmodernismus als deren Konzeption verteidigt. Das Charakteristische postmoderner Pluralität gegenüber früher ist, daß sie nicht bloß ein Binnenphänomen innerhalb eines Gesamthorizonts darstellt, sondern noch jeden solchen Horizont bzw. Rahmen oder Boden tangiert. Sie schlägt auf eine Vielheit der Horizonte durch, bewirkt eine Unterschiedlichkeit der Rahmenvorstellungen, verfügt eine Diversität des jeweiligen Bodens. Sie geht an die Substanz, weil an die Wurzeln. Daher wird sie hier als >radikale Pluralität< bezeichnet. 2. Die Grunderfahrung der Postmoderne ist die des unüberschreitbaren Rechts hochgradig differenter Wissensformen, Lebensentwürfe, Handlungsmuster. (...) Fortan stehen Wahrheit, Gerechtigkeit, Menschlichkeit im Plural."* ([5]1997, S. 4f.) Ohne ausdrücklichen Bezug auf Wolfgang Welsch aber mit Blick auf geistesverwandte Positionen bremsen Peter L. Berger und Thomas Luckmann solchen *postmodernen* Optimismus, wenn sie schreiben: *"Diese moderne Form des Pluralismus ist vor allem auch die Grundbedingung für die Ausbreitung subjektiver und intersubjektiver Sinnkrisen."* ([2]1995, S. 32) Und wenige Seiten später versuchen sie, diese Befürchtung mit folgendem Hinweis wenigstens etwas zu konkretisieren: *"Der moderne Pluralismus führt zu einer weitgehenden Relativierung der Wert- und Deutungssysteme."* (ebd., S. 43)

Ohne lange Umschweife und in dankenswerter Deutlichkeit bringen Welsch und Berger & Luckmann die Hauptthesen der weitverzweigten *Postmodernismus*debatte, wie sie vom philosophischen und sozialwissenschaftlichen Diskurs auf die Erziehungswissenschaft ausstrahlt, auf den Punkt. Die aufgeprägte Ambivalenz, mit der diese Diskussion jedoch von den Erziehungswissenschaftlern aufgenommen wird, kommt in repräsentativer Weise bei Käte Meyer-Drawe und Jörg Ruhloff zum Ausdruck: *"Der Beitrag der sogenannten Postmoderne zu Theorien der Erziehung liegt also darin, daß sie an die Zerrissenheit moderner Subjektivität erinnert."* (Meyer-Drawe 1996a, S. 57) Und Jörg Ruhloff betont die Differenz zur lange Jahrzehnte dominierenden bildungsidealistischen Selbstdeutung der Pädagogik à la Humboldt: *"Ein postmodernes Bildungsverständnis weiß von solchem fernen und totalen Glück der Harmonie nichts. Seine Sache ist die skeptische Auflösung von Totalitätsvorstellungen im Rückgang auf die besonderen Prämissen, unter denen sie erhoben und für wahr gehalten werden.*

(...) Das seit Platon dominierende Bildungspostulat, Meinungen restlos in Wissen zu überführen, ist nicht zu halten. Das verschafft Luft zur vielförmigen und manchmal auch sprunghaften Bewegung in der Endlichkeit anstelle der Erstarrung vor dem Unendlichen oder in d e r >unendlichen Aufgabe<. ***Wenn aber kein letztendliches Wissen vorzeichnen kann, worin Menschlichkeit bzw. Bildung aufgeht, obzwar sehr wohl Unterschiede zwischen Bildung und einem rohen Sichausspreizen im Dasein aufzuweisen sind, dann zerfällt auch die Einbildung, 'lehren' zu können, was gut und richtig ist.*** *Erziehung und Unterricht nehmen dann die Gestalt des Hineinziehens in ein skeptisches Bedenken von Differenzen und Differentem an, und Pädagogik als Wissenschaft wird zu dem Ort, an dem sich Doktrinen wohl einstellen und einander polemisch-antithetisch herausfordern, an dem sie aber auch fortlaufend positionsüberschreitend ihres doktrinären Gehalts überführt werden."* (1990a, S. 36f., Hervorhebung W. J.)

Offensichtlich geht es bei der *Postmodernismus*debatte, wie bereits eingangs angedeutet und auch aus der kaum noch zu überblickenden Flut an Diskussionsbeiträgen unschwer ablesbar, um sehr grundsätzliche Fragen und äußerst kontrovers beurteilte Antworten. Um nun trotzdem den Schaden bilanzieren zu können, der durch die Auseinandersetzung mit dem Pluralismus im Erscheinungsbild der Erziehungswissenschaft bereits angerichtet wurde, ist es erforderlich, in einem ersten Argumentationsgang die grundlegenden Differenzen in der Einschätzung des Pluralismus zumindest in ihren wesentlichen Zügen kurz vorzustellen (2.1), um in der anschließenden Betrachtung ihre Auswirkungen zum einen auf den erziehungswissenschaftlichen Selbstfindungsprozeß im allgemeinen (2.2), und zum anderen auf den dabei in besondere Bedrängnis geratenden Stellenwert der Allgemeinen Pädagogik abschätzen zu können (2.3), bevor schließlich vor dem Hintergrund dieser Befunde die Position näher bestimmt wird, von der aus 'Kontakt' mit dem 'Pluralismusgespenst' aufgenommen werden kann (2.4).

2.1 *Problemstrukturierender Umriß:* Relativismus und/oder Fundamentalismus?

In den letzten Jahren häufen sich ernstzunehmende sozialwissenschaftliche Untersuchungen, die einen tiefgreifenden und beschleunigten Wandel der ökonomischen, politischen, sozialen, ökologischen und kulturellen Grundlagen moderner Gesellschaften nachweisen und ihn in einen wie auch immer gearteten Zusammenhang mit individuellen Orientierungsschwierigkeiten, gesamtgesellschaftlichen Entwicklungsproblemen und politischen Steuerungskrisen bringen. Auf die differenzierte Diagnose der solchermaßen gewandelten geistig-materiellen Bedingungen des Zusammenlebens bezogen, sehen sich heute viele Sozialwissenschaftler genötigt, vor "Sinnkrisen" mit pandemischen Ausmaßen zu warnen (vgl. Berger & Luckmann ²1995) oder vor der "Globalisierung normativer Konflikte" (vgl. Berger 1997), vor einem drohenden "Kampf der Kulturen" (vgl. Huntington 1996), vor den immer schwieriger sich gestaltenden "Integrationsproblemen" moderner Gesellschaften (vgl. Heitmeyer 1997), vor der "Brasilianisierung Europas" (vgl. Beck ⁴1998a) und der "McDonaldisierung" des Kulturschaffens (vgl. ebd.) und vielem mehr. Wie aber bereits an den Etiketten ablesbar, mit denen die Zeitdiagnostiker und Gesellschaftsanalytiker die Umbrüche und Verwerfungen in den pluralistisch verfaßten Gegenwartsgesellschaften auf den begrifflichen Nenner zu bringen versuchen – "postindustrielle Gesellschaft" (vgl. Bell 1973), "Risikogesellschaft" (vgl. Beck 1986), "Informationsgesellschaft" (vgl. Spinner 1998), "Wissensgesellschaft" (vgl. Stehr 1994), "Erlebnisgesellschaft" (vgl. Schulze ²1992), "Verantwortungsgesellschaft" (vgl. Etzioni ²1997), "Multikulturelle Gesellschaft" (vgl. Taylor 1993), "Multioptionsgesellschaft" (vgl. Gross 1994), "Sinngesellschaft" (vgl. Bolz 1997), "Zweite Moderne als weltgesellschaftliche Moderne" (vgl. Beck 1998b), Wegwerf- oder Überflußgesellschaft, Freizeitgesellschaft etc. – die Beurteilung dieser Entwicklung ist alles andere als einheitlich. Während die einen angesichts der Unübersichtlichkeit und Schnellebigkeit der Lebensverhältnisse die Bedrohung des erreichten Humanitätsniveaus beklagen, sehen andere gerade darin die Chance für einen beachtlichen Humanitätsfortschritt.[14] In altbekannter, insbesondere aus der kulturphilosophischen und kultursoziologischen Diskussion, die gegen Ende des 19. und zu Beginn des 20. Jahrhunderts in Deutschland unter der Überschrift "Gemeinschaft und Gesellschaft"[15] geführt wurde, bestens vertrauten Polarisierung werden die Argumente für kulturpessimistischen Traditionalismus auf der einen und für Fortschrittsoptimismus auf der anderen Seite gegeneinander in Stellung gebracht, ohne auf die Frage nach der Eigenart des modernen Plura-

---

[14] Dies ist beispielsweise auch der Hintergrund, vor dem gegenwärtig in der Soziologie die Frage diskutiert wird, weshalb entgegen den entwicklungstheoretischen Prognosen der Klassiker, angefangen bei Karl Marx und Max Weber, bis hin zu Talcott Parsons, ethnische Konflikte im Laufe der 'Modernisierung der Welt' im 20. Jahrhundert nicht allmählich verschwunden sind, sondern in allen Teilen der Welt eher noch an Bedeutung gewonnen haben (vgl. dazu Esser 1988, 1991 und 1996, sowie Wimmer 1995).

[15] Zu Eigenart und Aktualität der unter diesem von Ferdinand Tönnies geprägten Motto diskutierten Sachverhalte vgl. die einzelnen Beiträge in dem von Carsten Schlüter und Lars Clausen herausgegebenen Reader *"Renaissance der Gemeinschaft?"* (1990)

lismus und den aus ihr erwachsenden Gefahren und Chancen bereits überzeugende Antworten geben zu können.

Im Lager der Modernitätsskeptiker werden – nicht selten ohne Bezug auf ihren empirischen Nachweis und ungeachtet ihrer konkreten Ausprägung – so unterschiedliche Erscheinungen wie die abnehmende Bindungskraft von Kirchen, Parteien, Gewerkschaften und Vereinen, das Anwachsen der Kriminalitäts-, Scheidungs- und Suizidraten, aber auch die vermehrte Infragestellung der bürgerlichen Sekundärtugenden sowie die gesteigerte Nachfrage nach Esoterik zu einer kulturkritischen Gemengelage verdichtet und ohne lange Umschweife mit dem schnellen Wandel der materiellen und ideellen Lebensbezüge sowie dem exponentiellen Wachstum von Informations- und Wissensbeständen, die dank moderner Kommunikationstechnik und Medienvielfalt allgemein zugänglich sind, zu 'erklären' versucht.[16] Aus dieser Perspektive stellt die allgegenwärtige Konfrontation mit alternativen Selbst-, Gesellschafts- und Weltdeutungen für immer mehr Menschen eine Bedrohung der Einheitlichkeit ihrer individuellen Welterfahrung samt ihrer interpretativen Verarbeitung dar. Alltägliche Selbstverständlichkeiten bezüglich des Denkstils, des religiösen und weltlichen Ethos, der Symbolik und der Sprache bis hin zum Stellenwert der Emotionalität und der Gestaltung von Verhaltensnormen drohen für sie im geschichtlichen Wandel und kulturellen Vergleich den Status des fraglos Gegebenen einzubüßen. Und auch die Orientierung an historischen Fakten und religiösen Heilsgewißheiten vermag den Modernitätsskeptikern zufolge heute vielen Menschen keinen dauerhaften Halt mehr bei der Lebensbewältigung zu geben.[17] Freischaffende Krisendiagnostiker

---

[16] Die Modernitätsskeptiker können u. a. mit Jean Jacques Rousseau, Friedrich Nietzsche und Oswald Spengler auf eine lange "verfallstheoretische" Tradition zurückblicken, für die aktuelle Argumentationsform sind dagegen stärker dialektische und zyklische Geschichtstheorien richtungsweisend, darunter insbesondere Max Horkheimers und Theodor Adornos "*Dialektik der Aufklärung*" (1987, zuerst 1947), aber auch Arnold Toynbees "*Aufstieg und Verfall der Kulturen*" (^{3}1952).

[17] Die kulturkritische Perspektive auf die Entwicklung der Gegenwartsgesellschaften kommt in repräsentativer Weise in einem gemeinsam vom Club of Rome und der Bertelsmann Wissenschaftsstiftung getragenen Forschungsverbund zum Ausdruck, in dessen Rahmen sich ein interdisziplinär zusammengesetzter Kreis von Wissenschaftlern mit der zeitgenössischen Krise der "geistigen Orientierung" auseinandersetzt und eine Reihe von Publikationen herausgegeben hat (vgl. u. a. Berger & Luckmann ^{2}1995, Berger 1997 sowie Luckmann 1998). Im Vorwort zu Peter L. Bergers und Thomas Luckmanns Gutachten "*Modernität, Pluralismus und Sinnkrise. Die Orientierung des modernen Menschen*" charakterisiert Werner Weidenfeld den Ausgangspunkt des Forschungsverbunds und die sich daraus ergebenden Fragestellungen wie folgt: "*Fragen der geistigen Orientierung gehören zu den dringlichsten Herausforderungen der modernen Gesellschaft. Individualismus und Pluralismus sind die Bedingungen, unter denen Menschen selbst Maßstäbe für ihr eigenes Leben bilden müssen.*

und selbst ernannte spiritualistische Wunderheiler unterschiedlichster Provenienz haben deshalb wieder einmal Konjunktur und schüren oder verstärken noch die Ängste vor gesellschaftlicher Desintegration, individueller Zerrissenheit, moralischer Beliebigkeit, sozialer und kultureller Ort- und Orientierungslosigkeit sowie Sinnverlust.

Hinzu kommt – wie könnte es bei der Tragweite des Themas aber auch anders sein: Die Kulturkritiker bestimmen die Szenerie, wie schon erwähnt, nicht allein. Berufsmäßige Fortschrittsapostel und Spezialisten für optimistische Zukunftsprognosen deuten die Krisensymptome sogar als Ausdruck mangelnder Anpassungsfähigkeit gesellschaftlicher Strukturen und, hinsichtlich der 'objektiven' Veränderungen der Lebensverhältnisse, als ein Hinterherhinken des individuellen Bewußtseins.[18] Der sportlichen Devise folgend: "Immer schneller, höher und weiter", gehen sie davon aus, daß sich die modernen pluralen Lebensbedingungen einem immerwährenden wissenschaftlich-technischen Fortschritt verdankten, der eine nicht enden wollende ökonomische Prosperität und eine kontinuierliche Steigerung des allgemeinen Wohlfahrtsniveaus ermögliche. Häufig vertrauen sie – meist unreflektiert unter Verwendung der Rhetorik des Sozialdarwinismus – auf so etwas wie die Selbstheilungskräfte der menschlichen Natur, welche sicherstellen, daß sich die Menschheit im Durchlaufen von Entwicklungskrisen von fortschrittshemmenden Einflüssen befreit und solchermaßen quasi per Naturgesetz den innovativen Kräften zum Durchbruch verhelfen. Die Überwindung 'unzeitgemäßer' Wertorientierungen wird von ihnen geradezu zur historischen Herausforderung

---

Dieser Maßstäbe bedürfen sie, um sich orientieren zu können in einer Situation, die geprägt ist von Wahlmöglichkeiten und dem Zwang, Entscheidungen zu treffen. Drei Fragenkomplexe sprechen die zentralen Probleme an (...):

- *Wie läßt sich Sinn durch die Wahrnehmung pluraler Angebote realisieren?*
- *Wie vereinbaren Menschen die zahlreichen Rollen und sozialen Zusammenhänge, in denen sie agieren? Mit anderen Worten: Wie halten Menschen eine stabile Identität aufrecht?*
- *Welche Wertvorstellungen hegen sie hinsichtlich dessen, was sie als gut oder schlecht empfinden? (...) Welche Gemeinschaften bilden Menschen, die ähnliche Sinnvorstellungen haben und die gleichen Werturteile fällen? (...) Was tragen diese Gemeinschaften zur sozialen Kohäsion der Gesamtgesellschaft bei und wo gefährden sie diese? Welche Gemeinschaften erbringen hierbei aktive Integrationsleistungen? Wie kann die moderne Gesellschaft die notwendigen Bindungen bieten?"* (1995, S. 5)

[18] Bezüglich der optimistischen Variante einer Geschichtsphilosophie ist insbesondere auf die christlich-jüdische bzw. heilsgeschichtliche sowie auf die liberalistische und die marxistische Traditionslinie zu verweisen. Was die Fortschrittshoffnungen auf der Grundlage der Mehrung wissenschaftlichen 'Wissens' anbelangt, sind bei Francis Bacon, Giambattista Vico, Auguste Comte und Karl Marx Hinweise in diese Richtung zu finden.

stilisiert, und die stete Ausweitung der Freiheitsgrade des Handelns gilt ihnen als Voraussetzung von Zukunftssicherung und Glückseligkeit. Was bleibt sind rationale Kosten-Nutzen-Kalküle, die den Weg weisen sollen bei der Suche nach einem wahrhaft sinnerfüllten Leben. Die Herstellbarkeit von 'ewiger Jugendlichkeit' und die Entschlüsselung der letzten Welträtsel scheinen für die Anhänger der Zukunftspartei damit nur noch eine Frage der Zeit. 'Krisengewinnler' und 'Zeitgeist-Spekulanten' unterschiedlichster Couleur nutzen die Gunst der Stunde und versuchen, den Puls der Zeit abzuhören, um daraus Profit zu schlagen.

Was von Soziologen heute vielfach als Ambivalenzen, Paradoxien oder Diskontinuitäten der *"Modernisierung moderner Gesellschaften"*[19] analysiert wird – "Individualisierung", "Internationalisierung", "Entstrukturierung", "Ausdifferenzierung", "Wertewandel", "Regionalisierung", "Enttraditionalisierung", "Mobilität", "Ethnisierung", "Globalisierung", "Entgrenzung" etc. – und von Philosophen[20] als die *"Weisen der Welterzeugung"* (Nelson Goodman), als *"Ende der großen Erzählungen"* (Jean-Francois Lyotard) unter der Überschrift *"Unsere postmoderne Moderne"* (Wolfgang Welsch) problematisiert wird – "Kontingenzerleben", "Identätsdiffusion", "Sinnverlust", "posthistoire", "Konstruktivismus" oder "Strukturalismus", "Kommunitarismus", "Neo-Spenglerismus" oder auch "Neo-Nietzscheanismus" etc. – hängt ganz offensichtlich mit den beiden, in der plakativen Skizze zugespitzten, kollektiven und individuellen Wahrnehmungs- und Verarbeitungsweisen des *postmodernen* Pluralismus zusammen. Im Kern der Auseinandersetzung zwischen den Modernitätsskeptikern und den Anhängern der Zukunftspartei unterschiedlichster Provenienz geht es um nichts Geringeres, als um den Versuch, die Überlegenheit oder Unterlegenheit einer Fortschrittstheorie gegenüber einer Verfallstheorie des Kulturprozesses (oder zumindest zwischen zyklischen Varianten von beiden) entscheiden zu wollen. Unversehens führt dieser Streit zur Wiederaufnahme der klassischen Frage nach Ziel und Sinn des Geschichtsverlaufs und damit

[19] So lautete das Motto des 25. Deutschen Soziologentages 1990 in Frankfurt am Main, und in dieser Perspektive findet u. a. auch Ulrich Beck die Begründung und Ausgangsfrage für die von ihm herausgegebene Schriftenreihe *"Edition Zweite Moderne"*. Ohne in Wehklagen darüber zu verfallen stellt Beck lapidar fest: *"Eine Weltordnung ist zusammengebrochen"*, und fordert dazu auf, die Chancen, die sich damit verbinden, zu nutzen, was allerdings eine Antwort auf folgende Frage erfordere: *"Wie sehen die Herausforderungen, Widersprüche und Chancen in der alltäglichen Lebensführung, aber auch in Wirtschaft, Kultur und Politik in einer Welt aus, in der die Nationalökonomien in den Sog der >Globalisierung< geraten, in der über die Grenzen von Betrieben, Branchen, Nationen hinweg Produktion, Arbeit und Steuern neu verteilt (bzw. vorenthalten) werden?"* (1998a, S. 271)

[20] Der XIV. Deutsche Kongreß für Philosophie, der 1987 in Gießen stattfand, stand unter dem Motto *"Einheit und Vielheit"* (vgl. Marquard 1990).

in letzter Konsequenz zur Suche nach einem 'zeitlosen' Maßstab zu dessen Beurteilung. Darin findet sich zweifelsohne auch der Grund dafür, weshalb das Pluralismusproblem zum Ausgangspunkt und Kernelement *postmodernen* Philosophierens wurde. Aber auch hier scheiden sich die Geister in jene, die im zeitgenössischen Pluralismus eine geschichtslogische Fortsetzung des Aufklärungsprozesses der Moderne sehen, und solche, die eine tiefgreifende Zäsur in der Geschichtsentwicklung und damit den Anbruch einer neuen Epoche zu erkennen glauben oder sich gar im Zeitalter der "posthistoire" (Alexandre Kojève) angekommen wähnen.[21]

Aus der konfliktträchtigen Einsicht heraus, daß die modernen (oder – wenn's der argumentativen Klarheit dient – *postmodernen*) Lebensbedingungen zwar einerseits die individuellen Wahlmöglichkeiten steigern, neue Handlungsopportunitäten erschließen und Entwicklungsalternativen aufzeigen, solche Lebensbedingungen aber andererseits zwangsläufig auch Mehrdeutigkeit sowie Konkurrenz- und Entscheidungsprobleme verursachen, neigen anscheinend nicht wenige dazu, das Kind mit dem Bade auszuschütten. So führt die Haltung des "anything goes", als Ausdruck eines *postmodernen* Lebensgefühls verabsolutiert, in jenen logischen Selbstwiderspruch, der u. a. schon im 'Lügner-Paradoxon' zum Ausdruck kommt: Wenn denn wirklich alles möglich und legitim sein sollte, dann ist, konsequent zu Ende gedacht, letztlich auch die Beschränkung von Freiheit und die Verletzung der persönlichen Integrität des jeweils anderen erlaubt. Demgegenüber mündet die Forderung "back to the roots", als Allheilmittel gegen individuelle sowie kollektive Identitäts- und Orientierungskrisen und Entscheidungsschwierigkeiten gedacht, entweder in den Strudel des infiniten Regresses oder in die dogmatische Sackgasse. Diese Polarisierung erklärt aber auch, weshalb gerade in Zeiten schnellen sozialen, ökonomischen und technologischen Wandels und der Öffnung der kulturellen

---

[21] Bezüglich Stand und Entwicklung der philosophischen Auseinandersetzung mit dem Theorem der Postmoderne sei an dieser Stelle auf Wolfgang Welsch (insbesondere [5]1997) verwiesen. Eine differenziertere Auseinandersetzung mit dessen Pluralismuskonzept erfolgt in Kapitel 3. Was in aktuellen Gegenwartsdiagnosen unter den Begriff der *"posthistoire"* subsumiert wird, zielt im Kern darauf ab, *"daß die Geschichte im emphatischen Sinne abgeschlossen ist"*, wie Norbert Bolz dies treffend formuliert: *"Unsere westliche Welt lebt in der stabilen >Nachgeschichte< eines formaldemokratisch organisierten Kapitalismus, zu dem es keine plausible Alternative mehr gibt. Die Leidenschaften des politischen Lebens haben sich beruhigt; alle Interessen haben als gemeinsamen Nenner die Aufrechterhaltung des Status quo. Die neue nachgeschichtliche Welt stabilisiert sich im Faktenwissen. (...) Daß wir nach dem Ende der Geschichte leben, heißt nicht, daß sich nichts mehr ereignet! Aber die wesentlichen Bestände des gesellschaftlichen Lebens haben eine endgültige Form gewonnen, die wenig mit der Tradition des literarischen Humanismus, aber sehr viel mit dem >American Way of Life< zu tun hat. Die Revolution im Osten und der Zusammenbruch des Kommunismus sind also keine Widerlegung der Theorie des Posthistoire, sondern eine Bestätigung: Alle Welt drängt nach den Lebensmustern des Westens."* (1997, S. 242)

Horizonte wieder verstärkt Relativismen und Fundamentalismen in Mode kommen.[22] Denn aus der idealtypischen Überzeichnung der beiden Reaktionsmuster wird deutlich, daß sich das 'Pluralismusgespenst' offensichtlich in kein einheitliches Bild fügt: Einmal trägt es mehr die Züge des Relativismus, das andere Mal stärker die des Fundamentalismus, aber eventuell ist es ja gerade diese Fähigkeit zum Gestaltwandel, bzw. seine 'Janusgesichtigkeit', die das 'Gespenst' als solches auszeichnet.

Spätestens mit dem Hinweis auf die 'Janusgesichtigkeit' des Pluralismus stellt sich die Frage, was denn daran so außergewöhnlich ist, daß es von einigen gar zum Signum einer Zeitenwende stilisiert wird. Denn genau besehen ist weder das Pluralitätserleben noch das intuitive 'Wissen' um die Unvermeidbarkeit einer letzten individuellen Stellungnahme – und sei es 'nur' angesichts der existentiellen Transzendenzerfahrungen von Krankheit und Tod – offenbar ein sehr neues Phänomen. Vielmehr ist es eine altbekannte, alltägliche Erfahrungstatsache, die so selbstevident zu sein scheint wie das subjektive Erleben und Denken der eigenen Existenz, daß sowohl unsere 'Wahrnehmung' von Subjekten wie Objekten als auch unser 'Wissen' über diese nicht einheitlich ist.[23] So machten denn auch bereits die Vorsokratiker die Erfahrungsmannigfaltigkeit zum philosophischen Thema, und bekanntlich ist Platons Philosophie nicht nur durch den Dualismus von Ideen- und Realwelt, sondern auch durch einen internen Pluralismus der Ideenwelt geprägt, und letztlich zollt beispielsweise auch in unserem Jahrhundert Karl R. Poppers 'Drei-Welten-Konzept' der elementaren Grunderfahrung von Vielfalt in der Weise

[22] Ohne der weiteren Darstellung vorzugreifen, sei darauf hingewiesen, daß – auch wenn gegenwärtig die Schlagzeilen stärker vom Fundamentalismus als vom Relativismus beherrscht werden – beide Begriffe im Alltagssprachgebrauch negativ konnotiert sind; diese Voreinstellung spiegelt sich mehrheitlich auch im wissenschaftlichen Gebrauch wider. So versteht beispielsweise Karl Acham unter Fundamentalismus *"eine Tendenz (...), die durch Rückgriff auf angeblich unbezweifelbare Wahrheiten und die Stigmatisierung der sich nicht zu ihnen Bekennenden mit Gewalt die Institution des freien Diskurs zerstört."* (1995, S. 32) Und den Relativismus beschreibt er als eine kognitive Tendenz, die sich dadurch auszeichnet, daß sie nicht nur *"historisch wandelbare Standards der Werte im Bereich der Ästhetik und Moral"* postuliert, sondern darüber hinaus *"auch alle Standards des Denkens, inklusive der logischen Regeln"* für variabel und damit letztlich für unmaßgeblich erklärt (ebd., S. 36f.). Das Verhältnis von Relativismus, Fundamentalismus und Pluralismus wird insbesondere in Kapitel 3.1 differenzierter beleuchtet.

[23] Wie Michael Landmann (1963) in seinem Buch *"Pluralität und Antinomie"* zeigt, verdanken die zentralen Fragestellungen der Erkenntnis- und Sozialphilosophie ebenso wie die der Metaphysik diesen Einsichten ihre immerwährende Aktualität (vgl. insbesondere S. 134ff.). Ganz offensichtlich dauerte es aber bis zum Anfang des 20. Jahrhunderts, bis der Pluralismus selbst beginnend mit dem Buch von William James: *"The Pluralistic Univers"* (1909, hier zitiert nach der deutschen Übersetzung von 1994) zu einem wichtigen Motiv der philosophischen Forschung werden sollte.

Tribut, daß von ihm neben der Dingwelt und dem gedanklichen Erfassen derselben auch ein Reich des Ideellen konzipiert wird. Die Feststellung von Vielheit, das Erleben von Andersartigem und das Erfahren von Unvertrautem ist offensichtlich auch immer schon der Auslöser für die Suche nach Einheit, Beständigkeit, Vollkommenheit, Ganzheit und Verbindlichkeit. Der einzige Wesenszug, der Kontinuität suggeriert und Gewißheit verspricht – dies wird m. E. gerade aus der aktuellen Beschäftigung mit dem *postmodernen* Pluralismus deutlich – scheint eben diese nicht enden wollende Suche nach den ewigen Wahrheiten, den historischen Wurzeln, dem Bleibenden, dem Grundlegenden, dem Allgemeinen und Nichtwandelbaren, oder, mit einem seit jeher umstrittenen Wort: dem "Universellen", zu sein.[24] Sieht man einmal davon ab, wie (d. h. unter Zuhilfenahme welcher kategorialen Prämissen) die großen Denker seit Jahrhunderten d a s Wesen des Menschen im einzelnen zu bestimmen versucht haben, so stimmen sie gerade darin überein, daß sie das Bedürfnis nach Unverwechselbarkeit, Individualität und Identität – also das Verlangen nach e i n e r letzten Antwort auf die Fragen: "Wer bin ich?", "Wo komme ich her?" und, spätestens seit dem 19. Jahrhundert, "Wo gehe ich hin?" als konstitutiv für Menschsein auffassen.[25]

[24] John Dewey sieht in dieser "Erfahrung" – nämlich der subjektiven Angewiesenheit auf Entscheidungshilfen, die zwischen lebenspraktischer Vielfalt und handlungstheoretischer Einheitlichkeit zu vermitteln vermögen – die Hauptursache für die seit Platon und Aristoteles immer wieder anzutreffenden Versuche einer strikten Trennung von *"praktisch-sinnlicher Erfahrung"* und *"echter Erkenntnis"*, und damit zugleich auch den Ausgangspunkt für die Dauerkontroverse in der Erziehungswissenschaft um das angemessene Verhältnis von Theorie und Praxis. Der Vorrang der Theorie verdanke sich einem grundsätzlichen, nur schwer zu entkräftenden Mißtrauen gegenüber der Empirie: *"Etwas erkennen, etwas geistig oder theoretisch erfassen heißt der Region des Wandelbaren, des Zufalls und der Mannigfaltigkeit entrinnen. Die Wahrheit ist vollkommen; sie wird durch den Wirrwarr der sinnlichen Welt nicht berührt. Sie behandelt das Ewige und Allgemeine, und die Welt der Erfahrung kann beherrscht, geordnet und beruhigt werden nur dadurch, daß sie dem Gesetz der Vernunft unterworfen wird."* (1993, S. 347, zuerst 1915) Das menschliche Erkenntnisstreben oder Wissensverlangen werde seither, so Deweys Resümee, immer wieder einseitig 'intellektualisiert' und vom wahren Leben isoliert, mit all den nachteiligen Konsequenzen, die in idealistischen Bildungstheorien exemplarisch studiert werden könnten.

[25] Der Einsicht in die subjektive Sinnbedürftigkeit humaner Existenz verdankt die philosophische Anthropologie seit Immanuel Kant ihre zentrale Stellung im Gefüge der Einzelwissenschaften vom Menschen. Denn laut Kant sind die Antworten der Philosophen auf die allgemeinen philosophischen Grundfragen: *"1) Was kann ich wissen? 2) Was soll ich tun? 3) Was darf ich hoffen?"*, immer schon auf die umfassendere Frage: *"4) Was ist der Mensch?"*, bezogen (Band IX, 1968, S. 25, zuerst 1923). D. h. die Anthropologie im Kantischen Sinne reformuliert und konkretisiert die Frage nach d e m Wesen des Menschen in folgender Weise: *"Wer ist dieses Wesen, das fragt, was es wissen kann, was es tun soll, und was es hoffen darf."* (Groth 1981, S. 520) Helmuth Plessner sucht folgerichtig die Frage nach den *"Bedingungen der Möglichkeit verwirrender Vielfalt"* mit der Antwort auf die Frage nach den Bedingungen der Möglichkeit menschlichen Seins zu beantworten, d.h. für Plessner sind die Bedingungen der Möglichkeit von Vielfalt mit den Bedingungen der Möglichkeit des

Vor dem Hintergrund der hier vorgetragenen gesellschaftsanalytischen und philosophiegeschichtlichen Allgemeinplätze scheint das Neue an der heutigen Auseinandersetzung mit dem Pluralismus darin zu bestehen, daß dieses 'Gespenst' häufig im autoritätsheischenden 'Wendegewand' des Relativismus und Fundamentalismus daher kommt. Zeigt es seine relativistische Seite, schimmert bei näherer Betrachtung ein Fundamentalismus mit umgekehrtem Vorzeichen durch, und läßt es sich von seiner fundamentalistischen Seite sehen, erkennt man seinen wahren Charakter als Relativismus mit umgekehrtem Vorzeichen. Es kann daher auch nicht sehr überraschen, wenn selbst die Kontrahenten im Postmodernismusstreit ihre Probleme mit dieser Doppelgesichtigkeit haben.[26] Alleine schon der

---

menschlichen Seins identisch: *"Es gehört nicht viel Philosophie dazu, um zu begreifen, daß die Erfahrung der Vielfalt und des Wandels der Menschen und ihrer Schicksale nur vor dem einfachen und bleibenden Hintergrund der menschlichen Gattung zustande kommt, weil Variabilität Konstanz in sich schließt. Je reicher und disparater unsere geschichtliche Erfahrung wird, um so dringender meldet sich das Bedürfnis nach Einheit, das allerdings seine Befriedigung nicht in einer generalisierten Synthese, sondern nur im Rückgriff auf die* ***Bedingungen der Möglichkeit verwirrender Vielfalt*** *finden kann. Wie aber und als was zeigen sich diese Bedingungen der Möglichkeit?"* (1983, S. 140, zuerst 1961, Hervorhebung W. J.) Dies ist eine nicht ganz einfach zu beantwortende Frage, denn: *"Die menschliche Gattung als der beharrliche, aber unsichtbare Akteur, der in Wahrheit unausgesetzt auf der Bühne bleibt, erscheint selbst nicht, es sei denn in ihren Verkörperungen."* (ebd.) Die Scheidung von individueller Verkörperung und Gattung wirft nun darüber hinaus das methodische Problem auf, daß *"[d]er einzelne Mensch nicht nur Exemplar seiner Gattung [ist], wie es der Fall sein müßte, wenn wir bei seiner natürlichen Erscheinung stehenblieben. Als geschichtliches Wesen ist er mehr und sehr oft weniger, weil ihm Menschsein nicht nur Menschenhaftigkeit, sondern auch eine Chance bedeutet, die jeder ergreifen oder verfehlen kann."* (ebd., S. 38) Mit vergleichbaren Überlegungen setzen – soviel sollte bereits deutlich geworden sein – gerade auch die Theoretiker der *Postmoderne* mit ihrer Argumentation ein.

[26] Ohne den Analysen in Kapitel 3.1 zur Anatomie des Pluralismus allzu sehr vorgreifen zu wollen, läßt sich das skizzierte Problem der Doppelgesichtigkeit anhand folgender Beispiele veranschaulichen: Für die Wahrnehmung der fundamentalistischen Position als modernitätsfeindliche Auffassung kann die häufig zitierte Definition von Thomas Meyer als typisch gelten, die in ihrer plakativen Formulierung m. E. sehr gut ausdrückt, wie oberflächlich manche im Lager der Fortschrittspartei mit dem Problem des ethnischen Pluralismus umgehen: *"Fundamentalismus ist der selbstverschuldete Ausgang aus den Zumutungen des Selbstdenkens, der Eigenverantwortung, der Begründungspflicht, der Unsicherheit und der Offenheit aller Geltungsansprüche, Herrschaftslegitimationen und Lebensformen, denen Denken und Leben durch Aufklärung und Moderne unumkehrbar ausgesetzt sind, in die Sicherheit und Geschlossenheit selbsterkorener absoluter Fundamente."* (1989, S. 157) In dieser polarisierenden Perspektive zeigen sich die Verunsicherten dann ausschließlich als *"die Versager der säkularen Kontingenzkultur, die Schwachmatiker der modernen Weltgesellschaft, die ewigen Sitzenbleiber in der Schule der Vielfalt"*, wie beispielsweise Jürgen Lau (1992, S. 912) zu bedenken gibt. Im Umkehrschluß kann man daher vielen Kritikern des Fundamentalismus den Vorwurf machen, die Grundlagen für die Geltungsansprüche der eigenen Position entweder nicht offenzulegen oder schlimmstenfalls überhaupt nicht reflektiert zu haben. Als exemplarisch für die Wahrnehmung der relativistischen Position als indifferente und permissive Auffassung oder als Prozeß der *"Vergleichgültigung"* (Welsch [5]1997, S. 54 und öfter) sei die dezidiert wertkonservative Kritik des 'Pädagogen' Wolfgang Brezinka (1986, mit nur geringfügigen Abwandlungen auch 1998) angeführt, die mit

Hinweis aber, daß das Gespenst vorwiegend im gemeinsamen Hause der westlichen Welt spukt, macht m. E. darauf aufmerksam, daß das Erleben, Erleiden und Problematisieren von Vielfalt, Multiformität, Diversität, Heterogenität, Polyvalenz oder eben mit einem Wort: Pluralität, mit dem spezifischen sozio-kulturellen Kontext in Zusammenhang steht, von dem auf den ersten Seiten die Rede war. Dieser Kontext hat ganz offensichtlich insbesondere in den westlichen Vorreiterregionen der sogenannten "Weltgesellschaft"[27] zu der paradoxen Situation geführt, daß angesichts der ***postmodernen*** 'Erlebnisdichte' und Wahlmöglichkeiten die Entscheidungslasten für individuelles Handeln enorm angestiegen sind, während zugleich aber die individuelle und kollektive Beschäftigung mit der Unausweichlichkeit 'letzter Antworten' an den Rand der bewußten Lebensführung gedrängt wurde. In dem Maße, in dem immer mehr Aspekte des menschlichen Daseins der interessengeleiteten Disposition und Revision zugänglich sind, schwindet offensichtlich das 'Wissen' um die subjektive Bedeutsamkeit, die objektive Schwierigkeit und die kulturell begrenzte Reichweite von Entscheidungskriterien für individuelles Handeln.[28]

---

dem Pluralismus die nachteiligen Folgen verbunden sieht, "*daß das Nebeneinander, das Gegeneinander und das Durcheinander der Weltanschauungen und Moralen zu ihrer gegenseitigen Relativierung und Neutralisierung führt – und damit zu Orientierungsunsicherheit, geistiger Verführbarkeit und moralischer Unterforderung der Bürger. Wenn diese Kehrseiten des Pluralismus verharmlost werden, statt sie einzudämmen, dann wächst die Gefahr der Anarchie, des Verfalls von Ordnung und Disziplin im Inneren und der Wehrlosigkeit gegen den Druck von außen.*" (1986, S. 74) Da Brezinka – wie in Kapitel 2.3 eingehend zu diskutieren sein wird – seinerseits die Geltungsansprüche der universellen Werte wie Ordnung, Disziplin etc. nicht offenlegt und aufgrund seines Wissenschaftsverständnisses dies auch nicht als wissenschaftliche Aufgabe begreift, leistet er – wie z. B. Gehard Zecha (1987, S. 157ff.) ihm nachweist – entgegen seinen eigentlichen Absichten einem Werterelativismus Vorschub. Ganz offensichtlich handeln sich auch die Anhänger der Partei der Wertkonservativen oder Traditionalisten sehr leicht den Vorwurf ein, die Auseinandersetzung mit dem Pluralismus nicht wirklich ernsthaft zu führen.

27 Was mit dem höchst problematischen Terminus "*Weltgesellschaft*" gemeint ist, kann man unter Bezug auf Ulrich Becks Definition mehr assoziativ als argumentativ nachvollziehen. "*Weltgesellschaft meint: Was die Menschen scheidet – religiöse, kulturelle und politische Unterschiede –, ist an einem Ort, in einer Stadt, immer öfter sogar in einer Familie, in einer Biographie präsent. Diese Allgegenwart der Weltunterschiede und Weltprobleme ist das genaue Gegenteil des Konvergenz-Mythos, nach dem alle Kulturen einander gleich werden, die Zukunft der Weltgesellschaft also in der Erfahrung eines universellen Déjà vu liegt. Die verschiedenen Weltbetrachtungen, Sitten, Kulturen können vielmehr, wie Nietzsche vorhersieht, überall verglichen und >nebeneinander durchlebt werden<. Welt-Gesellschaft ist dann die Kurzformel für Multiple-Welten-Gesellschaft, meint also genau umgekehrt: Vielfalt ohne Einheit.*" (Beck 1998b, S. 7)

28 Hans Joas weist uns deshalb zu Recht darauf hin, daß – bei aller Stimmigkeit der Diagnose vom *postmodernen* Ende sinnstiftender "Metaerzählungen" – der "*Abschied von teleologischen und evolutionistischen Geschichtsdeutungen nicht davor bewahrt, uns in ein historisch reflektiertes Verhältnis zur Herkunft unserer Ideale und zum Schicksal ihrer Verwirklichung zu setzen.*" (1997, S. 20) Und selbst der "*entschiedenste Anhänger der Ungewißheits-These*", so fährt Joas unter Bezug auf das moraltheoretische Relativismusproblem fort, "*wird ja nicht bestreiten, daß viele Menschen sich weiterhin ihrer besonderen Werte durchaus sicher fühlen und auf eine Verletzung ihrer Werte mit leidenschaftlicher Empörung reagieren.*" (ebd.)

Folglich liegt die Vermutung nahe, daß der Pluralismus deshalb gerade in jenen Gesellschaften zum Problem mit gesamtgesellschaftlichen Ausmaßen wird, in denen er mehr oder weniger unkontrolliert in seiner selbstwidersprüchlichen Erscheinungsform als Relativismus oder Fundamentalismus, d.h. als *postmoderner* Pluralismus, wahrgenommen wird.

Trotz der Vorläufigkeit, in der diese weitreichende These hier begründet werden konnte, sollte in diesem ersten Annäherungsversuch an die aktuelle Pluralismusdebatte zweierlei deutlich geworden sein: Zum einen die Leichtigkeit, mit der uns das 'Gespenst' in seinen Bann zieht sowie die schlichte Unmöglichkeit, wollte man versuchen, es in einer Mischung aus weltabgewandter Borniertheit und provinzieller Ignoranz einfach nicht zur Kenntnis zu nehmen. Zum anderen die Größe der Aufgabe, die es bedeuten würde, den Herrschaftsbereich des Pluralismus in all seinen Ecken und Winkeln auszuleuchten oder ihn ein für allemal auf eine und nur eine Erscheinungsform festzulegen. Unter Verweis auf unsere "safety-first-Strategie" liegt es demnach nahe, das 'Pluralismusgespenst' in einem überschaubaren und eventuell sogar repräsentativen Teilbereich, eben dem der Erziehungswissenschaft, aufzuspüren und seine Wirkungsweise zunächst einmal möglichst differenziert zu rekonstruieren.

2.2 *Thematische Begrenzung:* Erziehungswissenschaft im Plural?

Die hier bislang auf dem 'Evidenzniveau' von Schlagworten angesprochene Problematik spielt, wie eingangs erwähnt, inzwischen auch in der erziehungswissenschaftlichen Diskussion eine zentrale Rolle.[29] Der Tragweite der skizzierten Schwierigkeiten entsprechend ist denn auch die Liste der wissenschaftlichen Unge-

[29] Stellvertretend für die Vielzahl von Krisendiagnosen der letzten Jahre, die sich mehr oder weniger explizit aus dem Pluralismusproblem ergeben, sei hier zur 'Einstimmung' auf die m. E. repräsentative Auswahl von Stellungnahmen in vier Aufsatzsammlungen verwiesen: *"Pädagogik im Pluralismus"*, herausgegeben von Gertrude Brinek & Alfred Schirlbauer (1993); *"Pädagogik und Pluralismus"*, herausgegeben von Frieda Heyting & Heinz-Elmar Tenorth (1994); *"Pluralitätsverarbeitung in der Pädagogik"*, herausgegeben von Reinhard Uhle & Dietrich Hoffmann (1994) sowie *"Pluralität und Bildung"*, herausgegeben von Ingrid Gogolin et al. (1998). Wie groß die Verunsicherung mittlerweile ist, kann man exemplarisch auch daran erkennen, daß fast 200 Jahre nach Beginn der Akademisierung der Lehrerausbildung im Zuge der Humboldtschen Bildungsreform nicht mehr hinreichend geklärt zu sein scheint, was *"pädagogische Professionalität"* überhaupt kennzeichnet (vgl. Combe & Helsper 1996).

reimtheiten und die Zahl der Unzufriedenen – nicht zuletzt in den eigenen Reihen –, mit denen sich die Disziplin in den letzten Jahren konfrontiert sieht, auf eine stattliche Größe angewachsen. Dies soll der folgende (zunächst noch wenig systematische) Streifzug durch jene Veröffentlichungen illustrieren, welche sich mit der genannten Aufgabenstellung und der Selbstthematisierung der Erziehungswissenschaft unter dem Eindruck *postmoderner* Pluralisierungstendenzen seit Ende der siebziger Jahre beschäftigen:

- Der disziplingeschichtlich gesehen jüngste Reigen mit kritischen Anfragen an die Disziplin wurde durch die von Niklas Luhmann und Karl-Eberhard Schorr (1979) populär gemachte Formel vom *"Technologiedefizit"* eröffnet. Damit wird auf die systemtheoretische Perspektive verwiesen, wonach die Ursachen für die bis heute von der Erziehungswissenschaft nur unzureichend geklärten *"funktionalen Defizite des Erziehungssystems"* darin zu sehen sind, daß die Eigenlogik der am Erziehungsgeschehen beteiligten Teilsysteme (Unterricht, Schulorganisation, Gesellschaft) mangels Bezug auf eine >übergeordnete Einheit< nicht in der Lage sind, die *"funktionalen Bedürfnisse des Gesamtsystems"* zu befriedigen.
- Vor dem Hintergrund der gewandelten soziokulturellen Bedingungen des Aufwachsens in der modernen Gesellschaft hat beispielsweise Hermann Giesecke (1985) mit Blick auf die gesteigerten Schwierigkeiten, in Elternhaus und Schule heute noch erzieherisch wirksam sein zu können, ebenso plakativ wie wirkungsvoll das *"Ende der Erziehung"* proklamiert; gut zehn Jahre danach erneuert er diese Botschaft und begründet sie mit der mangelnden Berücksichtigung zweier gesellschaftlicher Tendenzen: *"[Der] politischen und normativen Pluralisierung der Gesellschaft und [der] daraus notwendigerweise erwachsenden Individualisierung von Lebensläufen."* (1996, S. 391)
- Auch Wolfgang Brezinka wird seit Mitte der 80er Jahre nicht müde, vor dem Hintergrund von Wertewandel und Enttraditionalisierung der Lebensgestaltung die *"Erziehung in einer wertunsicheren Gesellschaft"* (1986) zu problematisieren, und bemüht sich angesichts der von ihm diagnostizierten *"Erziehungskrise"*, den Eltern und Lehrern wieder *"Mut zur Erziehung"* (ebd., S. 153) zu machen.
- Und auch noch annähernd zehn Jahre später sieht sich die Bildungskommission NRW (1995) dazu veranlaßt, angesichts *postmoderner "Zeitsignaturen"* – darunter will sie verstanden wissen: *"[die] Pluralisierung der Lebensformen und sozialen Beziehungen"* (S. 24f.), *"die Veränderung der Welt durch neue Technologien und Medien"* (S. 25ff.), *"die ökologische Frage"* (S. 27f.), *"Bevölkerungsentwicklung und Migration"* (S. 28f.), *"die Internationalisierung der Lebensverhältnisse"* (S. 29), *"de[n] Wandel der*

Werte" (S. 29f.) – das traditionelle Bildungsverständnis um *"Elemente eines zeitgemäßen Bildungsbegriffs"* (S. 30ff.) zu erweitern, um darauf bezogen die Zukunft von Schule und Bildung neu zu bestimmen.

- Noch weiter geht Dietrich Benner in seiner Diagnose (erstmals 1983, und bis heute mehrfach wiederholt) und konstatiert dabei sogar einen fortschreitenden *"Auflösungsprozeß von Erziehungswissenschaft und Erziehungspraxis"*. *"Die Pädagogik,"* so schreibt er, diese Entwicklung zusammenfassend, *"verliert ihre Einheit immer mehr an eine Vielzahl von Wissenschaften, die Aussagen über die Erziehungstatsache und -problematik machen; und die pädagogische Praxis löst sich zunehmend in eine Vielzahl von Einzeltätigkeiten auf, für die es keine sie verbindende Handlungstheorie und -wissenschaft mehr gibt."* (1983, S. 283).
- Demgegenüber gibt Helmut Heid (1987) zu bedenken, daß die Ausdifferenzierung einer Wissenschaft in Teilbereiche durchaus auch Chancen bietet und gar das *"Symptom eines Reifungsprozesses"* darstellen kann. Die heute immer schwerer zu erfüllende Voraussetzung hierfür sei allerdings, daß die auf Einzelfragen spezialisierten Vertreter in der Lage seien, *"sich auf ein zumindest für die Identität einer wissenschaftlichen Disziplin und eines Studienganges unerläßliches Minimum gemeinsamer Themen und Kompetenzen einzulassen (...)."* (ebd., S. 228)
- Dieter Lenzen wiederum zeichnet angesichts der Vielzahl von erziehungswissenschaftlichen Subdisziplinen, Fachrichtungen, Praxisfeldern, theoretischen Ausrichtungen und methodologischen Spezialisierungen ein *"Bild der Diversifikation"* (1989c, S. 1112) von *"Erziehungswissenschaft-Pädagogik"* (u. a. 1989c, S. 1105 und 1994, S. 37) – so die von ihm präferierte 'Doppelpack'-Formulierung. Angesichts der *"Ausweitung pädagogischer Fragestellungen, Betreuungs- und Bildungsangebote in praktisch alle Lebensalter und in alle Dimensionen der Biographie von der pränatalen Didaktik bis zur Altenpflege"* (1998a, S. 48) plädiert er neuerdings gar dafür, den *"Prozeß der Humanontogenese in seiner Gänze zum Gegenstand und Kommunikationsmedium"* der Erziehungswissenschaft zu machen, und diese dann in *"Lebens(lauf)wissenschaft"* (ebd., S. 51) umzubenennen.
- Die mit den Mitteln der empirischen Wissenschaftsforschung vorgenommene *"Vermessung der Erziehungswissenschaft"* (u. a. Tenorth 1990c, sowie die weiteren Beiträge in Heft 1 der Zeitschrift für Pädagogik, Jahrgang 1990) zeitigt ihrerseits sehr zwiespältige Ergebnisse: Einerseits belegen sie eine stete personelle Expansion, thematische Spezialisierung und methodologische Differenzierung seit Anfang der 60er Jahre, die auf eine Normalisierung bzw. dauerhafte Verankerung des Faches im Wissenschaftsgefüge hindeuten; andererseits scheint aber gerade dadurch die Einheit des Faches zunehmend in Gefahr zu geraten

und *"die Disziplin am Beginn einer neuen Epoche"* (Krüger & Rauschenbach 1994) zu stehen.

- Nicht mehr zu übersehen ist schließlich auch, daß, aus den modernen pädagogischen Reformbewegungen bzw. 'sonderpädagogischen' Forschungsbereichen heraus, die sich mit Fragen der Bildung und Erziehung von Frauen, ethnischen Minderheiten und Behinderten befassen, immer nachdrücklicher die pädagogische Anerkennung von Verschiedenheit, Andersartigkeit und *"egalitärer Differenz"* (Prengel 1993, S. 180) eingefordert wird. Angesichts der unabweislichen kulturellen Pluralisierung von Schule und Gesellschaft wird von diesen erziehungswissenschaftlichen Richtungen zunehmend *"das nationale Selbstverständnis der Bildung"* (Gogolin 1994) in Frage gestellt und damit insgesamt die Geltung 'pädagogischer Universalien' problematisiert sowie ernstzunehmende Versuche gestartet, um zu einer Neubestimmung von 'allgemeiner Bildung' zu gelangen (vgl. u.a. Gogolin et al. 1998, sowie Allemann-Ghionda 1997 und 1998).

Immer mehr Fachvertreter machen sich angesichts dieser aspektreichen und mühelos noch verlängerbaren Liste von Krisenbefunden wortreich und mit jeweils guten Gründen Sorgen um das gegenwärtige Erscheinungsbild und die weitere Entwicklung der Disziplin – so zumindest der gemeinsame Grundtenor einer nur noch schwer überschaubaren Fülle von Bilanzierungen der Fachentwicklung seit dem 2. Weltkrieg.[30] Was diese Stellungnahmen bei aller Unterschiedlichkeit in

---

[30] Die erst in den letzten Jahren in Gang gekommene Selbstbeobachtung der Erziehungswissenschaft auf der Grundlage einer weit gefaßten empirischen Wissenschaftsforschung, verstanden als *"Instrument reflexiver Wissenschaftspraxis"*, und weniger als Spezialität zur Pflege historischer Interessen (Herrmann 1989, S. 16), verdankt diesen Bilanzierungsbedürfnissen ihre entscheidenden Impulse. Die lange Reihe von Supervisionen der jüngeren Disziplingeschichte, die nicht selbst wieder schon Geschichte sind, d. h. zum gegenwärtigen Zeitpunkt nicht länger als etwa zehn Jahre zurückliegen, und die mit Blick auf die im weiteren Zusammenhang noch intensiver zu behandelnden Fragen von besonderem Interesse sind, beginnt mit der von Hermann Röhrs & Hans Scheuerl 1989 herausgegebenen Festschrift für Wilhelm Flitner *"Richtungsstreit in der Erziehungswissenschaft und pädagogische Verständigung"*, wird fortgesetzt mit dem von Dietrich Hoffmann & Helmut Heid herausgegebenen Band *"Bilanzierungen erziehungswissenschaftlicher Theorieentwicklung"* (1991) sowie dem von Dietrich Hoffmann & Alfred Langewand & Christian Niemeyer herausgegebenen Band *"Begründungsformen der Pädagogik in der >Moderne<"* (1992). Es folgen der von Helmut Peukert & Hans Scheuerl herausgegebene Band *"Ortsbestimmung der Erziehungswissenschaft"* (1992) und der im gleichen Jahr erschienene Band *"Pädagogische Konzeptionen"*, herausgegeben von Jörg Petersen & Gerd-Bodo Reinert sowie der von Heinz-Hermann Krüger & Thomas Rauschenbach 1994 herausgegebene Band *"Erziehungswissenschaft – Die Disziplin am Beginn einer neuen Epoche"*. Drei erst jüngst erschienene Sammelbände schließen die Reihe vorläufig ab: *"Forschungs- und Handlungsfelder der Pädagogik"* (1997), herausgegeben von Reinhard Fatke; *"Die gegenwärtige Struktur der Erziehungswissenschaft"* (1998), herausgegeben von Dietrich Hoffmann & Karl

Beweisführung und Zielsetzung letztlich vereint, ist die Klage darüber, daß sich mit zunehmender Pädagogisierung aller Lebensabschnitte und aller Lebensbereiche die Auffassung vom “anything goes” anscheinend auch in der Erziehungswissenschaft immer größerer Beliebtheit erfreut. Jürgen Oelkers bringt m. E. all diese Befürchtungen auf den Punkt, wenn er schreibt: *“Es droht (...) eine überkomplexe Disziplin zu entstehen, die ohne Mitte auseinanderstrebt und sich nur noch in einer dynamischen Heterogenität begreifen kann, ohne so recht ihre Originalität unter Beweis stellen zu können.”* (1998a, S. 238) Diese Profilschwäche schlägt sich u. a. auch darin nieder, daß es sowohl den wissenschaftlichen Fachvertretern als auch den Erziehungspraktikern sowie der informierten Öffentlichkeit offensichtlich immer schwerer fällt, die Grenze zwischen solider erziehungswissenschaftlicher Erkenntnis und journalistischem oder populärwissenschaftlichem Räsonnement zu bestimmen. Letzteres macht sich häufig an Modethemen wie dem “Burn-out-Syndrom bei Lehrern”, der “Gewalt an der Schule” oder dem in regelmäßigen Abständen beschworenen ‘Bildungsnotstand’ fest, und findet auf den Feuilletonseiten auflagen starker Zeitungen und Zeitschriften nicht selten weite Verbreitung.[31] In altbekannter Manier wird dabei eine falsche oder unzureichende ‘Erziehung’ zur Ursache von Problemen jeglicher Art erklärt und die Erziehungswissenschaft als mehr oder weniger willfährige

---

Neumann sowie *“Erziehungswissenschaft, Nachbardisziplinen und Öffentlichkeit”* (1998) herausgegeben von Annette M. Stroß & Felicitas Thiel.

Daneben sei – ohne Anspruch auf Vollständigkeit – auf die folgenden m. E. repräsentativen Einzelbeiträge für die Art und Weise, in der die Auseinandersetzung mit der Disziplinentwicklung erfolgt, verwiesen: Böhm (1991), Brezinka (1994a und 1995), Lassahn (1996), Oelkers (1998a), Tenorth (1990a, 1996 und 1997) sowie Paschen (1998).

Bezeichnend für die momentane Identitätskrise der Disziplin ist m. E. auch das Verständnis von Erziehungswissenschaft, das Dieter Lenzen im Editorial zu Heft 1 der 1998 neu gegründeten *“Zeitschrift für Erziehungswissenschaft”* formuliert. So schreibt er dort u. a.: *“Durch die Auswahl von Herausgebern und Herausgeberinnen, die Einsetzung eines Beirats und durch die Themenwahl bekennt sich die Zeitschrift zum >interdisziplinären< Charakter einer Wissenschaft von Erziehung und Bildung. Die fruchtlose Suche nach einem pädagogischen Proprium scheint kaum geeignet, die Herausforderungen zu bewältigen, die sich im 21. Jahrhundert an Erziehungs- und Bildungsprozesse stellen werden.”* Und wenig später heißt es: *“Die Erziehungswissenschaft hat aufgrund ihrer beispiellosen Aufgabenerweiterung eine Professionalisierung und Ausdifferenzierung in Teildisziplinen erfahren, die in einer ganzen Reihe von Fällen inzwischen auch über eigene, spezialisierte Fachorgane verfügen. Weil diese Entwicklung durchaus von der Gefahr begleitet ist, der ein Fach wie die Medizin erlegen ist, daß die Vertreter der Spezialfächer >das Ganze des Menschen< aus dem Auge verloren haben, bedarf es gerade in einer erweiterten Erziehungs- und Bildungswissenschaft eines Forums, auf welchem übergreifende Fragestellungen nicht zu kurz kommen.”* (1998b, S. 3f.)

[31] Die jüngsten Auseinandersetzungen über die angemessene Interpretation der Ergebnisse der TIMS-Studien (Third International Mathematics and Science Study, vgl. Jürgen Baumert et al. 1997) zeigt exemplarisch, wie groß die Verlockungen sind, vordergründige bildungspolitische Interessen und gängige Vorurteile zu bedienen (vgl. dazu u. a. die Beiträge in *“Die deutsche Schule”*, Heft 2/1999).

Instanz für die Entwicklung von Problemlösestrategien wahrgenommen. Die Unzufriedenheit mit dem gegenwärtigen Erscheinungsbild der Disziplin hängt demnach unzweifelhaft auch mit der großen Heterogenität, Diversität, Vielgestaltigkeit und Pluralität dessen zusammen, was heutzutage alles als erziehungswissenschaftliche Aufgabenstellung definiert wird und als wissenschaftliche Forschung unter dem Etikett 'Erziehungswissenschaft' firmiert.[32]

Vor diesem in groben Strichen skizzierten Hintergrund wird deutlich, daß der von Heinz-Elmar Tenorth (1992a, S. 136) apostrophierte *"homo paedagogicus"* in der zweiten Hälfte des 20. Jahrhunderts zum 'Normalbürger' geworden ist, und daß die wissenschaftliche Pädagogik, wollte sie ihre gesellschaftliche Nützlichkeit nicht wieder in Frage stellen lassen, ihre Fixierung auf das Berufsfeld Schule überwinden mußte. Dank ihrer Anpassungsbereitschaft hat sie dabei zwar in quantitativer Hinsicht – was die Zahl der Erziehungswissenschaftler und der Fachbereiche an den Universitäten und Fachhochschulen sowie die Zahl der Forschungsinstitute anbelangt[33] – ihre Position gefestigt. Doch hat sie diese Expansion damit erkauft, daß ihre Fachvertreter bis heute nach e i n e m gemeinsamen Platz und der identitätsstiftenden disziplinären Mitte einer *"Erziehungswissenschaft zwischen Modernisierung und Modernisierungskrise"* – so das Motto des 13. Kongresses der Deutschen Gesellschaft für Erziehungswissenschaft 1992 in Berlin – suchen.[34]

---

[32] Als repräsentatives Beispiel für die konstatierte Unzufriedenheit sei hier Wolfgang Brezinkas Formulierung angeführt: *"Mangels Konsens über den Zweck und die Kernfragen der Pädagogik ist ihr Gegenstand so weit ausgeufert, daß er wissenschaftlich nicht mehr zusammenhängend bearbeitet werden kann. Im Kernbereich gibt es Stagnation und Rückschritt. Dafür wuchern an der Peripherie rund zwei Dutzend Spezial-Pädagogiken und Pseudo-Spezialdisziplinen, denen jede Rückbindung an einen begrifflich-theoretischen Kanon pädagogischen Grundwissens fehlt – von der 'Religionspädagogik' bis zur 'Sportpädagogik', von der 'Freizeitpädagogik' bis zur 'Medienpädagogik' usw."* (1995, S. 52)

[33] Dieter Lenzen weist in einer knappen Überblicksdarstellung zur Geschichte und Entwicklung der institutionellen Strukturen der Disziplin darauf hin, daß die Erziehungswissenschaft inzwischen neben der Medizin die größte Hochschuldisziplin darstellt und sich in zehn Fächer sowie zwölf Fachrichtungen unterteilt (vgl. 1997b, S. 85f.). Darüber hinaus zählt Lenzen ca. 450000 Vertreter pädagogischer Berufe. Die Quelle für seine Angaben bleibt er leider schuldig, doch man sollte davon ausgehen dürfen, daß der langjährige Vorsitzende der akademischen Fachgesellschaft über genügend einschlägige Informationen verfügt.

[34] Neben den bereits angeführten Belegen zur Bilanzierung der Disziplinentwicklung sei hier nochmals gesondert auf die mit den Mitteln der modernen Wissenschaftsforschung vorgenommene Zusammenstellung von Heinz-Elmar Tenorth *"Erziehungswissenschaft in Deutschland – Skizze ihrer Geschichte von 1900 bis zur Vereinigung 1990"* (1997) sowie den stärker paradigmengeschichtlich orientierten Überblick von Jürgen Oelkers *"Pädagogische Reform und Wandel der Erziehungswissenschaft"* (1998a) verwiesen.

Stellvertretend für eine Fülle entsprechend motivierter und ganz ähnlich gelagerter Suchbewegungen[35] sei hier etwas ausführlicher aus der Einleitung zu einem kürzlich erschienen Sammelband zitiert, der unter dem bezeichnenden Titel *"Die gegenwärtige Struktur der Erziehungswissenschaft. Zum Selbstverständnis einer undisziplinierten Disziplin"* veröffentlicht wurde. Für die beiden Herausgeber, Dietrich Hoffmann & Karl Neumann, stellen die beispiellose *"Erfolgsgeschichte in Theorie und Praxis"* und der *"seit Jahrzehnten andauernde disziplinäre Binnendiskurs über >Einheit< und >Struktur< der Erziehungswissenschaft in der >Vielheit< ihrer Konzepte"* einen, wie sie anfangs noch zurückhaltend formulieren, *"denkwürdigen Kontrast"* (1998, S. 7) dar. Als typisch *"undiszipliniert"* erscheint ihnen jedoch die *"Vehemenz der Klage über den Mangel an Integrationspotential bzw. die Permanenz der Frage, welches ihre [sic! die Erziehungswissenschaft] Grundbegriffe bzw. ihre legitimen Methoden zu sein hätten, zumal die gebotene Klärung von einheitsstiftenden Strukturmerkmalen bzw. geltungsdifferenten Objektkonstruktionen in einer Systematik pädagogischer Differenzen von anderen schlicht verdrängt"* werde (ebd., S. 7f.). Um nun trotz dieser Tatsache *"in der >Pluralität< der Subdisziplinen und ihrer Konzepte durchgängige Strukturmerkmale, den immer blasser werdenden 'pädagogischen Grundgedankengang' bzw. die Geltungslogik einheitsverbürgender 'einheimischer Begriffe' freizulegen"*, erscheint es den beiden Herausgebern als eine erfolgversprechende Strategie, namhafte Vertreter einzelner Subdisziplinen in einem Überblicksreferat darum zu bitten, *"jeweils die Entstehung und Entwicklung der Teildisziplinen kontrastiv darzustellen und ihr Verhältnis zur Allgemeinen Pädagogik sowie die Beziehungen der Subdisziplinen untereinander und – gegebenenfalls – zu den Nachbarwissenschaften zu analysieren und zu reflektieren. (...) Im ganzen sollte am Ende deutlich werden, ob die vorliegende >Arbeitsteilung< sinnvoll ist, welchen Nutzen und welchen Nachteil sie hat und ob sie unter der gleichsam postmodernen Individualisierung der Erziehungswissenschaft (...) auch weiterhin vernünftig genannt werden kann."* (ebd., S. 8) Nach Sichtung der aus subdisziplinärer Perspektive verfaßten Einzelbeiträge kommen Hoffmann & Neumann zu der abschließenden Erkenntnis, *"daß es problematisch wäre, anzunehmen, die >komplexe< Struktur der Erziehungswissenschaft könnte – durch metatheoretische Anstrengungen – systematisch >geordnet< und – durch den Verzicht auf die ein oder andere Subdisziplin – vernünftig >beschränkt< werden. Versuche der 'Disziplinierung' dürften daran scheitern, daß es tatsächlich keinen >einheitlichen< Gegenstand und infolgedessen keinen alle Teile >verbindenden< Grundbegriff der Pädagogik gibt. 'Erziehung' und 'Bildung' decken längst nicht mehr alle pädagogischen Intentionen ab. Dies hat damit zu tun, daß die Pädagogik als Wissenschaft von der Erziehung den >vielfältigen< Zwängen zu einer pragmatischen Entwicklung ausgesetzt ist, die von der fortschreitenden Professionalisierung*

---

[35] Vgl. diesbezüglich nochmals u. a. Röhrs & Scheuerl (1989), Peukert & Scheuerl (1992), Petersen & Reinert (1992), Krüger & Rauschenbach (1994) sowie Fatke (1997).

der Erziehung in der Wirklichkeit ausgehen. Es ist offensichtlich schwierig, den Tendenzen der Zersplitterung entgegenzuwirken, die der Theorie von der Praxis durch deren 'Spezialisierungserwartungen' zugemutet werden, zumal sie sowohl von den mehr >theorie-< als auch den mehr >praxisorientierten< Vertreterinnen und Vertretern der Pädagogik zunehmend akzeptiert werden." (ebd., S. 14)

Dieser von Dietrich Hoffmann & Karl Neumann unternommene Versuch, die gegenwärtige Struktur der Erziehungswissenschaft zu bestimmen, kann m. E. sowohl bezüglich seiner Intention als auch seiner Schlußfolgerungen als repräsentativ gelten. Gerade auch die im Rahmen mehrerer statistischer und inhaltsanalytischer Einzelstudien ermittelten Befunde konnten – bezogen auf die Indikatoren thematische und methodische Orientierung von erziehungswissenschaftlichen Qualifikationsarbeiten (vgl. Macke 1992 und 1994), Rekrutierungs- bzw. Karrieremuster und thematisch-methodische Orientierung des wissenschaftlichen Personals (vgl. Helm et al. 1990; Baumert & Roeder 1990 und 1994; Rauschenbach & Christ 1994), thematische Ausrichtung des Lehrangebotes (vgl. Herrlitz 1996), Struktur pädagogischen Argumentierens (vgl. Paschen & Wigger 1992), Klassifikation und Systematik pädagogischen Wissens (vgl. Horn & Tenorth & Helm 1994) und erziehungswissenschaftliche Themen- und Begriffskonjunkturen (vgl. Stroß & Thiel 1998) – den für die von Hoffmann & Neumann beklagte "Disziplinlosigkeit" verantwortlichen Diversifizierungs- und Spezialisierungsprozeß der Erziehungswissenschaft in differenzierter Weise belegen. Augenscheinlich hat die Vervielfachung und Ausweitung pädagogischer Handlungs- und Praxisfelder, gepaart mit der Etablierung neuer erziehungswissenschaftlicher Studiengänge, in den letzten Jahren bzw. Jahrzehnten den sich seit der Jahrhundertwende mit der aufkommenden Sozial- sowie Berufs- und Wirtschaftspädagogik abzeichnenden Trend zu einer subdisziplinären Fragmentierung der Erziehungswissenschaft noch verstärkt und das rasante Anwachsen von empirischen Partialerkenntnissen sowie eine Diversifikation der thematischen und methodologischen Vorlieben erst ermöglicht. Letztlich spielt hierbei aber auch die Übernahme forschungsleitender Kategorien aus den Nachbardisziplinen Philosophie, Psychologie und Soziologie eine nicht zu unterschätzende Rolle und trägt das Ihrige dazu bei, daß sich all diese Entwicklungen in einer immer offensichtlicher werdenden Desorientierung von Studierenden und Lehrenden der Erziehungswissenschaft gleichermaßen niederschlagen.

Geht man im Anschluß an das moderne Wissenschaftsverständnis davon aus, daß sich eine wissenschaftliche Disziplin durch die methodisch kontrollierte und begrifflich definierte Beschäftigung mit einem spezifischen Gegenstandsbereich und durch die systematische Aufbereitung der dabei gewonnenen Erkenntnisse zur gesellschaftlichen Nutzanwendung (wie u. a. auch zum Zwecke der universitären Lehre) konstituiert[36], wird vor dem skizzierten Hintergrund nun wesentlich leichter nachvollziehbar, worauf die immer häufiger zu hörende oder zu lesende Klage über einen Erosionsprozeß der erziehungswissenschaftlichen Identität abhebt, nämlich auf die Pluralisierung ihrer thematischen, methodischen, institutionellen, sozialen und kommunikativen Strukturen. Die zusehends verschwimmende Lehr- und Forschungsgestalt der Erziehungswissenschaft macht m. E. nachdrücklich darauf aufmerksam, daß die Disziplin sehr allgemein und sehr ausgeprägt an einem 'Pluralismussyndrom' leidet:[37] Nicht nur

---

[36] So betonte bereits Max Weber: *"Nicht die >sachlichen< Zusammenhänge der >Dinge< sondern die >gedanklichen< Zusammenhänge der >Probleme< liegen den Arbeitsgebieten der Wissenschaften zugrunde: wo mit neuer Methode einem neuen Problem nachgegangen wird und dadurch Wahrheiten entdeckt werden, welche neue bedeutsame Gesichtspunkte eröffnen, da entsteht eine neue >Wissenschaft<."* ([4]1973a, S. 166)
Zu neueren wissenschaftsgeschichtlichen Studien bezüglich der Ausdifferenzierung insbesondere der naturwissenschaftlichen Disziplinen und des Zusammenhangs mit der spezifischen Berufsstruktur einer Gesellschaft, vgl. Stichweh (1994).

[37] Was die Differenzierungs- und Pluralisierungstendenzen, empirisch bezogen auf disziplinübergreifende Kommunikationsprozesse und -medien (vgl. Roeder 1990) sowie die thematische Ausgestaltung des erziehungswissenschaftlichen Lehrangebotes (vgl. Herrlitz 1996), anbelangt, stellt sich die Situation bis Ende der achtziger Jahre noch vergleichsweise günstig dar. Peter M. Roeder spricht demzufolge bezogen auf die achtziger Jahre von einem *"Nebeneinander von Differenzierungs- und Integrationsdynamik"*, so daß er es noch für begründet hält, von Erziehungswissenschaft im Singular zu reden (1990, S. 668f.). Und Hans-Georg Herrlitz beschreibt im Vergleich der erziehungswissenschaftlichen Lehrangebote von 1945/46-1989 zwar einen kontinuierlichen *"Prozeß der thematischen Ausdifferenzierung"*, findet darin aber noch keine Hinweise auf einen *"Traditionsbruch"* (1996, S. 281).
Wie man der Ankündigung der ersten *"Professionspolitischen Konferenz der DGfE"* im Februar 1999 entnehmen kann, hat sich augenscheinlich der Expansions- und Differenzierungsprozeß der Erziehungswissenschaft im letzten Jahrzehnt dieses Jahrhunderts jedoch erheblich beschleunigt und damit auch die Schwierigkeiten noch verstärkt, eine integrationsförderliche Antwort auf die Frage nach der Struktur und Identität von Disziplin und Profession formulieren zu können. *"Die gegenwärtige Situation der Erziehungswissenschaft ist durch einen Wandel der Rahmenbedingungen und durch neue weitgreifende Aufgabenzuschreibungen in der pädagogischen Sache selbst gekennzeichnet"*, so beginnen die verantwortlichen Organisatoren der DGfE ihr Vorwort im Programmheft zur Konferenz und fahren fort: *"Das macht sich sowohl in den Universitäten und Hochschulen als auch im Bereich praktischer Berufstätigkeit bemerkbar. Mit der professionspolitischen Konferenz stellt sich die DGfE diesen speziellen gesellschaftlichen und staatlichen Herausforderungen und den damit verbundenen grundlegenden Problemen der Erziehungswissenschaft in Studium und Beruf: Umbau des Hochschulsystems, Modernisierung der Studiengänge und Profilierung der Disziplin sind hier als Themen für die Erziehungswissenschaft ebenso zu nennen wie andere Wege in die Praxis, Veränderungen in den Beschäftigungsstrukturen und neue Arbeitsfelder."* (Gogolin & Otto 1999, S. 3)

- die **pädagogischen Studiengänge** (Lehramtsstudien für alle Schulstufen und -formen; Diplom- und Magisterstudiengänge mit Schwerpunktbildung in einer Fülle von Praxisbereichen; Nebenfach-, Ergänzungs- und Beifachstudien für eine große Zahl benachbarter Diplomstudiengänge; Universitäts-, Fachhochschul- und Akademiestudien) sowie die damit in Verbindung stehenden Berufsfelder, sondern auch
- die **interdisziplinären Kooperationspartner in Forschung und Lehre** (Philosophie, Theologie, Psychologie, Soziologie, Politologie, Anthropologie sowie alle Lehramtsfächer),
- die **Gegenstandsbereiche erziehungswissenschaftlicher Forschung und Lehre** (pädagogisches Handeln, Bildungssysteme, Schulstrukturen und -stufen, Berufs- und Weiterbildung, angewandte Sozial-, Freizeit-, Museums-, Sport- und Altenpädagogik, allgemeine und spezielle Lehr-Lern-Arrangements, Sozialgeschichte der Kindheit, Jugend, Familie und Geschlechter, Anthropologie des Lernens, Ideengeschichte von Bildung und Erziehung etc.),
- die **forschungspraktischen Zielsetzungen** (Praxisanleitung, Grundlagenforschung, Bedarfsanalyse, Politikberatung, Wertorientierung, Krisenintervention, Wissensmanagement etc.),
- die **forschungsleitenden Strategien und Methoden** (historisch-vergleichende, kultur- und international-vergleichende Forschung, Fallstudien, teilnehmende Beobachtung, Inhaltsanalyse, Makroanalysen, Evaluations- und Begleitforschung etc.),
- die **Kategorien und Theorien** (Bildung, Erziehung, Lernen, Sozialisation, Unterricht, Emanzipation, Mündigkeit, System, Biographie, Geschlecht, Generation, Beratung etc.) sowie
- die **metatheoretischen Grundorientierungen** (Hermeneutik, Rationalismus, Phänomenologie, Konstruktivismus, Empirismus, Praxeologie, Materialismus, Strukturalismus, Psychoanalyse etc.)

variieren offensichtlich in einem von anderen Disziplinen nicht gekannten hohem Maße.[38] Die immer wieder von neuem unternommenen Versuche, quasi 'mittels

---

[38] Auch Dieter Lenzen scheint es angesichts dieser Diversität schwer zu fallen, den Überblick zu behalten: In seinem Einleitungsartikel für den "*Grundkurs – Erziehungswissenschaft*" unterscheidet er zwischen neun Subdisziplinen, zehn Fachrichtungen und sieben Praxisfeldern, die sich im historischen Differenzierungsprozeß der Disziplin herausgebildet haben (vgl. 1994, S. 38f.). Nur drei Jahre später spricht er dann an anderer Stelle von zehn Fächern oder Subdisziplinen der Erziehungswissenschaft und zwölf Fachrichtungen (vgl. 1997, S. 85f.), und in seinem Editorial zu Heft 1/1998 der *"Zeitschrift für Erziehungswissenschaft"* macht er gar 25 Subdisziplinen aus. Gesteigert wird die Unklarheit noch dadurch, daß beispielsweise die Freizeitpädagogik einmal als Fachrich-

Buchdeckel' und in Veröffentlichungsreihen sowie auf wissenschaftlichen Kongressen und Symposien in additiver Zusammenschau all dieser Aufgaben, Bereiche, Dimensionen und Positionen Gemeinsamkeiten und damit eine Einheit zu stiften, sind Ausdruck für die Unzufriedenheit mit dem skizzierten Erscheinungsbild, aber zugleich auch ein Beleg für die Schwierigkeit, wenn nicht sogar die Unmöglichkeit, auf dem Wege eines rein äußerlichen Inverbindungsetzens eine innere, konstitutive Verbundenheit herzustellen.[39]

Zu den dargestellten Schwierigkeiten im Umgang mit den Folgen des disziplinären Modernisierungsschubes kommt erschwerend hinzu, daß der Wandel

---

tung (1994) und das andere Mal als Subdisziplin (1997) angesprochen wird oder die Gesundheitserziehung einmal als Praxisfeld und das andere Mal als Subdisziplin Berücksichtigung findet.
Völlig abweichend hiervon werden dagegen in Band IV des *"Einführungskurs[es] Erziehungswissenschaft"* die Arbeitsfelder der Erziehungswissenschaft gegliedert und bezeichnet. In diesem von Heinz-Hermann Krüger & Thomas Rauschenbach (1995) herausgegebenen Band werden jeweils von Experten 16 Arbeitsbereiche vorgestellt, die von den traditionellen pädagogischen 'Arbeitsfeldern' Familie, Schule und Betrieb bis hin zu eher neueren Feldern wie der öffentlichen Kindererziehung, Beratung und der stationären Erziehungshilfen reichen, ohne daß immer zu erkennen wäre, was eigentlich das Verbindende dieser Bereiche ausmacht. Ähnlich verwirrend ist auch die Auflistung theoretischer Richtungen oder Paradigmen. In Band II des *"Einführungskurs[es] Erziehungswissenschaft"* stellt Heinz-Hermann Krüger (1997) 14 *"theoretische Konzepte und Positionen der Erziehungswissenschaft"* vor, wobei er die Geisteswissenschaftliche Pädagogik, die Empirische Erziehungswissenschaft und die Kritische Erziehungswissenschaft ausführlicher behandelt, während er beispielsweise die Transzendentalphilosophische Pädagogik, die Systemtheoretische Erziehungswissenschaft und die Feministischen Ansätze in der Erziehungswissenschaft jeweils auf nur wenigen Seiten charakterisiert.
Etwas übersichtlicher geht es in dem von Eckard König & Peter Zedler verfaßten Band *"Theorien der Erziehungswissenschaft"* (1998) zu. In insgesamt fünf Kapiteln setzen sie sich mit den Grundlagen, den Forschungsmethoden und den praktischen Konsequenzen sowie den verschiedenen Ausprägungen der *"Erziehungswissenschaft als normative[r] Disziplin"*, der *"Erziehungswissenschaft als empirische[r] Disziplin"*, der *"Erziehungswissenschaft als hermeneutische[r] Disziplin"* und der *"Erziehungswissenschaft auf Basis der Systemtheorie"* auseinander, um dann von wissenschaftstheoretischer Warte aus die aktuelle metatheoretische Diskussion über Paradigmenwechsel, Postmodernismus und Konstruktivismus hinsichtlich ihrer erziehungswissenschaftlichen Relevanz zu rekapitulieren. Mangels einer expliziten Begründung für die Auswahl an Positionen, die Gruppierung von Paradigmen und die Zuordnung einzelner Autoren bestätigt aber auch dieses Buch insgesamt den Eindruck einer nur schwer zu bändigenden Vielfalt.

[39] Ein solches additives Selbstverständnis kommt in dem von Walter Twellmann herausgegebenen, auf 14 Bände angewachsenen *"Handbuch Schule und Unterricht"* (1981-1986) ebenso zum Ausdruck, wie in der von Dieter Lenzen herausgegebenen, zwölf Bände umfassenden *"Enzyklopädie Erziehungswissenschaft"* (1983-1986). Es manifestiert sich aber auch in dem vierbändigen *"Einführungskurs Erziehungswissenschaft"* (1995-1997), herausgegeben von Heinz-Herrmann Krüger, sowie den drei Bänden *"Deutsche Gegenwartspädagogik"* (1993-1998), herausgegeben von Michele Borrelli & Jörg Ruhloff. Darüber hinaus prägt dieses Selbstverständnis auch die meisten der bereits oben als 'Dokumente erziehungswissenschaftlicher Suchbewegungen' angeführten Arbeiten.

der Erziehungswissenschaft in eine pluralistisch verfaßte Universitätsdisziplin mit einer schleichenden 'Enthistorisierung' und 'Enttheoretisierung' des wissenschaftlichen Selbstverständnisses einher zu gehen scheint. Denn wie selbst ein nur flüchtiger Blick in pädagogische Standardwerke zur Disziplingeschichte belegt, ist die Klage über die Begründungsschwierigkeiten einer Pädagogik als Wissenschaft, die sich durch eine charakteristische, identitätsstiftende Forschungs- und Lehrgestalt auszeichnet, weder neu noch sonderlich aufregend.[40] Die ungeklärte Verhältnisbestimmung von Theorie und Praxis hat die Erziehungswissenschaft als Erblast von der Mutterdisziplin Philosophie übernommen, und das Problem der Pluralität pädagogischer Handlungsfelder, erziehungswissenschaftlicher Forschungsinteressen und theoretischer Konzepte beschäftigt die Erziehungswissenschaft – was vielfach in Vergessenheit geraten zu sein scheint – schon am Ausgangspunkt ihrer *"Großen Aspiration"*, wie Jürgen Oelkers (1989) sein Buch zur ideengeschichtlichen Herausbildung der modernen Erziehungswissenschaft überschreibt.[41] Spätestens seit dem 18. Jahrhundert ist die Frage nach d e m Wesen des Menschen wissenschaftlich nicht mehr einheitlich beantwortbar ebensowenig wie die Frage nach seiner inneren und äußeren 'Bestimmung' oder gar die nach den Bedingungen der

---

[40] Wer sich auf die historische Dimension der Wissenschaftsforschung wenig versteht, mag daran erinnert werden, daß beispielsweise Georg Geißler bereits im Jahre 1964, also noch vor der eigentlichen universitären Ausbauphase, zu bedenken gab, daß die Verankerung von erziehungswissenschaftlichen Subdisziplinen nur dann zu verantworten sei, *"wenn die Spezialisierung das Bewußtsein des Ganzen pflegt, von dem sie ausgeht und in das sie wieder einmündet (...). Nach ihrem Inhalt und ihrer Methode bildet die Erziehungswissenschaft eine Einheit, und nur unter Wahrung dieser Voraussetzung ist ihre Spezialisierung an der Universität überhaupt diskutabel."* (1964, S. 8) Und nur etwas mehr als 30 Jahre ist es her, daß Wolfgang Ritzel im Rückgriff auf das, was er als Aufgabe und Methode *"Historischer Pädagogik"* herausarbeitet, *"die Vielheit pädagogischer Theorien und die Einheit der Pädagogik"* (1968, S. 144) zu bestimmen suchte; gerade einmal elf Jahre nach Geißler und mitten in der Expansionsphase warnte Hans Scheuerl bereits vor *"zentrifugalen Tendenzen"* in der Erziehungswissenschaft, die daher rührten, daß die Pädagogik auf dem Wege sei, *"sich in ein multidisziplinäres Sammelbecken addierbarer Einzelfragen angewandter Wissenschaften zu verwandeln, die nur noch darin miteinander etwas zu tun haben, daß sie sich allesamt näher oder entfernter mit Aspekten des Heranwachsens, der Sozialisation und der Verhaltensbeeinflussung beschäftigen."* (1975, S. 15f.); und noch nicht einmal 25 Jahre liegt es zurück, daß Wilhelm Flitner in seiner *"Rückschau auf die Pädagogik in futuristischer Absicht"* (1976) prognostizierte, falls es nicht gelänge, die Pädagogik um einen *"ethischen Grundgedanken"* zu zentrieren, so werde sich *"die Erziehungswissenschaft in eine Menge von pragmatischen Unterdisziplinen auflösen und im Einflußbereich der Sozialwissenschaften oder der Psychologie, Anthropologie und Verhaltensforschung verschwinden (...)"* (ebd., S. 5).

[41] Zur Geschichte des "pädagogischen Jahrhunderts" (Friedrich Immanuel Niethammer) vgl. die einzelnen Beiträge in dem von Ulrich Herrmann herausgegebenen Band *">Die Bildung des Bürgers<. Die Formierung der bürgerlichen Gesellschaft und die Gebildeten im 18. Jh."* (1982) sowie seine Aufsatzsammlung *"Aufklärung und Erziehung"* (1993a).

Möglichkeit seiner 'Selbstbestimmung'.[42] Diese Einsichten verhelfen letztendlich auch den beiden modernen Schwesterdisziplinen, der Psychologie und Soziologie, gegen Ende des 19. Jahrhunderts zum Durchbruch (vgl. Acham 1995 und 1996). Friedrich Ernst Daniel Schleiermacher war es dann, der bereits zu Anfang des 19. Jahrhunderts in seiner *"Theorie der Erziehung"* mit dem Hinweis auf die konstitutive Verschränktheit der Erziehungstatsache mit gesellschaftlichen Bedürfnissen und Verhältnissen sowie ethischen Grundorientierungen auf die historisch-kulturelle Relativität all unseres pädagogischen Denkens und Handelns, d.h. auf unüberwindbare *"Grenzen für die Allgemeingültigkeit einer Theorie der Erziehung"* (vgl. 1959, S. 51-61), aufmerksam gemacht hat; und spätestens seit Wilhelm Diltheys Akademieabhandlung von 1888 läßt sich nicht mehr ignorieren, daß alle Versuche, mit der Überwindung naturalistischer Einheitsvorstellungen wirklich ernst zu machen – wie besonders anschaulich an Diltheys eigenem Konstrukt des *"teleologischen Strukturzusammenhangs des Seelenlebens"* ([4]1974, S. 181) ablesbar – wiederum selbst Gefahr laufen, unzulässigen Vereinheitlichungen oder Universalisierungen nachzujagen.[43]

Die Erkenntnis, daß sich pädagogisches Denken und Handeln auf a l l e n Ebenen und in a l l seinen Ausdrucksformen an spezifische raum-zeitliche Bedingnisse gebunden erweist, besitzt demnach keinerlei Neuigkeitswert. Als neu kann bestenfalls die Materialfülle und die Differenziertheit bezeichnet werden, mit der uns heute kulturanthropologische,[44] ebenso wie bildungs- oder erziehungsgeschichtliche[45] und empirisch-analytische[46] Detailforschungen in unmißverständ-

---

[42] In dieser Hinsicht leisten die Beiträge in der von Clemens Menze et al. herausgegebenen Festschrift für Rudolf Lassahn *"Menschenbilder"* (1993) eine wertvolle Erinnerungsarbeit.

[43] Vgl. in dieser Hinsicht auch die m. E. gerade mit Blick auf die aktuelle Diskussion noch immer instruktive Diagnose des Dilthey-Schülers Max Frischeisen-Köhler sowie auch dessen (aufgrund seiner 'Zeitgeist-Gebundenheit') lehrreicher kulturpädagogischer Therapievorschlag in seinem Buch *"Bildung und Weltanschauung"* aus dem Jahre 1921.

[44] Diesbezüglich liegen aus dem Bereich der Vergleichenden Erziehungswissenschaft (vgl. Schriewer 1994, und 1998) und nicht zuletzt auch aus dem Arbeitszusammenhang der Interkulturellen Pädagogik (vgl. Diehm & Radtke 1999) eine Vielzahl von Erkenntnissen vor, die in diese Richtung deuten.

[45] Vgl. die in dieser Hinsicht besonders verdienstvolle Zusammenstellung der auf Deutschland bezogenen, sozial-, institutionen- und ideengeschichtlichen Entwicklungen in den fünf bislang erschienen Bänden des *"Handbuch[es] der deutschen Bildungsgeschichte"* (1987-1999), herausgegeben von Christa Berg et al..

[46] Bezüglich empirischer Befunde aus dem Bereich der Pädagogischen Psychologie sei auf die von Klaus A. Schneewind (1994) und von Franz E. Weinert (1996 und 1997) herausgegebenen Bände der *"Enzyklopädie der Psychologie, Serie: Pädagogische Psychologie"* verwiesen. Bezüglich empirischer Befunde aus der erziehungssoziologischen und der Sozialisationsforschung vermittelt das von

licher Weise darüber aufklären, daß pädagogisches Handeln im weitesten Sinne[47] zum einen, was die übergreifenden Ziele und erziehungspraktischen Strategien und Methoden anbelangt, kulturspezifischen Mustern folgt, und zum anderen immer zugleich auch auf die Vermittlung spezifischer, inhaltlich konkretisierter Fähigkeiten, Haltungen und Kompetenzen hin ausgerichtet ist.

Im vorliegenden Zusammenhang ist nun aber weniger die Tatsache von Relevanz, daß sich der zentrale 'Gegenstand' der erziehungswissenschaftlichen Analyse, das pädagogische Handeln und seine Rahmenbedingungen, als wandelbar und vielgestaltig erweist und alleine schon deshalb immer wieder einer wissenschaftlichen 'Neuvermessung' bedarf. Erheblich bedeutsamer ist vielmehr die Feststellung, daß nicht nur die Erkenntnis*objekte*, sondern auch die Erkenntnis*mittel*, d.h. das erziehungswissenschaftliche 'Meßinstrumentarium' sowie das verfügbare 'Deutungs- und Urteils-Inventar', ihrerseits immer wieder nach einer Selbstvergewisserung verlangen.[48] Denn nach den vorausgegangenen Bemerkungen sollte unmittelbar nachvollziehbar sein, daß auch der Geltungsanspruch von wissenschaftlichen Analysetechniken sowie von Theorien für die pädagogische Praxis durch seinen spezifi-

---

Klaus Hurrelmann & Dieter Ulich herausgegebene *"Handbuch der Sozialisationsforschung"* ([4]1991) einen guten Überblick.

[47] In Ermangelung eines geeigneteren Sammelbegriffs für die unterschiedlichen Formen pädagogischer Praxis scheint mir der Erziehungsbegriff noch immer ein besserer terminologischer 'Platzhalter' zu sein, als beispielsweise die von Dieter Lenzen in letzter Zeit in die Diskussion gebrachten Begriffe der *"kurative[n] Tätigkeiten"* oder der *"Humanontogenese"* (1998b, S. 228).

[48] Aus diesem Grund greift m. E. auch der Versuch von Werner Helsper (1995 und 1996) zu kurz, der aktuellen Pluralismus-Herausforderung dadurch zu begegnen, daß dem überlieferten Antinomiengefüge pädagogischen Handelns, dem *"Individualisierungsparadox"*, dem *"Rationalisierungsparadox"* und dem *"Zivilisierungsparadox"*, kurzerhand noch ein *"Pluralisierungsparadox"* hinzugefügt wird, das er wie folgt beschreibt: *"Die Spannung einer Vervielfältigung von Lebensformen einerseits und übergreifenden kulturellen Generalisierungen andererseits kennzeichnet das Pluralisierungsparadoxon der modernisierten Kultur. Die Spannung einer einheitlichen, integrierenden und einer differenzierenden Orientierung pädagogischen Handelns wird damit komplizierter: Denn pädagogisches Handeln muß an die Vervielfältigung partikularer Lebensformen anknüpfen, ohne in sie einführen zu können, und muß in übergreifende kulturelle Prinzipien einführen, kann dies aber nur in der generalisierenden Form universalistischer Prinzipien."* (1995, S. 30)

Das Spannungsverhältnis von partikularen Lebensformen und kulturellen Universalien ist bereits von Schleiermacher als konstitutiv für den "pädagogischen Bezug" (Hermann Nohl) herausgestellt worden, darüber hinaus finden sich bei Schleiermacher eine Fülle von Hinweisen, die deutlich machen, daß schon die traditionellen pädagogischen Antinomien im Kern ein Pluralismusproblem enthalten. Wie im weiteren noch deutlich werden wird, besteht die Herausforderung des *postmodernen* Pluralismus aber nicht nur darin, daß er das Bewußtsein für die Erfahrungsvielfalt von Lebensformen geschärft hat, sondern vielmehr darin, daß er die Möglichkeit e i n e s einheitlichen wissenschaftlichen Verständnisses von pädagogischem Handeln und damit auch von dem, was eine pädagogische Paradoxie kennzeichnet, prinzipiell bezweifelt.

schen Begründungszusammenhang bereits ein kulturell und geschichtlich geprägtes Unterfangen darstellt.

Insbesondere läßt erst diese raum-zeitliche Begrenzung der Reichweite des erziehungswissenschaftlichen Forschens die Pluralitätsdiagnose zur Provokation werden. Sie macht nämlich darauf aufmerksam, daß sich mit der Überwindung einheitswissenschaftlicher Ansprüche die Suche nach Kriterien zur Beurteilung von Grundlegungsfragen, deren eigene Grenzen weiter gesteckt sind, erheblich schwieriger gestaltet, als vielfach angenommen. An dieser Komplikation ist – trotz aller Verdienste um die Akademisierung der pädagogischen Fragestellung – bereits Wilhelm Dilthey gescheitert (vgl. u.a. Lochner 1963, S. 147ff., und Groothoff 1981), und ihr verdankt sich offensichtlich auch die Tatsache, daß die wissenschaftstheoretischen 'Grabenkämpfe' der siebziger und achtziger Jahre letztlich ergebnislos und desillusioniert eingestellt wurden, mit der Konsequenz, daß heute Grundlegungsfragen vielfach mit Hinweis auf die Kompromißformel vom "Paradigmenpluralismus" nur noch in homogenen Diskurs-Zirkeln weiterverfolgt werden.[49]

Das Neue oder die neue Qualität der hier thematisierten Krise in der Erziehungswissenschaft ist m. E. der angesprochenen Doppelgesichtigkeit unseres 'Pluralismusgespenstes' geschuldet. Was sich nämlich auf den ersten Blick als überfällige Anpassung der Erziehungswissenschaft in Theorie und Praxis an das moderne Wissenschaftsverständnis des 20. Jahrhunderts darstellt – und dies meint in aller Regel das einer an der 'pluralistischen' Forschungs- und Lehrgestalt der empirischen Sozialwissenschaften orientierten Einzelwissenschaft –, erweist sich schon im nächsten Moment wieder als Verlust der disziplinären Mitte. Gerade noch schien die 'fundamentalistische Fixierung' der Erziehungswissenschaft auf die Lehrerbildung und die einheimischen Begriffe "Bildung" und "Erziehung" überwunden, da macht sich schon wieder Unzufriedenheit breit über die 'relativistische

[49] Bezeichnend für diese Situation ist m. E. die Tatsache, daß sich beispielsweise Heinz-Elmar Tenorth (1995) genötigt sieht, eigens dazu aufzurufen, die erziehungswissenschaftlichen Grundprobleme und Grundlagen wieder verstärkt zu erörtern. Einen guten Einblick in die additive Grundstruktur des Paradigmenpluralismus in der Erziehungswissenschaft vermitteln die Bücher *"Pädagogische Konzeptionen"* von Jörg Petersen & Gerd-Bodo Reinhard (1992), *"Einführung in Theorien und Methoden der Erziehungswissenschaft"* von Heinz-Hermann Krüger (1997) sowie *"Theorien der Erziehungswissenschaft"* von Eckard König & Peter Zedler (1998). Die Versuche, so wird hier deutlich, dem Paradigmenpluralismus eine fundierende Grundstruktur zu unterlegen, lassen sich an den Fingern einer Hand abzählen. Daß dies kein Zufall ist, sondern mit systematischen Fragen zusammenhängt, wird in Kapitel 2.4 noch näher zu zeigen sein.

Beliebigkeit', mit der gesellschaftliche Probleme in erziehungswissenschaftliche Fragestellungen umformuliert und (mit importierten Begriffen) zu beantworten versucht werden. Mit ihrer fortschreitenden Modernisierung und Pluralisierung wird offenbar die Frage nach der Identität der Erziehungswissenschaft wieder ganz oben auf die Tagesordnung gesetzt. Nach Lage der Dinge scheint es so, als riefe das 'Pluralismussyndrom' die Spezialisten für d a s 'Allgemeine' auf den Plan. Dabei stellt sich aber die Frage, ob die Allgemeine Pädagogik – eventuell in veränderter Rolle, und im Vergleich zu den Ambitionen der Ahnherren mit bescheideneren Ansprüchen – sich den identitätsgefährdenden Herausforderungen des *postmodernen* Pluralismus als gewachsen erweist. Wer könnte aber diese Frage besser beantworten, als die Allgemeinpädagogen selbst, oder die, die sich als solche begreifen?

2.3 *Allgemeine Pädagogik:* Zwingburg oder Turmbau zu Babel?

Allem Anschein nach führt die Auseinandersetzung mit dem 'Pluralismusgespenst' in eine Problemlage, die wie geschaffen zu sein scheint für die Protagonisten der Allgemeinen Pädagogik. Sieht man allerdings die Aufgabe einer Allgemeinen Pädagogik im herkömmlichen Sinne,[50] beispielsweise mit Dietrich Benner, darin, *"die*

[50] Als Paradebeispiel für ein 'herkömmliches Verständnis' Allgemeiner Pädagogik gilt immer noch Wilhelm Flitners Versuch, d e n *"pädagogischen Grundgedankengang"* in einem Prozeß des *"dialogischen Philosophierens"*, der über die systematische Untersuchung und die Darstellung der Erziehungswirklichkeit sowie der pädagogischen Grundbegriffe führt, aus seiner konstitutiven *"Verflechtung mit Philosophie und Theologie"* herauszulösen (15. Aufl. 1997, S. 124, zuerst 1950). Dieses Verständnis hat die westdeutsche Nachkriegspädagogik bis weit in die siebziger Jahre hinein dominiert. Es gilt selbst noch Dietrich Benner als Vorbild (vgl. ^{2}1991c, Anmerkung 1, S. 292), und in dieser Tradition steht auch Hermann Röhrs, für den es noch immer völlig selbstverständlich ist, daß die *"Allgemeine Erziehungswissenschaft"* den Anspruch erhebt, *"die Erziehungswissenschaft und ihre Disziplinen im Hinblick auf ihre gemeinsame wissenschaftliche Sinnmitte umgreifend darzustellen"* und bei der Erörterung des *"wissenschaftlichen Charakters"* und der Analyse der *"erzieherischen Wirklichkeit"* gewissermaßen ein *"Wächteramt"* auszuüben (1993, S. 15, zuerst 1968): *"So gesehen besteht das Amt der Allgemeinen Erziehungswissenschaft in dem Aufweis eines einheitlich strukturierten wissenschaftlichen Gefüges, das sich durch verwandte Aufgaben in einer Forschungsgemeinschaft verbunden weiß."* (ebd., S. 16)
Ein anderes, neues Verständnis Allgemeiner Pädagogik bahnt sich hingegen m. E. bei Hans Scheuerl an, der bereits 1975 einer *"Systematischen Pädagogik"* die Aufgabe zuweist, *"eine kartographische Aufnahme der ganzen pädagogischen Landschaft"* zu erstellen, *"in der sich die heterogenen Probleme verständlich lokalisieren ließen. Dabei hieße >lokalisieren< zugleich: jedes Problem sowohl eingrenzen, also isolieren, als auch in den Zusammenhängen rekonstruierbar machen, aus denen es sich isolieren läßt. Also beides in einem: die Sache in ihren Umgrenzungen wie in ihren Verstrickungen sehen."* (1975, S. 14) Neuerdings

Grundstruktur pädagogischen Denkens und Handelns, die handlungstheoretischen Fragestellungen der Erziehungswissenschaft und den Vermittlungszusammenhang von pädagogischer Praxis, pädagogischer Handlungstheorie und erziehungswissenschaftlicher Forschung systematisch zu bestimmen", (²1991c, S. 5) um damit, wie er wenige Seiten später zusammenfaßt, *"einen Beitrag zur Verständigung über die Einheit der Pädagogik in Theorie, Empirie und Praxis zu leisten"* (ebd., S. 16), d.h. nach innen integrierend und nach außen profilbildend zu wirken, dann ist es angesichts der in Kapitel 2.2 dargestellten Lagebeschreibung um die disziplinäre Identität der Erziehungswissenschaft in der Tat schlecht bestellt. Denn gerade die Allgemeine Pädagogik ist in den letzten Jahren ins Gerede gekommen oder hat sich selbst ins Gerede gebracht.[51] Seit geraumer Zeit münden nämlich alle Versuche, die Entwicklung der Erziehungswissenschaft insgesamt zu bilanzieren, in differenzierte Analysen bezüglich der Notwendigkeit, Möglichkeit und Schwierigkeit e i n e r Allgemeinen Pädagogik ein.[52] Fast ebenso vielgestaltig – wenn auch nicht so zahlreich – wie die Gegenstände pädagogischen Denkens und Handelns sind auch die Versuche, e i n e n gemeinsamen kategorialen

---

beschreibt Dieter Lenzen diesen Wechsel von einer herkömmlichen zu einer *"postmodernen"* Selbstwahrnehmung der Allgemeinen Pädagogik mit dem Wechsel von einer *"erziehungswissenschaftlichen Leitdisziplin"* hin zu einer *"erziehungswissenschaftlichen Teildisziplin"* (1998a, S. 41 und S. 48).

[51] Ein erster, vorläufiger Höhepunkt selbstkritischer Infragestellung läßt sich auf Mitte der achtziger Jahre datieren. So stand beispielsweise 1984 das 20. Salzburger Symposion unter dem Motto: *"Zur Möglichkeit und Notwendigkeit einer systematischen Pädagogik heute"* (vgl. insbesondere die Beiträge von Ballauff 1984, Fischer 1984 und Heitger 1984). Im gleichen Jahr erscheint auch Heinz-Elmar Tenorths viel zitierter Aufsatz *"Berufsethik, Kategorialanalyse, Methodenreflexion"*, in dem er zunächst eine *"frappierende Diskrepanz zwischen der kontinuierlichen Klage über den schlechten szientifischen Stand der wissenschaftlichen Pädagogik sowie ihren Mangel an positiver Forschung und den dennoch immer wieder erneuerten Versuchen, für diese >nicht-konsolidierte Disziplin< das Allgemeine des Wißbaren und Forschungsbedürftigen zusammenzuschreiben"* (1984, S. 49) diagnostiziert, und erstmals dazu angeregt, *"zu prüfen, ob nicht die Distinktion von Wissensformen ein sinnvoller Weg der Präzisierung und Intensivierung der Diskussion* [um die Allgemeine Pädagogik, W. J.] *wäre"* (ebd., S. 64).

Ohne Anspruch auf Vollständigkeit, dafür aber mit dem Anspruch auf Repräsentativität der Auswahl, sei bezüglich der aktuellen Selbstthematisierung der Allgemeinen Pädagogik verwiesen auf: Breinbauer (1990 und 1995), Krüger (1994 und 1998), Winkler (1994 und 1996), Oelkers (1997c), Paschen (1998), Wigger (1996), Mollenhauer (1996a), Vogel (1998a), Fuhr (1999), Heitger (1999) sowie einzelne Beiträge in den Sammelbänden von Brinkmann & Petersen (1998), Stroß & Thiel (1998) und Fuhr & Schultheis (1999a) sowie den Themenschwerpunkt in Heft 2 der *"Zeitschrift für Erziehungswissenschaft"*, herausgegeben von Krüger & Lenzen (1998).

[52] So beginnt beispielsweise Dietrich Benners *"Allgemeine Pädagogik"* (²1991c, S. 13-24) ebenso wie Ines Maria Breinbauers *"Einführung in die Allgemeine Pädagogik"* (1996, S. 11-30) mit einem Kapitel zur Schwierigkeit und Notwendigkeit einer Allgemeinen Pädagogik. Auch Wilhelm Brinkmann und Jörg Petersen stellen ihrem 1998 erschienenen Buch *"Theorien und Modelle der Allgemeinen Pädagogik"* eine Einleitung voran, die mit der Überschrift – wie auch in ihrem Inhalt – *"Und es gibt sie doch – die Allgemeine Pädagogik"* (ebd., S. 7-31) sehr plakativ zugleich Programm und Rechtfertigung der Allgemeinen Pädagogik zu umreißen versucht.

Bezugsrahmen, oder e i n e n fundierenden Grundgedankengang, oder e i n allgemeingültiges, Zeit und Raum transzendierendes Prinzip, oder e i n allumfassendes systemtheoretisches Geflecht an funktionalen Interdependenzen, oder e i n universelles evolutionslogisches Entwicklungsgesetz, oder e i n e n selbstevidenten Grundkanon an anthropologischen Universalien ausfindig zu machen, um dann darauf bezogen e i n e unverwechselbare disziplinäre Identität für die Erziehungswissenschaft zu entwerfen. Angesichts der Tatsache aber, daß diese ambitionierte Versprechung regelmäßig nicht eingelöst werden kann und/oder bereits nach kurzer Zeit ihre Attraktivität verliert, kommt es immer wieder zu Vorwürfen an die Adresse der Allgemeinpädagogen. Von den Kollegen aus den Subdisziplinen, aber auch aus den eigenen Reihen artikuliert, reichen die Beschuldigungen von der 'Fortsetzung der Philosophie mit anderen Mitteln' und des 'Reflexions- und Theorieüberschusses' bis hin zur Bezichtigung der 'Selbstreferentialität' und des 'mangelnden Verständnisses für die Vielfalt der Aufgaben und Konzepte' – einmal ganz abgesehen von dem traditionellen Vorwurf der 'mangelnden Relevanz für die Erziehungspraxis'.[53]

Angesichts der immer schneller um sich greifenden *postmodernen* Irritationen scheint die Unzufriedenheit mit den Integrationsleistungen der allgemeinpädagogischen Forschung sogar noch eine Steigerung zu erfahren, so beispielsweise für Heinz-Hermann Krüger (1994 und 1998), wenn er einen *"Bedeutungsverlust"* und den *"Rückzug"* der Allgemeinen Pädagogik beobachtet und die Sinnhaftigkeit eines arbeitsteilig organisierten Identitätsmanagements prinzipiell in Frage stellt. Auch Michael Winkler (1994, 1996 und 1998) und andere Autoren diagnostizieren einen *"Niedergang"* Allgemeiner Pädagogik und stellen deshalb Überlegungen zur *"Neukonturierung"* des bei aller Kritik doch als *"unvermeidlich"* anerkannten allgemeinpädagogischen Arbeitsbereichs und zur Schärfung seines Aufgabenprofils an (vgl. hierzu insbesondere den Überblick bei Vogel 1998a, S. 165ff.). Die dazu bislang in 'Aufsatzform' veröffentlichten Überlegungen tragen noch stark den Charakter von Vorarbeiten zu größer angelegten Grundlagenkonzepten. Um dennoch eine Vorstellung von der Eigenart und Bandbreite dieser unterschiedlichen Bemühungen zu vermitteln, seien einige der aktuellen Diskussion entnommene Versuche dieser Art in ihren Grundaussagen kurz vorgestellt:

---

[53] Einen systematischen Überblick über die deskriptiven, funktionalen und theoretischen Argumente, die seitens der Kritiker vorgetragen werden und die diesen Befund stützen, gibt der Aufsatz von Lothar Wigger (1996); zum Stand der gegenwärtigen Diskussion vgl. insbesondere die Beiträge von Peter Vogel (1998a) und Thomas Fuhr (1999).

- So mündet die Kritik von Heinz-Hermann Krüger in die Formulierung von fünf Aufgaben, denen sich die Allgemeinpädagogen verstärkt zuzuwenden hätten: Zunächst sollte es ihnen angesichts der *"Ausdifferenzierung der pädagogischen Praxisfelder und der Entgrenzung des Pädagogischen"* darum gehen, *"ihren Gegenstandsbereich neu bzw. umfassender zu definieren"* (1998, S. 107f.); die zweite Aufgabe besteht laut Krüger darin, *"Theoriediskurse in den Nachbardisziplinen und den erziehungswissenschaftlichen Teildisziplinen zu bündeln und systematisch aufeinander zu beziehen"* (ebd., S. 108); die dritte Aufgabe sieht er darin, die sich daraus ergebenden Forschungsthemen *"in Kooperation mit den Vertreterinnen der Teildisziplinen empirisch zu bearbeiten"* (ebd., S. 110); als vierte Aufgabe nennt Krüger die *"Fortschreibung der Wissenschaftsforschung (...) in historischer, systematischer und empirischer Hinsicht"* (ebd., S. 111); seine Auflistung beendet er mit dem Hinweis auf die Ausbildungsaufgabe, die vorrangig in der *"Vermittlung erziehungswissenschaftlichen Disziplinwissens, der Grundbegriffe, Geschichte, Richtungen und Forschungsmethoden sowie des adressaten- und situationsbezogenen Wissens, des Wissens über die Klientel und die gesellschaftlichen Rahmenbedingungen von pädagogischen Situationen"* besteht (ebd., S. 112).
- Aus der ausführlichen Thematisierung der *"Entgrenzung des Pädagogischen"* leitet Michael Winkler in seinem jüngsten Traktat eine Reihe von Überlegungen zur Programmatik und Analytik e i n e r künftigen Allgemeinen Pädagogik ab. Diese führen ihn zu der Schlußfolgerung, daß *"Allgemeine Pädagogik (...) als historische Sozialwissenschaft eine Theorie der Erziehung in modernen Gesellschaften entwerfen [muß], die nicht unterkomplex sein darf."* (1998, S. 71) Was das Attribut des Unterkomplexen mein, läßt die von Winkler als provokant apostrophierte Kurzformel, mit der er seine analytischen Überlegungen zusammenfaßt, zumindest erahnen: *"Pädagogik ist im allgemeinen out, weil sie in ist – und eben deshalb wieder allgemein. Allgemeine Pädagogik als Text- und Denkform läßt sich insofern nur noch als Paradox ihrer selbst denken, nämlich im Befund der Auflösung aller Allgemeinheit; sie steht heute nicht mehr für Sicherheit und Verbindlichkeit. Ganz im Gegenteil: Wenn es sich bei dem Begriff der Allgemeinen Pädagogik überhaupt um einen solchen handelt, so kann er doch nur noch als Metapher für das Ende der pädagogischen Gewißheit gelesen werden."* (ebd., S. 83)
- Angesichts der Beobachtung, daß die Lebenswelten in den westlichen Gesellschaften gegen Ende des zwanzigsten Jahrhunderts immer stärker durch eine *"Pluralisierung von Sinnwelten"* geprägt sind, die *"eine Pluralisierung von Bildungsidealen erzeugt"*, betont beispielsweise Winfried Marotzki (1998, S. 258) die Notwendigkeit, die Allgemeine Pädagogik künftig stärker auf eine empirische Basis zu stellen. In Fortführung geisteswissenschaftlich-pragmatischer und phänomenologischer Grundeinsichten von Wilhelm Dilthey bis Wilhelm Flitner bemüht er sich

deshalb darum, die *"Biographie als vermittelnde Kategorie"* (1996, S. 67) zwischen empirischer und grundlagentheoretischer Forschung als Kristallisationskern e i n e r Allgemeinen Pädagogik zu konzipieren.

- Demgegenüber bestimmt Lothar Wigger (in Anlehnung an die skeptische Position von Wolfgang Fischer und Jörg Ruhloff) *"kritisch-kategoriale Analyse und konstruktive Theorie"* (Wigger 1996, S. 928) als zwei strikt zu unterscheidende Ausprägungen e i n e r neu akzentuierten Allgemeinen Pädagogik. Dabei reformuliert er allerdings ein Verständnis von Allgemeiner Pädagogik, das noch sehr stark an altbekannte Zielsetzungen, wie etwa in den bereits zitierten Positionen von Wilhelm Flitner oder Wolfgang Ritzel, erinnert, wenn er schreibt: *"Gegenstand der Allgemeinen Pädagogik ist das Allgemeine der Pädagogik, d.h. das Allgemeine der vielen heterogenen Pädagogiken. Unter den Bedingungen pädagogischer Pluralität und eines wissenschaftlichen Pluralismus, einer ausdifferenzierten Disziplin und heterogener Arbeitsfelder ist das Thema einer Allgemeinen Pädagogik die Einheit in der Vielfalt, das Gemeinsame des Heterogenen, der Zusammenhang des Verselbständigten, und das ist angesichts des Gegebenen auch die Frage nach dem >Pädagogischen<".* (ebd., S. 928)
- Jürgen Oelkers wiederum versucht in Erinnerung zu rufen, daß in der alten Idee der Erziehung zum Guten, bei aller Fragwürdigkeit und Widersprüchlichkeit, auch heute noch unverzichtbare *"Legitimationspotentiale Allgemeiner Pädagogik"* zu finden seien (vgl. dazu insbesondere 1992, 1996 und 1998c. Angesichts der nicht reduzierbaren Vielfalt von Konzepten des Guten schwebt ihm e i n e *"plurale allgemeine Pädagogik [vor], die universelle Prinzipien zu verteidigen versteht, aber sich nicht jenseits der Problemfortschritte bewegt und sich nicht auf Dogmen verläßt."* (1996, S. 251) Allgemeine Pädagogik in diesem Sinne sei eine *"öffentliche Pädagogik, die Begründungen des Guten im Wettbewerb von Argumenten, die frei zugänglich sind und unabhängig von Zensur kommuniziert werden und aber zur Überprüfung durch Praxis und Forschung angeboten sind."* (ebd., S. 252)
- Dieter Lenzen dagegen sieht die Erziehungswissenschaft insgesamt auf dem Weg zu einer *"Lebens(lauf)wissenschaft"* (1998a, S. 48) oder, wie er an anderer Stelle schreibt, einer *"Humanvitologie"* (1998c, S. 246). Im Kontext einer solchen sich nunmehr reflexiv begreifenden Erziehungswissenschaft (vgl. insb. 1996, S. 191ff.) komme Allgemeiner Pädagogik dann nur noch die Rolle einer integrierten *"Teildisziplin"* zu. Im Gegensatz zum anachronistischen Selbstverständnis einer *"pädagogische Handlungsorientierungen und -prinzipien"* produzierenden und kommunizierenden normativen *"Leitdisziplin"* der Erziehungswissenschaft habe sich eine zeitgemäße Allgemeine Pädagogik damit zu befassen, *"erziehungswissenschaftliches Metawissen"* zu produzieren und kommunizieren. *"Dieses Wissen"* – so

fährt er fort – *"ist historisches Wissen, theoretisches Wissen, interdisziplinäres Wissen und wissenschaftstheoretisches Wissen"* (1998a, S. 40). Zur Vermeidung von Verwechslungen mit einem leitwissenschaftlichen Selbstverständnis schlägt Lenzen vor, Allgemeine Pädagogik im letzteren Sinne als *"Allgemeine Erziehungswissenschaft"* zu bezeichnen (ebd.).

- Thomas Fuhr bringt neuerdings die Unterscheidung von Systematischer und Allgemeiner Pädagogik wieder in die Diskussion. Der Vorwurf mangelnder Wirksamkeit Allgemeiner Pädagogik träfe ihm zufolge allenfalls auf die wenigen Systementwürfe zu, die *"eine ordnende Gesamtschau auf die Erziehung in ihrer Allgemeinheit"* (1999, S. 74) beabsichtigten. Das eigentliche Problem der Allgemeinen Pädagogik sei ein Mangel an Verständnis für die Vielzahl allgemeinpädagogischer Theorien, die sich mit historischen oder systematischen Teilfragen beschäftigen, sowie das Fehlen eines allgemeinpädagogischen Diskurses. Allgemeiner Pädagogik im Verständnis von Fuhr käme daher in erster Linie die Aufgabe zu, die unterentwickelte allgemeinpädagogische *"Argumentationskultur"* zu verbessern, um dann darauf aufbauend die *"Theorienpluralität"* positiv wenden zu können: *"Theorien, die die Defizite der bisher vorliegenden Theorien zu kompensieren versuchen, werden selbst wieder kritisiert werden. Aber diese Form der Kritik ist kein Problem wie die Pluralität pädagogischer Systemmonumente, die unvermittelt nebeneinanderstehen, sondern das Medium, in dem die Wissenschaft sich entwickelt."* (ebd., S. 77)
- Peter Vogel kritisiert die hohen Erwartungen an die metatheoretischen Leistungen der Allgemeinen Pädagogik als immer schon überzogene und greift auf die alte Idee zurück, die Grundlegungslasten der Allgemeinen Pädagogik durch einen "dekompositorischen Diskurs" und die "Differenzierung von Wissensformen" zu mildern (vgl. 1986, 1989, 1998a und 1998b). Vier Wissensformen mit jeweils charakteristischen Problemtypiken werden von Vogel unterschieden: *"Theoretische Erziehungswissenschaft, Empirisch-erziehungswissenschaftliche Forschung, Allgemeine Pädagogik und Professionsethiken"* (1998a, S.179f.). Was er unter "Theoretischer Erziehungswissenschaft" verstanden wissen will, nämlich *"die kritische Reflexion der erkenntnisleitenden, wissengenerierenden Grundannahmen und Beweisverfahren der empirisch-erziehungswissenschaftlichen Forschung, der allgemeinpädagogischen und subdisziplinären Entwürfe für die praktische Orientierung pädagogischen Handelns sowie des Zusammenhangs der Austauschregeln zwischen allen Bereichen"* (1998b, S. 176), erinnert jedoch wiederum sehr stark an die altbekannten (und fruchtlosen) Versuche, das Selbstverständnis der Allgemeinen Pädagogik zu formulieren.
- Abschließend sei noch Harm Paschens Vorschlag zur Neubestimmung des allgemeinpädagogischen Selbstverständnisses zitiert: *"Pädagogik aber nun als Vielfalt*

theoretisch zu begründen, systematisch zu erfassen, empirisch zu beobachten und reflexiv zu beurteilen[,] kann nur Aufgabe einer Allgemeinen Pädagogik sein oder im strengeren, verwissenschaftlichten Gewande einer Allgemeinen Erziehungswissenschaft. Vielfalt im pädagogischen Phänomen zu erkennen und zu begründen[,] verlangt mehr als Hinweise auf Pluralisierung, Postmoderne oder Konstruktivismus. Wie Comenius für den Unterricht die pädagogisch fruchtbare Ordnung der Dinge als Aufgabe erkannte, ist heute für die theoretische Ausbildung die pädagogisch adäquate Systematik der Vielfalt der pädagogisch relevanten Wissens-, Sinn- und Gestaltungsformen zu entwickeln." (1998, S. 89f.)

Den problemstrukturierenden Ausgangspunkt all dieser unterschiedlichen, ohne großen Aufwand noch um weitere Positionen vermehrbaren konzeptionellen Bemühungen, der Allgemeinen Pädagogik ein *postmodernes* Outfit zu verpassen, bringt Peter Vogel in prägnanter Weise auf den kleinsten gemeinsamen Nenner, nämlich als *"das Problem von Prozessen der Pluralisierung und Differenzierung im Bereich der pädagogischen Professionen, im Bereich der Erziehungswissenschaft und im Bereich der Denkmittel des Grundlegungsdiskurses selbst, verbunden mit der Sorge um den Verlust der identitätsstiftenden Gemeinsamkeiten (in allen genannten Bereichen)."* (1998b, S. 158)

Diese Ausführungen sollten deutlich gemacht haben, daß auch die Allgemeinpädagogen ihre Schwierigkeiten mit dem 'Pluralismusgespenst' in *postmoderner* Aufmachung haben. Während einige vor dessen relativistischem Antlitz zu erschrecken scheinen und Schutz suchen im Verweis auf die Unaufschiebbarkeit, die Einheit und die ethische Dimension der Erziehungsaufgabe, nehmen andere vor allem seine fundamentalistische 'Fratze' wahr und insistieren auf die Unverfügbarkeit des Subjekts, die Heterogenität des pädagogischen Feldes und die Unabschließbarkeit des (erziehungs-)wissenschaftlichen Diskurses. Wolfgang Fischer stellt mit Blick auf die Aufdringlichkeit des 'Pluralismusgespenstes' daher folgerichtig fest: *"Gesprochen wird neuerdings vom Faktum pädagogischer Pluralität, das ein schönes, vielschichtiges Problem hergibt, bei dessen Lösungsofferten seltsamerweise wiederum auftritt, was man aufklären und womit man so oder so fertig werden zu können erhoffte."* (1996, S. 18f.) Es kann daher nicht überraschen, wenn sowohl fundamentalistische als auch relativistische Positionen nun ihrerseits wieder in verschiedenen Spielarten anzutreffen sind. An wenigen ausgewählten, nach meinem Dafürhalten aber repräsentativen Beispielen ausgereifter Konzepte sei dies nun in einem zweiten Schritt etwas ausführlicher als zuvor illustriert und mit ersten systematischen Hinweisen versehen:

- Da ist einmal an Dietrich Benners (²1991c) groß angelegten Versuch zu erinnern, e i n e n prinzipientheoretisch fundierten, nicht affirmativen pädagogischen Grundgedankengang ausfindig zu machen, der dem Anspruch genügt, *"problemgeschichtliche und systematische Perspektiven für eine Einheit der Pädagogik angesichts der Vielheit pädagogischer Berufe und erziehungswissenschaftlicher Teildisziplinen"* ausdrücken zu können (ebd., S. 290). Auf der Grundlage eines transzendentalphilosophisch hergeleiteten Praxisbegriffs[54] werden zwei konstitutive Prinzipien: *"Das Prinzip der Bildsamkeit als Bestimmtsein des Menschen zu produktiver Freiheit, Geschichtlichkeit und Sprache"* (ebd., S. 56) sowie *"[d]as Prinzip der Aufforderung zur Selbsttätigkeit"* (ebd., S. 63), und zwei regulative Prinzipien: *"Das Prinzip der Überführung gesellschaftlicher Determination in pädagogische Determination"* (ebd., S. 85) sowie *"[d]as Prinzip einer nicht-hierarchischen Ordnung der menschlichen Gesamtpraxis"* (ebd., S. 95) bezüglich des pädagogischen Denkens und Handelns herausgearbeitet, um sie anschließend den drei problemgeschichtlich identifizierten systematischen Grundfragestellungen der Erziehungswissenschaft zuzuordnen: *"Theorie der Erziehung"* (ebd., S. 108), *"Theorie der Bildung"* (ebd., S. 122) und *"Theorie pädagogischer Institutionen"* (ebd., S 165).[55] Aus der auf die vier Prinzipien und die drei Grundfragestellungen bezogenen Systematisierung der in der pädagogischen Geschichtsschreibung

[54] Um dem möglichen Mißverständnis vorzubeugen, Dietrich Benner verkürze die Erziehungswissenschaft auf ein handlungswissenschaftliches Selbstverständnis im technokratischen Sinne, sei hier zumindest auf sein dialektisches Verständnis von Praxis, das auch sein Verständnis von pädagogischer Praxis kennzeichnet, hingewiesen: *"Zusammengenommen kennzeichnen die produktive Freiheit, Geschichtlichkeit und Sprachlichkeit somit den Experimentcharakter der menschlichen Praxis. Produktive Freiheit, welche sich gleicherweise von Willkür- und Wahlfreiheit unterscheidet, Geschichtlichkeit, welche weder den Menschen zum Herrn der Geschichte noch die Geschichte zum Fatum der Praxis erklärt, und Sprachlichkeit in ihrer nie bloß abbildenden, sondern erinnernden, und nicht nominalistischen, sondern entwerfenden Vermittlungsleistung sind die drei Grundbestimmungen menschlicher Existenz, aufgrund derer wir in den koexistentialen Praxen der Arbeit, der Ethik, der Pädagogik, der Politik, der Kunst und der Religion die aus unserer Imperfektheit entspringende Not, handeln zu müssen, wenden und um unsere substantielle Bestimmung ringen können."* (²1991c, S. 33f.)

[55] Bezeichnend für die Vorgehensweise und den Anspruch des Vorhabens von Dietrich Benner ist der universelle Stellenwert, mit dem er die vier Prinzipien ausstattet, indem er sie quasi mit dem anthropologischen Faktum der ontogenetischen Entwicklung identifiziert: *"Die Geltung dieser Prinzipien ist nicht auf die pädagogische Praxis der Moderne begrenzt, sondern bezieht sich auf die fundamentale Notwendigkeit pädagogischen Denkens und Handelns, die immer schon mit der Existenz des Menschen unterstellt werden muß. (...) Die begriffliche Fassung dieser Prinzipien als konstitutive Kategorien menschlicher Koexistenz besagt jedoch gerade nicht, daß der Mensch erst seit ihrer Formulierung durch Erziehung Mensch wird, sondern beansprucht die* ***übergeschichtliche Geltung eines historischen Aprioris*** *[sic.!]. (...) Nur die Einsicht in die fundamentale Notwendigkeit pädagogischen Denkens und Handelns, nicht aber diese Notwendigkeit selbst ist ein geschichtliches Faktum. Die pädagogische Praxis ist so alt wie der Mensch selbst, und eine Zukunft ohne pädagogische Praxis ist nur denkbar als eine Zukunft ohne den Menschen."* (²1991a, S. 48, Hervorhebung W. J.)

abgelagerten Erkenntnisse ergibt sich ein praxeologisches Grundraster, das es Benner erlaubt, die pädagogische Praxis im Kontext der humanen Gesamtpraxis nach drei Handlungsdimensionen zu gliedern: *"Pädagogisches Handeln als sich negierendes Gewaltverhältnis"* (ebd., S. 187), *"Pädagogische Praxis als Erziehung durch Unterricht"* (ebd., S. 207) und *"Pädagogische Praxis im Übergang zu intergenerationellem Handeln"* (ebd., S. 275). Diese drei Dimensionen pädagogischen Handelns repräsentieren den von Benner gesuchten Grundgedankengang und zielen *"auf eine Differenzierung der pädagogischen Praxis, die für alle pädagogischen Berufe als ein Korrektiv der unter ihnen bestehenden Arbeitsteilung Geltung beansprucht (...)."* (ebd., S. 186)

- Als zweites sei auf Wolfgang Brezinkas in mehrfacher Variation vorgetragenes Plädoyer für eine Überwindung von *"Wertrelativismus und Individualismus"* hingewiesen (vgl. dazu u. a 1986, 1990, 1992, 1994b, 1997, 1998). Beide sind für ihn das Resultat einer *"Vermehrung und Ausbreitung des naturwissenschaftlichen und des historischen Wissens"*, einer *"Zunahme des Wohlstandes"* sowie einer *"Erweiterung der Menschenrechte und Grundfreiheiten"*, und somit insgesamt das Resultat einer Pluralisierung der weltanschaulich-moralischen Grundorientierungen in den *"liberalen, aufgeklärten und säkularisierten"* Gegenwartsgesellschaften (1994b, S. 48f.). Die Verunsicherung des individuellen *"Wertbewußtseins"* und die Zerstörung der *"Wertordnung der Gesellschaft"* sind für Brezinka daher die Kernelemente einer modernen *"Kultur- und Orientierungskrise"* (ebd., S. 48). Die Schwierigkeiten einer *"Werterziehung"* (ebd.) und – wie er an anderer Stelle formuliert – *"Moralerziehung"* in einer *"wertunsicheren Gesellschaft"* (1997, S. 116) und damit zugleich auch die einer zeitgemäßen Bestimmung dessen, was man heute als das Ideal einer *"Allgemeinbildung"* (1998, S. 47) verstehen könne, rührt daher, daß *"eine hoch differenzierte wertpluralistische Gesellschaft (...) gerade in einer Zeit des raschen Wandels eine stabile Grund-Moral"* brauche (1998, S. 54).[56] Wolfgang Brezinka sieht daher in einer Rückbesinnung auf die *"Tradition einer aus dem Christentum gespeisten deutschen Nationalkultur und eines aufgeklärten europäischen Humanismus, die wesentliche Gefühlsgewißheiten vermittelt über das, was gut und recht ist"* (1994b, S. 57), die einzige Möglichkeit, die erziehungspraktische und erziehungstheoretische Verunsicherung durch den

[56] Die für alles pädagogische Handeln konstitutive Rückbindung an ethische Grundüberzeugungen, Glaubenseinstellungen oder Grundhaltungen bezeichnet Wolfgang Brezinka sehr treffend als Ausrichtung an *"normativen Orientierungsgütern"*. Darunter versteht er *"moralische und rechtliche Normen, Persönlichkeitsideale und Gesellschaftsideale, Institutionen als verpflichtende Elemente der gemeinsamen Lebensordnung sowie klassische Werke der Dichtkunst und der anderen schönen Künste"*, und gibt m. E. zurecht zu bedenken, daß sich dafür heute vielfach *"die ungenauen Namen 'Werte' oder 'Grundwerte' eingebürgert [haben]; für die angestrebten Persönlichkeitseigenschaften die Namen 'Werteinstellungen', 'Werthaltungen', (persönliche) 'Wertorientierungen'."* (1994b, S. 51)

postmodernen Pluralismus zu überwinden.[57] Brezinka zieht im vorliegenden Zusammenhang aber noch in einer weiteren Hinsicht die Aufmerksamkeit auf sich. Die Ursachen für den verwirrenden Richtungsstreit in der Erziehungswissenschaft sieht er nämlich nicht allein in Verbindung mit dem *"weltanschaulichen Pluralismus in der Gesellschaft"*, sondern er bezieht sie darüber hinaus auch auf den *"methodologischen Pluralismus in der Philosophie"* (1993, S. 70). Im Anschluß an seine frühen Arbeiten, die bekanntlich den Versuch darstellen, eine erfahrungswissenschaftliche Allgemeine Pädagogik zu begründen, reklamiert Brezinka für sein Verständnis von empirischer Erziehungswissenschaft einen Alleinvertretungsanspruch für e i n e sich an *"allgemein anerkannten Qualitätsmaßstäben"* (ebd., S. 72) orientierende Erziehungswissenschaft. Allen anderen, sich nicht seiner Lesart der analytischen Wissenschaftsphilosophie unterwerfenden theoretischen Konzepten spricht Brezinka kurzerhand den Status der Wissenschaftlichkeit ab und verweist sie in die von ihm definierten Residualklassen der "Erziehungsphilosophie" und der "Praktischen Pädagogik".

- Völlig andere Konsequenzen aus der Pluralität der modernen Denk- und Selbsterfahrung ziehen dagegen die Skeptiker unter den Erziehungswissenschaftlern, allen voran Wolfgang Fischer und Jörg Ruhloff (vgl. insbesondere 1993). Ein traditioneller *"Mangel an Skepsis"* bezüglich der konstitutiven Prämissen pädagogischen Theoretisierens erfordere Fischer zufolge immer schon eine transzendentalkritische Aufklärung über *"die in den Grundlagen offensichtlich unabdingbar-unumgänglich steckenden dogmatisch-metaphysischen Endgültigkeitssetzungen (...)."* (Fischer 1996, S. 24) Von dieser erkenntnistheoretischen Einsicht ausgehend, versuchen Fischer und Ruhloff in ihren Überlegungen das Faktum der Pluralität

---

[57] Nur am Rande sei auf die merkwürdige Inkonsistenz der Position von Wolfgang Brezinka hingewiesen: Seit drei Jahrzehnten ist er bekanntlich darum bemüht, durch die Differenzierung und Klassifizierung von Theorietypen darauf hinzuwirken, daß auch in der Erziehungswissenschaft endlich akzeptiert werde, *"daß zwischen Tatsachenbehauptungen und Wertungen, Sein und Sollen, wissenschaftlichem Wissen und normativen Überzeugungen wesentliche Unterschiede bestehen, die logisch nicht zu überbrücken sind. Diese Ansicht schließt ein, daß die wertende Deutung der Welt, die Sinngebung des Lebens, die Aufstellung von Wertrangordnungen, die Festsetzung moralischer Normen und die Beeinflussung von Menschen nicht zu den Aufgaben der Wissenschaft gehören, also auch nicht zu denen der Erziehungswissenschaft."* (1993, S. 80) *"Nur in der Pädagogik fehlt es vielen noch am Mut, die Grenzen des wissenschaftlichen Wissens anzuerkennen und ihre weltanschaulich-moralische Überzeugungen als das zu bezeichnen, was sie sind."* (ebd., S. 81) Damit aber spricht sich Brezinka genau besehen selbst das Recht ab, sein Eintreten für den abendländischen Humanismus und die christliche Wertordnung mit wissenschaftlicher Autorität auszustatten. Um so befremdlicher muß es daher erscheinen, daß er seine Einlassungen, beispielsweise in den Vorworten zu den beiden Aufsatzsammlungen *"Erziehung in der wertunsicheren Gesellschaft"* (1986, S. 5) und *"Glaube, Moral und Erziehung"* (1992, S. 5), zwar als Beiträge zur *"Praktischen Pädagogik"* bzw. zur *"Normativen Philosophie der Erziehung"* deklariert, sich dabei aber ausdrücklich als *Erziehungswissenschaftler* ausweist.

ausdrücklich zu berücksichtigen. Eine skeptisch-transzendental-kritische Allgemeine Pädagogik müsse sich ihrem Verständnis nach daher als *"richtungsheterogen"* begreifen und hätte *"neben der Aufgabe, Systematiken zu entwerfen, angesichts derer es erst etwas 'praktisch' zu verantworten gibt, die davon unbelastete Aufgabe (...), Systematiken analytisch-kritisch, ohne Lehrabsicht und insofern auch ohne Engagement – für welche Art Praxis immer –, ausschließlich zu prüfen."* (Ruhloff 1991a, S. 215) Allgemeine Pädagogik in diesem Sinne trete dann nicht mehr *"von oben herab mit einem absoluten Richtmaß in der Hand"* (Fischer 1996, S. 24) auf, sondern *"gewissermaßen als Enttäuschungsforschung an die Stelle des unkontrollierten Zerplatzens immer wieder neuer Großerwartungen (...), die mit systematischen Entwürfen unweigerlich einherzugehen pflegen."* (Ruhloff 1991a, S. 215f) Dem von Jean-Francois Lyotard entliehenen Konstrukt des *'Widerstreits'*[58] versuchen die Skeptiker die Rolle e i n e r *"architektonischen Konstanten im Aufbau der Pädagogik"* (Ruhloff 1991b, S. 71) zuzuweisen, um die nicht reduzierbare Vielfalt bezüglich der *"leitenden Ideen, Begriffe, Kategorien, Methoden"* (ebd.) nicht mehr als Makel und als etwas zu Überwindendes, sondern als 'das' Normale einer modernen (Erziehungs-) Wissenschaft begreifen zu können.

- Abermals spezifische Reaktionen auf die Herausforderungen des *postmodernen* Pluralismus sind bei manchen Vertretern der Interkulturellen Pädagogik zu beobachten. Unabhängig davon, ob diese stärker einer begegnungspädagogischen oder einer konfliktpädagogischen Ausprägung Interkultureller Pädagogik zuneigen, stellt sich ihnen in der Beschäftigung mit der erziehungspraktischen Frage nach dem verantwortungsvollen Umgang mit sprachlicher, religiöser und kultureller Differenz das aus der Ethnologie hinlänglich vertraute Problem des Ethnozentrismus.[59] Dabei mündet das begegnungspädagogische Begründungs-

[58] In Anlehnung an die von Lyotard (1986, S. 9) benutzte Metapher des Rechtsstreits versteht Jörg Ruhloff unter Widerstreit einen Streit um konfligierende Ansprüche, zu dessen Entscheidung keine gemeinsam geteilte Gesetzesordnung zur Verfügung steht. Einer seiner Anwendungsversuche im pädagogischen 'Sprachspiel' lautet deshalb wie folgt: *"Wenn das verschiedenartige Einzelne – menschliche Individuen, Sachverhalte, Fächer, Bestrebungen, Lebensformen und -bereiche (...) – weder in ontologischen Tiefenschichten noch in transzendenten Höhenlagen haltbar und ausweisbar zu vereinigen ist, dann befindet es sich objektiv im Widerstreit, ungeachtet dessen, ob jemand Streit sucht oder ihm um des lieben Friedens willen aus dem Wege geht."* (1990a, S. 33)

[59] Bereits Manfred Hohmann hat auf eine nicht zu vernachlässigende Wechselbeziehung von Allgemeiner und Interkultureller Pädagogik hingewiesen: *"Traditionelle Pädagogik findet hier* [im Grundlegungsproblem einer Erziehungstheorie für die Kinder von Migranten, W. J.] *ihre eigenen Probleme in zugespitzter Form wieder."* (1989, S. 11) Und auch Klaus Mollenhauer hat darauf aufmerksam gemacht, daß die Allgemeine Pädagogik im Thema der *"Interkulturalität"* ihre Bewährungsprobe finde (1996, S. 284), ebenso Wolfgang Klafki, der klarstellt, daß es sich bei dem von der Interkulturellen Pädagogik aufgegriffenen Problemfeld *"nicht nur um einen speziellen Teilbereich der pädagogischen Praxis bzw. um eine spezielle Teildisziplin der Erziehungswissenschaft handelt, sondern daß damit eine generelle, konstitutive Dimension jeder Erziehungs- und Bildungspraxis und jeder pädagogischen Theo-*

muster in einen *"evolutionären oder normativen Universalismus"* ein, wie er insbesondere aus der deutschen Bildungstradition hinlänglich bekannt ist und in der skizzierten Position von Wolfgang Brezinka in charakteristischer Ausformung hier bereits vorgestellt wurde. Im vorliegenden Zusammenhang erscheint daher das konfliktpädagogische Paradigma und die damit eingenommene Perspektive des *"agnostizistischen Relativismus"* besonders aufschlußreich. Aus einer solchen Grundposition heraus führen beispielsweise die erziehungstheoretischen Schlußfolgerungen Georg Auernheimers (vgl. 1988, 1994, 1995, 1997 und öfter) in die Suche nach einem Kulturverständnis, das weder in einem *"falsch verstandenen Universalismus verhaftet bleibt"* (1995, S. 148) noch sich einer *"Kulturalisierung oder Ethnisierung"* sozio-ökonomischer Benachteiligung schuldig machen will (ebd., S. 158), aber auch *"die blinde Akzeptanz anderer Kulturen"* (ebd., S. 169) für nicht angebracht hält. Ein solches *"kritisches Kulturkonzept"*, das sich nicht nur in den modernen Migrationsgesellschaften als tauglich erweist, um Bildungsziele und pädagogische Prinzipien zu begründen, sondern angesichts *"wachsender globaler Interdependenzen"* universellen Ansprüchen genügt, hat Auernheimer zufolge drei Gesichtspunkte zu berücksichtigen: *"Die Differenz, aber auch die Korrespondenz zwischen Kultur als Orientierungssystem, Symbolvorrat einerseits und der Lebenspraxis andererseits, deren Handlungsanforderungen sich aus der gesellschaftlichen Struktur ergeben"* (ebd., S. 163), *"die Subjekthaftigkeit der Kulturproduzenten"* (ebd., S. 163f.) und *"die Differenz zwischen der kollektiven und der individuellen Bedeutung der Kulturelemente"* (ebd., S. 164). Angesichts des großen allgemeinpädagogischen Stellenwerts dieses grundlegenden Kulturverständnisses plädiert Auernheimer für eine Verstärkung des kommunikativen Austauschs und eine Neuorganisation der Arbeitsteilung zwischen Allgemeiner und Interkultureller Pädagogik (vgl. 1997, S. 311).

Ohne nun an dieser Stelle die Auseinandersetzung mit diesen auf wenige Grundaussagen verkürzten Positionen differenziert führen zu müssen, aber auch ohne ihre Leistungen zu schmälern – die enorme Systematisierungs- und Orientierungsleistung der Bennerschen 'Prinzipientafel' sei ebenso unbestritten wie das Verdienst Brezinkas, auf die für jegliches pädagogische Handeln konstitutive Rückbindung an *"normative Orientierungsgüter"* zu insistieren, und auch die von Skeptikern

---

rie benannt wird (...)." (1998, S. 236) Um einen längeren Exkurs zur Interkulturellen Pädagogik und der systematischen Differenzierung zweier Paradigmen vermeiden zu können, sei an dieser Stelle auf meine Arbeit *'Kulturbegegnung als pädagogische Herausforderung'* (Jungmann 1995, insbesondere S. 22ff.) verwiesen. Zur Rolle des Kulturuniversalismus und des Kulturrelativismus in der Diskussion um die Interkulturelle Pädagogik finden sich insbesondere bei Doron Kiesel (vgl. 1996, S. 111ff.) und Wolfgang Nieke (vgl. 1995, S. 91ff.) wertvolle Hinweise.

wie Interkulturalisten stets wachgehaltene Erinnerung an die raum-zeitliche Befangenheit pädagogischen Denkens und Handelns ist zweifelsohne ernst zu nehmen –, sind trotzdem die Schwierigkeiten augenfällig, die allen vier konzeptionellen Positionen aus dem Umgang mit dem Pluralismus erwachsen und die ganz offensichtlich von dessen Janusgesichtigkeit herrühren. Das Anliegen Dietrich Benners oder Wolfgang Brezinkas läßt sich nämlich unschwer als jeweils spezifisch geartetes Beispiel für die großen theoretischen und ethischen Vorbehalte lesen, Pluralismus mit d e r pädagogischen Grundfragestellung zu vereinbaren. Ihre Arbeiten sind deshalb als allgemeinpädagogische Begründungsversuche zu charakterisieren, die fundamentalistische Zuflucht suchen bei u n u m s t ö ß l i c h e n Grundwahrheiten. Demgegenüber lassen sich die skeptische und einige interkulturalistische Positionen als Beispiele für einen eher offensiven Umgang mit dem Pluralismus lesen, die sich auf die Entlarvung versteckter Letztbegründungen oder Ethnozentrismen konzentrieren, und deren Dekonstruktion bzw. ideologiekritische Relativierung einklagen, aber dabei entweder ihren eigenen konstruktiven Beitrag schuldig bleiben oder sich in logische Selbstwidersprüche verstricken. Damit sollte auch deutlich geworden sein, daß die vier ausgewählten Beispiele für die Mängel der unterschiedlichen typischen Reaktionsweisen auf das 'Pluralismusgespenst' stehen. Denn sie verdanken sich, wie im einzelnen noch zu zeigen sein wird, ganz offensichtlich spezifischen und teilweise gegensätzlichen Voreinstellungen metatheoretischer und normativer Art.

Nach Lage der Dinge scheint die Disziplin also auf der Stelle zu treten, denn die allgemeinpädagogische Bearbeitung von Pluralität erfolgt augenscheinlich (sowohl was die programmatischen Entwürfe als auch was die ausgearbeiteten Konzepte anbelangt) selbst wieder mit recht unterschiedlichen Motiven und auf der Grundlage widersprüchlicher Diagnosen sowie unter Zuhilfenahme vielfältiger Basisannahmen und demgemäß in pluraler Form. Im Ergebnis scheinen alle Bemühungen um disziplinäre Einheit letztlich ihrerseits in Pluralität oder Komplexitätssteigerung zu münden und damit gewissermaßen einen Identitätsverlust zweiter Ordnung zu bewirken.[60] Nicht von ungefähr kommt beispielsweise Jürgen Oelkers

---

[60] Dieser Eindruck wird letztlich auch durch Harm Paschens Buch *"Pädagogiken – Zur Systematik pädagogischer Differenzen"* (1997) erhärtet, auch wenn er darin die gegenteilige Absicht verfolgt, nämlich eine argumentationslogische Bestandsaufnahme der Vielfalt des pädagogischen Sprachspiels. In Fortführung früherer Überlegungen zur *"Logik der Erziehungswissenschaft"* (1979) entwickelt Paschen auf der Grundlage typischer Muster pädagogischen Argumentierens eine prinzipiell nicht begrenzbare Vielzahl von voneinander unterscheidbaren Pädagogiken. Unter Pädagogik in diesem, seinem Sinne versteht er: *"Ein nach Intention, Mitteln, Wirkung von seinen Alternativen differen-*

angesichts dieser Entwicklungen zu der Einschätzung: "*Die Allgemeine Pädagogik steht erstmalig in ihrer Geschichte vor der Frage, was sie begründen kann, wenn alle einheitlichen Fundamente der Begründung preisgegeben werden müssen. Für diese Erfahrung steht der Begriff der >Postmoderne<, der am Ende der achtziger Jahre dominant wird (...). Dadurch werden alle Versuche 'ad absurdum' geführt, >Erziehung< wie eine gesellschaftliche Superkausalität zu betrachten, mit der sich eine allgemeine Emanzipation herbeiführen lassen kann.*" (1997c, S. 237)[61] In dem Maße, in dem die *postmoderne* Skepsis gegenüber den "großen Erzählungen" und die *postmoderne* Penetranz bezüglich der "Unhintergehbarkeit von Pluralität" auch in die Selbstverständnisdebatten der Allgemeinpädagogen Einzug gehalten haben und seither auch noch deren geheimsten Hoffnungen auf die Errichtung eines Deutungsmonopols bloßstellen, wird offensichtlich auch die überkommene Selbstgewißheit der Allgemeinen Pädagogik immer nachdrücklicher zur Disposition gestellt. Weder in Gestalt e i n e r praktischen oder theoretischen Philosophie noch in der e i n e r Fundamental-Anthropologie oder pädagogischen Universalgeschichte, geschweige denn in Gestalt e i n e s sozialwissenschaftlichen Forschungsalmanachs – oder metaphorisch gesprochen: weder als theoretische Zwingburg noch als empirischer Turmbau zu Babel – vermag Allgemeine Pädagogik die immer wieder aufkeimenden Erwartungen und die immer wieder erweckten Hoffnungen auf identitätsstiftende Fundierung und umfassende Gesamtschau einzulösen.

---

tes, entschieden begründetes praktisches Arrangement oder dessen Konzept zur umfassenden Steuerung von Unterricht, Erziehung und Bildung." (ebd., S. 32) In konstitutiver Weise sei jede Pädagogik auf kritische Abgrenzung von anderen Pädagogiken angewiesen, so daß letztlich immer nur Relationen von Pädagogiken übrig blieben. Im Ergebnis präsentiert Paschen dann eine hoch komplexe Kartierung von zehn pädagogischen Sprach- bzw. Argumentationsfeldern (z. B. "*Mittel-Pädagogiken*", "*Methodische Pädagogiken*", "*Allgemeine Pädagogiken*" bis hin zu "*Epistemischen und Aktuellen Pädagogiken*"), die in ihrer Addition eine argumentationslogische Topographie dessen darstellen sollen, was erziehungswissenschaftlich von Relevanz ist. Da aber selbst der ontologische Status der Ordnungskriterien für mögliche "*Foki*" und "*Skopi*" pädagogischen Argumentierens ungeklärt bleibt, löst sich letztlich das ganze Unternehmen in 'modellplatonischem' Wohlgefallen auf.

[61] Bereits zehn Jahre zuvor interpretiert Jürgen Oelkers die allmählich ausufernde *Postmodernismus*diskussion als Fortsetzung der im Fin de siècle aufkommenden Infragestellung der traditionellen pädagogischen Theorieprämissen, der "*stabile[n] Definition des Guten, [der] Fortschrittstheorie der Geschichte, [der] praktische[n] Vernunft und eine[r] darauf eingestellte[n] Subjektivität*" und stellt dazu fest: "*Neu an der damit* [der Postmodernismusdebatte, W. J.] *in Gang gesetzten kulturellen und intellektuellen Dynamik ist aber die immer schnellere Relativierung der eigenen Konzepte. Es wird beständig schwieriger, an Zukunftsentwürfe der besseren Erziehung zu glauben, wenn immer absehbarer wird, daß sie sich nicht erfüllen lassen.*" (Oelkers 1987, S. 35)

2.4 *Erste systematische Zwischenbetrachtung:* Pluralitätsverarbeitung als erziehungswissenschaftlicher Lernprozeß?

Schon die ersten vorsichtigen Annäherungsversuche haben hier deutlich werden lassen, daß der *postmoderne* Pluralismus mit seiner Janusgesichtigkeit in den unterschiedlichsten Lebensbereichen und auf den verschiedenen Ebenen seiner reflexiven Durchdringung für Probleme sorgt. Mit den subjektiv als Krise erlebten und wissenschaftlich als Orientierungs- und Entscheidungsschwierigkeiten beschriebenen Entwicklungen gerät nach allem, was wir bislang in Erfahrung gebracht haben, also auch diejenige Wissenschaft in die Krise, die sich von allem Anfang an die Ermöglichung und Unterstützung individueller "Lebenstüchtigkeit", oder in anderer Wendung: die "Perfektionierung" [62] des Individuums durch Erziehung auf ihre Fahnen geschrieben hat. Angesichts der *postmodernen* Zeitsignaturen hat diese lange Jahrzehnte als homogen und einheitlich begriffene Aufgabenstellung ihre Funktion als disziplinärer Integrationskern eingebüßt. Zur existenzgefährdenden Modernisierung- bzw. Pluralisierungkrise der Erziehungswissenschaft wächst sich dies aber erst dadurch aus, daß bei der Suche nach einem adäquaten Ersatz, eine Vielzahl kaum noch miteinander zu vereinbarender Vorstellungen zutage tritt.

Was also kann man tun, um angesichts dieser Situation dem angestrebten Ziel der Schadensbegrenzung und des kontrollierten Umgangs mit dem *postmodernen* Pluralismus im Bereich der Erziehungswissenschaft trotzdem näher zu kommen? Ganz im Sinne unserer "safety-first-Strategie" sei in einem ersten Schritt zunächst die Entwicklung der Disziplin in systematischer Weise rekapituliert, bevor dann in einem negativen Ausschlußverfahren nochmals vor Augen geführt wird, was angesichts der dargestellten Zustandsbeschreibung die idealtypischen Alternativen zu einer derartigen Zielsetzung wären, um dann im dritten Schritt schließlich die Perspektive zu bestimmen, unter der in den weiteren Kapiteln ein Antwortversuch auf die Titelfrage entwickelt werden soll.

---

[62] Die beiden Termini "Perfektionierung" und "Lebenstüchtigkeit" scheinen mir in ihrer deskriptiven Konnotation geeigneter als der Erziehungsbegriff – zumal in der umstrittenen Definition von Brezinka (vgl. [4]1978, S. 45) –, den allgemeinsten Zweck von pädagogischen Handlungen zu umschreiben. Der von Wolfgang Brezinka in die Diskussion gebrachte Terminus *"Lebenstüchtigkeit"* bezeichnet ein *"äußerst komplexes Gefüge physischer und psychischer Dispositionen"*, das *"erbbedingte artspezifische Komponenten und lernbedingte kulturspezifische"* (ebd.) umfaßt. Der in der weiteren Darstellung verwendete Begriff "Perfektionierung" meint im Grunde das gleiche und dient nur der sprachlichen Auflockerung.

Vor allem seit Anfang der 70er Jahre versammelt sich eine immer noch anwachsende Zahl sehr unterschiedlicher Subdisziplinen, theoretischer Konstrukte und metatheoretischer Konzepte unter dem ‚einsturzgefährdeten' Dach der Erziehungswissenschaft, so daß es gegenwärtig kaum noch möglich erscheint, sich ein systematisches Gesamtbild von d e r Disziplin zu machen. Im Unterschied zu den Hoch-Zeiten der geisteswissenschaftlichen Pädagogik vor dem 2. Weltkrieg und bis in die fünfziger und sechziger Jahren hinein kann und will heute keine wissenschaftstheoretische Richtung oder Schulmeinung mehr o f f e n den Anspruch erheben, alle Fachvertreter auf ein gemeinsames metatheoretisches Fundament verpflichten zu können. Nachdem nunmehr mit einiger Verspätung auch in der Erziehungswissenschaft a l l e Letztbegründungsvorstellungen preisgegeben werden und damit jeglichen Hoffnungen auf ein einheitswissenschaftliches Selbstverständnis oder einen metatheoretischen Alleinvertretungsanspruch die logische Basis entzogen ist, kann das jahrzehntelang verhinderte Vordringen der empirisch-analytischen Forschungspraxis nicht mehr aufgehalten werden. Die damit eingeleitete Pluralisierung der erziehungswissenschaftlichen **Forschungsgestalt** hat das Selbstverständnis der Pädagogik als Wissenschaft nachhaltig verändert bzw. verunsichert. Unter der Perspektive der *postmodernen* Pluralisierung werden dabei, wie wir gesehen haben, zwei Problemfelder akzentuiert. Zum einen hat eine gegenüber außerschulischen und internationalen bzw. interkulturellen Fragestellungen sich öffnende Forschung zu einem rasanten Wachstum an empirischen Partialerkenntnissen geführt. Dadurch wird zwar die Hoffnung genährt, das von Luhmann und Schorr apostrophierte "Technologiedefizit" der Erziehungswissenschaft begrenzen zu können, zugleich hat diese Entwicklung aber auch zur Folge, daß angesichts der Vielzahl, der Heterogenität und nicht selten auch der Widersprüchlichkeit der Einzelbefunde kein *einheitlicher Wissensbestand* der Disziplin mehr möglich ist. Zum anderen führt eine sich immer ausdrücklicher erfahrungswissenschaftlich begreifende Erziehungswissenschaft zu der Einsicht, daß Wertüberzeugungen und normative Orientierungen im empirisch-analytischen Verständnis nicht falsifizierbar und damit auch nicht wahrheitsfähig sind, so daß sich jeder, der sich mit inhaltlichen Fragen einer ‚pädagogischen Ethik' beschäftigt, Gefahr läuft, als Verfechter einer anachronistischen, normativen Erziehungswissenschaft entlarvt zu werden. Unter Ausklammerung inhaltlicher Fragen finden daher die in der empirisch-analytischen Tradition sich begreifenden Erziehungswissenschaftler ihre forschungsleitende Perspektive unter Bezug auf psychologische oder soziologische Konzepte,[63] und handeln sich damit den Vorwurf ein, ein Kernstück pädagogischer

---

[63] Diesbezüglich mag der Hinweis auf die Theorie der moralischen Entwicklung von Lawrence

Wissenschaft instrumentalistisch oder funktionalistisch zu verkürzen. Demgegenüber setzen sich jene, die sich der historisch-hermeneutischen Richtung zugehörig fühlen, dem Verdacht aus, bei der Behandlung moraltheoretischer Fragen letztlich philosophische oder gar theologische Erkenntnisabsichten im Schilde zu führen und damit ihrerseits dieses Kernstück der Pädagogik teleologisch oder eschatologisch zu überhöhen.

Damit bringen beide Entwicklungen angesichts der von keiner Seite ernsthaft in Frage gestellten Festlegung der Erziehungswissenschaft auf die akademische Ausbildung von künftigen Erziehungspraktikern auch die **Lehrgestalt** der Pädagogik als Wissenschaft in Bedrängnis. Erstere wirft nämlich die Frage nach der Möglichkeit, der Eigenart und der Quelle *pädagogischen Wissens* auf, also die Frage: Welche der zahlreichen, unter Anwendung wissenschaftlicher Methoden gewonnenen Erkenntnisse über den als Erziehungsrealität definierten Wirklichkeitsausschnitt können als bewährt gelten und erweisen sich unter der Prämisse der optimalen Gestaltung der pädagogischen Praxis als anschlußfähig für die akademische Lehre? Wie lassen sich aber in Zeiten der Methodenvielfalt und des Perspektivenpluralismus objektive Erkenntnisse identifizieren, solange offenbar noch nicht einmal Einigkeit über die Geltungskriterien für pädagogisches Wissen zu erzielen ist? Die zweite Entwicklung wirft dagegen die Frage nach der Möglichkeit, der Eigenart und der Quelle *pädagogischer Moral* auf. Denn in Übereinstimmung mit den Ahnherren der Disziplin und ungeachtet aller Zugehörigkeit zu einer der erziehungswissenschaftlichen Richtungen oder Schulmeinungen hält man an der Überzeugung fest, daß pädagogisches Handeln seine besondere Dignität gerade darin findet, immer Belehrung und Moralisierung zugleich zu intendieren. Wie sich normative Orientierungen aber in Zeiten grassierender "Wertunsicherheit" inhaltlich konkretisieren lassen, bleibt unbeantwortbar, zumal noch nicht einmal ein Konsens darüber gefunden werden kann, ob die Suche nach Maßstäben zur Beurteilung der moralischen Qualität von Wert- oder Normorientierungen überhaupt als wissenschaftliche Aufgabenstellung gelten kann.

Von ihrem problemstrukturierenden Zuschnitt her definiert die Pluralismuskrise damit eine Aufgabe, die gemäß der bestehenden arbeitsteiligen Verfaßtheit der modernen Erziehungswissenschaft in den Zuständigkeitsbereich der Allgemeinen

---

Kohlberg oder die Wertwandelthese von Ronald Inglehard genügen. Zum Problem der *"Soziologisierung des ethischen Diskurses in der Moderne"* allgemein, vgl. den gleichlautenden Buchtitel von Horst Firsching (1994)

Pädagogik fällt. Die eigentlichen Schwierigkeiten beginnen aber anscheinend bereits damit, daß sich das, was im allgemeinpädagogischen Zugriff auf das Pluralismusgespenst als identitätssichernde Begrenzung der fundamentalistischen bzw. relativistischen Irritationen in der Erziehungswissenschaft gedacht ist, bei näherem Hinsehen selbst als eine der Ursachen für diese Probleme erweist. Gleichsam quer zur Differenzierung und Diversifizierung der Lehr- und Forschungsgestalt verlaufend sorgen nämlich die Diskussionen in der Allgemeinen Pädagogik für einen metatheoretischen Pluralismus. Dieser scheint die Hauptursache dafür zu sein, daß d i e Erziehungswissenschaft heutzutage weder in ihrer Lehrgestalt, d.h. als Theorie für die Erziehungspraxis, noch in ihrer Forschungsgestalt, d.h. als Theorie für die Wissenschaftspraxis, in der Lage ist, der Annahme von der Perfektionierung des Menschen durch Erziehung in grundlegender Weise e i n e einheitliche und weithin akzeptierte Rechtfertigung zu verschaffen. Wie beispielsweise an der Diskussion um die Antipädagogik deutlich wird, läßt sich offenbar noch nicht einmal mehr bezüglich der elementaren Wirkungshypothese, daß Erziehung in konstitutiver Weise mit der Idee verknüpft ist, den Einzelnen im Laufe seiner Individualgenese dabei unterstützen zu können, Unwissen in Wissen und Roheit in Moralität zu verwandeln, ein disziplinübergreifender Basiskonsens herstellen.[64] In diesen das Selbstverständnis der Erziehungswissenschaft erschütternden Unsicherheiten ist denn auch die eigentliche Ursache dafür zu finden, daß seit einigen Jahren wieder sehr grundsätzlich und immer drängender nach der Möglichkeit, der Eigenart und den Geltungskriterien *pädagogischen Wissens* und *pädagogischer Ethik* Ausschau gehalten wird.[65] Eben auf diesen Zusammenhang von Modernisierung respektive Pluralisie-

---

[64] Angesichts der Tatsache, daß *"das zumeist vorgängige und allgemein geltende Einverständnis über das, was sich in einer bestimmten geschichtlich und gesellschaftlich bedingten Situation aus einsichtigen und vertretbaren Gründen gemeinsam wissen, schätzen und wollen läßt, vor allem in Zeiten des Wandels und des Umbruchs, Spannungen und oftmals von innen harten Zerreißproben ausgesetzt [ist]"*, sieht beispielsweise Jürgen-Eckardt Pleines (1992, S. 368) Wissen und Moral als die beiden Grundpfeiler dessen, was er als *"Erziehungswirklichkeit"* bezeichnet, *"auf die sich alle sittliche Erziehung und geistige Bildung verpflichtet wissen"*, grundlegend gefährdet.

[65] Auf den Umstand, daß pädagogisches Wissen immer auch mit ethischen Ansprüchen imprägniert ist, macht beispielsweise Jürgen Oelkers aufmerksam: *"Pädagogisches Wissen"* so betont er, konstituiere sich *"unter Verweis auf Moral, also nach dem Schema von 'gut' und 'böse'"* und verbinde sich mit einem *"Habitus der Sorge"* (1991, S. 213).

Bezüglich neuerer Beiträge zu den Problemen und Dimensionen einer pädagogischen Ethik sei auf den gleichnamigen Band von Jürgen Oelkers (1992) sowie die Bücher bzw. Aufsatzsammlungen von Wolfgang Brezinka *"Glaube, Moral und Erziehung"* (1992), Micha Brumlik *"Advokatorische Ethik"* (1992), Jürgen-Eckardt Pleines *"Studien zur Ethik"* (1992), Jürgen Rekus *"Bildung und Moral"* (1993), Andreas Gruschka *"Bürgerliche Kälte und Pädagogik"* (1994), Käte Meyer-Drawe u.a. *"Pädagogik und Ethik"* (^{2}1996) verwiesen. Die Diskussion und die Forschung über pädagogisches Wissen ist insbesondere von den Arbeiten zur Wissenschaftsforschung der Erziehungswissenrung und Identitätskrise der Erziehungswissenschaft will die lapidare Frage nach der Existenz moralischen Wissens aufmerksam machen. Mit ihr stehen wir also nicht nur im Zentrum der Postmodernismusdebatte, sondern werden zugleich – wie an der Tragweite der drei Krisenentwicklungen ablesbar – auch auf das Grundlegungsproblem der Erziehungswissenschaft verwiesen. Offensichtlich rühren beide Schwierigkeiten von ein und derselben Ursache her, nämlich der Pluralisierung der unterschiedlichen Lebens- und Weltbezüge. Nach den vorausgegangenen Überlegungen sollte klar geworden sein, daß ein ernstzunehmender Antwortversuch auf die Frage nach der Existenz moralischen Wissens daher immer nur in enger Tuchfühlung zu dem ‚Pluralismusgespenst' erfolgen kann.

Bevor nun aber die Perspektive präzisiert wird, in der ein solcher Antwortversuch entwickelt werden soll, seien zunächst, unter Verweis auf die in den beiden vorausgegangenen Unterkapiteln analysierten Reaktionsweisen auf die Herausforderungen durch den *postmodernen* Pluralismus, die möglichen Alternativen zu einer solchen Zielsetzung in idealtypischer Weise zusammengefaßt. Dies sind:

- **Resignation** und die Kultivierung einer paradigmenspezifischen und/oder subdisziplinären Identität, in der Hoffnung, sich wenigstens im kleinen Kreis Gleichgesinnter auf einen Kanon von unumstößlichen *Grundwahrheiten* verständigen und sich damit gegen die Problemlage *immunisieren* zu können;
- **Beschwichtigung** und Beschluß auf Nicht-Befassung, mit dem Hinweis auf die vermeintlich bewährten Lösungsmuster der empirischen Nachbardisziplinen und die Ubiquität des Pluralismussyndroms, verbunden mit der stillen Erwartung auf Bestandswahrung;
- **Verlagerung** auf die Ebene der Meta-Meta-Theorien, so daß die Auseinandersetzung, ebenso wie die Gründe für ein eventuelles Scheitern, an die Erkenntnistheorie bzw. Wissenschaftsphilosophie delegiert werden können, während man im eigenen Bereich getrost zur Tagesordnung zurückkehren kann; und schließlich:

---

schaft angestoßen worden. Neuere Arbeiten, aus denen sich Entwicklung und Stand ablesen lassen, sind: Lutz-Michael Alisch et al. *"Professionswissen und Professionalisierung"* (1990), Jürgen Oelkers & Heinz-Elmar Tenorth *"Pädagogisches Wissen"* (1993), Frank-Olaf Radtke *"Wissen und Können"* (1996). Daß damit unmittelbar zusammenhängend auch die Frage nach der Notwendigkeit, Eigenart und Neuschöpfung "einheimischer Begriffe" heute anders gestellt und vor allem stärker handlungsbezogen beantwortet werden sollte, hat erst jüngst Eckard König (1999) zu zeigen versucht. Die differenzierte Auseinandersetzung mit den verschiedenen Konzepten, Formen und Dimensionen pädagogischen Wissens sowie der Versuch einer Weiterentwicklung erfolgen in Kapitel 4.

- **Radikalisierung** und Stilisierung eines *postmodernen* Denk- und Argumentationsmusters, das jegliche ontologischen und teleologischen Einheitsvorstellungen zu überwinden sucht, und damit dann aber sowohl die Definition e i n e r abgrenzbaren Erziehungswissenschaft als auch die e i n e r Allgemeinen Pädagogik unmöglich und überflüssig macht.

Alle vier Strategien entspringen dem Bestreben, sich vor den Verunsicherungen durch den Pluralismus zu schützen, indem m. E. auf im Kern untaugliche Wissenschaftsauffassungen zurückgegriffen wird, kommen sie doch letztlich dem Eingeständnis gleich, dem modernen Wissenschaftsanspruch nicht gewachsen zu sein, der sich doch gerade auf die Überwindung einheitswissenschaftlicher Universalisierungsansprüche in positivistischer und hermeneutischer Ausprägung gründet. Wie oben an repräsentativen Beispielen gezeigt werden konnte, verstricken sich diese Strategien damit in irreparable Widersprüche. Konsequent zu Ende gedacht lassen nämlich alle vier Reaktionsweisen – bewußt, häufig aber auch unbewußt bleibend – letztlich immer nur die Wahl zwischen der fundamentalistischen ‚Einigelung' in so etwas wie eine zeitlos währende *paedagogia perennis* oder die an Selbstaufgabe grenzende relativistische Anbindung an die Nachbardisziplinen Philosophie, Psychologie und Soziologie, und an die in diesen Fächern weitverbreitete und von vielen akzeptierte 'Kompromißformel' vom *Paradigmenpluralismus.* Angesichts der dargestellten Schwierigkeiten darf aber wohl begründet in Zweifel gezogen werden, ob unter Verweis auf eines der beiden Konstrukte dem ‚Pluralismusgespenst' tatsächlich dauerhaft Einhalt geboten werden kann.

Die ältere der beiden Formeln, die **paedagogia perennis**, versuchte Otto Willmann um die Jahrhundertwende in bewußter Analogie zum Terminus *philosophia perennis*[66] in die erziehungswissenschaftliche Diskussion einzuführen, um der Pädagogik als Wissenschaft eine vor den vielen relativistischen Anfechtungen des Zeitgeistes gefeite Grundlage zu geben. *"Erfreuliches Interesse wird der Geschichte der Erziehung zugewandt, so daß das Perfektum als Vergangenheit heute wohl vertreten ist; aber perfektus heißt auch vollendet, vollkommen, und die Geschichtsschreibung muß bei der Darlegung dessen, was war, nicht das, was sein soll, aus den Augen verlieren. Das unterläßt der moderne Relativismus, der sich scheut, an die historischen Erscheinungen den Maßstab des absoluten Wertes anzulegen. Er gipfelt in der Behauptung, daß man zu einer allgemeinen Pädagogik gar*

[66] Der Begriff *paedagogia perennis* ist nicht nur dem Begriff der *philosophia perennis* nachgebildet, sondern teilt dabei auch – wie im weiteren noch zu sehen ist – dessen ungelöste Probleme (vgl. Schneider 1989 und Schwenk 1992).

nicht gelangen könne, weil die Erziehungsideale in den verschiedenen Perioden wechseln. Aber der tiefer dringende Blick muß herauskennen, was in dem Wechsel und Wandel verharrt, und unterscheiden, was mit den Zeitmeinungen kommt und geht, was dagegen die Last der Geschichte getragen hat. Es gibt eine paedagogica perennis, wie es eine Philosophie gibt, und sie ist daran erkennbar, daß sie die Güter bewahrt hat, zu deren Überlieferung die Erziehung berufen ist." (zitiert nach Schwenk 1992, S. 127) Die beständigen, allen Wandlungen und Wechseln entzogenen Wahrheiten findet Willmann in der *"christlichen Wissenschaft"* bzw. *"christlichen Philosophie"*, die den *"Wahrheitsgehalt"* der antiken Philosophie in sich aufgenommen und deren *"Mängel und Irrtümer behoben"* habe (1982, Bd. 7, S. 365). Als *"letzte und höchste Bedingung der Erhebung der Pädagogik zur Wissenschaft"* bezeichnet er daher *"das Hineinarbeiten der christlichen Erziehungsweisheit in ihren Erkenntnisbestand. Nur eine dem Christentum konforme Erziehungslehre kann sich zur Wissenschaft erhöhen; sie könnte nicht weisheitsmäßig sein, wenn sie nicht glaubensförmig wäre, und dieses kann ihr nur von seiten des Christentums kommen."* (ebd., S. 367) Was sich für heutige Ohren wie ein Paradebeispiel normativer Pädagogik liest, war der Versuch, einer sich durch die Öffnung gegenüber den Geschichts- und Sozialwissenschaften modernisierenden Erziehungswissenschaft ein eigenständiges und dauerhaftes Fundament zu verschaffen.[67] Aus der Befürchtung heraus, die Bewußtmachung der historischen und kulturellen Kontingenz der Erziehungsrealitäten könnte einem unkontrollierbaren Relativismus Vorschub leisten, sucht Willmann Sicherheit in der Ontologisierung und Fundamentalisierung der katholischen Ethik bzw. Soziallehre. Wie bereits gezeigt wurde, ist aber damit die strukturelle ‚Erblast' bestimmt, die auf das als *pädagogischer Grundgedankengang* bezeichnete Ersatzkonstrukt der *paedagogia perennis* übergegangen ist. Im Unterschied zu Otto Willmann vermeiden z. B. die Vertreter der geisteswissenschaftlichen Pädagogik mehrheitlich die explizite Bindung an eine Religion, und ersetzen die christliche Ethik durch einen verklausulierten Kulturbegriff, eine formalistische oder auch eine materiale Wertethik oder, wie besonders augenfällig bei Ernst Krieck, durch einen hypostasierten Gemeinschaftsbegriff.[68] Das Konstrukt *paedagogia perennis* hatte zu keinem Zeitpunkt einen der Rede vom *pädagogischen Grundgedankengang* oder gar der vom *Paradigmenpluralismus* vergleichbaren Stellenwert, und dennoch ist eine Beschäftigung mit den ihr zugrunde liegen-

[67] Selbst Rudolf Lochner (1963, S. 115f.) kommt nicht umhin, Willmanns Plädoyer für die deskriptiv-phänomenologische Erforschung der Erziehungswirklichkeit anzuerkennen; freilich fällt seine Zurückweisung des christlich-philosophischen Fundierungsanspruchs dann um so schärfer aus.

[68] Zur geisteswissenschaftlichen Pädagogik und ihren kulturphilosophischen bzw. moraltheoretischen Grundlagen und Implikationen vgl. allgemein Husche-Rhein (1979).

den Motiven unter der Perspektive des Pluralismus höchst lehrreich.[69] Dies wird nicht zuletzt in der Auseinandersetzung mit dem Konstrukt des *Paradigmenpluralismus* deutlich.

Wie sich bereits abzeichnete, ist nämlich auch die Formel des *Paradigmenpluralismus* nicht gerade unproblematisch. Dieser Anfangsverdacht wird noch erhärtet, wenn man versucht, sich in der Literatur über die spezifische Verwendung des Terminus *Paradigmenpluralismus* kundig zu machen. Angesichts des skizzierten Stellenwertes und der Verwendungshäufigkeit muß es überraschen, wenn weder in den gängigen wissenschaftstheoretischen, noch in erziehungswissenschaftlichen Lexika[70] ein entsprechender Eintrag zu finden ist, und auch keine einschlägige Monographie zu Bedeutung, Stellenwert und Verwendung des Konstrukts *Paradigmenpluralismus* vorliegt.[71] Und eigentümlicherweise spielt er auch in keinem der

[69] Mit Blick auf die moderne Diskussion um das Sozialisationsthema und die Antipädagogik erinnert Bernhard Schwenk (1992) daran – und dies läßt m. E. mit Blick auf die Pluralismusproblematik zumindest die Umrisse eines durchaus gewinnbringenden Verständnisses von *paedagogia perennis* erkennen –, daß zur Vergewissung der Erziehungsproblematik letztlich nur die Möglichkeit bleibt, das zu tun, *"was wir immer schon gemacht haben, was auch Benner in seiner 'Allgemeinen Pädagogik' macht, nämlich der vorsichtig-hermeneutische Rückgriff auf die Tradition, auf die Texte, nicht, um es dann so zu machen, wie es immer schon war, sondern gleichsam um Halteseile zu gewinnen, an denen man sich in die immer offene, immer andere Zukunft hineintrauen kann – etwa so, wie liberales Judentum im Studium von Tora und Talmud Halt sucht angesichts der Notwendigkeit, tragfähige Lösungen für das noch unbekannte Heute zu gewinnen, wo dann möglicherweise angesichts bedrängender Gegenwartsprobleme auch die Neuinterpretation altbewährter und vertrauter Prinzipien als notwendig erkannt werden kann und riskiert werden muß. Wenn also Paedagogia perennis, dann jedenfalls nicht in einem überzeitlichen, überhistorischen Sinn, sondern in der Einordnung in den historisch-kulturellen Zusammenhang, der unser Sein bestimmt, im Bewußtsein dieser Begrenzung und damit in der Bejahung dessen, was und wer wir sind, unhintergehbarer Ausgangspunkt für den tastenden Schritt in die Zukunft."* (Schwenk 1992, S. 132)

[70] Auf einen entsprechenden Eintrag oder Verweis wurden durchgesehen: Josef Speck, *"Handbuch wissenschaftstheoretischer Grundbegriffe"* (1980), Wolfgang Stegmüller *"Hauptströmungen der Gegenwartsphilosophie"* (1952ff.), Hermann Krings & Hans Michael Baumgartner *"Handbuch philosophischer Grundbegriffe"* (1973f.), Joachim Ritter et al. *"Historisches Wörterbuch der Philosophie"* (1971ff.), Helmut Seiffert & Gerard Radnitzky *"Handlexikon zur Wissenschaftstheorie"* (1989), Jürgen Mittelstraß *"Enzyklopädie Philosophie und Wissenschaftstheorie"* (1980ff.). Bezüglich der erziehungswissenschaftlichen Literatur mag der Hinweis genügen, daß in keinem der bereits zitierten Nachschlagewerke Ausführungen zum Paradigmenpluralismus enthalten sind, ebenso wie in den beiden jüngsten Lehrbüchern mit wissenschaftstheoretischer Ausrichtung: Eckard König & Peter Zedler *"Theorien der Erziehungswissenschaft"* (1998), sowie Friedrich W. Kron *"Wissenschaftstheorie für Pädagogen"* (1999).

[71] Womit dies zusammenhängt, erklärt sich m. E. einmal durch die Tatsache, daß der Begriff "Paradigma", so, wie er insbesondere von Thomas Kuhn in die wissenschaftsgeschichtliche Diskussion eingeführt wurde, recht kontrovers geblieben ist, ebenso – wie bereits in Kapitel 2.1 angesprochen und im anschließenden Kapitel noch im einzelnen zu diskutieren sein wird – wie auch der Begriff "Pluralismus". Zum anderen hat Helmut F. Spinner (vgl. insbesondere 1974) mit

bereits erwähnten erziehungswissenschaftlichen Beiträge, die sich explizit der Pluralismusverarbeitung widmen, eine systematische Rolle. Von den wenigen Versuchen, den Terminus *Paradigmenpluralismus* nicht nur in der bereits beschriebenen deskriptiven, additiven oder rhetorischen Form, sondern in fundierender Weise in die erziehungswissenschaftliche Diskussion einzubringen, sei an dieser Stelle auf den weitgehend unbeachtet gebliebenen Beitrag von Jürgen Zabeck (1992, zuerst 1978) eingegangen. Die angesichts der dargestellten Identitätsprobleme auch heute noch höchst aktuell klingende Zielformulierung Zabecks lautet: *"Die Erneuerung der Erziehungswissenschaft als eine eigenständige Disziplin ist letztlich davon abhängig, daß es gelingt, für sie wissenschaftstheoretische Prinzipien zu fixieren, an die sich die verschiedenen Paradigmata binden lassen. Wenn die Erziehungswissenschaft ihre Krise überwinden und eine Einheit mit spezifischem Charakter sein will, von der spezifische Leistungen erbracht werden, dann muß Paradigmenpluralismus mehr sein als eine additive Verbindung wissenschaftstheoretischer Ansätze, deren Gemeinsamkeit nur darin besteht, metapädagogische Voraussetzungen für (unterschiedlich geartete) objektsprachlich gefaßte Auseinandersetzungen mit dem thematischen Bereich der Erziehung zu enthalten. Es bedarf der Ermittlung eines paradigmataübergreifenden Regulativs für jene, die den Anspruch erheben, vom Kreis der Fachgenossen und von der allgemeinen Öffentlichkeit als Erziehungswissenschaftler akzeptiert zu werden."* (1992, S. 103) Auch Zabecks präzise Diagnose bezüglich der paradigmatischen Ausdifferenzierung sowie sein Bemühen, den Anschluß an die erkenntnistheoretische sowie sozialphilosophische Pluralismusdiskussion der siebziger Jahre bei Helmut F. Spinner (insbesondere 1974) bzw. Hans Kremendahl (1977) herzustellen, vermag selbst heute noch zu überzeugen. Die Schwierigkeiten beginnen dagegen bei dem, was Zabeck mit *"Die Aufgabe der Erziehung als Aufgegebenheit für die Erziehungswissenschaft"* (vgl. ebd., S. 115ff.) überschreibt. Bezogen auf die von Schleiermacher als "Generationenwechsel" bezeichnete Aufgabe der Erziehung, versucht er jene paradigmenübergreifenden Prinzipien zu bestimmen versucht, die schlußendlich für die damals wie heute schwindende identitätsstiftende Binnen- und Außenlegitimität sorgen sollen. In diesem Zusammenhang sind, so Zabeck, vier verschiedenartige Leistungen/Aufgaben auf die moderne Erziehungswissenschaft übergegangen: *"(1) Beschreibung und Analyse der erzieherisch relevanten Wirklichkeit unter besonderer Berücksichtigung der in ihr waltenden Wirkungszusammenhänge. (2) Deutung der Erziehungswirklichkeit auf dem Hintergrund bildungstheoretischer, gesellschaftspolitischer, systemtheo-*

seinem Versuch, in der Kombination des Popperschen Fallibilismuspostulates mit der anarchistischen Erkenntnistheorie von Paul Feyerabend ein konsequent fallibilistisch-pluralistisches Erkenntnismodell zu entwickeln, die erheblichen erkenntnistheoretischen Schwierigkeiten deutlich gemacht, die ein solches Unterfangen aufwirft.

retischer oder anderer Bezugssysteme. Im Zusammenhang mit der hier angesprochenen Orientierungsfunktion muß auf pädagogische Norm- und Zielfragen eingegangen werden. (3) Ermittlung und Vermittlung erzieherischer Verfahrensregeln, die der Bewältigung konkreter Situationen, aber auch der Realisierung pädagogischer Normen dienen können. (4) Entwicklung institutioneller und curricularer Arrangements unter dem Aspekt der Effizienzsteigerung." (ebd., S. 116) Was bereits bei einzelnen Formulierungen dieses Aufgabenkanons wie einer Beschreibung erzieherisch relevanter Wirklichkeit, Deutung der Erziehungswirklichkeit etc. anklingt, findet spätestens an dem Punkt seine Bestätigung, an dem Zabeck d a s Leitprinzip bestimmt, unter dem die aufgezählten Leistungserwartungen der Erziehungswissenschaft zu erfüllen sind, und mittels dessen er den Versuch unternimmt, eine paradigmenübergreifende 'Wahrheitsidee' zu skizzieren. Ersteres formuliert er wie folgt: *"Die Pädagogik (...) vermag sich auf Erziehung zu konzentrieren; die Sorge um das Gelingen von Erziehung geht ganz zentral in ihren spezifischen wissenschaftskonstituierenden Aspekt ein. Damit nimmt sie die Perspektive des Individuums auf (...)."* (ebd., S. 116) Und an anderer Stelle heißt es: Erziehungswissenschaft *"gewinnt ihre – wenn auch nicht immer scharf faßbare – besondere Stellung dadurch, daß sie die Perspektive des einzelnen im Prozeß des Generationenwechsels aufnimmt."* (ebd., S. 123). Sehr vage bleibt jedoch der Versuch, im Anschluß an Eduard Spranger so etwas wie einen pragmatischen Wahrheitsbegriff zu formulieren, der auf das Vertrauen rekurriert, daß *"die letzte Intention eines jeden Ansatzes die allen gemeinsame Wahrheitsgesinnung"* sei, die als *"Brücke zwischen den Paradigmata"* fungiert und alle sich am erziehungswissenschaftlichen Diskurs beteiligenden Forscher auf *"eine einzige Wahrheitsidee"*, eben die der *"Wahrhaftigkeit"*, verpflichtet.[72] So sympathisch die Parteinahme für das Individuum und der Appell an das berufsethische Wahrheitsbewußtsein auch sein mögen, als Antwort auf die allgemeinpädagogischen Schwierigkeiten im Umgang mit dem metatheoretischen Pluralismus scheinen sie allenfalls in der Hinsicht hilfreich, als mit ihnen in repräsentativer Weise die Grenzen des Paradigmenpluralismus sichtbar werden. Denn er scheint entweder zu der additiven Beliebigkeit zu führen, oder aber da, wo er grundlegend eingeführt wird, wieder etwas der *paedagogia perennis* oder dem *pädagogischen Grundgedanken* Verwandtes vorauszusetzen. Bei genauem Hinse-

---

[72] Neben der wirkungsgeschichtlichen Einseitigkeit, mit der der Sprangersche Vorschlag aufgenommen wurde, sei hier insbesondere auf das schwierige Verhältnis von Eduard Spranger und Max Weber hingewiesen. Weber verfolgte bekanntlich mit seinen wissenschaftstheoretischen Arbeiten durchaus vergleichbare Intentionen, ließ sich dabei jedoch vom Neukantianismus südwestdeutscher Spielart leiten und ging auf ausdrückliche Distanz zu allen Formen 'naturalistischer Fehlurteile', wie sie in idealistischer Ausprägung etwa bei Spranger zu finden sind (vgl. dazu im einzelnen E. Flitner 1998, und Jungmann 1994). Diese Hinweise mögen genügen, um einmal das geringe 'Brückenpotential' der Überlegungen von Spranger zu demonstrieren, und zugleich auf die enorme Beweislast einer paradigmenübergreifenden Metatheorie aufmerksam zu machen.

hen erkennt man damit, daß auch der Paradigmenpluralismus Gefahr läuft, sich relativistischer oder fundamentalistischer Setzungen schuldig zu machen.[73]

Mit diesem Oszillieren zwischen hermeneutischer *paedagogia perennis* und empirisch-sozialwissenschaftlichem *Paradigmenpluralismus* – oder in pointierter Zuspitzung: zwischen *fundamentalistischer Selbstblockade* und *relativistischer Selbstaufgabe* werden nun nicht nur die Schwachpunkte der typologisierten Reaktionsweisen ersichtlich, sondern zugleich wird auch leichter nachvollziehbar, weshalb die Allgemeine Pädagogik insgesamt so große Mühen hat, sich im Umgang mit den Folgen des metatheoretischen Pluralismus zu behaupten. Wie wir gesehen haben, lassen sich nämlich viele Allgemeinpädagogen von dem ‚Pluralismusgespenst' in einen ‚Sumpf' von praktischen und theoretischen Aporien locken, aus dem bekanntlich schon Hans Alberts Baron von Münchhausen sich nicht am eigenen Schopf hat herausziehen können.[74] Dies dürfte denn auch der Hauptgrund dafür sein, daß die Allgemeine Pädagogik heute weder in Gestalt e i n e r Leitdisziplin noch in der e i n e r Teildisziplin, e i n e einheitliche erziehungswissenschaftliche Identität zu stiften vermag, und daß daher immer häufiger die überkommene intradisziplinäre Arbeitsteilung sowie der eigene Anspruch in Frage gestellt werden. Wie kann man aber verhindern, daß eine ganze wissenschaftliche Disziplin in einen Sumpf von Widersprüchen gerät, wenn man weder darüber Einigkeit erzielen kann, wo die eigenen Grenzen, geschweige denn, wo die Grenzen des Sumpfes verlaufen? Wobei erschwerend hinzukommt, daß offensichtlich auch die Erinnerung an fehlgeschlagene ‚Durchquerungsversuche' zunehmend verblaßt zu sein scheint.

Wie die Intensität und Breite der derzeitigen Diskussion um die Allgemeine Pädagogik zeigt, sind sich die Allgemeinpädagogen nun aber trotz alledem mehrheitlich darin einig, daß mit der *Postmoderne* noch keineswegs das Ende der Allgemeinen Pädagogik besiegelt ist. Auch Jürgen Oelkers bleibt beispielsweise in seiner bereits zitierten Zustandsbeschreibung recht zuversichtlich, wenn er davon ausgeht, daß mit der Pluralismuskrise n u r ein *"heilsamer Lernprozeß"* in Gang gekommen sei,

---

[73] Bereits bei Dietrich Benner und Wolfgang Brezinka sind wir auf das Problem gestoßen, daß allgemeinverbindliche (allgemeingültige) Prinzipien des pädagogischen Denkens und Handlens nur um den Preis der Akzeptanz der Vorherrschaft von Prozessen des historisch-hermeneutischen Verstehens festzuschreiben sind, d. h. um den Preis der fundamentalistischen Verabsolutierung.

[74] In seinem Buch *"Traktat über kritische Vernunft"* ([3]1968, S. 13ff) beschreibt Hans Albert die drei typischen Widersprüche, in die sich alle Versuche einer Letztbegründung verstricken: infiniter Regreß, logischer Zirkel und Abbruch des Begründungsverfahrens, und er bezeichnet diese Situation als *"Münchhausen-Trilemma"*.

der den Anspruch der Allgemeinen Pädagogik *"auf das richtige Maß"* bringen könne (1997c, S. 238). Letztlich läßt sich auch die vorliegende Arbeit von diesem Optimismus leiten, dies allerdings ohne den Empfehlungen von Oelkers im einzelnen folgen zu können.[75] Wer sich jedoch dieser neuen Bescheidenheit anschließt und sich ernsthaft um die Begrenzung respektive Überwindung der Pluralismuskrise in der Erziehungswissenschaft bemüht, kann allerdings – soviel sollte bislang deutlich geworden sein – nur dann mit Erfolg rechnen, wenn er dabei nicht wieder hinter das in der Diskussion von *paedagogia perennis* und *Paradigmenpluralismus* erreichte Problembewußtsein zurückfällt. Positiv gewendet bedeutet dies, die Suche nach einem dritten Weg zwischen Fundamentalismus und Relativismus zum zentralen Anliegen Allgemeiner Pädagogik zu erklären. Da dieser Weg – wie im folgenden Kapitel noch ausführlich zu erläutern sein wird – gleichsam erst im Begehen seinen Grund finden kann, erscheint die Suche nach ihm als ein Unterfangen, das in mehrfacher Hinsicht Ähnlichkeiten aufweist mit dem von Oelkers metaphorisch und fast beiläufig gebrauchten Terminus 'Lernprozeß'. Mit der Metapher vom Lernprozeß läßt sich m. E. am besten ausdrücken, worauf sich der Optimismus gründet, undogmatische und zugleich nicht beliebige bzw. nicht relative Anfangsgründe für eine erziehungswissenschaftliche Selbstvergewisserung unter dem Eindruck *postmoderner* Pluralisierung finden zu können. 'Lernen' hebt nämlich gerade in seiner sehr allgemein gehaltenen und für die moderne Erziehungswissenschaft seit John Locke konstitutiven Bedeutung auf die individuelle Fähigkeit ab, die Erfahrung von Neuem und die Konfrontation mit bislang Unbekanntem in kontrollierter und strukturierter Form bewältigen zu können, ohne daß das Ergebnis dieses Verarbeitungsprozesses (Lebenstüchtigkeit, Perfektionierung, Entwicklung, Reifung, Bildung etc.) determinierbar oder wenigstens kalkulierbar wäre. Ganz in diesem ergebnisoffenen Sinne setzt die Suche nach dem ‚dritten Weg' bei der 'Gewißheit' an, daß wir – der Vergleich sei an dieser Stelle erlaubt – alle über die biophysische und biopsychische Grundausstattung für das Gehen verfügen, uns von daher über die Fähigkeit, laufen lernen zu können prinzipiell im Klaren sind, ohne deshalb

[75] Was Jürgen Oelkers im Rahmen mehrerer einschlägiger Beiträge bislang ausgearbeitet hat, trägt allerdings noch stärker den Charakter eines Beitrags zu einer überfälligen 'Curriculumsrevision' als den einer präzisen Bestimmung des Lernzieles. In den bereits zitierten Beiträgen setzt sich Oelkers vielfach aus historisch vergleichender Perspektive und in exemplarischer Weise mit einzelnen Begründungsaspekten Allgemeiner Pädagogik auseinander (vgl. 1998b, 1997c, 1996 und 1993), und in seinem Buch *"Pädagogische Ethik"* (1992) steht die moraltheoretische Dimension im Vordergrund All diese Beiträge kreisen um die aktuellen Schwierigkeiten Allgemeiner Pädagogik, können das Ziel aber noch nicht exakt angeben. (vgl. dazu auch den Aufsatz von 1987 sowie insbesondere seine sonstigen auf die Reformpädagogik und den Fin de siècle eingehenden Beiträge).

aber bereits auch die konkrete Beschaffenheit, den genauen zeitlichen Ablauf und räumlichen Verlauf oder gar das exakte Ziel des Weges zu kennen. Jedoch stellt sich bei allem Urvertrauen in die Lernfähigkeit des Menschen die äußerst unbequeme Frage: Wie läßt sich sicherstellen, daß man bei dieser performativen Erschließung des ‚dritten Weges' nicht doch wieder nur einer weiteren Schleife der logischen Abwärtsspirale des *postmodernen* Pluralismus folgt? Angesichts der großen Defizite, die in der vorausgegangenen 'Lernstandsdiagnose' ermittelt wurden, sind dazu eine Reihe von Vorarbeiten zu leisten und Sicherungsmaßnahmen erforderlich. Dies ist vor allem die möglichst exakte Bestimmung des Gefährdungspotentials, um dann vor diesem Hintergrund 'Lernziel' und ‚Lernsubjekt' näher bestimmen zu können.

3. Gefährdungspotentiale:
Erziehungswissenschaft in Zeiten segmentierter Lebenswelt

Während zur differenzierten Schadensbilanzierung im vorangegangenen Kapitel primär die Deskription und Systematisierung von Gegenwartsproblemen in den Blick genommen wurden, überwiegen nun bei der Bestimmung der Gefährdungspotentiale des 'Pluralismusgespenstes' die historisch-systematischen und analytischen Betrachtungsweisen. Die Aufmerksamkeit ist hierbei in einem ersten Schritt auf die Anatomie des ‚Pluralismusgespenstes' gerichtet, mit dem Ziel, die Ursachen für dessen Janusgesichtigkeit und die daraus resultierenden Folgen näher zu bestimmen (3.1). Die dabei gewonnenen Einsichten sollten es in einem zweiten Schritt ermöglichen, unter Bezug auf die Frage nach der Existenz moralischen Wissens die Wirkungsmechanismen und damit das allgemeine Gefährdungspotential des Pluralismus abzuschätzen (3.2). Auf der analytischen und terminologischen Grundlage der beiden Vorstudien aufbauend, geht es schließlich in einem dritten Schritt darum, das spezifische Gefährdungspotential des Pluralismus im Bereich der Erziehungswissenschaft zu ermitteln (3.3).

3.1 Zur Anatomie des ‚Pluralismusgespenstes'

3.1.1 Begriffs- und problemgeschichtliche Grundstrukturen

Das 'Pluralismusgespenst' verliert viel von seiner Trugbildhaftigkeit, wenn man sich in einem ersten Zugriff mit seiner Entdeckung und Namengebung etwas näher auseinandersetzt. Die folgende Definition trägt m. E. seinem Facettenreichtum hinreichend Rechnung und sollte darüber hinaus auch in unterschiedlichen Lagern der aktuellen *Postmodernismus*debatte konsensfähig sein: *„Der aus dem lat. >pluralis< (eine Vielheit betreffend) gebildete Begriff 'Pluralismus' bezeichnet im weitesten Sinne die Einstellung, es sei begründeter bzw. sinnvoller, eine Heterogenität, Mannigfaltigkeit und Prinzipienvielfalt des in der Welt Existierenden anzunehmen als die von einem >Monismus< behauptete Homogenität und Einheitlichkeit einer Welt, die von einem Prinzip regiert wird, und daß es auf jede wesentliche Frage abweichende und konfligierende Antworten gibt. In diesem Sinne ratifiziert der bewußt gewordene und individuell und kollektiv in Anspruch genommene Pluralismus, was als >conditio humana< tatsächlich immer schon war: Vielfalt – der symbolischen*

Welten und der in sie einbezogenen Verhaltensweisen der Menschen, der Weltbilder und Selbstbilder, der Mythen und Götter, der Sprachen und Künste, der Philosophien und Wissenschaften, der Kulturen und des Habitus." (Sandkühler 1996a, S. 23)

Die Frage nach dem Verhältnis von Pluralismus und Monismus steht damit in einer Reihe mit so herausragenden geistesgeschichtlichen Fragen wie der nach dem Verhältnis von Theorie und Praxis, Geist und Materie, Gott und Welt, Kontinuität und Wandel, Teil und Ganzes, Form und Stoff, Leib und Seele oder Subjekt und Objekt. Drei sich teilweise überlagernde Entwicklungslinien seiner langen Geschichte, die abwechselnd die Gesamterscheinung prägten, sind auch noch für die heutige Erscheinungsweise des Pluralismus aufschlußreich. Wobei man nicht verkennen sollte, daß die denkgeschichtlichen Einzelsymptome sehr viel älter sind als der Pluralismusbegriff selbst und teilweise bis in die Antike zurückverfolgt werden können.[76] Im 18. und zu Anfang des 19. Jahrhunderts wurde Pluralismus einem Vorschlag von Christian Wolff folgend zunächst vorrangig zur Unterscheidung ontologischer Positionen in der idealistischen Philosophie (Egoisten bzw. Monisten versus Pluralisten) eingeführt und bereits von Immanuel Kant um die erkenntnistheoretische Dimension (logische Egoisten bzw. Subjektivisten versus logische Pluralisten bzw. Objektivisten) und die kulturanthropologische Dimension (moralische oder ästhetische Egoisten versus Weltbürger) erweitert. Erst im amerikanischen Pragmatismus, insbesondere jedoch mit einer Vorlesungsreihe von William James, die 1909 unter dem Titel „*A Pluralistic Universe*" veröffentlicht wurde, gewinnt der Pluralismus dann erstmals die Form eines umfassenden philosophischen Konzepts, das aufgrund seiner vielfältigen Anschlußstellen für gesellschaftstheoretische und ethische Fragen in den USA relativ schnell den Rang einer wissenschaftlich fundierten Weltanschauung einnehmen konnte.[77] Annähernd

---

[76] Ein Überblick über die Vielschichtigkeit, die ideengeschichtliche Entwicklung und die Aktualität des wissenschaftlichen Diskurses über das Problem des Pluralismus ist neben dem zitierten Artikel von Hans Jörg Sandkühler (1996a), dem Historischen Wörterbuch der Philosophie, Bd. 7, Sp. 988-995, sowie den einzelnen Beiträgen des von Odo Marquard herausgegebenen Kongreßbandes „*Einheit und Vielheit*" (1990) zu entnehmen; Versuche, mit dem Pluralismus wirklich 'Ernst' zu machen, gehen bis in die antike Philosophie zurück und bestimmen gegenwärtig in kritisch-rationaler, phänomenologischer und konstruktivistischer Variante die Diskussion (vgl. insbesondere Welsch 1996a).

[77] Das Kernstück der von William James ausformulierten Position spielt in der heutigen Pluralismusdiskussion wieder eine gewichtige Rolle und hatte auch auf die in der vorliegenden Arbeit eingenommene Perspektive einen erheblichen Einfluß. In der folgenden Passage kommt dies m. E. in exemplarischer Weise zum Ausdruck: „*Im Sinne des Pragmatismus bedeutet der Pluralismus oder die Lehre, daß das Universum eine Vielheit darstellt, nur, daß die verschiedenen Teile der Wirklichkeit in >äußerlichen Beziehungen zu einander stehen können<. Wie weit und umfassend man auch ein Ding nehmen*

zeitgleich verbindet sich der Pluralismusbegriff zu Beginn des 20. Jahrhunderts in der sozialphilosophischen Diskussion Westeuropas mit spezifischen politisch-sozialen Bedeutungsinhalten, die u. a. durch die scharfe Kritik von Carl Schmitt an den 'zersetzenden' Auswirkungen des Vielparteiensystems und den 'destabilisierenden' Akzenten pluraler staatlicher Macht- und Entscheidungsstrukturen zunächst mit eher negativer Konnotation in den Schlagwortkorpus der modernen Staatsrechtslehre aufgenommen werden und heute aber u. a. im Anschluß an Karl R. Poppers Vorstellungen von einer „offenen Gesellschaft" zu den sozialphilosophischen Grundvoraussetzungen einer demokratischen und rechtsstaatlichen Gesellschaftsverfassung zählen.[78] Bereits in der Frage nach der Möglichkeit einer einheitlichen, für alle Menschen verbindlichen Ethik, die gegen Ende des 19. Jahrhunderts u. a. von Friedrich Nietzsche aufgeworfen wurde und besonders ausgeprägt in der Diskussion von Wertwandel und Wertpluralismus seit Mitte dieses Jahrhunderts in Erscheinung tritt, wird schließlich die moraltheoretische Entwicklungslinie des Pluralismusbegriffs immer stärker in den Vordergrund gerückt.[79] Hans Jörg Sandkühler faßt die von keinem mehr ernstlich in Abrede gestellten Auswirkungen wie folgt zusammen: *„Es gibt mehr als eine Existenzweise, die als einzigartig auszuzeichnen wäre, mehr als eine richtige Bedeutung der Worte, mehr als eine vernünftige Erkenntnis und Wahrheit, mehr als eine gegenstandsangemessene Methode; und es gibt mehr als den Einen, der zu Interessenorganisation, Souveränität und Herrschaft befugt ist, sowie mehr als eine legitime Weise moralischen Verhaltens."* (1996a, S. 24) In dieser mit erkenntnistheoretischen, gesellschafts- bzw. kulturtheoretischen und moral- bzw. werttheoretischen Akzenten aufgeladenen Gestalt avanciert der Pluralismusbegriff letztlich zum Zentralkonzept der *postmodernen* Weltdeutung, das – wie wir im vorausgegangenen Kapitel gesehen

---

mag, immer gibt es nach pluralistischer Anschauung noch außerhalb seiner irgend etwas Fremdes, das es umgibt. Die Dinge sind 'mit'einander in vielen Weisen verknüpft, aber es gibt keines, das alles umschlösse oder alle anderen vollkommen beherrschte. Das Wort 'und' schleppt hinter jeden Satz her. Etwas bleibt immer draußen." (1994, S. 208, zuerst 1909)

[78] Skeptische Untertöne bezüglich des Pluralismus finden sich in der politischen Theorie der Gegenwart nur noch selten, kommen aber in der Auseinandersetzung mit den politischen Konsequenzen der multikulturellen Verfaßtheit moderner Gesellschaften, insbesondere bei dem Streit um Minderheitenrechte, in rhetorisch gewandelter Form wieder zum Vorschein (vgl. exemplarisch den Themenschwerpunkt in Heft 3/1998 der *„Deutschen Zeitschrift für Philosophie"*).

[79] Einen Überblick über die Wurzeln der Wertwandeldiskussion und den aktuellen, primär an empirisch-analytischen Fragen der Gegenwartsprobleme interessierten Diskussionsstand ist den Büchern von Ronald Inglehart *„Kultureller Umbruch"* (1995) und *„Modernisierung und Postmodernisierung"* (1998) sowie dem von Helmut Klages et al. herausgegebenen Sammelband *„Werte und Wandel"* (1992) zu entnehmen.

haben – gegenwärtig in äußerst kontroverser Weise die Diskussion in den unterschiedlichsten Wissenschaftsbereichen bestimmt.[80]

Die Tragweite der Probleme, die bei dieser Kontroverse zum Vorschein kommen, ist erst zu ermessen, wenn man sich vor Augen führt, daß diese in der hier dargestellten Kurzfassung äußerst erfolgreich anmutende und scheinbar kontinuierlich verlaufene (Begriffs-) Karriere des Pluralismus selbstverständlich nicht ohne Komplikationen vonstatten gegangen ist, und das vor allem auch dadurch, daß sie keineswegs – wie oben bereits angeschnitten und später am Beispiel der Multikulturalismusdiskussion näher zu erläutern sein wird – vor Regressionen geschützt zu sein scheint. Dies hängt nun vor allem damit zusammen, daß komplementär zum Pluralismus immer auch die Gefahren des **Relativismus** (von einigen auch als Skeptizismus bezeichnet) und des **Fundamentalismus** (manchmal auch als Dogmatismus bezeichnet) thematisiert und problematisiert wurden, die mit Blick auf die *Postmodernismus*debatte auch heute wieder eine bedeutende Rolle spielen. Bereits in der Antike wurden Sinnestäuschungen als Quelle für einen „Wahrnehmungsrelativismus" problematisiert und spätestens seit der Formulierung des „linguistischen Relativitätsprinzips" durch Benjamin L. Whorf und den „Sprachspielrelativismus" im Anschluß an Ludwig Wittgenstein korrespondiert der erkenntnistheoretischen Dimension des Pluralismus eine eben solche des Relativismus. Mit der immer genaueren diachronen und synchronen Vermessung der Erdteile, Kulturen und Gesellschaften, die seit dem 18. Jahrhundert prosperiert und eine Fülle von kultur- bzw. gesellschaftstheoretischen Aspekten und Varianten des menschlichen Zusammenlebens samt ihrer moral- bzw. werttheoretischen Legitimationsmuster ins Bewußtsein hebt, gesellt sich zu dem erkenntnistheoretischen ein kultur- bzw. gesellschaftstheoretischer sowie ein moral- bzw. werttheoretischer Relativismus hinzu.[81] In Reaktion auf die individuelle und kollek-

---

[80] Neben den im vorausgegangenen Kapitel genannten Arbeiten sei hier nochmals speziell für die Philosophie auf die einzelnen Beiträge in dem von Günter Abel & Hans Jörg Steinkühler herausgegebenen Heft 3/1996 der Zeitschrift *„Dialektik"*: *„Pluralismus – Erkenntnistheorie, Ethik und Politik"* verwiesen, für die Sozialwissenschaften auf den von Margit E. Oswald & Ulrich Steinvorth herausgegebenen Sammelband *„Die offene Gesellschaft und ihre Fremden"* (1998) und für die Erziehungswissenschaft auf den von Ingrid Gogolin et al. herausgegebenen Kongreßband *„Pluralität und Bildung"* (1998). Als grundlegend für die erkenntnistheoretische Dimension des Pluralismus sei auf Helmut Spinners *„Pluralismus als Erkenntnismodell"* (1974), was die gesellschaftstheoretische Dimension anbelangt auf Hans Kremendahls *„Pluralismustheorie in Deutschland"* (1977) und was die moraltheoretische bzw. ethische Dimension anbelangt sei auf Günther Patzigs *„Ethik ohne Metaphysik"* (²1983) verwiesen.

[81] Bezüglich der Auseinandersetzung mit dem erkenntnistheoretischen Relativismus sei auf die Habilitationsschrift von Hans Jürgen Wendel *„Moderner Relativismus – Zur Kritik antirealistischer*

tive Erfahrung der unterschiedlichen inhaltlichen Ausprägungen des Pluralismus bestreitet die relativistische Weltdeutung prinzipiell die Möglichkeit, aber auch die Notwendigkeit, ein dauerhaftes, homogenes und allgemeinverbindliches Fundament für unsere Lebensbewältigung zur Verfügung stellen zu können. Wenn sich die Kriterien für Wissenschaft, Politik, Kunst und Ethik dann aber nicht mehr aus einem einzigen, die gesamte Realität überwölbenden Metaprinzip ableiten lassen und sie sich darüber hinaus im Vergleich über die Jahrhunderte und die Länder und Kontinente hinweg auch noch als unterschiedlich, aber gleich g ü l t i g erweisen, stellt sich immer dringlicher die Frage nach einer 'natürlichen Grenze' all dieser Variabilität. Dies ist nun wieder der Punkt, an dem die fundamentalistische Gegenargumentation ins Spiel kommt. Denn die Denk-Erfahrung lehrt uns zugleich auch, daß die relativistische Weltdeutung ihrerseits auf Fundamenten aufruht, die allerdings – wie man an ihrer konsequentesten Ausprägung, dem *„Wahrheitsrelativismus"* (vgl. von Kutschera 1982, S. 513f.) oder dem *„finalen Relativismus"* (vgl. Ritsert 1997, S. 282ff.) wie er für den *Postmodernismus* kennzeichnend ist, unmittelbar nachvollziehen kann – letztlich sich selbst und damit die Realität überhaupt in Frage stellen. Wenn aber selbst der Relativismus, will er der Paradoxie des „Antirealismus" auf der einen und des „Solypsismus" auf der anderen Seite entgehen, nicht ohne ein Fundament auskommt, was liegt dann näher, als die Existenz weniger, s e l b s t e v i d e n t e r Basisprämissen von zeit- und raumloser Gültigkeit zu behaupten, um das weitere Weltgeschehen dann daraus zu konstruieren bzw. zu deduzieren? Wie aber wiederum die Vielgestaltigkeit der Welterfahrung und -interpretation lehrt, ist die Vorstellung von einer die unterschiedlichen historischen Epochen und Kulturen übergreifenden Verständigung auf 'sakrosankte Basissätze' selbst wieder nur eine von mehreren möglichen Lösungsmustern und damit der erste Schritt in die nächste Pluralismusschleife.[82]

Sichtweisen des Erkenntnisproblems" (1990), bezüglich des moraltheoretischen Relativismus auf Klaus Peter Rippe *„Ethischer Relativismus – Seine Grenzen, seine Geltung"* (1993) und bezüglich des kultur- bzw. gesellschaftstheoretischen Relativismus auf Ronald Inglehart *„Modernisierung und Postmodernisierung. Kultureller, wirtschaftlicher und politischer Wandel in 43 Gesellschaften"* (1998) verwiesen. Was die übergreifende und systematische Beschäftigung mit dem Relativismus anbelangt, so waren für den vorliegenden Zusammenhang insbesondere die Darstellungen von Martin Hollis & Steven Lukes (1982, S. 1-28) sowie Franz von Kutschera (1982, S. 512-525) und Jürgen Ritsert (1997, S. 226-297) hilfreich.

[82] Angesichts der *„Unentbehrlichkeit des dogmatischen Denkens"* im Sinne einer *„Explikation eines in einem* [durch menschliches Handeln geschaffenen, W. J.] *Werke impliziten Wahrheitsanspruchs"* (S. 36) kommt Erich Rothacker zu dem Ergebnis: *„Die Schwierigkeiten des Historismus sind eine schlichte Konsequenz der schlichten Tatsache, daß es verschiedene Kultursysteme und diese explizierende Dogmatiken gibt."* (1954, S. 60)

Ganz offensichtlich verdankt sich diese recht ausweglos anmutende Situation einem mit dem abendländischen Humanismus einsetzenden denkgeschichtlichen Prozeß, der mit der Überwindung hierarchisch-universeller Einheitsvorstellungen im 13. Jahrhundert beginnt und mit deren allmählichen Ersetzung durch eine Vielzahl gleich g ü l t i g e r säkularer Selbst-, Gesellschafts- und Weltauffassungen bis heute hin andauert. Spätestens seit der Aufklärung ist damit in die nunmehr säkulare Daseinsdeutung eine sich zirkulär verstärkende Problematik eingeschleust, die dadurch gekennzeichnet ist, daß sie – wie in Abbildung 1 schematisch dargestellt – die kognitiven und moralischen Grundlagen für all unser Denken und Tun immer wieder von neuem f r a g w ü r d i g macht und damit bis heute hin für erhebliche Verunsicherung sorgt.

Abbildung 1
Säkulare Daseinsdeutung und Pluralismus

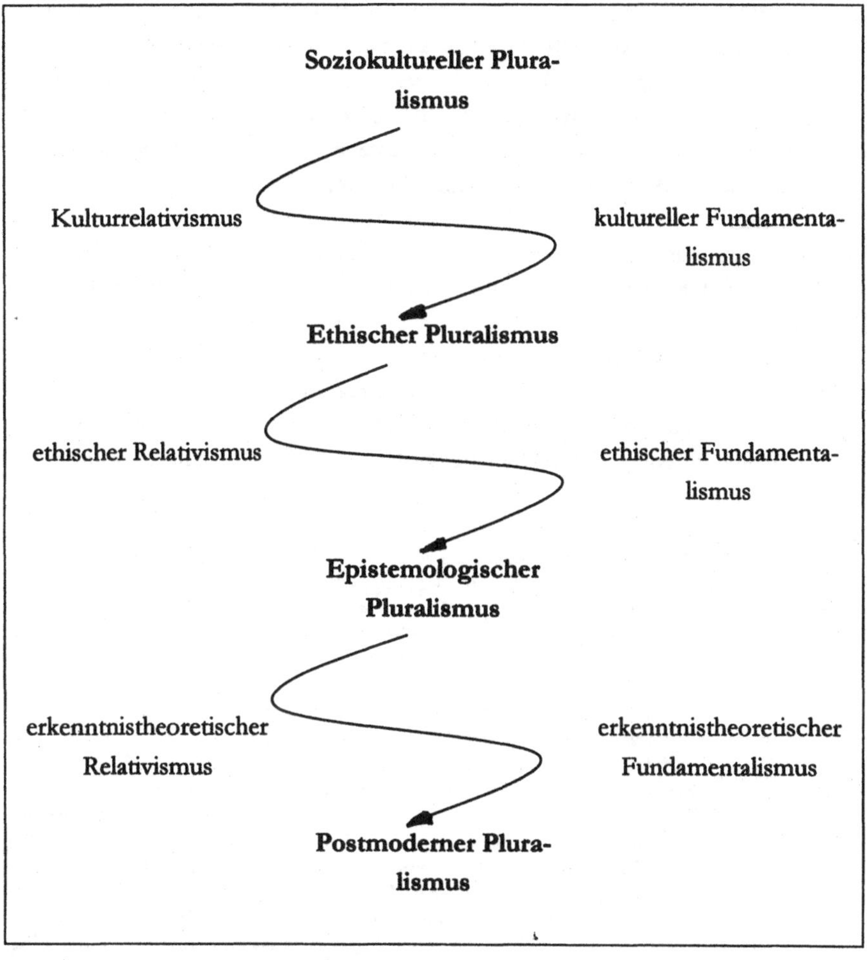

Spätestens mit diesen wenigen gedrängten Hinweisen auf die Zeit-Raum-Abhängigkeit der Standards für all unser Denken und Tun und die enormen Schwierigkeiten, einem allumfassenden Indifferentialismus mit wissenschaftlichen Mitteln Einhalt zu gebieten, sollte jenen, die wissenschaftsgeschichtlich interessiert sind, sofort aufgefallen sein, daß unser 'Gespenst' schon am Ende des 18., besonders intensiv aber im 19. und zu Beginn des 20. Jahrhunderts sein Unwesen trieb, damals jedoch vornehmlich unter dem Namen **Historismus**.[83] Offenbar ist es also doch noch nicht ganz unschädlich gemacht, wie viele Vertreter der analytischen Philosophie meinen, zugleich ist aber die Erinnerung an die damaligen Schwierigkeiten sichtlich etwas verblaßt.[84] Denn auch schon in der Auseinandersetzung mit dem Historismus zeigte sich, daß die „kontextualistische" oder „perspektivistische" Denk- und Argumentationsweise, wie sie heute von *postmodernistischen* Denkern verschiedentlich wieder praktiziert wird, spätestens immer dann, wenn man sie zum universalistischen A l l k o n z e p t verabsolutierte, in Widerspruch mit ihren eigenen Grundlagen geriet und letztlich in die Abgründe des Relativismus oder des Fundamentalismus führte. Wir sehen also, daß sich derjenige, der den Streit zwischen Fundamentalismus und Relativismus mit den diskursiv-rationalen Möglichkeiten von Sprache eindeutig entscheiden will, unversehens mit der 'Endlosschleife' der Frage nach den logischen Voraussetzungen einer jeden Frage nach den Bedingungen der Möglichkeit von Erkenntnis konfrontiert sieht, d.h. er steht vor dem Problem, nichtzirkuläre, nichtdogmatische und nicht in einen infiniten Regress führende letztbegründete Anfangsgründe für seine Argumente zu finden.[85]

---

[83] Nicht von ungefähr datiert Jean-Francois Lyotard den Beginn der *Postmoderne* auf die Jahrhundertwende zurück (vgl. 1986, S. 13). Zur Begriffsgeschichte, internationalen Diskussion und Aktualität des Historismus vgl. die einzelnen Beiträge in dem von Gunter Scholtz (1997) herausgegebenen Sammelband *„Historismus am Ende des 20. Jahrhunderts. Eine internationale Diskussion"*; darüber hinaus die von Scholtz (1974, Sp. 1141-1147) zusammengestellte Analyse der Begriffsverwendung von den Anfängen in der Romantik bis in die 20er Jahre dieses Jahrhunderts sowie seine Unterscheidung der fünf Grundbedeutungen von Historismus: *„1. universelle geschichtliche Betrachtung, 2. Geschichtsmetaphysik, 3. Romantizismus und Traditionalismus, 4. Objektivismus und Positivismus, 5. Relativismus"* (ders. 1991, S. 132f). Schon Ernst Troeltsch (1925, S. 628, zuerst 1913) meinte, wenn er über die *„lähmenden Wirkungen"* des *„naturalistischen Determinismus"* und die *„entnervenden Wirkungen"* des *„historischen Relativismus"* klagte mit Historismus in erster Linie die beiden Hauptformen: Relativismus und Positivismus. Und auch Karl Mannheim versuchte mit dem Begriff des *„Relationismus"* dem Selbstwiderspruch eines *„totalen Ideologiebegriffs"* und eines *„radikalen Relativismus"* zu entkommen ([7]1985, S. 77, zuerst 1929).

[84] Helmut Seiffert sieht sich vor diesem Hintergrund genötigt, darauf aufmerksam zu machen, daß *„der Historismus zur Zeit keine besonders gute Presse [hat]. Überall da, wo er offen unter seinem Namen auftritt, wird er beschimpft. In dem Augenblick aber, da er sich mit allerlei Verkleidungen kostümiert, wird er allenthalben hoch gepriesen: als Antikolonialismus, als Ablehnung christlich-europäischer Missionierung der dritten Welt, als Antirassismus, als Begeisterung für >Alternatives< in jeder Form, für Folklore (...), für Dialektliteratur, Regionalisierung, Stadtteilautonomie, als Engagement in Sozialarbeit, Jugend- und Altenarbeit, Gefängnisarbeit, als Eintreten für >Minderheiten< überhaupt, als Feminismus. Diese Liste erfaßt so gut wie alles, was es an >progressiven< Ideen heute gibt. Und alles dies wäre undenkbar ohne den Historismus, der vor zweihundert Jahren entstand."* (1989, S. 112)

[85] Eben dies ist die von Hans Albert ([5]1968a) beschriebene und so trefflich als *„Münchhausen-Trilemma"* bezeichnete ausweglose Situation aller Erkenntnistheorie.

Ohne nun hier die einzelnen Aspekte bis in ihre erkenntnistheoretischen Tiefen und ideengeschichtlichen Verzweigungen hinein weiter verfolgen zu müssen, sind damit die Umrisse erkennbar, innerhalb derer im weiteren Zusammenhang der Versuch unternommen werden kann, die Irritationen zu begrenzen, die durch den *postmodernen* Pluralismus im erziehungswissenschaftlichen Bereich entstanden sind. In der begriffs- und problemgeschichtlichen Analyse des Pluralismus wird offensichtlich nur reformuliert, was im Zwischenergebnis von Kapitel 2 als Kernproblem der Allgemeinen Pädagogik bei der Suche nach einem dritten Weg zwischen „paedagogia perennis" und „Paradigmenpluralismus" herausgearbeitet wurde. Mit Blick auf die Tragweite dieser Schwierigkeiten und angesichts der Erscheinungsvielfalt relativistischer und fundamentalistischer Positionen erscheint es nun nicht sehr hilfreich, den zahlreichen Interpretationen der Historismusdebatte noch eine weitere hinzuzufügen oder in die differenzierte Diskussion moderner wissenschaftstheoretischer Positionen einzutreten – ganz zu schweigen davon, die Beschäftigung mit der Pluralismuskrise in der Erziehungswissenschaft von der Lösung einer seit den Anfängen der Philosophie bestehenden erkenntnistheoretischen Aporie abhängig machen zu wollen. Gewinnbringender ist es m. E., die 'richtigen' Schlüsse aus all diesen Erfahrungen zu ziehen und in systematischer Weise der Frage nachzugehen, was die eigentlichen Ursachen für die Janusgesichtigkeit des 'Pluralismusgespenstes' sind. Die Anfangsgründe für dieses Vorhaben lassen sich, wie in der Problemstellung bereits angedeutet, in Max Webers Konzept einer „empirischen Kulturwissenschaft" finden. Mit dem Hinweis, daß die empirische Erscheinungen des Weltgeschehens immer erst durch ihren Bezug auf „Kulturwertideen" für uns Bedeutsamkeit erlangen und damit die Richtung unseres „Erkenntnisinteresses" bedingen, wird von Weber eine solide, undogmatische 'Abbruchsbasis' definiert, von der aus ein infiniter erkenntnistheoretischer Regreß vermieden werden kann. An der Methode der Idealtypenanalyse, wie sie auch im Rahmen der vorliegenden Arbeit bereits zur Anwendung kam, läßt sich sehr gut nachvollziehen, wie sich das kulturwissenschaftliche Grundverständnis auf die praktische Forschung konkret auswirkt, zugleich aber mit einem Geltungsanspruch von begrenzter und veränderbarer Reichweite auskommt.[86]

[86] Eine differenzierte Auseinandersetzung mit Max Webers Wissenschaftslehre erfolgte bereits an anderer Stelle, daher sei aus Gründen der Stringenz dieser Darstellung verwiesen auf: Jungmann 1994 sowie ders. 1995, S. 115 ff. Vgl. darüber hinaus die analogen Intentionen von Oswald Schwemmer (1987 und 1997), der sich dabei jedoch stärker von Ernst Cassirers Kulturphilosophie leiten läßt.

3.1.2 Multikulturalismus – ein Ziehkind des modernen Pluralismus

Die begriffs- und problemgeschichtliche Grundstruktur des Pluralismus ist offensichtlich bereits durch eine Komplexität gekennzeichnet, die im theoretischen Konstrukt des *Postmodernismus* noch eine zusätzliche Steigerung erfährt. Damit ist ein Punkt erreicht, an dem uns die Wendegesichtigkeit des Pluralismus in eine logische Abwärtsspirale zu ziehen droht, und an dem es deshalb angebracht erscheint, unsere safety-first-Strategie zur Anwendung kommen zu lassen. Bevor nun die gesteigerte Komplexität des *postmodernen* Pluralismus weitergehend analysiert wird, soll die Aufmerksamkeit auf die Vielschichtigkeit der damit verbundenen Schwierigkeiten gelenkt werden, die besonders anschaulich an der aktuellen Auseinandersetzung mit den Folgen der kulturellen Pluralisierung in den westlichen Einwanderungsstaaten studiert werden können.[87] Die Beschäftigung mit dem Multikulturalismus bietet sich im vorliegenden Zusammenhang besonders auch deshalb an, weil er durch seine Bedeutung für die Interkulturelle Pädagogik die Rückbindung an erziehungswissenschaftliche Fragestellungen ermöglicht.

Mit der zwischenzeitlich auch in politisch konservativen Kreisen gebräuchlichen Bezeichnung „multikulturelle Gesellschaft" wird insbesondere von Sozialwissenschaftlern auf den deskriptiven Sachverhalt abgehoben, daß die gesellschaftliche Situation in den modernen postindustriellen Staaten – weitgehend unabhängig davon, ob die offizielle Politik von einem „Einwanderungsland" spricht oder nicht – zunehmend durch die dauerhafte Anwesenheit von **Fremden** geprägt ist[88]. Die

---

[87] Aus der Fülle an Darstellungen und Analysen zur modernen Migrationssituation und den damit in Verbindung stehenden Problemen kultureller Pluralisierung sei hier auf die repräsentative Auswahl an systematischen Erörterungen und empirischen Befunden aus einer Reihe von Länderstudien in dem von Klaus J. Bade herausgegebenen Band *„Migration-Ethnizität-Konflikt"* (1996) verwiesen. Darin faßt Hans-Joachim Hoffmann-Nowotny die europäische Entwicklung wie folgt zusammen: *„In einer deskriptiven Perspektive scheint kaum kontrovers, daß die europäischen Einwanderungsländer sich jedenfalls zu multiethnischen Gesellschaften entwickelt haben, in denen überdies bestimmte Einwanderergruppen sich bei der symbolischen Konstruktion von Realität aus einem von dem der Einheimischen verschiedenen >Wissensvorrat< versorgen, und daß diese Gesellschaften zumindest unter diesem Begriffsverständnis als >multikulturelle Gesellschaften< bezeichnet werden können. Ganz offensichtlich entsprechen aber insbesondere die Länder (Niederlande, Frankreich, Großbritannien), welche die Entwicklung zu einer multikulturellen Gesellschaft schon in ungleich höherem Maße als andere europäische Einwanderungsländer erlebt haben, weder dem Konzept der multikulturellen Gesellschaft in der mit >Heilserwartungen< verbundenen ideologisch-normativen Variante, noch jener Konstruktion, welche die Schweiz realisiert hat."* (ebd., S. 126)

[88] Zur Diskussion der historischen Ansätze und der aktuellen Relevanz der Kategorie des „Fremden" vgl. die Beiträge von Michael Wimmer (1997, S. 1066ff.) und Armin Nassehi (1995).

daraus sich ergebende Konsequenz ist die Gleichzeitigkeit und das Nebeneinander, Miteinander, Durcheinander und Gegeneinander von sehr unterschiedlichen Gestaltungs- und Lösungsmustern für die verschiedenen Bereiche der Lebensführung, die für immer mehr Menschen zur alltäglichen Erfahrungstatsache (wenn auch oftmals nur in mediatisierter Form) geworden sind: Bei den sprachlichen und allgemeinsymbolischen Ausdrucksformen und -mitteln angefangen, über alltagspraktische Standards für Begrüßungsrituale, Erziehungsideale, Sexualpraktiken, Ernährungsgewohnheiten etc., bis hin zu kognitiven Mustern der Wahrnehmung und des Denkens sowie zur Gestaltung und Bewältigung außeralltäglicher, religiöser oder emotionaler Bedürfnisse und Erlebnisse. Wenn daher die von Gewohnheiten, Bräuchen und Traditionen ausgehenden kollektiven und individuellen Entlastungseffekte zusehends verloren zu gehen drohen, kann es nicht überraschen, daß die Konfrontation mit unvertrauten Formen der Lebensführung vielfach als Belastung oder gar Bedrohung der eigenen Identität empfunden wird.[89]

Angesichts dieser Entwicklungen liegt es nahe, das Wiederaufleben von interethnischen Spannungen bis hin zu manifesten nationalistischen und rassistischen Ausschreitungen in vielen gemischtethnischen Staaten der Welt mit dem skizzierten Prozeß der kulturellen Pluralisierung in Verbindung zu bringen.[90] Bei der Suche nach einer geeigneten 'sozialtherapeutischen' Gegenstrategie wird relativ schnell das Schlagwort vom Multikulturalismus in die Debatte geworfen.[91] **Multikulturalismus** wird dabei meist als eine mit moralisierendem Unterton vor-

---

[89] Bereits Georg Simmel (1992, S. 764ff., zuerst 1908) faßt in seinem *„Exkurs über den Fremden"* das Verhältnis von Eigenem und Fremdem nicht nur als ein äußerliches zwischen Menschen unterschiedlicher kultureller Prägung, sondern zugleich auch als ein inneres Verhältnis von Selbstreflexion und Selbsterfahrung (vgl. dazu u. a. auch die Interpretation von Wilhelm Vossenkuhl, 1990, S. 101ff.).

[90] Vgl. exemplarisch die einzelnen Beiträge in dem von Uli Bielefeldt herausgegebenen Kongreßband *„Das Eigene und das Fremde. Neuer Rassismus in der Alten Welt"* (1991) sowie den Versuch von Andreas Wimmer (1995), die unterschiedlichen sozialwissenschaftlichen Ansätze im Bereich der Erforschung interethnischer Konflikte in einem umfassenden Konzept zu integrieren.

[91] Ganz ähnlich wie der *„Kosmopolitismus"*, dessen Vorstellung von einem Weltbürgertum schon im Altertum bekannt war (vgl. dazu insbesondere Meinecke [6]1922), und der vorwiegend in seiner sozialistischen Variante bekannt gewordenen *„Internationalismus"*, der auf eine allumfassende Solidarität unter den Menschen und den 'unaufhaltbaren' Siegeszug des Weltkommunismus abhebt, die beide von Anfang an als gesellschaftspolitische Utopien konzipiert und rezipiert wurden, findet auch der Multikulturalismus in erster Linie als eine gesellschaftliche Reformidee Interesse, die eine *„Erosion nationalstaatlicher Ordnung"* (Acham 1995; S. 59 sowie ders. 1997, S. 163ff.) bewirkt.

getragene 'vulgärpädagogische' Programmatik[92] begriffen, die bei aller Unterschiedlichkeit in der Verwendungsweise durch drei Momente gekennzeichnet ist:

- Zum einen zielt sie darauf ab, den Menschen ihre eigene kulturelle Bedingtheit und Befangenheit bewußt zu machen, d.h. sie darüber aufzuklären, daß alles, was ihnen gut, wichtig, richtig, schön und eventuell sogar heilig ist, als nur mit kulturell begrenzter Verbindlichkeit ausgestattet zu begreifen sei.
- Zum zweiten versucht sie, diesen Destruktionsprozeß mit der vom klassischen deutschen Bildungsideal her bestens vertrauten Formel vom 'Finden des Eigenen im Fremden' positiv zu wenden, d.h. ihn in dialektischer Weise zur Grundlage der Subjektgenese zu stilisieren.[93]
- In diesem Wechselspiel von Entfremdung und Selbstfindung zeichnet sich demnach eine fundamentale Gemeinsamkeit aller Menschen ab, die die Chance eröffnet, sie mit geeigneten pädagogischen Strategien für ein Leben in einer von Toleranz geprägten multikulturellen Gesellschaft zu 'qualifizieren'[94]; eben darin kommt dann als drittes das gesellschaftsreformerische Moment des Multikulturalismus zum Tragen.

Daß sich mit einer derartigen Perspektive auf das Phänomen der kulturellen Pluralisierung nun aber bei weitem nicht alle Menschen anfreunden können, und die Idee des Multikulturalismus vielfach als gesellschaftspolitische Ersatzideologie[95]

---

[92] Zum Vorwurf der Kulturalisierung bzw. Ethnisierung sozialer Konflikte durch die sozialtechnologische Perspektive des Multikulturalismus vgl. Eckard J. Dittrich & Frank-Olaf Radtke 1990, sowie Radtke 1992. Daß der Institution Schule in der Diskussion zumeist eine Schlüsselrolle zugedacht wird, zeigt sich exemplarisch, aber durchaus in repräsentativer Weise, in den Arbeiten von Walzer (1998, S. 88ff.), Etzioni (^{2}1997, S. 248ff.) und Taylor (1993, S. 61ff.).

[93] Hans Georg Gadamers Formulierung der Hegelschen Bildungsidee bringt diese Perspektive treffend zum Ausdruck: *„Im Fremden das Eigene zu erkennen, in ihm heimisch zu werden, ist die Grundbewegung des Geistes, dessen Sein zur Rückkehr zu sich selbst aus dem Anderssein ist.“* (^{6}1990, S. 19f.)

[94] Vgl. zur zentralen Stellung des Toleranzprinzips in der (post-) modernen Gesellschaft Michael Walzer (1998), der dieses Prinzip im Vergleich von idealtypischen und realgeschichtlichen Systemvarianten jüngst zu präzisieren versuchte. Die gesellschaftsreformerischen Implikationen des Multikulturalismus werden gegenwärtig insbesondere in der Diskussion zwischen den Vertretern des politischen Liberalismus und des Kommunitarismus behandelt, vgl. dazu die beiden von Axel Honneth organisierten Themenschwerpunkte zum Multikulturalismus in der *„Deutschen Zeitschrift für Philosophie“*, Heft 2/1995 und Heft 3/1998.

[95] Hoffmann-Nowotny (1996) versucht deshalb zwischen „Multikulturalität“ und „Multikulturalismus“ zu differenzieren. Von „Multikulturalität“ empfiehlt er dann zu sprechen, *„wenn als soziale Aggregate abgrenzbare Mitglieder einer Gesellschaft sich bei der symbolischen Konstruktion von Realität aus je verschiedenen, einander >fremden Wissensvorräten< versorgen, wenn sie je eigene >Bedeutungswelten teilen<.“* (ebd., S. 105) Demgegenüber soll ihm zufolge >Multikulturalismus< *„eine Ideologie genannt werden, die den mit >Multikulturalität< umschriebenen möglichen Zustand einer Einwanderungsgesellschaft als erhaltens-*

für den außer Mode gekommenen Sozialismus interpretiert wird, hängt im wesentlichen mit der Komplexität und Heterogenität der Aufgaben zusammen, die jedem einzelnen damit aufgebürdet werden. Und in der Tat: Die Erwartung, daß unter multikulturellen Lebensbedingungen die vielen nicht hinterfragten lebenspraktischen Selbstverständlichkeiten des Alltags[96] sich dem Vergleich mit alternativen Praktiken stellen müssen, dabei in unvertrauter Weise begründungspflichtig werden und letztlich Gefahr laufen, in einer Amalgamation mit Alternativentwürfen aufzugehen, ist eine höchst 'ungemütliche', von vielen als **Befremdung**, Belastung oder gar Bedrohung empfundene Vorstellung, die darüber hinaus auch noch nach spezifischen individuellen Voraussetzungen wie Diskursfähigkeit, Ambiguitäts- und Frustrationstoleranz verlangt.[97] Die damit sich verbindende Problematik verweist auf ein soziales Phänomen, das im Zusammenhang mit der modernen Minderheitenproblematik entgegen allen Erwartungen der Gesellschaftstheoretiker – unabhängig davon, ob sie sich stärker an Karl Marx, Max Weber, Talcott Parsons oder auch Niklas Luhmann anlehnen – insbesondere nach dem Auseinanderbrechen des Ostblocks überall auf der Welt wieder an Aktualität gewonnen hat, nämlich die „ethnische Vergemeinschaftung". In Erweiterung von Max Webers klassischer Definition der ethnischen Gruppen als Menschengruppen, *„welche auf Grund von Ähnlichkeiten des äußeren Habitus oder der Sitten oder beider oder von Erinnerungen an Kolonialisation und Wanderung einen* ***subjektiven Glauben an eine Abstammungsgemeinschaft*** *hegen, derart, daß dieser für die Propagierung von Vergemeinschaftungen wichtig wird (...), ganz einerlei, ob eine Blutsgemeinschaft objektiv vorliegt oder nicht."* ([5]1972, S. 237, Hervorhebung W. J.), läßt sich **Ethnizität** als Brückenkonstrukt konzipieren, mit

---

bzw. erstrebenswert darstellt und die Bedingungen seiner Möglichkeit im wesentlichen in der moralischen Besserung der Autochthonen sieht." (ebd.)

[96] Was hier als 'lebenspraktische Selbstverständlichkeiten des Alltags' bezeichnet wird, deren Gültigkeit keiner ständigen Überprüfung durch den einzelnen unterzogen werden muß, deckt sich im wesentlichen mit dem, was Max Scheler ([3]1980, zuerst 1926) unter dem Terminus *„relativnatürliche Weltanschauung"* (S. 58ff.) verstanden wissen wollte. Es handelt sich dabei um habitualisierte bzw. routinisierte Handlungsvollzüge, die sich in sozialen Austauschbeziehungen bewähren, modifizieren und tradieren lassen, und das Einzelindividuum davon entlasten, Handlungsvollzüge immer wieder neu zu konzipieren und sämtliche Lösungsmuster für Alltagsprobleme selbst zu entwickeln (vgl. dazu Luckmann 1992). Bezüglich der Entlastungs-, aber auch Belastungsfunktion lebenspraktischer Selbstverständlichkeiten und ihrer Verstetigung zu sozialen Institutionen vgl. auch Arnold Gehlen (u.a. in [12]1978).

[97] „Befremdung" ist damit das Ergebnis von soziokulturellen Vergleichsprozessen, deren Ausmaß – wie in der weiteren Darstellung noch differenzierter zu sehen sein wird – sich umgekehrt proportional zur Entlastung verhält, die von kulturellen bzw. lebenspraktischen Selbstverständlichkeiten in obigem Verständnis ausgeht. Diese Auffassung schließt sich an John Dewey an, in dessen pragmatischer Erkenntnistheorie *„Befremdung, Verwirrung, Zweifel ..."* als die allgemeinen Züge *„denkender Erfahrung"* (1993, S. 201) beschrieben werden.

dem es gelingt, individuelle Schwierigkeiten im Umgang mit kultureller Befremdung in ihrem Zusammenhang mit den soziokulturellen Rahmenbedingungen zu analysieren.[98]

Am Beispiel der mentalitätsprägenden Spätfolgen, die von den nationalstaatlichen Integrationsprozessen herrühren, sei dies kurz erläutert. Die Nationalstaatsidee bestimmte seit der Wende zum 19. Jahrhundert zunehmend die politisch-soziale Ordnung in Europa und hat bis heute Einfluß auf die soziale Identität der innerhalb national definierter Grenzen lebenden Menschen. Mit den idealtypischen Formeln der *„Idee der Volkssouveränität"*, der *„Mobilisierung des kulturell und ethnisch homogenisierten Volkes"*, der *„Insitutionalisierung von Konflikten"* und der *„Herausbildung integrativer Wertideen"* hat Rainer M. Lepsius (1990, S. 262) die wichtigsten Mechanismen herausgestellt, mit deren Hilfe insbesondere die Staaten Westeuropas eine dem kulturellen Pluralismus diametral entgegengesetzte Zielsetzung verfolgten, nämlich die sprachliche und ethnische Homogenisierung sowie die Ausbildung nationaler Identifikations-, Loyalitäts- und Vereinheitlichungsprozesse.[99] Der Siegeszug des Nationalstaats bewirkte im Zusammenspiel mit dem subjektiv als Entlastung erlebten Traditionalismus, daß sprachliche, religiöse, ethni-

---

[98] Auch wenn Weber dafür plädierte – wie etwa Stephan Ganter (1995, S. 38ff.) zurecht herausstellt –, den Begriff „ethnisch" bei wirklich exakten soziologischen Analysen durch einen weniger 'schillernden' Terminus zu ersetzen, ist er diesen schuldig geblieben, aber auch noch alle Konzepte jüngeren Datums bemühen sich bei der Untersuchung von ethnischen Konflikten um die relationale Verknüpfung von subjektiven und objektiven Dimensionen und kommen dabei in aller Regel nicht ohne „Ethnie" und „Ethnizität" aus (vgl. Heckmann 1992 oder Treibel 1990)

[99] Wie sich insbesondere am Staatsbürgerrecht bis heute hin nachweisen läßt, liegt die nationalstaatliche Integrationsideologie mindestens in zwei unterschiedlichen Ausprägungen vor. Inspiriert von Friedrich Meineckes Unterscheidung von *„Staatsnation"* und *„Kulturnation"* ([6]1922, S. 3) und der Analyse der semantischen Struktur der Begriffe „Nation", „Kultur" und „Zivilisation" im Französischen und Deutschen, wie sie schon Helmuth Plessner (1982, zuerst 1935) und Norbert Elias (1976, zuerst 1936) vorgenommen haben, läßt sich in idealtypischer Weise die Integrationsideologie der „Kulturnation" von derjenigen der „Nationalkultur" unterscheiden. Unter Kulturnation wird eine „Abstammungsgemeinschaft" (Max Weber) verstanden, die sich aus der „Blutsverwandtschaft" eines Volkes herleitet, dessen ethno-kulturellen „Traditionsbestände" (Sprache, Sitten und Gebräuche) den Anspruch auf ein zusammenhängendes, autonom verwaltetes Staatsgebilde legitimieren und die Bürgerrechte an primordiale Kriterien binden. Dieser Nationalismus auf ethnischer Grundlage ist in Deutschland bis heute hin wirksam. Der Terminus „Nationalkultur" akzentuiert im Vergleich dazu eher die gemeinsamen politisch-sozialen Wertvorstellungen, die eine Solidargemeinschaft begründen und den Anspruch auf einen selbstverwalteten Staatsverband stärker von einem zweck- und wertrationalen Argumentationszusammenhang herleiten, und die Bürgerrechte an territoriale und formalrechtliche Kriterien bindet. Dieser Nationalismus auf rationaler Grundlage ist insbesondere im französischen Stolz auf die politischen Errungenschaften der Revolution von 1789 nachzuvollziehen (vgl. Dann 1991, und Thadden 1991).

sche und kulturelle Unterschiede systematisch unterbelichtet blieben und die faktisch bestehende i n t r a gesellschaftliche Multikulturalität unter der Vorherrschaft des Einheitsstaats aus dem politischen Geschehen und damit aus dem Bewußtsein der Staatsbürger verdrängt wurde. Die Regionalismusbewegungen überall in Europa sowie die besonders in Frankreich, Spanien, Italien und Großbritannien immer wieder auflodernden gewalttätigen Konflikte mit autochthonen Minderheitengruppen illustrieren diesen Zusammenhang in drastischer Weise.[100]

Dieses in der nationalstaatlichen Integrationsideologie angelegte Konfliktpotential[101] läßt sich am Beispiel der Spracheinstellung besonders leicht nachvollziehen: Die Konfrontation des in einheitssprachlichen Nationalstaaten meist als Selbstverständlichkeit erlebten und gelebten Sprach- und Symbolsystems mit einer Fremd- oder sogenannten Minderheitensprache macht den einzelnen darauf aufmerksam, daß die eigene Muttersprache nur eine unter vielen ist, d.h. er macht die Erfahrung, daß die eigene Sprache weder die einzig mögliche noch die für alle Menschen verbindliche Sprache ist. Im Vergleich mit anderen Sprachen steht der 'Durchschnittssprecher' deshalb vor der Aufgabe, sich über die sprachstrukturellen Besonderheiten s e i n e r Sprache Klarheit zu verschaffen, deren funktionale Tauglichkeit für Kommunikationszwecke unter Beweis zu stellen und sich ihrer identitätsstiftenden Bedeutung bewußt zu werden. Mit diesem für die Angehörigen der Majorität in monolingualen Gesellschaften ungewohnten Akt reflexiver Selbstvergewisserung verbindet sich demgemäß die 'Gefahr' – bekanntlich sehen andere im Anschluß an Johann Gottfried Herder und Wilhelm von Humboldt darin die bildungstheoretische Chance – daß die Exklusivität und Gewißheit der Muttersprache in Frage gestellt wird.[102] Wie die einzelnen mit dieser Erfahrung umgehen,

---

[100] In diesem Zusammenhang findet sich beispielsweise auch ein Erklärungsansatz für die mangelnde Überzeugungskraft der Europaidee als 'transnationale Integrationsideologie', die immer dann deutlich wird, wenn es darum geht, inhaltliche Reformen – wie etwa bei der Einführung einer gemeinsamen Währung oder den Bemühungen um eine Vereinheitlichung der Bildungssysteme – in Angriff zu nehmen (vgl. dazu Jungmann 1992, und ders. 1995, Kap. 2.2).

[101] Zum Problemzusammenhang von *„Nationalismus als fremdenfeindliche Integrationsideologie"* vgl. den unter gleichlautender Überschrift publizierten Aufsatz von Hans-Ulrich Wehler (1994).

[102] Die große Bedeutung der Sprache für Identitätsentwicklung und „Wirklichkeitserleben", d.h. für die Herausbildung von *„Sinnwelten"* haben Peter L. Berger & Thomas Luckmann (1990, zuerst 1966) in besonders eindringlicher Weise herausgearbeitet: Insofern Sprache die Kraft hat, *„das 'Hier und Jetzt' zu transzendieren, überbrückt sie die verschiedenen Zonen der Alltagswelt und integriert sie zu einem sinnhaften Ganzen."* (S. 41) Die sprachlich vermittelte symbolische Sinnwelt ist demnach *„als die Matrix aller gesellschaftlich objektivierten und subjektiv wirklichen Sinnhaftigkeit zu verstehen."* (S. 103) Sprache und Konversation sind damit die identitätswahrenden *„Vehikel der Wirklichkeitserhaltung"* (S. 163). Wenn das subjektive Wirklichkeitserleben, und d.h. die personale Identität, intakt

hängt von einer Reihe von Faktoren ab, die beispielsweise in der Sprachen- und Bildungspolitik ihren Niederschlag finden. Hier muß der Hinweis genügen, daß die Palette der institutionellen Reaktionsweisen und individuellen Einstellungen bei der vorurteilsbeladenen Geringschätzung von Fremdsprachen und der Absolutsetzung der eigenen Sprache beginnt, über alle Formen der Bi- oder Multilingualität reicht, bis hin zu einer polyglotten 'patchwork-identitiy', wie sie im Ansatz bei den Funktionseliten internationaler Konzerne und transnationaler politischer Institutionen zu finden ist. Die vom Sprachenkontakt ausgehende Befremdung dürfte heute nur noch sehr vereinzelt große Probleme bereiten, gleichwohl kommt aber der Sprachverwendung und Sprachkompetenz auch in Zeiten weltweiter Verflechtungen (eventuell ja auch gerade deshalb) identitätsstiftende Bedeutung zu. Dies zeigen nicht zuletzt die Konflikte in gemischtsprachigen Staaten, wie dem auseinandergebrochenen Jugoslawien aber auch Belgien, sowie die Schutzbestimmungen für Minderheitensprachen oder die Diskussion um die muttersprachliche Beschulung von Einwandererkindern in den Ländern der Europäischen Union jeweils auf eigene Weise.

Die am Sprachkontakt etwas vereinfacht exemplifizierten Schwierigkeiten lassen sich in analoger Weise auch auf die anderen Bereiche der Lebensführung übertragen und sind auf drei Ursachenkomplexe zurückzuführen. Alle drei stehen über das Ethnizitätskonstrukt, wie es oben eingeführt wurde, miteinander in Verbindung, setzen aber jeweils einen anderen Akzent. Unter Bezug auf drei in der modernen Kulturanthropologie und Minderheitensoziologie geprägte Termini, den der „Akkulturation", den der „Diffusion" und den des „Ethnozentrismus", läßt sich sowohl der innere Zusammenhang als auch die jeweils akzentuierte Eigenart der Schwierigkeiten erkennen. Mit **Akkulturation** wird deutlich, daß die individuellen Vorbehalte gegenüber dem interkulturellen Vergleich u. a. mit der Furcht vor schleichenden und nur schwer kontrollierbaren Änderungen der Persönlichkeitsstruktur zusammenhängen. *„Akkulturation meint durch Kulturkontakte hervorgerufene Veränderungen von Werten, Normen, und Einstellungen bei Personen, den Erwerb von Kenntnissen, Fähigkeiten, Qualifikationen (Sprache, arbeitsbezogene Qualifikationen, gesellschaftlich-kulturelles Wissen u. a.) sowie Veränderungen von Verhaltensweisen und 'Lebensstilen' (z. B. in bezug auf Arbeit, Wohnen, Konsum, Freizeitverhalten, Kommunikationsformen, Heiratsmuster); auch Veränderungen der Selbstidentität sind damit notwendigerweise verbunden."* (Heckmann 1992, S. 168) Während Akkulturation demzufolge primär die individuellen Schwie-

---

bleiben soll, *„muß die Konversationsmaschine gut geölt sein und ständig laufen. Das Reißen der Fäden, der Abbruch der sprachlichen Kontakte, ist für jede subjektive Wirklichkeit eine Gefahr."* (S. 165) rigkeiten mit der Verarbeitung von kultureller Pluralisierung auf der Ebene von lebenspraktischen Erfahrungen akzentuiert, macht der Diffusionsbegriff stärker auf die kollektiven Veränderungen im Kulturkontakt aufmerksam. Unter **Diffusion** versteht man den Vorgang der Übertragung und Entlehnung, ebenso wie den des Austauschs von Artefakten (Verfahrensweisen, Technologien etc.) und Wertideen (Normen, Verhaltensstandards etc.) von einer Kultur in die andere bzw. zwischen den Kulturen (vgl. Reimann 1986, S. 364, und Harris 1989, S. 24f.). Im Zeitalter globaler Ökonomie, massenhafter Wanderungsbewegungen, der Massenmedien und des Massentourismus muß es als Anachronismus erscheinen, Kulturkontakte und damit interkulturelle Diffusionsprozesse verhindern oder kontrollieren zu wollen.[103] Gerade die anhaltende Diskussion um Ursache und Wirkung des Wertewandels in westlichen Gesellschaften verdankt dieser Tatsache aber ihre Brisanz.

Bereits mit diesen wenigen Hinweisen wird deutlich, daß Akkulturation und Diffusion soziale Prozesse darstellen, die in hohem Maße von der Bewertung fremdkultureller Lebensäußerungen (Artefakte, Wertideen etc.) abhängen. Damit rückt die Frage nach der Existenz kulturspezifischer bzw. kulturübergreifender Standards bezüglich Wahrnehmung, Urteilskriterien und Aufmerksamkeitslenkung in den Mittelpunkt. **Ethnozentrismus** wird heute vielfach als die eigentliche Ursache für Kulturkonflikte[104] und damit als das Kernproblem von multikulturellen

---

[103] Dies um so mehr, als die Kulturbegegnung – wie dies beispielsweise Wilhelm E. Mühlmann (1962, insb. S. 272ff.) oder Friedrich Tenbruck (1992) eindrucksvoll zeigen – immer schon einen zentralen Faktor der menschlichen Entwicklungsgeschichte darstellte. *„Ob man das Alte Testament oder die germanischen Sagas liest, ob man frühe Geschichtsquellen oder ethnologische Berichte zur Hand nimmt, ob man sonstige historische Zeugnisse betrachtet oder sich an gegenwärtige Vorgänge hält – überall spielen fremde Völker eine wichtige Rolle. Da jedes Volk, jeder Staat, jede Kultur, jede Religion von anderen umgeben ist, haben sie stets auf die nächsten und übernächsten Nachbarn geblickt, die man kennen und beachten muß, weil davon das eigene Schicksal abhängt. So gehört die Frage nach dem Nachbarn seit eh und je zur Konstitution jeder Gesellschaft.“* (Tenbruck 1992, S. 22) In der Kulturbegegnung sieht Tenbruck daher gar *„das wahre Feld und die große Triebkraft aller Geschichte“* (ebd., S. 23) und den *„Modus und Motor aller gesellschaftlichen Entwicklung“* (ebd., S. 24), ohne den eine gesellschaftliche Entwicklung, von unwesentlichen endogenen Änderungen abgesehen, gar nicht möglich wäre. *„Denn wo immer Kulturen einander begegnen, kommt auf beiden Seiten eine neue Besinnung über die eigene Kultur in Gang, deren Eigenart und Recht man sich nun im Vergleich mit dem Fremden neu vergewissern muß.“* (ebd., S. 23) Dieser vergleichende Dialog von Kulturen wird immer mit Blick auf die sich dabei ergebenden *„neuen militärischen, wirtschaftlichen, religiösen oder kulturellen Außenlagen“* geführt und zeitigt dementsprechende *„Folgen für die Veränderung der eigenen Gesellschaft wie für die Gestalt der Beziehungen zur anderen Gesellschaft.“* (ebd., S. 23)

[104] In der auch heute noch sehr hilfreichen Typologisierung des Terminus „Kulturkonflikt“ unterscheidet A.N.J. den Hollander (1955): *„1. Konflikt zwischen Kulturen, 2. Konflikt innerhalb einer Kultur und 3. Konflikt im Menschen selbst als Folge von Kulturprozessen.“* (ebd., 1955, S. 162) Konflikte zwischen Kulturen liegen vor, *„wenn zwischen den Mitgliedern zweier Gruppen, die kulturell verschieden sind,*

Gesellschaften angesehen. Seit Graham Sumners Begriffsschöpfung steht Ethnozentrismus für *„die Ansicht, daß die eigene Gruppe das Zentrum aller Dinge ist; alle anderen werden in bezug auf sie skaliert und bewertet (...) Jede Gruppe nährt ihren eigenen Stolz und ihre eigene Eitelkeit, kommt sich überlegen vor, überhöht ihre eigenen Götter und sieht mit Verachtung auf Außenseiter herab. Jede Gruppe sieht ihre Sitten als die einzig richtigen an, und wenn sie beobachtet, daß andere Gruppen andere Sitten haben, rufen diese ihre Geringschätzung hervor. Aus diesen Unterschieden werden Schimpfwörter abgeleitet. (...) Für unsere gegenwärtigen Zwecke besteht die wichtigste Tatsache darin, daß der Ethnozentrismus ein Volk dazu veranlaßt, alles an seinen eigenen Sitten zu übertreiben und zu intensivieren, was besonders ist und was es von anderen unterscheidet."* (1906, S. 12-13)[105]

Auch ohne die Diskussion dieser Sachlage hier differenzierter führen zu müssen, sollte es nicht sonderlich schwer fallen, in den mit Akkulturation, Diffusion und Ethnozentrismus bezeichneten Phänomenen je spezifische Ausprägungen der sozialtheoretischen, der moraltheoretischen und der erkenntnistheoretischen Dimension des Pluralismus wiederzuerkennen. Zugleich wird damit nachvollziehbar, weshalb der Multikulturalismus ein so komplexes und kontroverses Einstellungssyndrom darstellt.[106] Diejenigen nämlich, die sich für eine 'Modernisierung' der sozio-moralischen Verhältnisse einsetzen und die nationalstaatliche Integrationsideologie für obsolet erklären, sehen in der interkulturellen Begegnung das entscheidende Mittel zur individuellen wie gesellschaftlichen Horizonterweiterung. Sie

---

ein antithetisches Bewußtsein besteht, so daß eine von beiden oder beide in bezug auf gewisse Kulturelemente durch die andere Gruppe bedroht sind oder bedroht zu sein glauben" (ebd.) und mit Abwehr – von der physischen Vernichtung bis zur sozialen Absonderung – reagieren. Im Unterschied dazu sind Konflikte innerhalb einer Kulturen stärker als die Störung eines bestehenden Gleichgewichts zwischen Elementen einer sozialen Einheit zu begreifen (vgl. ebd., S. 168ff.). Konflikte im Menschen selbst akzentuieren dagegen stärker die Auswirkungen von Kulturbegegnungen auf die Persönlichkeitsstruktur, sie stellen damit den *„verinnerlichten Aspekt"* (ebd., S. 171) von Kulturkonflikten dar. Die Bezeichnung „Kulturkonflikt" lenkt hinsichtlich der beiden ersten Konflikttypen sehr leicht von den eigentlichen Konfliktursachen ab, meist lassen sich nämlich 'interessenbedingte' Gruppendifferenzen als Konfliktquelle identifizieren. Den Hollander empfiehlt daher, möglichst präzise zu sein und in diesen Fälle besser von „Sprachenstreit", „religiösem Konflikt" etc. zu sprechen, und schlägt vor, möglichst nur dann von Kulturkonflikt zu sprechen, *„wenn der dominante Konfliktfaktor darin besteht, daß ganze Kulturen oder ein Komplex von Kulturelementen nicht miteinander vereinbar sind, wenn also ein Zusammenprall von Lebensstilen stattfindet."* (ebd., S. 167)

[105] Hier zitiert in der Übersetzung von Henri Tajfel (1982, S. 160)

[106] Dies ist auch der Grund dafür, daß beispielsweise Charles Taylor in dem populär gewordenen Essay *„Multikulturalismus und die Politik der Anerkennung"* (1993) die Probleme in multikulturellen Gesellschaften darauf zurückführt, *„daß es eine große Zahl von Menschen gibt, die Mitbürger, zugleich aber Angehörige einer Kultur sind, die unsere philosophischen Grenzziehungen in Frage stellt. Die Herausforderung besteht darin, daß wir uns mit ihrem Gefühl von Marginalisierung auseinandersetzen müssen, ohne unsere politischen Grundprinzipien nachhaltig aufs Spiel zu setzen."* (ebd. S. 58)

versprechen sich davon für alle Bereiche des gesellschaftlichen Lebens Innovationschancen und begreifen daher den Multikulturalismus als die konsequente Fortsetzung im menschheitsgeschichtlichen Prozeß der Aufklärung. Demgegenüber vermuten all jene, die auf die Verbindlichkeit bewährter Traditionen pochen und an der Nationalstaatsidee auch heute noch festhalten, im Multikulturalismus vieleher die Ursache für eine Identitätsdiffusion und einen fortschreitenden Werteverfall, dessen schleichender Erosionsprozeß selbst vor sogenannten Grundwerten nicht Halt macht, und damit den Untergang des christlichen Abendlandes durch den „weißen Rauch der Indifferenz" (Jean Baudrillard) heraufbeschwört.[107] Gerade bei dieser in den verschiedensten gesellschaftlichen 'Diskursarenen' – vom Stammtisch bis hin zum Universitätskatheter – ausgetragenen Kontroverse um die Ursachen und Konsequenzen multikultureller Lebensumstände zeigt das 'Pluralismusgespenst' seine Doppelgesichtigkeit in besonders auffälliger Weise und läßt angesichts der Heftigkeit und Ausdauer, mit der inzwischen seit gut 25 Jahren gestritten wird, zumindest erkennen, daß die von den Diskutanten beschworenen 'Fratzen' auf sehr unterschiedlichen Wahrnehmungs- und Bewertungsprozessen beruhen.

3.1.3 Argumentationslogische Pathologie

Aus der bis in die aktuelle Multikulturalismusdebatte hinein rekonstruierten Begriffs- und Problemgeschichte des Pluralismus zeichnen sich nunmehr drei Faktoren als entscheidend für die Janusgesichtigkeit des Pluralismus ab. Dies ist zum einen die Mehrdimensionalität und Modalität des Pluralismus sowie zweitens, damit unmittelbar zusammenhängend, dessen unterschiedliche Reichweite oder Tiefe, und schließlich drittens das variierende Ausmaß an Befremdung, das sich mit der konkreten Erfahrung von Pluralität einstellt. Um nun aber besser verstehen zu können, wie sich daraus das Wechselspiel der fundamentalistischen und relativistischen Reaktionsweisen aufbaut, das in die gefürchtete logische Abwärtsspirale führt, sind die argumentationslogischen Konstellationen dieses Wechselspiels herauszuarbeiten.

---

[107] Wie dies beispielsweise die ausgeprägte Sorge um die gemeinschaftserhaltenden Grundorientierungen und Grundwerte einer Gesellschaft beweist, die u. a. in der Kommunitarismusdebatte zum Ausdruck kommt (vgl. Etzioni ^{2}1997), aber in ganz verwandter Form auch in dem Plädoyer für eine Stärkung der intermediären Institutionen (Familie, Kirche, Schule etc.) von Peter L. Berger und Thomas Luckmann (^{2}1995), kann die Akzeptanz bzw. Hochschätzung multikultureller Lebensverhältnisse durchaus mit der differenzierten Wahrnehmung der damit verbundenen Risiken und mit Überlegungen für entsprechende Vorkehrungen verbunden sein.

Da nun eine differenzierte Diskussion dessen, was ein „Argument", eine „Argumentation" und die „Logik einer Argumentation" genau darstellt, unmittelbar auf erkenntnistheoretische, logische und linguistische Abwege führt und sich damit selbst wiederum sehr schnell als logische Abwärtsspirale erweist, ist es im vorliegenden Kontext nicht nur legitim, sondern geradezu ein Gebot unserer safety-first-Strategie, mit einem sehr allgemein gehaltenen Verständnis von „Argument" zu operieren.[108] In diesem Sinne ist zunächst unter einem **Argument** der „Beweisgrund" zu verstehen, mit dem eine Aussage (bzw. ein Urteil) gestützt wird, die (bzw. das) eine Beziehung zwischen einer „Sache" und einem „Sachverhalt" herstellt. **Argumentation** bezeichnet dann eine komplexe Kommunikationssituation, in der Argumente ausgetauscht und entwickelt werden, in der gemeinsamen Absicht, eine Einigung über den Geltungsanspruch eines Urteils/einer Aussage zu erzielen. Und mit **Argumentationslogik** sind die Konstruktionsprinzipien angesprochen, denen die Argumente im Argumentationsprozeß ihre spezifische Gestalt verdanken.[109]

Diese wenigen Hinweise mögen genügen, um zu verdeutlichen, daß es die argumentationslogische Analyse des Pluralismusproblems erforderlich macht, sich in einem ersten Schritt überhaupt erstmal über die unterschiedliche Art und Weise Klarheit zu verschaffen, in der wir dem Pluralismus begegnen. Wir haben in den beiden vorangegangenen Abschnitten gesehen, daß mit Pluralismus seit jeher sowohl die Eigenschaft bzw. Beschaffenheit einer Sache, eines Sachverhaltes oder eines Phänomens als auch die Einstellung und Bewertung dieser spezifischen Eigenschaft/Beschaffenheit bezeichnet wird. Dies ist u. a. der Grund, weshalb in der Literatur verschiedentlich versucht wird, zwischen „Pluralität" als der deskriptiven und „Pluralismus" als der normativen Seite von Pluralismus begrifflich zu differenzieren. In beiden Fällen spielt aber die Wahl von Vergleichsmaßstäben und die Konstruktion von Vergleichskriterien eine zentrale Rolle, durch die sich beziehungslose Vielheit überhaupt erst in Verschiedenartigkeit verwandeln und bewerten

---

[108] Vgl. zu den erkenntnistheoretischen und logischen Fragen der Argumentationsforschung allgemein die immer noch grundlegende Arbeit von Stephen Toulmin *„Der Gebrauch von Argumenten"* (²1996, zuerst 1958); der Stand der neueren Diskussion ist den einzelnen Beiträgen in dem von Harald Wohlrapp herausgegebenen Band *„Wege der Argumentationsforschung"* (1995) zu entnehmen; die erziehungswissenschaftliche Relevanz der Argumentationsforschung hat Lothar Wigger in seiner Bielefelder Habilitationsschrift *„Zur Theorie des pädagogischen Argumentierens"* (1995) herauszuarbeiten versucht.

[109] Dieses Verständnis von Argument, Argumentation und Argumentationslogik verdankt sich primär der Auseinandersetzung mit den einschlägigen Beiträgen von Josef Kopperschmidt (1995), Wolfgang Klein (1980) und Dieter Wunderlich (1980).

läßt. Diese doppelte – deskriptive und normative – Relationalität macht den Pluralismus erst zu jener komplexen Erfahrungstatsache von großer Allgemeinheit und höchst unterschiedlicher Reichweite und Betroffenheit, von der oben bereits mehrfach die Rede war. Pluralismus beschäftigt jeden einzelnen von uns schon bei banalen praktischen Alltagsverrichtungen, führt uns zur Wahrnehmung von historisch-kulturellen Besonderheiten, begleitet uns selbst bei der ‚privaten' Suche nach dem einen, unser Seelenheil verbürgenden Gott und dem eigenen unverwechselbaren Ich, und es bereitet uns erhebliche theoretische Schwierigkeiten, auf die Frage nach den Bedingungen der Möglichkeit von normativen und rationalen Orientierungen für unser Handeln Antworten mit universellem Geltungsanspruch zu formulieren. Pluralismus ist uns damit offenbar sowohl aus der **Sinneserfahrung** als auch aus der **Denkerfahrung** bestens vertraut, stellt aber höchst unterschiedliche Anforderungen an unsere intellektuellen, sozialen und psycho-emotionalen Kompetenzen.[110] Wie in der Beschäftigung mit der aktuellen Multikulturalismusdebatte deutlich wurde, sind diese bei der Konfrontation mit 'abweichenden' Lebensäußerungen, d.h. bei der Begegnung mit fremden Sprachen, Religionen und Denkweisen und damit bei der individuellen und kollektiven Verarbeitung von Befremdungserfahrungen, in besonderer Weise gefordert. Es erscheint deshalb angebracht, in der Auseinandersetzung mit dem Pluralismus grundsätzlich zwischen einer *sensualistischen* und einer *intellektualistischen* Argumentationsgrundlage zu

[110] Das von Wolfgang Welsch (1996a, S. 840ff.) beschworene, vielheitsfähige und mit transversaler Vernunft begabte Subjekt kann zur Illustration dieser von Welsch als „*Pluralitätskompetenz*" bezeichneten Anforderungen dienen: „*Sofern >transversale Vernunft< auf die Entwicklung dieser Transversalität zugeschnitten ist, kann sie als genuiner Verwirklichungsmodus des neuen, unter Pluralitätsbedingungen erforderlichen und durch Übergangsfähigkeit gekennzeichneten Typus von Subjektivität verstanden werden. Transversale Vernunft bringt eine Elementarstruktur von Subjektivität zur Geltung. Ohne sie gäbe es gelingende Subjektivität nicht. Subjekte, denen Transversalität erschlossen ist, verfügen über Pluralitätskompetenz im weiten Sinn – sowohl bezüglich ihrer internen wie der externen Pluralität. Sie vermögen mit dieser Pluralität umzugehen, weil sie Übergangsfähigkeit besitzen.*" (ebd., S. 851f.)
Demgegenüber hebt beispielsweise die soziologische Konflikttheorie mit dem Hinweis auf die Interdependenz von sozialem Wandel und gesellschaftlicher Integration stärker auf den Zusammenhang von intellektuellen und psycho-sozialen Kompetenzen ab: „*Aus der Ungewißheit der menschlichen Existenz in der Welt könnte man den anthropologischen Sinn des Konflikts in der Gesellschaft, aber auch im einzelnen begründen. Weil niemand alle Antworten weiß, kann jede Antwort nur zum Teil und nur zu einem gegebenen Zeitpunkt richtig sein. (...) Weil in der ungewissen Welt die Antwort des einen nicht richtiger sein kann als die des anderen, beruht aller Fortschritt auf der Vielfalt und Widersprüchlichkeit der menschlichen Gesellschaft. Konflikt und Wandel, Vielfalt und Geschichte beruhen in diesem Sinne auf der Ungewißheit der menschlichen Existenz.*" (Dahrendorf 1963, S. 149f.) Die Konflikttheoretiker L. A. Coser und Ralf Dahrendorf deuten mit dem Hinweis darauf, daß sich Konfliktregelung immer nur auf der Grundlage von gemeinsam geteilten Grundwerten als Integrationsmechanismus erweist, so etwas wie unterschiedliche Beharrungskräfte, Änderungsresistenzen und Wandlungsgeschwindigkeiten der verschiedenen Aspekte des sozialen Wandels an.

differenzieren,[111] um dann davon ausgehend Modalitäten und Reichweiten des Pluralismus bestimmen sowie das damit verbundene Befremdungspotential abschätzen zu können (vgl. Abbildung 2).

[111] Ganz in diesem Sinne – in der Begriffsbildung aber nicht sehr überzeugend – spricht z. B. auch Helmut Heid von einer doppelten Relationalität des Pluralismusbegriffs: „*Er impliziert zum einen eine subjektive – die Differenzierung allererst ermöglichende und zugleich bestimmende – und eine objektive – außersubjektiv vorfindliche, >feststellbare< – Komponente.*" (1994, S. 121) Die Unterscheidung von Sensualismus und Intellektualismus folgt der gebräuchlichen Begriffsverwendung in der wissenschaftstheoretischen Literatur: Der Sensualismus ist demnach aufzufassen als „*die Lehre, nach der alle Erkenntnis auf Sinneswahrnehmung allein zurückgeht (...)*" (Hoffmeister ^{2}1955, S. 555), während der Intellektualismus aufzufassen ist als „*die Lehre, nach der die Erkenntnis nicht aus den Sinnen, sondern aus dem Verstande entspringt.*" (ebd., S. 332)

Abbildung 2:
Modalität, Reichweite und Ausmaß an Befremdung

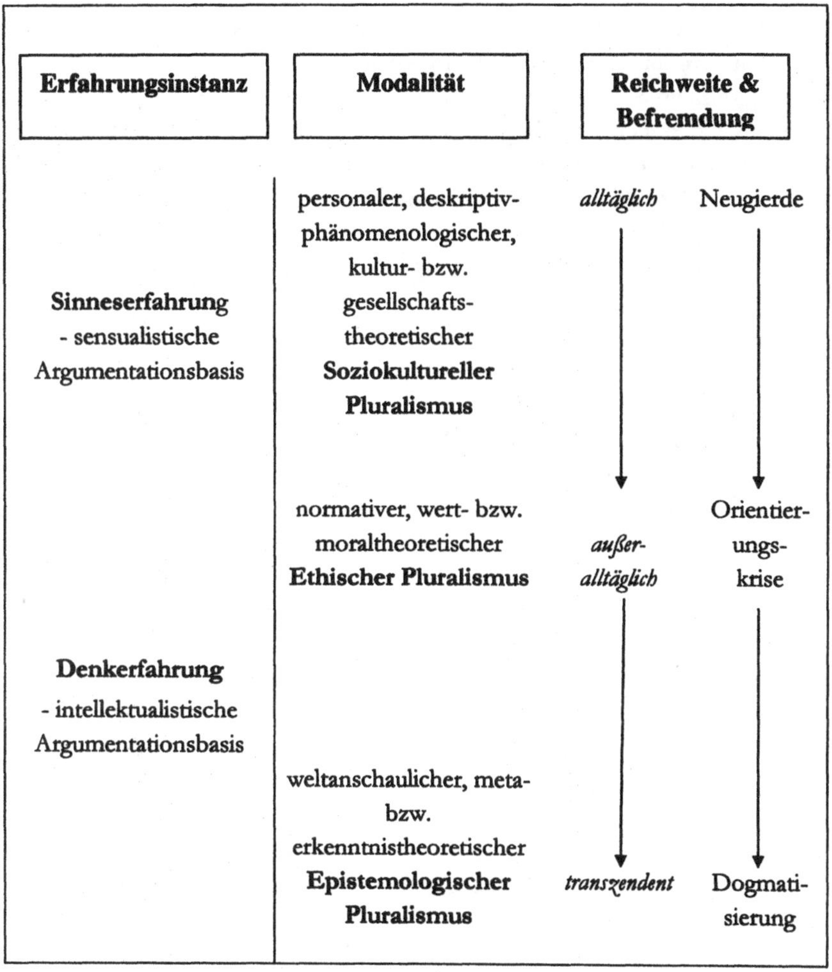

Mit Blick auf Abbildung 2 wird zunächst einmal leicht nachvollziehbar, daß sich die unterschiedlichen Modalitäten des Pluralismus primär aus dem spezifischen Bezug auf die beiden Erfahrungsinstanzen (‚Sinnes-' und ‚Denkerfahrung') und deren unterschiedliche Gewichtung erklären lassen. So stützt sich beispielsweise die Rede vom „Ethischen Pluralismus" im wesentlichen auf sensualistische Argumente, wie sie etwa aus der im weitesten Sinne empirischen Forschung in der Kulturanthropologie und Ethnologie oder auch der Wertewandelforschung in der Soziologie bekannt sind. Die Feststellung unterschiedlicher normativer Orientierungen und Moralsysteme wird nun aber erst dann zur prinzipiellen Herausforderung, wenn im Verbund mit dem intellektualistischen Argument, das darauf abhebt, daß selbst die Begründungsprinzipien für Normen und Werte unterschiedlich sind, die Position des „Epistemologischen Pluralismus" bezogen wird. Wie an diesem Beispiel weiterhin ersichtlich wird, lassen sich die unterschiedlichen Modalitäten des Pluralismus nun sowohl nach ihren verschiedenen Ausprägungen als auch nach ihrer variierenden logischen Reichweite unterscheiden. Beispielsweise lassen sich dem „Soziokulturellen Pluralismus" die Ausprägungen „personal" und „deskriptiv-phänomenologisch" bis „kultur- und gesellschaftstheoretisch" zuordnen und die Reichweite von „alltäglich" bis „außeralltäglich" differenzieren. Den jeweiligen Modalitäten und Ausprägungen des Pluralismus korrespondiert zugleich aber nicht nur eine je spezifische logische Reichweite, sondern – wie nach den zuvor gegebenen Hinweisen zum Multikulturalismus leicht nachvollziehbar sein sollte – zugleich auch ein charakteristisches Ausmaß an individueller oder kollektiver Befremdung, das von „Neugierde" über „Orientierungskrise" bis hin zu „Dogmatisierung" reicht kann. Was damit im einzelnen gemeint ist und wie sich diese Zusammenhänge konkret darstellen, läßt sich den folgenden (idealtypischen) Konstellationen entnehmen:

- Den mit Hinweis auf die Multiformität allen Seins gestützten Ausprägungen des „Soziokulturellen Pluralismus" (personal, deskriptiv-phänomenologisch, kultur- bzw. gesellschaftstheoretisch) entspricht aufgrund ihrer weiten Verbreitung und ihrer Konkretheit die Reichweite „alltäglich", und er verbindet sich mit einer schwach ausgeprägten Befremdung, der „Neugierde". Als Beispiele können die Erfahrung fremder Sprachen, unvertrauter Ernährungsgewohnheiten, politischer Praktiken, kultureller Bräuche etc. angeführt werden, die zwar allesamt darauf aufmerksam machen, daß die vielen alltagspraktischen Selbstverständlichkeiten der eigenen Lebensführung offensichtlich nicht von allen Menschen geteilt werden, was aber solange keine unmittelbare Bedrohung darstellt, wie die eigenen als Entlastung empfundenen Praktiken weiterhin ausgeübt werden können und ohne nachteilige Folgen bleiben.[112] Die Situation beginnt sich erheblich zu

[112] Das, was sich einerseits für den 'Normalbürger' in eine Bedrohung wandeln kann, stellt sich andererseits als Chance des Fremd- und Selbstverstehens dar. Dies macht sich gerade die Ethnologie, wie prinzipiell jede andere international vergleichende Wissenschaft, zunutze. Denn *„alle*

ändern, wenn die soziokulturelle Pluralisierung der Lebenswelten einen beschleunigten Wandel verursacht und von immer mehr Menschen Anpassungsleistungen verlangt. Die Neugierde und das zwanglose Nebeneinander weichen allmählich einem Konflikt zwischen einzelnen sozialmoralischen Milieus und Kulturen um den Einfluß auf die Hervorbringung der gesellschaftlichen Realität.[113]

- Den – mit Hinweis auf die Diversität sozialmoralischer Regelungsmechanismen, Gerechtigkeits- bzw. Legitimitätsvorstellungen, Tugendformen und Wertorientierungen gestützten – Ausprägungen des „Ethischen Pluralismus" (normativ, wert- oder moraltheoretisch) entspricht, aufgrund seiner ausgeprägten Theorielastigkeit, die Reichweite „außeralltäglich", und er verbindet sich mit einem mittleren Grad an Befremdung, der „Orientierungskrise". Als Beispiele können hier die Erfahrung divergierender Einstellungen, Deutungen und Werthaltungen bezüglich Gerechtigkeit, Legitimität, Lebenshaltung, Charaktereigenschaften und auch gegenüber konkreten Fragen wie Abtreibung, Ehescheidung. Euthanasie etc. angeführt werden, die darauf aufmerksam machen, daß auch die vielen 'vermeintlichen' Selbstverständlichkeiten der ethischen Handlungsorientierung offensichtlich nicht von allen geteilt oder von einigen zumindest anders ausgelegt oder angewandt werden. Was als singuläre Erfahrung im zwischenmenschlichen Kontakt in Form abweichenden Vorstellungen bezüglich dessen, was als ‚gut' oder ‚böse' einzuschätzen ist, mit Abstimmungsproblemen der Handlungsorientierung beginnt, kann mit zunehmender Verflechtung der Lebenswelten zu einer „Ethischen Pluralisierung" führen und sich in manifesten „Orientierungskrisen" niederschlagen.[114] Mit Blick auf diese Erfahrung, daß also auch die inhaltliche Konkretisierung von Wertorientierungen sich im Laufe der

---

(...) Reflexion und Rückbesinnung auf das Verstehen fremder Kulturen und auf die uns mitbetreffende kulturelle Existenz des Menschen [impliziert] immer auch ein sittlich-praktisches Selbstbewußtwerden unserer selbst." (Schmied-Kowarzik ²1993, S. 65)

[113] Kulturkonflikte können nach Berger & Luckmann (1990, S. 131, zuerst 1966) nur solange vermieden werden, als *„konkurrierende Wirklichkeitsbestimmungen inhaltlich und gesellschaftlich als zu Fremdgruppen gehörig segregiert werden können und auf diese Weise für einen selbst irrelevant bleiben(...). Die Schwierigkeiten beginnen erst, wenn die 'Fremdheit' durchbrochen wird und auch die fremde Sinnwelt dem eigenen Volk eine 'sinnhafte' Heimstätte bieten könnte."*

[114] Da die Etablierung von *„Subsinnwelten"* (vgl. Berger & Luckmann 1990, S. 90ff., zuerst 1966) zum Alltag moderner hochdifferenzierter und arbeitsteilig organisierter Gesellschaften gehört, ist *„Orientierungskrise"* selbstverständlich ein sehr relatives, mit kultureller Distanz variierendes Konstrukt. Erst auf der Ebene *„symbolischer Sinnwelten"* ist die Rede von Orientierungskrisen im hier angesprochenen Verständnis plausibel. Als „symbolischen Sinnwelten" bezeichnen Berger & Luckmann *„synoptische Traditionsgesamtheiten, die verschiedene Sinnprovinzen integrieren und die institutionelle Ordnung als symbolische Totalität überhöhen (...)"* (ebd., S. 102).

historischen, soziokulturellen und nicht zuletzt auch individuellen Entwicklungen wandeln, werden immer wieder Versuche unternommen, sich wenigstens auf tieferliegende, weniger wandlungsanfällige moraltheoretische Grundprinzipien zu verständigen. Alle Bemühungen, Orientierungskrisen auf dem Wege von Prinzipiendiskussionen zu überwinden münden, damit unversehens in erkenntnistheoretische Schwierigkeiten.[115]

- Den – mit Hinweis auf die unüberwindbare Perspektivität der gegenstandskonstituierenden Kategorien und Prinzipien allen Denkens gestützten – Ausprägungen des „Epistemologischen Pluralismus“ (weltanschaulich oder meta- bzw. erkenntnistheoretisch) entspricht, aufgrund seiner Inkonkretheit, die maximale Reichweite „transzendent“, und er verbindet sich mit der maximalen Ausprägung an Befremdung, der „Dogmatisierung“. Als Beispiel kann nun diesbezüglich die Erfahrung von unterschiedlichen Erklärungen für Transzendenzerlebnisse wie Tod und Krankheit dienen, ebenso wie die Konfrontation mit konkurrierenden wissenschaftlichen Rationalitätsformen und rivalisierenden Religionen. In Zeiten der Öffnung und schier grenzenlosen Weitung der individuellen und kollektiven Erfahrungshorizonte wird es immer schwieriger, mit dem Wandel der Weltanschauungen Schritt zu halten und Orientierungs- bzw. Identitätskrisen in der Hoffnung auf eine stabilisierende „Horizontverschmelzung“[116] oder unter Bezug auf sakrosankte Schlichtungsinstanzen wie Vernunft, Logik, Toleranz, Menschenrechte etc. zu begrenzen. Erst bei der Auseinandersetzung mit konkurrierenden Weltanschauungskonzepten ist aber offensichtlich ein Punkt erreicht, der die Grundlagen der Selbst-, Gesellschafts- und Weltdeutung berührt, so daß die Gefahr besteht, daß die Geltung identitätsstiftender Aspekte der Lebensbewältigung außer Kraft gesetzt wird und sich pathologische Folgen wie Identitätsdiffusion und Rassismus einstellen. Angesichts der logischen Unmöglichkeit, kultur- und sprachunabhängige Dialogprinzipien zu fixieren, bleibt nur der

---

[115] Zum Zusammenhang von kultureller Identität und universeller „Vernunftmoral“ als Ausdruck des abendländischen Wissenschaftverständnisses vgl. Schwemmer 1992, S. 97ff.; und insbesondere zur Frage nach der logischen Möglichkeit kulturübergreifender Moralprinzipien vgl. ders. 1997, S. 165ff., sowie Winch 1992, S. 261ff.

[116] Charles Taylor gründet seinen Optimismus bezüglich der kulturellen Begegnungen in multikulturellen Gesellschaften auf diese von Hans Georg Gadamer entlehnte Formel. „*Wir lernen, uns in einem erweiterten Horizont zu bewegen, in dem wir das, was uns vorher als die selbstverständlichen Koordinaten unserer Urteile erschien, nun als mögliche Koordinaten neben denen der uns bislang nicht vertrauten Kultur wahrzunehmen vermögen. Die >Horizontverschmelzung< wird wirksam, indem wir ein neues Vergleichsvokabular entwickeln, mit dessen Hilfe wir solche Gegensätze artikulieren können.*“ (1993, S. 63f.)

unvermeidliche Rückzug auf *existentielle Dogmen der Lebensbewältigung*[117] und damit der v o r l ä u f i g e, möglichst plausibel begründete Abbruch der Pluralismusspirale.[118]

Wir sehen also: Die logische Reichweite des Pluralismus und das Ausmaß an Befremdung verhalten sich direkt proportional zueinander, d.h. mit zunehmender Reichweite und Abstraktheit erhöht sich auch der Grad an Befremdung. Wie aber am Problem der „Ethnizität" deutlich wurde, ist Befremdung kein unmittelbarer Reflex auf Pluralität, sondern eine über die individuell bzw. kollektiv empfundene ‚Anpassungszumutung' und die internen ‚Beharrungskräfte' vermittelte Reaktion. Die Änderung beispielsweise von Ernährungsgewohnheiten vollzieht sich deutlich schneller als der Einstellungswandel bezüglich Erziehungszielen, und diese passen sich wiederum sehr viel schneller den gewandelten Lebensverhältnissen an, als daß etwa ein Religionswechsel oder die Konversion von Rationalitätsformen vollzogen wird. Man kann demnach davon ausgehen, daß sich auch Befremdung und Beharrungskräfte direkt proportional zueinander verhalten, so daß je nach Reichweite des Pluralismus und dem Ausmaß an Befremdung mit unterschiedlich ausgeprägten „Änderungsresistenzen" gerechnet werden muß.

Mit dem herausgearbeiteten Zusammenhang von Pluralismuserfahrung und den möglichen Schwierigkeiten im Umgang mit Befremdung und Beharrungskräften sind nun aber nicht nur die allgemeinen argumentationslogischen Grundkonstellationen der logischen Abwärtsspirale geklärt, sondern es ist auch ein Ansatzpunkt gewonnen für eine Antwort auf die Frage, inwiefern sich mit dem *postmodernen* oder radikalen Pluralismus an dieser Ausgangslage etwas geändert, respektive verschärft hat, und damit u.a. zu den beschriebenen Irritationen im Selbstverständnis der Erziehungswissenschaft geführt hat. Mit Blick auf die in Kapitel 2 ermittel-

---

[117] Mit „existentiellen Dogmen der Lebensbewältigung" ist nur etwas allgemeiner bezeichnet, was Hans Albert (im Anschluß an Peter Munz) mit vergleichbarer Intention *„kognitive[n] bzw. epistemische[n] Protektionismus"* nennt (1987, S. 154).

[118] Dieser Abbruch wird in spezifischer Weise sogar im 'Verstehen des Fremden' vollzogen. Oswald Schwemmer hebt beispielsweise hervor, daß es sich bei dem *„Verstehen des Fremden"* um eine *„in unsere alltägliche Lebenswelt eingewurzelte Denkform"* handelt, die sich dadurch auszeichnet, *„daß dieses Fremde nur dann verstanden ist, wenn es zum Moment der eigenen Identität umgewandelt werden kann, und nach der das Fremde, bei dem diese Aneignung nicht gelingt, eine Gefahr für die eigene Identität bedeutet und daher in irgendeiner Weise ferngehalten werden muß. Dieses Verständnis des Verstehens als Wiederherstellen der eigenen Identität angesichts eines Fremden, als Aneignung des Fremden und damit auch als Rückkehr in die Selbstverständlichkeiten und die Sicherheit des Alltagshandelns ist nicht nur ein zentraler Teil unserer alltäglichen Weltorientierung, sondern bildet darüber hinaus auch einen resistenten Teil unserer philosophischen Grundbegriffe."* (1997, S. 138f.)

ten Befunde können nunmehr zwei Ursachen dafür verantwortlich gemacht werden, einmal die Vermischung der Modalitäten des Pluralismus und zum anderen die leichtfertige bis fahrlässige Handhabung der logischen Abwärtsspirale. In einem zweiten argumentationslogischen Schritt soll nun auch Letzteres genauer analysiert werden. Zu diesem Zweck sei zunächst nochmals der problemgeschichtliche Umstand in Erinnerung gerufen, daß der Pluralismus seine Entdeckung im wesentlichen der mit wissenschaftlichen Argumenten gestützten Säkularisierung der Weltdeutung verdankt und seither in konstitutiver Weise mit den Herausforderungen des Relativismus und des Fundamentalismus verbunden ist. Analog zum Pluralismus werden zur Stützung dieser beiden Weltanschauungskonzepte selbstverständlich auch wieder Argumente angeführt, die auf Sinneserfahrungen und auf Denkerfahrungen rekurrieren. Je nachdem, welche Erfahrungsinstanz stärker in Anspruch genommen wird, läßt sich deshalb auch bezüglich des Relativismus und des Fundamentalismus von einer *sensualistischen* oder einer *intellektualistischen* Ausprägung sprechen. Die *sensualistische* Ausprägung des Relativismus wird vorwiegend in der historisch-ethnographischen Literatur, meist unter den Überschriften „Historismus", „Kulturalismus" und „Multikulturalismus", behandelt, während die *intellektualistische* Ausprägung in aller Regel in ideengeschichtlichen und wissenschaftstheoretischen Darstellungen unter den Bezeichnungen „Agnostizismus", „Skeptizismus" und „Konstruktivismus" firmiert. Die sensualistische Ausprägung des Fundamentalismus ist insbesondere aus der tatsachenwissenschaftlichen Forschung bekannt und wird meist mit den Etiketten „Naturalismus", „Empirismus" und „Positivismus" versehen, während die *intellektualistische* Ausprägung des Fundamentalismus wiederum eher aus der Ideengeschichtsschreibung und der Erkenntnistheorie vertraut ist und meist unter den Überschriften „Idealismus", „Rationalismus" oder „Transzendentalismus abgehandelt wird (vgl. Abbildung 3).

Abbildung 3
Modalitäten von Relativismus und Fundamentalismus (Weltanschauungskonzepte)

Erfahrungsinstanz	**Modalitäten des Relativismus**	**Modalitäten des Fundamentalismus**
Sinneserfahrung - sensualistische Argumentationsbasis	Multikulturalismus Kulturalismus Historismus	Naturalismus Empirismus Positivismus
Denkerfahrung - intellektualistische Argumentationsbasis	Agnostizismus Skeptizismus Konstruktivismus	Idealismus Rationalismus Transzendentalismus

Mit Blick auf Abbildung 3 wird sehr schnell deutlich, weshalb der Streit zwischen den relativistischen und fundamentalistischen Positionen so schnell in eine logische Abwärtsspirale mündet: Nimmt der Relativist beispielsweise eine historistische Position ein und führt dafür Argumente der Sinneserfahrung als Beleg an, entgegnet ihm der Fundamentalist aus der Position des Idealismus heraus mit argumententativen Stützungen, die er der Denkerfahrung entlehnt und beweist damit die logische Unhaltbarkeit des absoluten Historismus. Und bezieht der Fundamentalist beispielsweise eine empiristische Position, die er mit Argumenten der methodisch geschulten Anschauung stützt, entgegnet ihm der Relativist mit skeptizistischer Raffinesse, daß die gewonnenen Sinnesdaten nichtempirische Voraussetzungen enthalten, die die Verallgemeinerbarkeit empirischer Befunde grundsätzlich einschränken, und daß der strenge Empirismus logisch unhaltbar ist. Demgegenüber können Relativisten und Fundamentalisten, die sich beide auf die argumentative Basis von Sinnesdaten beziehen, durchaus in einen verständigungsorientierten Diskurs über die Reichweite und Präzision ihrer unterschiedlichen Befunde eintreten, ebenso wie Relativisten und Fundamentalisten, die sich beide auf der argumentativen Basis von intellektuellen Operationen bewegen. Auch ohne hier die verbleibenden Konstellationen auszuführen, erkennt man leicht, daß die Hauptursache für die logische Abwärtsspirale in der wissenschaftlichen Pluralismusdiskussion (und dies nicht nur in der Erziehungswissenschaft) ganz offensichtlich darin besteht, daß die Kontrahenten zumeist die Erfahrungsinstanzen vertauschen, aus denen sie die argumentativen Stützungen für die jeweilige Position entnehmen. Wie sich unter Bezug auf die vorausgegangene Differenzierung der Befremdungspotentiale unterschiedlicher Pluralismuserfahrungen vermuten läßt, geschieht dieser Austausch der Argumentationsbasis nun weniger aus Bösartigkeit oder sonstigen ‚niederen' Motiven heraus, sondern steht mit dem als „Dogmatisierung" bezeichneten Ausmaß an Befremdung in Verbindung, das mit der Erfahrung des „Epistemologischen Pluralismus" einherzugehen pflegt. Eben dies scheint der radikale Pluralismus, wie er u. a. auch in das Selbstverständnis der *postmodernistischen* Erziehungswissenschaft Einzug gehalten hat, zu verkennen.[119] Spätestens mit dem radikalen oder *postmodernen* Pluralismus wird nämlich die Auseinandersetzung zwischen den orientierung- und sinnstiftenden ‚Essentials oder ‚existentiellen Dogmen' wissenschaftlichen Arbeitens auf Dauer gestellt und unweigerlich das Wechselspiel von fundamentalistischen und relativistischen Weltanschauungskonzepten in Gang gesetzt. Und ohne Beachtung der verschiedenen Erfahrungsinstanzen sowie Modalitäten des Pluralismus und ohne systematische Differenzierung des unterschiedlichen Befremdungspotentials bzw. der unterschiedlich starken Änderungsresistenzen besteht wenig Aussicht darauf, verhindern zu können, daß sich dieses Wechselspiel in eine logische Abwärtsspirale verwandelt.

Beherzigt man nun aber diese hier aus begriffs- und problemgeschichtlicher sowie argumentationslogischer Analyse hervorgegangenen Befunde bezüglich der Anatomie des Pluralismus, dann konzentriert sich die wissenschaftliche Auseinandersetzung mit dem ‚Pluralismusgespenst' letztlich auf die Aufgabe, in den jeweiligen Herrschaftsbereichen auf seine unterschiedliche Erscheinungsweise zu achten und systematisch Ober- bzw. Untergrenzen für Relativismus und Fundamentalismus zu bestimmen. Aber auch die Schwierigkeiten dieses Unterfangens zeichnen sich nunmehr klarer ab, denn es geht dabei um nichts Geringeres, als um eine Grenzbestimmung, die selbst wieder in unterschiedlicher Ausprägung und Gestalt vorliegen kann, ohne aber willkürlich oder beliebig sein zu dürfen.

---

[119] Diesbezüglich sei nochmals Wolfgang Welschs Position in Erinnerung gerufen: *„Das Charakteristische postmoderner Pluralität gegenüber früher ist, daß sie nicht bloß ein Binnenphänomen innerhalb eines Gesamthorizonts darstellt, sondern noch jeden solchen Horizont bzw. Rahmen oder Boden tangiert. Sie schlägt auf eine Vielheit der Horizonte durch, bewirkt eine Unterschiedlichkeit der Rahmenvorstellungen, verfügt eine Diversität des jeweiligen Bodens. (...) Fortan stehen Wahrheit, Gerechtigkeit, Menschlichkeit im Plural."* (^{5}1997, S. 4f.)

3.2 *Moralisches Wissen und segmentierte Vernunft*

3.2.1 Wissenschaftsgeschichtliche Ausgangspunkte

Mit der plakativen Titelfrage dieser Arbeit nach der Existenz moralischen Wissens steht man unversehens im Zentrum der dargestellten Auseinandersetzung mit dem *postmodernen* Pluralismus. Folgt man den einschlägigen ideengeschichtlichen Interpretationen, so ist der Ausgangspunkt für all die mit dem Pluralismus zusammenhängenden Wandlungen das moderne Menschenbild, für welches individuelle „Selbstbestimmung" und „Kulturmächtigkeit" auf der Grundlage von „Vernunftbegabung" konstitutiv sind.

Ohne lange Umschweife – so scheint es – ist also im Vernunftbegriff die Antwort auf die ungewöhnliche und unbequeme Frage zu finden. Bei näherem Hinsehen zeigt sich jedoch, daß hier tatsächlich weniger der Ausgangspunkt für die Formulierung der Antwort als vielmehr der für die Problematisierung des Verhältnisses von Wissen und Moral zu finden ist. Womit dies zusammenhängt, wird selbst schon bei einem flüchtigen Blick in einschlägige philosophische Handbücher und Lexika deutlich. Denn alle Versuche, den Vernunftbegriff systematisch zu bestimmen, enden letztlich in einem kaum abschließbaren Durchgang durch die Geschichte der Philosophie.[120] Offenbar wurde der Vernunft schon von Platon und Aristoteles die Rolle einer Rechtfertigungs- bzw. Begründungsinstanz für Handeln und Wissen zugewiesen, und wie es scheint, hat sie diese bei aller Unterschiedlichkeit in der Argumentation bis heute hin behalten. Ein Aspekt aber, der im vorliegenden Zusammenhang von besonderem Interesse ist, fällt bei der Lektüre von philosophiegeschichtlichen Überblicksdarstellungen unmittelbar ins Auge, nämlich der Umstand, daß die Beschäftigung mit Formen, Inhalten und Kriterien der Vernunft seit jeher in Zeiten tiefgreifenden soziokulturellen Wandels und politisch-ethischer Krisen besonders intensiv erfolgte. Diesen Zusammenhang bedenkend, wird dann auch leicht nachvollziehbar, daß der moderne Vernunftbegriff gerade in der Zurückweisung von monistischen Weltauffassungen eine zentrale Rolle gespielt und dabei seine spezifische Gestalt gewonnen hat. Er ist damit das Kernelement

---

[120] Vgl. diesbezüglich das Historische Wörterbuch der Philosophie, Bd. 11 (2001), S. 747 – 863 sowie die einschlägigen Handbuchbeiträge von Ulrich Anacker (1974, S. 1597-1612), Herbert Schnädelbach (1985, S. 77-115), Carl F. Gethmann (1996, S. 518-520) und nicht zuletzt auch das Buch von Wolfgang Welsch *„Vernunft – Die zeitgenössische Vernunftkritik und das Konzept der transversalen Vernunft"*(1996).

jenes generationenübergreifenden Strukturwandels des Denkens, der mit dem Niedergang des dogmatisch-theologischen Denkens im 13. Jahrhundert beginnt, im Zeitalter der europäischen Renaissance erste Auswirkungen zeitigt und in der Aufklärungsphilosophie seinen vorläufigen Abschluß findet. Diese Entwicklung verhilft letztlich jener säkularen Selbst-, Gesellschafts- und Weltauffassung zum Durchbruch, die – wie in den vorausgegangenen Abschnitten gezeigt wurde – auch die Karriere des Pluralismus ermöglichte.[121]

In der philosophischen Geschichtsschreibung wird in stereotyper Weise hervorgehoben, daß insbesondere René Descartes' Dualismus von „res cogitans" und „res extensa" sowie Immanuel Kants Unterscheidung von „praktischer und theoretischer Vernunft" großen Anteil daran haben, daß sich im Verlauf dieses Umbruchs in Europa ein Vernunftbegriff herauskristallisiert, der aufgrund seiner Verquickung mit der abendländischen Wissenschaftsentwicklung eine spezifisch *„logisch-terminologische Struktur"* widerspiegelt (vgl. Schwemmer 1992). Die sich aus dieser Struktur ergebenden Schwierigkeiten[122] lassen sich in paradigmatischer Weise an den zahlreichen Analysen zur Kantischen Vernunftkonzeption ablesen.[123] Ausgehend von einem menschlichen „Erkenntnisvermögen", das er durch die fundamentale Differenz von „Begriff" und „Wirklichkeit" geprägt sieht, kommt Kant zur prinzipiellen Unterscheidung von theoretischer (kognitiver) und praktischer (ethischer) Vernunft sowie von ästhetischer (teleologischer) Urteilskraft als

---

[121] Über die wichtigsten Entwicklungsetappen sind sich die wissenschaftsgeschichtlichen Autoren einig, und auch als Geburtsdatum und der Geburtsort der modernen Wissenschaft gelten mit großer Übereinstimmung das 17. Jahrhundert und Europa (vgl. dazu unter den neueren Überblicksdarstellungen: Rossi (1997), Felt & Nowotny & Taschwer (1995) sowie Serres (1994)).

[122] Ernest Gellner (1993) arbeitet das ungeklärte Verhältnis von aufgeklärter Vernunft und Natur als allgemeine Ursache für diese Schwierigkeiten heraus: *„Die Vernunft ist eine Art von allgemeinem Vermögen zur Gewinnung und Beurteilung von Erkenntnis, das mindestens potentiell allen Menschen eigen sein soll. (...) Die Natur ist das methodisch geordnete System der Wirklichkeit, das uns durch die Vernunft offenbart wird. Die Natur ihrerseits revanchiert sich bei der Vernunft damit, daß sie dieser das Monopol rechtmäßigen Erkennens im Bereich ihres Systems einräumt. Die Vernunft offenbart die Natur, und die Natur inthronisiert die Vernunft.“* (ebd., S. 154) Daraus ergeben sich für Gellner drei nach wie vor ungelöste Probleme. Dies sind: *„Der >Konflikt< zwischen Vernunft und Natur; die ausgeprägte Neigung der Vernunft, sich selber den Prozeß zu machen, und der Widerstreit zwischen Universalismus und Relativismus.“* (ebd., S. 155)

[123] Hier quasi nebenbei in eine Kant-Exegese einzutreten, wäre mehr als verfehlt. Im vorliegenden Zusammenhang erscheint es hinreichend, auf die Wirkungsgeschichte des Hauptstückes der Kantischen Philosophie einzugehen. Die Frage, ob die Rezeption mit den originären Kantischen Intentionen im einzelnen immer verträglich ist, kann dabei zurückgestellt werden. In erster Linie ist diesbezüglich an die tendentielle Überschneidung der Interpretation etwa der Vertreter in den beiden neukantianischen Schulen, aber auch den Gründervätern der Kritischen Theorie und ihrer Epigonen zu erinnern (vgl. dazu die klassische Interpretation zu Kants „Kritik der praktischen Vernunft" von Beck, L.W. ^{2}1985)

den drei Erscheinungsformen der menschlichen Vernunft. Die Spaltung der ‚Realität' in eine „empirische" und eine „intelligible Welt" sowie die Segmentierung und Hierachisierung der subjektiven Rationalitätsleistungen (Vernunft und Verstandestätigkeit) können bei Kant dann aber nur noch unter Rückgriff auf ein transzendentalphilosophisches Subjektverständnis wieder in eine übergeordnete Einheitlichkeit verwandelt werden.[124] Diese Vernunftkonzeption war für die gesamte weitere Selbstinterpretation des Menschen und damit insbesondere für die (abendländische) Wissenschaftsentwicklung äußerst folgenreich. Auf der Grundlage von Prinzipien mit apriorischem Geltungsanspruch konnte nämlich weder Kant noch einer seiner idealistischen Widersacher (Fichte, Schelling, Hegel) die verlorene theoretische E i n h e i t zurückgewinnen oder gar jene Raum und Zeit transzendierende ‚Universalität' unter Beweis stellen, die die Verwendung des Vernunftbegriffs zumeist suggeriert.[125] Beide Problemfelder beschäftigen uns vielmehr noch heute.

So zeigt sich bis in die aktuellen philosophischen Richtungskämpfe hinein, daß die beispielsweise von Jürgen Habermas beschworene *„Einheit der Vernunft in der Vielfalt ihrer Stimmen"* (^{3}1989) nur noch unter erheblichen theoretischen Anstrengungen des Begriffs – und dies meint in aller Regel spezifische subjekttheoretische oder erkenntnistheoretische Apriori – möglich ist, aber immer ein sehr fragiles Konstrukt bleibt.[126] Dieses Konstrukt wird demgemäß von Vertretern der

---

[124] Vgl. diesbezüglich die Kant-Interpretation von Wolfgang Welsch und dessen Versuch, in Auseinandersetzung mit der gesamten zeitgenössischen Vernunftkritik und in Fortführung bzw. Ausweitung der Kantischen Intentionen mit seinem Konzept *„transversaler Vernunft"* Übergänge zwischen den Vernunftformen zu konzipieren, ohne sich im ‚Spinnennetz' des *„Apriorismus"* zu verfangen (vgl. dazu u. a. 1996 sowie ^{5}1997, insbesondere Kap. IX-XII).

[125] Vgl. zum ideengeschichtlichen Stellenwert dieser Entwicklung (Horstmann ^{2}1995), und den bleibenden Herausforderungen subjekttheoretischer Natur (Henrich 1989). Dieser Segmentierung in Rationalitätstypen verdankt sich beispielsweise auch der Versuch von Helmut F. Spinner (1994), insbesondere in Weiterführung von Überlegungen Max Webers eine *„Rationalitätstheorie der Doppelvernunft"* zu entwickeln.

[126] Die Fragilität scheint diskurstheoretisch nur noch dadurch begrenzbar, daß man sich sprachlich darüber austauschen bzw. verständigen kann. Die Überlegungen von Jürgen Habermas (^{3}1989) laufen deshalb auf die These hinaus, *„daß die Einheit der Vernunft allein in der Vielheit ihrer Stimmen vernehmbar bleibt – als die prinzipielle Möglichkeit eines wie immer okkasionellen, jedoch verständlichen Übergangs von einer Sprache in die andere. Diese nur noch prozedural gesicherte und transitorisch verwirklichte Möglichkeit der Verständigung bildet den Hintergrund für die aktuelle Vielfalt des einander – auch verständnislos – Begegnenden."* (ebd., S. 154f.) Wie wenig aber auch Habermas das Bedürfnis nach einem einheitlichen Vernuftkonzept zu befriedigen vermag, erkennt man beispielsweise an einer Einschätzung von Jürgen-Eckardt Pleines (1992). Er sieht die Ursache für das *„gegenwärtige Dilemma in der Ethik"* darin, daß der gegenwärtige philosophische Diskurs insgesamt *„auf keine gemeinsame Perspektive und noch weniger auf die gegliederte Einheit eines konkreten Vernunftbegriffs zurückgeführt werden [kann]."* (ebd., S. 370).

analytischen Philosophie völlig anders vereinheitlicht als von den Vertretern der unterschiedlichen Spielarten *postmoderner* Philosophie, was bisweilen darin gipfelt, daß überhaupt alle Versuche, e i n e n Vernunftbegriff theoretisch zu bestimmen, als autoritäre Zumutung verworfen werden.[127] Spätestens mit der These von der „Inkommensurabilität", der Behauptung also, daß zwischen den einzelnen Konzeptionen keine argumentative Brücke zu schlagen sei, da mangels einer gemeinsamen Sprache und gemeinsamer Argumentationsstandards keine Übersetzung und damit auch kein wechselseitiges Verstehen möglich ist, ist theoretisch jede Grundlage für einen einheitlichen Vernunftbegriff zerstört.[128]

Die Beobachtung, daß sich mit solchen Grundsatzfragen nun aber durchaus auch lebenspraktische Konsequenzen verbinden, leitet auf das zweite Problemfeld über. Bei der aktuellen Debatte um die Universalität der Menschenrechte zeigt sich dieses auf besonders drastische Weise.[129] Gerade der *„gegenwärtige Streit um die Vernunft"* (Welsch [5]1997, S. 263) macht nämlich wieder einmal darauf aufmerksam, daß

---

[127] Wolfgang Welsch (1996a) diskutiert eine repräsentative Auswahl an zeitgenössischen Vernunftkritiken, deren eigentliches Ziel immer wieder darin besteht den 'wahren' Vernunftbegriff zu retten, so letztlich auch Welschs eigener groß (bisweilen unleserlich) angelegter Versuch, über eine *„Kritik der pluralen Vernunft"* ein Konzept *„transversaler Vernunft"* zu entwickeln, das sich davon leiten läßt *„Vernunft inmitten von Pluralität* **und** *Übergängen neu zu bestimmen."* (S. 49)

[128] Die von Thomas S. Kuhn (1972) in die wissenschaftstheoretische Diskussion eingeführte These von der Inkommensurabilität wissenschaftlicher Paradigmen bzw. Theorien verstrickt sich, ähnlich wie der radikale Relativismus und der absolute Historismus (wie wir oben gesehen haben) in logische Selbstwidersprüche. Wolfgang Welsch versucht in seinem Konzept „transversaler Vernunft" diesen Widersprüchen zu entgehen, indem er berücksichtigt wissen will, daß *„Inkommensurabilität – korrekt, nämlich spezifisch gebraucht – erstens im klassischen Kernbereich von Rationalität, in der Mathematik, ihren (...) präzisen Ort hat; daß Inkommensurabilität zweitens Rationalität nicht aufhebt, sondern ein höchst rationaler Befund hinsichtlich des Verhältnisses verschiedener Regelsysteme bzw. Rationalität sein kann; und daß drittens eine Entfaltung und Aufrechterhaltung des Fächers der Rationalität überhaupt nur unter Beachtung der Inkommensurabilität möglich ist"*, was ihm zu der Einsicht verhilft: *„Wer heute von Vernunft sprechen und damit keine Regression verbinden möchte, der muß gerade der Inkommensurabilität selbstverständliches Heimatrecht und große Bedeutung einräumen."* ([5]1997, S. 270) Auch Franz von Kutschera weist darauf hin, daß *„so etwas wie eine völlige Inkommensurablität von Weltsichten (...) nie nachgewiesen worden sei; gerade die Möglichkeit eines Vergleichs von Denk- und Erfahrungsweisen, der ja die Grundlage von Aussagen über ihre Verschiedenheit ist, spricht dagegen: Eine vollständige Inkommensurabilität besteht nur dort, wo kein Vergleich möglich ist."* (1981, S. 523)

[129] Vgl. beispielsweise die in der Frankfurter Rundschau im Zeitraum vom 6. August 1996 bis zum 4. Februar 1997 erschienenen Beiträge zur Menschenrechtsdebatte u. a. von Jürgen Habermas (4. Februar 1997), Otfried Höffe (1. Oktober 1996), Matthias Kettner (7. Januar 1997), Wolfgang Welsch (3. September 1996b) sowie die Beiträge zur islamischen Menschenrechtsinterpretation von Basan Tibi ([2]1994) und Heiner Bielefeldt (1996): *„Den menschenrechtlichen Universalitätsanspruch ernst zu nehmen, heißt daher zunächst, auf weltanschauliche oder kulturelle Exklusivitätsanmaßungen hinsichtlich der Menschenrechte zu verzichten."* (S. 379) und zu deren erziehungstheoretischen Bedeutung vgl. Dieter-Jürgen Löwisch (1996).

die idealistische Konstruktion einer universellen menschlichen ‚Vernunft-Natur', die nicht zuletzt das klassische deutsche Bildungsideal maßgeblich geprägt hat, keineswegs 'Ewigkeitscharakter' trägt. Die Beobachtung von unterschiedlichen Versuchen, die Überzeugungen des je eigenen Kulturkreises zu einer Vorstellung über die ‚einzig wahre' Natur des Menschen zu generalisieren, führt zwangsläufig zur Einsicht, daß selbst der Vernunftbegriff von raum-zeitlichen Bedingungen abhängt. Damit erweist sich heute nicht mehr 'nur' der Dualismus von Verstand und Vernunft als Problem, sondern darüber hinaus auch die Vervielfältigung von Vernunft überhaupt. In den beiden sich vom neuzeitlichen Vernunftbegriff her ergebenden Problemfeldern liegt offensichtlich der tieferliegende Grund für die große Verunsicherung, die heute vom Pluralismus ausgeht.[130] Um diese Auswirkungen, die u. a. auch die Selbstgewißheit der modernen Erziehungswissenschaft ins Wanken brachte, noch etwas genauer zu beleuchten, sind einige weitere, eher wissenschaftsgeschichtliche Überlegungen erforderlich.

Unbeeindruckt von den vielfältigen philosophischen Schwierigkeiten, die sich spätestens seit der Aufklärungsepoche damit verbinden, begünstigt die Segmentierung der Vernunft nämlich den Siegeszug dessen, was man heute vielfach mit Max Weber als *„okzidentalen Rationalismus"* bezeichnet.[131] Mit dem erfolgreichen Zurückdrängen monistischer und metaphysischer Weltdeutungen rücken zunehmend wissenschaftliche Erkenntnisse und die ihnen zugrunde liegende Rationali-

---

[130] Die sich daraus ergebenden Forderungen an eine moderne *„Theorie der Rationalität"* faßt Herbert Schnädelbach folgendermaßen zusammen: *„Sie muß von subjektiver Vernunft ausgehen und kann objektive Vernunft bestenfalls als Problem ansehen, denn der Prozeß des neuzeitlichen Abschieds von der Metaphysik ist unumkehrbar. Dann muß sie so umfassend sein, daß sie die Unterscheidungen >Vernunft und Verstand< und >theoretische und praktische Vernunft< als interne Differenzierungen von Rationalität wiedergeben vermag."* Darüber hinaus müsse diese Theorie *„reagieren auf das Irrationalismusproblem wie auf die Thesen von der Geschichtlichkeit und der Sprachlichkeit der Vernunft (...)."* (1985, S. 110) Schnädelbach ist recht optimistisch, daß es dann gelänge, Rationalität nicht mehr als *„Faktum"*, sondern als *„Inbegriff von bestimmten Ansprüchen"* zu begreifen, *„denen wir uns im Denken, Sprechen, Erkennen und Handeln unterstellen. Daß diese Ansprüche wandelbar sein können – d. h. das Problem ihrer Historizität –, ist dann kein Problem, wenn wir die Reflexivität der Vernunft als die prinzipielle Möglichkeit verstehen, rational über Rationalitätsstandards zu befinden, sie zu kritisieren und abzuändern."* (ebd., S. 112) Die von Schnädelbach anvisierte Lösung kommt dem im Rahmen der vorliegenden Untersuchung verfolgten Ziel schon recht nahe. Wie leicht dieser methodische Rationalismus sich jedoch in eine logische Abwärtsspirale verwandeln kann, haben wir bereits in Kapitel 3.1 gesehen.

[131] Zur Bedeutung der Wissenschaft für die *„Entzauberung der Welt"* hat Max Weber u.a. in seinem Vortrag *„Wissenschaft als Beruf"* von 1919 (vgl.[7]1988) die wesentlichen Punkte herausgearbeitet. Vgl. dazu wiederum die Interpretation der Weberschen Wissenschaftslehre insgesamt von Karl Löwith (1966a), mit Blick auf den gesamtgesellschaftlichen Rationalisierungsprozeß im Vergleich zum Historischen Materialismus von Karl Marx (vgl. Löwith 1966b, sowie Wolfgang Schluchter (1979).

tätsform an die Stelle von subjektiven Meinungen und kollektiv geteilten Glaubensüberzeugungen. Die modernen, arbeitsteilig organisierten Wissenschaften und die Vorstellung eines kumulativen Erkenntnisfortschrittes werden so zum Katalysator der weiteren gesellschaftlichen Entwicklung. Mit ihnen gewinnt bezüglich der Lebensgestaltung von immer mehr Menschen eine Wissenschaftsauffassung an Bedeutung, zu deren Selbstverständnis die Befreiung von *„religiösen und politischen Rücksichten"* zählt, ebenso wie der Anspruch, der in dem Francis Bacon zugeschriebenen Grundgedanken zum Ausdruck kommt, daß sich der wissenschaftlich-technische Fortschritt positiv auf die humanitäre Entwicklung einer Gesellschaft, wenn nicht gar der gesamten Menschheit auswirke (vgl. Felt et al. 1995, S. 39).[132] Die Naturwissenschaften und ihre bevorzugte Arbeitsweise, das Experiment und die quantifizierenden Methoden, gewinnen, nach allem was an wissenschaftsgeschichtlicher Evidenz verfügbar ist, erst mit der Inthronisierung dieser 'aufgeklärten' Vernunftform als der alleinigen Legitimationsinstanz für unabhängiges wissenschaftliches Arbeiten ihre spezifische Gestalt. Angesichts der enormen Fortschritte im Bereich der Technik, dem Bergbau, der Nahrungsmittelproduktion und der Medizin sowie der großen Erfolge bei der Beherrschung bzw. Begrenzung von Naturkatastrophen, die sich primär der Nutzbarmachung bzw. Anwendung naturwissenschaftlicher Forschungsergebnisse verdanken, gelang es insbesondere der Physik und der Chemie, sich innerhalb nur weniger Jahrzehnte im Fächerkanon zunächst der Fachhochschulen dann aber auch der Universitäten einen Stammplatz zu erobern.[133] Folgenreicher war aber sicherlich der Umstand, daß sich mit dem **erfahrungswissenschaftlichen Erkenntnisideal** ein Rationalitätsmodell etablie-

---

[132] An dieser wechselseitigen Durchdringung von Wissenschaft und Gesellschaft besteht angesichts der Vielzahl von historischen Studien zur Industrialisierung und Technisierung der modernen und *postmodernen* Welt kein Zweifel. Vgl. dazu auch den von Helmut Spinner (1994) unternommenen Versuch, in systematischer Weise einer alten Wissensordnung die neue Wissensordnung des „Informationszeitalters" gegenüberzustellen. Womit natürlich aber noch keineswegs die von Kurt Hübner (1988) aufgeworfene Frage: *„Warum gibt ein wissenschaftliches Zeitalter?"* wissenschaftlich hinreichend beantwortet wäre. Karl Löwith formuliert dieses Problem im Anschluß an Max Weber folgendermaßen: *„Ob es diese oder jene Fachwissenschaft, ob es Wissenschaft überhaupt geben soll, darüber kann naturgemäß nicht die Wissenschaft entscheiden, sondern nur der Mensch, indem er für oder gegen sie ist."* (1966a, S. 144) Genau dies ist denn auch der Ansatzpunkt für die moderne Wissenschaftsforschung bzw. Wissenschaftssoziologie.

[133] Die einzelnen Etappen in diesem sich seit dem 17. Jahrhundert kontinuierlich vollziehenden und im 19. Jahrhundert beschleunigenden Prozeß und die wichtigsten Beiträge einzelner Protagonisten oder ganzer Disziplinen dazu sind der Zusammenstellung von Paolo Rossi *„Die Geburt der modernen Wissenschaft in Europa"* (1997) sowie den einzelnen Studien in Michel Serres *„Elemente einer Geschichte der Wissenschaften"* (1994) sowie, speziell zur Rolle der Physik an deutschen Hochschulen, der Arbeit von Rudolf Stichweh *„Wissenschaft, Universität, Professionen"* (1994) zu entnehmen.

ren konnte, dessen Universalitätsansprüche sich auf der einen Seite als begrenzbar und auch kontrollierbar darstellen, und dessen Überlegenheit auf der anderen Seite angesichts der unbestreitbaren Erfolge hinreichend unter Beweis gestellt zu sein schien.[134]

Vor diesem Hintergrund lag es daher nahe, und ist es noch bis heute das Bestreben vieler moderner Geistes-, Kultur- und Sozialwissenschaftler, dieses erfolgreiche Grundmuster einer *„Erkenntnispraxis"*, deren oberstes Prinzip es ist, sich von *„erkenntnisfremden Interessen zu emanzipieren"* (Albert 1987, S. 145ff.), auch auf die Erforschung der 'sozialen Natur' des Menschen zu übertragen.[135] Auch wenn dieses Ansinnen in Deutschland vorwiegend im Umfeld von Wilhelm Dilthey und den Vertretern der historisch-hermeneutischen bzw. kulturphilosophischen Wissenschaftstradition sehr viel Widerspruch erfahren hat, und häufig in polemischer Weise vor der *geistigen Entleerung einer positivistisch verkürzten Philosophie* gewarnt wurde, bestimmten sich die Ziele wissenschaftlicher Forschung doch auch im Bereich der schnell aufblühenden Sozialwissenschaften immer stärker durch das Bestreben, neues und sicheres Wissen zu erlangen. Ihr Erkenntnisinteresse richtet sich seither vermehrt darauf, „soziale Tatsachen" zu erforschen, sich dabei technisch-mathematischer Hilfsmittel zu bedienen und den solchermaßen gewonnenen Erkenntnissen intersubjektive Geltung zu verschaffen. Die Sicherung und Tradierung überkommener Wissensbestände oder die Suche nach 'historischen Wahrheiten' oder die Versuche 'sozialmoralischer Sinnstiftung', ebenso wie alle Bemühungen um den verstehenden Nachvollzug 'geistig-kultureller Wesenheiten', treten dagegen immer mehr in den Hintergrund bzw. werden ganz in den vor- bzw. außerwissenschaftlichen Bereich abgedrängt. *„Seit dem Ende der Metaphysik im 18. Jahrhundert"*, resümiert Gunter Scholtz diese Entwicklung, *„bestimmt den Begriff der Wissenschaft und*

---

[134] Dietrich Benner (^{2}1991a) beschreibt den Siegeszug des erfahrungswissenschaftlichen Rationalitätsmodells als eine Gefährdung für die menschliche Praxis insgesamt. Diese Gefährdung entsteht seiner Einschätzung nach jedoch nicht einfach dadurch, daß einem *„der Grundphänomene menschlicher Koexistenz ein Primat gegenüber allen anderen zugestanden wird,"* sondern sie rührt daher, *„daß die vom menschlichen Verstand konstruierte Erklärung aller Weltbegebenheiten zum einzigen Begriff vernünftigen Handelns erhoben und die Idee eines nicht-hierarchischen Verhältnisses der Grundformen menschlicher Praxis zugunsten einer einzig auf Machtsteigerung ausgerichteten Wissenschaftspraxis aufgegeben wird."* (S. 38) Vgl. darüber hinaus Benners Exkurs: *„Zum Verhältnis von Bildung, neuzeitlicher Wissenschaft und Politik"* (ebd. S. 141ff.) sowie den Abschnitt: *„Erziehender Unterricht und die Möglichkeit und Grenzen einer bildenden Aneignung neuzeitlicher Wissenschaft"* (ebd. S. 233ff.).

[135] Daß damit durchaus Konsequenzen verbunden sind, die nicht durchgängig als positiv zu bewerten sind, räumt unumwunden auch Hans Albert ein, er nimmt sie aber, im Vertrauen darauf, daß dieses Wissenschaftsverständnis von enormer praktischer Bedeutung für das Entwicklungsniveau einer Gesellschaft ist, anscheinend gerne in Kauf (vgl. Albert 1987, S. 145ff).

damit auch unseren Begriff der Welt immer mehr die Unterscheidung von Sein und Sollen, von deskriptiven und präskriptiven Sätzen, von Tatsachen einerseits und Normen und Werten andererseits. Während sich die Wissenschaften mehr und mehr auf die Tatsachen beschränken, verlieren die Normen und Werte für die Wissenschaft ihre Gültigkeit und Verbindlichkeit und sinken selbst zu bloßen psychologischen und historischen Tatsachen herab." (1991a, S. 186) In dieser auf die empirische Erforschung der individuellen und sozialen Tatsachen konzentrierten Gestalt spezialisieren sich nun auch die Kultur- und Sozialwissenschaftler auf immer spezifischere Partialfragen, weisen sich damit zwar als Experten für fest umrissene Ausschnitte der Lebenswelt aus, laufen aber zunehmend Gefahr, den gesellschaftlichen Zusammenhang aus den Augen zu verlieren, der den ausdifferenzierten Subdisziplinen und den immer vielfältigeren Detailforschungen überhaupt erst ihren Stellenwert verleiht.[136]

Was sich im 19. Jahrhundert mit der „sozialen Frage" und der Kolonialisierung sogenannter 'unzivilisierter' Völker und 'unterentwickelter' Erdteile andeutet, wird spätestens angesichts der verheerenden Folgen von Kriegen, Rassismus und der anthropogenen Umweltkatastrophen im 20. Jahrhundert unübersehbar, nämlich die Tatsache, daß eine auf zweckrationale Verstandesleistungen reduzierte *„instrumentelle Vernunft"*[137] eine zweite, weniger attraktive und vor allem der wissenschaftli-

---

[136] Wie wir in Kapitel 2 gesehen haben, lassen sich die damit einhergehenden Probleme in mustergültiger Weise an der Entwicklung der Erziehungswissenschaft nachvollziehen. Günther Groth (1998) sieht darin gar die Anzeichen für einen umsichgreifenden *„akademischen Separatismus und Partikularismus"*, den er folgendermaßen beschreibt:*„Die Zerteilung, nicht nur der Fächer, sondern vollends der Einzelforschung, hat vielfach einen Grad erreicht, der nicht mehr auf die Natur der Gegenstände, auf einen sachlichen Zwang, auf die Erwartung größerer Ausbeute für das Gesamtfach zurückzuführen ist. Hier kann weithin überhaupt nicht mehr von Arbeitsteilung, sondern nur noch von Separation immer neuer geistiger Kleinstaaten, von Absplitterung immer neuer Miniaturgebilde gesprochen werden."* (ebd., S. 9) Und mit Blick auf die sich letztlich in zunehmender *„Enttheoretisierung"* und *„Enthistorisierung"* der Forschung niederschlagende Entwicklung stellt er fest: *„Die Kehrseite dieses doppelten Verlustes ist die >Formalisierung< der Einzelfächer, die, sich selber überlassen, fast unvermeidbar von der dinglichen Gewalt ihrer >Gegenstände< und nicht von übergreifenden >Fragen< sich leiten lassen."* (ebd., S 10)

[137] Die von Max Horkheimer (1987) und Theodor W. Adorno in der *„Dialektik der Aufklärung"* unter dem Eindruck des Naziterrors in mehreren Essays beschriebene funktionale, ideologieverdächtige, verdinglichende und entfremdende Seite der Vernunft finden Horkheimer und Adorno bereits bei Descartes und Kant (>bloßer< Verstand) angelegt, ihren vollen Ausdruck erkennen sie aber erst in der Re-Mythologisierung des Denkens unter den Verwertungsbedingungen des modernen Kapitalismus: *„Die Gleichung von Geist und Welt geht am Ende auf, aber nur so, daß ihre beiden Seiten gegeneinander gekürzt werden. In der Reduktion des Denkens auf mathematische Apparatur ist die Sanktion der Welt als ihres eigenen Maßes beschlossen. Was als Triumph subjektiver Rationalität erscheint, die Unterwerfung alles Seienden unter den logischen Formalismus, wird mit der gehorsamen Unterordnung der Vernunft unters unmittelbar Vorfindliche erkauft. Das Vorfindliche als solches zu begreifen, den Gegebenheiten nicht bloß ihre raumzeitlichen Beziehungen abzumerken, bei denen man sie dann packen kann, sondern sie im Gegen-*

chen Aufmerksamkeit weitgehend entzogene Seite hat.[138] Was sich nämlich für einige als segensreiche Lebenserleichterung und Mehrung von Wohlfahrt und Glück erweist, gereicht anderen zum Nachteil bis hin zu den Schrecknissen sinnentleerter Lebensverhältnisse.[139] Diese immanente Ambivalenz wissenschaftlicher Erkenntnisse hatte bereits Edmund Husserl veranlaßt, von einer *„Krisis der europäischen Wissenschaften"*[140] zu sprechen und davor zu warnen, daß mit dem Fortschritt der wissenschaftlichen Welterschließung eine zunehmende Entfremdung des Menschen von seiner „Lebenswelt" einherzugehen droht. *„In ihrer modernen Form erfüllt die europäische Wissenschaft"*, so bringt Hermann Lübbe die Husserlschen

---

teil als die Oberfläche, als vermittelte Begriffsmomente zu denken, die sich erst in der Entfaltung ihres gesellschaftlichen, historischen, menschlichen Sinnes erfüllen – der ganze Anspruch der Erkenntnis wird preisgegeben. Er besteht nicht im bloßen Wahrnehmen, Klassifizieren und Berechnen, sondern gerade in der bestimmenden Negation des je Unmittelbaren. Der mathematische Formalismus aber, dessen Medium die Zahl, die abstrakteste Gestalt des Unmittelbaren ist, hält statt dessen den Gedanken bei der bloßen Unmittelbarkeit fest. Das Tatsächliche behält recht, die Erkenntnis beschränkt sich auf seine Wiederholung, der Gedanke macht sich zur bloßen Tautologie. Je mehr die Denkmaschinerie das Seiede sich unterwirft, um so blinder bescheidet sie sich bei dessen Reproduktion. Damit schlägt Aufklärung in die Mythologie zurück, der sie nie zu entrinnen wußte." (1987, S. 49, zuerst 1944) Der Weg, den Horkheimer und Adorno mit ihrer kritischen Theorie aus dem damit grundgelegten Skeptizismus zu bahnen versuchen, führt allerdings relativ leicht ins fundamentalistische Abseits wie wir es oben beschrieben haben.

[138] Zum irrationalistischen Antipoden der funktionalisierten Vernunft vgl. Böhme und Böhme: *„Das Andere der Vernunft"* (1983) sowie Schnädelbach (1985, S. 99ff.).

[139] In Fortführung der kapitalismuskritischen Perspektive von Horkheimer und Adorno hat insbesondere Jürgen Habermas (1981, zuerst 1968) versucht, mit ideologiekritischen Analysen einen systematischen Zusammenhang von Herrschaftsinteressen, Forschungsverwertung, Wissenschaftsförderung und Zweckrationalität nachzuweisen. Die mit wachsender Ausdifferenzierung und Spezialisierung der Subdisziplinen und des Einzelwissenschaftlers verbundene Gefahr, den gesellschaftspolitischen Zusammenhang von Wissenschaft insgesamt, ebenso wie den außerwissenschaftlichen Stellenwert der eigenen Detailforschung, aus den Augen zu verlieren, beschreibt beispielsweise Günther Groth wie folgt: *„Wir beobachten in der Tat nicht selten den Spezialisten, der sich in fest umrissenen Grenzen seines Fachgebietes gut auskennt und hier auch über selbständige und kritische Urteilskraft verfügt, der aber keine Beziehung zu alledem hat, was jenseits dieser Grenzen liegt, auch keine Verbindung sucht oder aber – völlig verlassen von der in seiner Spezialität bewiesenen Urteilskraft – sich in seinen Stellungnahmen zu allgemeinen Fragen z.B. des sozialen und politischen Lebens seiner Zeit unkritisch verhält und sich jeglichen demagogischen Parolen ausliefert. Stellt man diesen Spezialisten zur Rede, so ist er oft geneigt, aus seiner Not eine Tugend zu machen, indem er erklärt, er verabscheue es, über Dinge zu urteilen, mit denen er nicht sehr gut vertraut ist. Wer sich so vernehmen läßt, sieht zufolge der Eingrenzung seines Blickes nicht den schlichten und leicht begreiflichen Tatbestand, daß jede Spezialität und jeder Spezialberuf in die umgreifenden sozialen und politischen Ordnungen unserer Welt eingefügt ist, daß also der Bestand seines Arbeitsfeldes, das er sich fälschlicherweise wie eine Insel vorstellt, von einem Gesamtschicksal Tag für Tag abhängt, an dem er – schon um seiner Spezialität willen – Anteil nehmen muß; er hat kein Recht, sich selbstherrlich oder geistig hochmütig zu dispensieren."* (1997, S. 12)

[140] Diese in verschiedenen Teilen seit 1936 vorliegenden Analysen sind erstmals 1954 zusammenhängend in deutscher Sprache zugänglich und werden hier nach der Fassung in Band 8 der Gesammelten Schriften (1992) zitiert. Zum Lebensweltbegriff siehe unten Abschnitt 3.2.3.

Befürchtungen auf den Punkt, *„erstmals nicht mehr ihre alte Funktion, dem Menschen ein vernünftiges Bewußtsein von seinem Dasein im Ganzen des Seins zu konstituieren. Sie hat im Gegenteil dieses Bewußtsein fortschreitend aufgelöst; sie hat damit den Menschen einer metaphysischen Orientierungslosigkeit überantwortet, das Subjekt sozusagen auf sich selbst und seine Selbstgewißheit zurückgeworfen.“* (1972, S. 67)

In zweierlei Hinsicht erweisen sich die – hier notgedrungen auf die groben Linien verkürzten – wissenschaftsgeschichtlichen Entwicklungen als Hypothek für einen jeglichen Antwortversuch auf die Frage nach der Existenz moralischen Wissens unter den Bedingungen des *postmodernen* Pluralismus. Die erste Hypothek besteht aufgrund der großen, heute wohl nur noch schwerlich zu überschätzenden Bedeutung technischer und ökonomischer Entdeckungen für sämtliche Lebensbereiche. Sie sind überwiegend im Rahmen zweckrationaler Forschungsstrategien und unter Anwendung standardisierter Forschungsmethoden, die auf die Generierung *harter Fakten* und die Entdeckung *nomologisch* darstellbarer Zusammenhänge abzielen, zustande gekommen. Zur Hypothek werden diese allerdings erst in dem Maße, in dem damit im Gegenzug die Entwertung – im ökonomischen Wortsinne – von allgemeineren theoretischen und historisch-ideographischen Forschungsinteressen, und die Abkoppelung von Fragen der Relevanz-, der Sinnhaftigkeit, der Verantwortbarkeit etc. einhergeht. Diese verlangen oftmals nach historisch-hermeneutischen Forschungsmethoden, handeln sich damit leicht den Vorwurf der subjektiven Färbung ein und sind in aller Regel auch nicht auf die unmittelbare technisch-ökonomische Verwertung und Anwendbarkeit hin ausgerichtet. *„In dem Maße, in dem die Wissenschaft zunehmend nur noch Verfügungswissen (über Natur und Gesellschaft) und kein Orientierungswissen (in Natur und Gesellschaft) mehr produziert, gerät die gesellschaftliche Welt in die Gefahr, sich selbst nicht mehr anders als eine bloße Maschine zu begreifen. Das heißt: sie bildet neben einem positiven Wissen und den zugehörigen Anweisungsstrukturen kein handlungsleitendes Wissen mit zugehörigen Orientierungsstrukturen mehr aus. Nicht begründete Zwecke und Handlungsregeln bestimmen die gesellschaftlichen Verhältnisse, sondern nur noch die Wirkungen einer einmal in Gang gesetzten gesellschaftlichen Praxis (...).“* (Mittelstraß 1982, S. 16)

Die zweite Hypothek geht dagegen stärker auf die innerwissenschaftlichen Differenzierungsprozesse zurück, die als Folge der immer detaillierteren Erforschung der individuellen, sozialen und kulturellen Singularitäten deren Mannigfaltigkeit und Vielgestaltigkeit ins Bewußtsein hebt. Sowohl aus der ökonomisch-technischen als auch der historisch-vergleichenden und der kultur-vergleichenden Forschungsperspektive erweisen sich konsequenterweise immer mehr soziokulturelle 'Sachverhalte' als kontingent. In Verbindung mit den Folgen der ersten Hypothek eröffnet sich auf diese Weise ein *„allgemeines Mißverhältnis"*, wie Günther Groth schreibt, *„zwischen emsiger und gleichzeitig maulwurfblinder Detailarbeit und eigentlichem Durchdringen der Bedeutung, die den Gegenständen des Einzelfleißes zukommt. Zur Frage steht ja immer nicht nur, was wissbar, sondern auch, was wissenswürdig ist. Während die Universitäten ganze Schutthalden von Detailuntersuchungen – die Dissertationen zeugen davon –, ganze Pyramiden aus Kieselsteinen, ohne andern Zusammenhalt als den ihrer Masse, fehlt es am elementaren Durchdringen dessen, was dem Einzelnen erst seinen Platz in einem größeren Zusammenhang zuweisen könnte."* (1998, S. 8)

Bei aller Vorsicht, die bei der Bewertung dieser wissenschaftstheoretischen und wissenschaftsgeschichtlichen Befunde im einzelnen angebracht ist, kann man aber vor diesem Hintergrund nun sehr viel besser abschätzen, worauf der zu Beginn dieses Abschnittes angedeutete Zusammenhang von säkularer Selbst-, Gesellschafts- und Weltauffassung, aufgeklärtem Wissenschaftsverständnis und neuzeitlichem Pluralismus beruht. Offenbar spielt dabei die seit der Aufklärung gereifte Vorstellung, daß a l l e s Erkennen einen inneren subjektiven Bewußtseinsakt darstellt, die entscheidende Vermittlungsrolle. Für diese Rolle ist aber zugleich auch die Erfahrung der Fehlbarkeit von Vernunft und Verstand konstitutiv, d. h. das lebensweltliche Korrektiv einer potentiell widerständigen Außenwelt. Dieses (vermutlich) unüberwindbare Spannungsverhältnis von Gegenstandserfahrung und Denkerfahrung entfacht seither in regelmäßigen Abständen aufflammende wissenschaftstheoretische Glaubenskriege, ohne realistische Aussicht, jemals wieder in eine monistische Friedensidylle zurückkehren zu können. Die umfassende Verwissenschaftlichung der modernen Lebenswelt[141] im 20. Jahrhundert ruht damit auf einem Wissenschaftsverständnis auf, dem kein kohärentes Vernunftkonzept mehr

---

[141] Das Eindringen von wissenschaftlichen Erkenntnissen in die verschiedenen Zonen der Lebenswelt kann auf unterschiedliche Art und Weise vor sich gehen.
Nico Stehr (1994) beschreibt sie:

- *„als die wissenschaftliche Durchdringung aller Lebens- und Handlungsbereiche (Verwissenschaftlichung),*
- *als Verdrängung anderer Wissensformen durch Wissenschaft (unter anderem Professionalisierung von Berufen),*
- *als Entwicklung der Wissenschaft zur unmittelbaren Produktivkraft,*
- *als Entstehung eines besonderen Sektors der Politik (Wissenschafts- und Bildungspolitik),*
- *als Herausbildung eines neuen Produktionssektors (Wissensproduktion),*
- *als Veränderung der Herrschaftsstrukturen (Technokratiedebatte),*
- *als Transformation der Legitimationsgrundlage von Herrschaft hin zu Spezialwissen (Expertenmacht) (...),*
- *als Entwicklung des Wissens zur Grundlage sozialer Ungleichheit und Solidarität oder*
- *als Transformation der vorherrschenden Quellen sozialer Konflikte."* (ebd., S 36f.)

zugrundeliegt und bei dem das Erkenntnisinteresse sich zunehmend auf erfahrungswissenschaftliche Fragestellungen, den Nachweis empirisch-nomologischer Evidenz und die Mehrung von 'wertneutralem' Verfügungswissen konzentriert. Damit kommt ein denkgeschichtlicher Prozeß zum (vorläufigen) Abschluß, der bei der metaphysischen Einheit von Wissen und Moral seinen Ausgang nahm und mit der kognitiven und institutionellen Trennung von Wissen und Moral endet.[142] Die auf positives Wissen basierten Wissenschaften (und mit ihnen die moderne Universität) gewinnen im Zuge dieser Trennung ihre zentrale Stellung als Hochburgen zweckrationaler Lebensbewältigung, während die Auseinandersetzung mit den ethischen Grundlagen weitgehend in außeruniversitäre Bereiche oder in geisteswissenschaftliche Nischen abgedrängt werden.[143] Angesichts der Tatsache, daß jedoch noch jede wissenschaftliche Errungenschaft von unvorhergesehenen, oftmals negativen Folgen begleitet wurde und darüber hinaus, sollte sie in die 'falschen

---

[142] Ernest Gellner beschreibt diesen Vorgang aus kritisch-rationaler Sicht in besonders eindringlicher bzw. aufschlußreicher Weise: „*Man kann sich dem Sachverhalt* [der Trennung von 'Wertvorstellungen' und 'Tatbeständen', W. J.] *auch gewissermaßen von außen nähern, indem man auf dem singulären Zweck insistiert, dem die Konstruktion dieser Welt dient. Wenn referentielle Übereinstimmung mit der Realität, das Zusammentragen, Ordnen und Voraussagen von Fakten das alleinige und maßgebende Prinzip ist, dann steht und fällt alles mit der empirischen Evidenz. Weil diese letzte Entscheidungsinstanz im strengsten und wahrsten Sinne des Wortes unabhängig und unvorhersehbar ist, läßt sich auch schlechterdings nicht antizipieren oder garantieren, wie ihr Urteil ausfallen wird. Wenn deshalb unsere Wertvorstellungen fest mit den Tatsachenfeststellungen verknüpft wären, so wären sie in unvertretbarer Weise in Gefahr, widerlegt zu werden. Sie wären auf Gedeih und Verderb dem Spiel des Zufalls ausgeliefert. Folglich müssen sie abgetrennt werden.*" (1993, S. 75f.) Die weitergehende Folgerung, die die meisten Vertreter des Kritischen Rationalismus aus dieser Einsicht ziehen, ist bekanntlich die, daß sie Fragen der Moral und der Ethik entweder ganz aus dem Kanon wissenschaftlicher Forschungsthemata ausgliedern oder sie in eine Residualphilosophie abdrängen.

[143] Aber selbst ein so exponierter kritischer Rationalist wie Helmut F. Spinner kommt nicht umhin, sich über die „*ethischen Geschäftbedingungen*" der modernen Wissenschaft Gedanken zu machen, angesichts der Tatsache, daß in der „*hochtechnisierten Informationsgesellschaft*" eine „> *neue Wissensordnung* <" erforderlich wird, die zu verhindern versucht, daß die Technikentwicklung der Erkenntnisentwicklung die Bedingungen diktiert. Die Frage, ob darin auch künftig das Wissen vor der Moral kommt, beantwortet Spinner dennoch eindeutig mit „Ja". „*Wenn im Zuge dieser technikinduzierten, vor allem informationstechnologisch bedingten Schwerpunktverschiebung der Sonderstatus der verantwortungsbeschränkten griechisch-abendländischen Wissenschaft zu Ende geht, wird die Verantwortung sicherlich >nicht< mitwachsen, sondern eher der dritten Haltung Brechts* [dem Zynismus oder Wertnihilismus, W. J.] *weichen, wenn nicht rechtzeitig ordnungspolitische Vorkehrungen getroffen werden. Denn eine Rückkehr zur klassischen Wissensordnung steht nicht zur Debatte. (...) Es geht nicht um die Wiederherstellung der großen Trennungen, sondern um effektive Gegenstrategien zu den Auswirkungen ihrer Aufhebung. (...) Das Aufkommen von wissenschaftlich-technologischem Nihilismus kann keine kompensatorische Wissenschaftsethik verhindern, sondern nur die Einschaltung von Außenkriterien – allen voran (...) die durch wissensorientierten Journalismus wohlinformierte Öffentlichkeit (...).*" ([2]1991, S. 228f.) Offensichtlich hat Spinner bei seinem Plädoyer für einen Vorrang des Wissens vor der Moral vor allem die Forschung und weniger die Lehre im Blick.

Hände' geraten, sich sehr schnell entgegen ihrer ursprünglichen Intentionen auswirken kann, stellt sich damit aber auch die Frage nach der Beziehung von Rationalität und Moralität, bzw. von Erkenntnisfortschritt und Humanisierung, oder noch pointierter gesagt: die Frage nach der Beziehung von Wissen und Moral immer wieder aufs neue.[144] Offensichtlich ist nicht nur unser ‚Pluralismusgespenst' durch Ambivalenz und Doppelgesichtigkeit geprägt. Was sich bei ihm als logische Abwärtsspirale von Fundamentalismus und Relativismus darstellt, findet beim modernen Wissenschaftsverständnis im Wechselspiel von Wissen und Moral seine Entsprechung. Mit Blick auf das enge zeit- und ideengeschichtliche Verwandtschaftsverhältnis von moderner Wissenschaft und Pluralismus sollte dies nun aber nicht sonderlich überraschen.

3.2.2 Zur Interdependenz von Rationalität und Moralität

Bisher wurde, ohne dies eigens begründet zu haben, von einem sehr allgemeinen, nahe am Alltagssprachgebrauch orientierten Verständnis von Wissen und Moral ausgegangen. Nach den vorausgegangenen Darlegungen ist es nun aber nicht nur an der Zeit, dies jetzt nachzuholen, sondern es ist überhaupt erst jetzt möglich, dies problemorientiert zu tun, d. h., ohne dabei in einen ausufernden historisch-systematischen Exkurs zu geraten.

Wie so oft, wenn man meint, an vermeintlich eindeutige Begriffe anknüpfen zu können, erweist sich deren Definition als sehr viel schwieriger als ursprünglich gedacht. So auch bei den Begriffen ‚Wissen' und ‚Moral'. Deshalb sei hier zunächst noch sehr allgemein **Wissen** als eine *„allgemein verfügbare Orientierung"* bezeichnet, die den *„alltäglichen Handlungs- und Sachzusammenhängen"* eine *„gedankliche Ordnung"* oder einen *„Bezugsrahmen"* gibt (vgl. Mittelstraß 1996, S. 717) und sich im Unterschied zu ‚Meinen' und ‚Glauben' meist mit dem Anspruch auf „Richtigkeit", „Wahrheit", „Gewißheit" oder „Evidenz" verbindet (vgl. Brüggen 1974, S. 1723). Von alters her

[144] Was die Individual- oder Ontogenese anbelangt, so haben die Entwicklungspsychologen im Anschluß an Piaget und Kohlberg den Zusammenhang von kognitiver und moralischer Entwicklung in differenzierter Weise empirisch erforscht, hinsichtlich der Phylogenese ist die Einschätzung hingegen sehr viel kontroverser. Unterschiedliche geschichtsphilosophische Entwürfe (von Comte, Hegel, Marx bis Dilthey und Spengler) begreifen den Geschichtsverlauf von einer untergründigen Logik bestimmt, deren Ergebnis sich zwar in einer optimistischen bzw. pessimistischen Grundtendenz bzw. als Krisen-Fortschritts-Zyklus beschreiben läßt, alle Autoren legen aber gleichwohl eine Interdependenz von Erkenntnisfortschritt und Moralität zugrunde.

beschäftigen sich die Philosophie, seit der Neuzeit insbesondere die Erkenntnis- und Wissenschaftstheorie, aber auch die Einzelwissenschaften mit der Möglichkeit von Kriterien der Güte und Geltung von Wissen, d.h. mit der Suche nach **rationalen Standards** des Wissens. Demgegenüber stellt Moral einen *„für die Daseinsweise der Menschen konstitutiven (...) normativen Grundrahmen für das Verhalten zu den Mitmenschen, aber auch zur Natur und zu sich selbst dar.“* (Höffe [5]1997, S. 204). Und auch die Frage nach Kriterien für die Verbindlichkeit von Werten und Normen, d.h. die Suche nach den **ethischen Standards** von Moral, beschäftigt die Wissenschaften, insbesondere die Ethik, schon seit der Antike. Auch ohne nun weit ausholende terminologische Betrachtungen anstellen zu müssen, erkennt man, daß beide Begriffe mit einem Menschenbild in Verbindung stehen, das sich die Individuen als in das Weltgeschehen eingreifend vorstellt, und sie dabei der 'Hilfestellung' durch rationale u n d moralische Orientierungsgrößen für bedürftig erachtet. Die mit dem *postmodernen* Pluralismus sich verbindenden Probleme konkretisieren sich augenscheinlich in den Schwierigkeiten der individuellen Handlungsorientierung unter den Bedingungen der kognitiven Trennung von Wissen und Moral. Wie sich dies nun im einzelnen darstellt bzw. auswirkt bedarf allerdings einer differenzierten Betrachtung.

Mit der Frage nach der Existenz moralischen Wissens wird offenkundig die „Handlungsmächtigkeit“ des Menschen ins Zentrum des Interesses gerückt, d.h. sein gattungsspezifisches Vermögen, bei sich sowie in seiner dinglichen und sozialen Umwelt Veränderungen und Ereignisse hervorzurufen, die er „willentlich und wissentlich“ herbeiführt und deren Folgen er zu verantworten in der Lage ist. Die modernen Handlungstheorien erzielen, bei aller Zerstrittenheit im einzelnen, daher zumindest in dem Punkt Einvernehmen, daß sie **Handlungen** aus der Fremdperspektive eines Beobachters, wie auch der Eigenperspektive des einzelnen Akteurs – im Gegensatz zu bloßem Verhalten – durch einen *inneren u n d einen äußeren Handlungsaspekt* charakterisieren.[145] Letzterer meint die sinnlich wahrnehmbare, *„intersubjektiv nachprüfbare Ereignisabfolge“* einer Handlung, die sich erkennen, analysieren und beurteilen läßt, während demgegenüber ersterer das *„innere Erleben“* (bzw. die persönliche Stellungnahme) umfaßt, d.h. den normengeleiteten Handlungsentwurf sowie die Entscheidung über die Ausführung und die Rechtfertigung der anti-

[145] Vgl. dazu den auch noch heute repräsentativen Überblick in: Hans Lenk (Hrsg.): *„Handlungstheorien – interdisziplinär“*, Bde. 1-4, 1977-1984; im vorliegenden Zusammenhang von besonderem Interesse sind die Beiträge von Friedrich Tenbruck *„Zur Anthropologie des Handelns“* (1978, S. 89ff.), und von Otfried Höffe *„Sittliches Handeln: Ein ethischer Problemaufriß“* (1979, S. 617ff.). Zur wechselseitigen Verschränkung von Handlungstheorie und Ethik vgl. darüber hinaus auch Höffe *„Philosophische Handlungstheorie als Ethik“* (1982).

zipierten Folgen (vgl. Lenk 1989, S. 120)[146]. Handeln ist demzufolge nicht nur an sachlich-rationalen (äußeren), sondern immer zugleich auch an sittlich-moralischen (inneren) Standards orientiert[147].

Wie nun u. a. aus der eigenen Persönlichkeitsentwicklung hinreichend vertraut sein sollte, gehört die Konfrontation mit unterschiedlichen inhaltlichen Vorstellungen bezüglich des „Guten, Wahren und Schönen“ zu den einschneidendsten und wichtigsten Erfahrungen. Im subjektiven Erfahrungshorizont eines jeden einzelnen liegen daher auch die ethischen, rationalen und ästhetischen Standards, auf die bezogen über Handlungsalternativen entschieden wird, in vielfältiger und häufig auch widersprüchlicher Form und Ausprägung vor. Im konkreten Handlungsvollzug stehen wir daher immer schon vor dem Problem, unter Umständen konfligierende Ansprüche ausbalancieren zu müssen. Eben dieser Balanceakt scheint aber angesichts der Erfahrungs- und Erlebnisfülle sowie der Pluralität von Maßstäben für Sach- und Moralurteile in der zweiten Hälfte des 20. Jahrhunderts zunehmend schwerer zu fallen. Wie ein Blick auf Abbildung 4 verrät, wäre es höchst kurzschlüssig, wollte man die Ursachen hierfür nun aber alleine beim einzelnen Individuum suchen – quasi als Resultat eines Hinterherhinkens des Bewußtseins angesichts der Öffnung und Weitung der kulturellen Horizonte. Nach den vorausgegangenen wissenschaftsgeschichtlichen Analysen erscheint vielmehr die Vermutung plausibel, daß dies ganz erheblich auch mit den Bedingungen einer verwissenschaftlichten Lebenswelt zu tun hat. Immer schneller und immer tiefer dringen wissenschaftliche Erkenntnisse, vermittelt über „Technologien“, „Medien“, „Therapien“, „Praktiken“, „Werkzeuge“ etc., in den Lebensalltag der Menschen ein, bestimmen immer stärker deren Verhältnis zueinander und zur Umwelt, aber auch zu sich selbst, ohne daß im einzelnen jedoch hinreichend bedacht wäre, daß

---

[146] Aus der Perspektive der Kognitionspsychologie beschreibt Klaus Opwis den hier mit „innerem Erleben“ umschriebenen Teilaspekt von Handlungen wie folgt: *„Es gehört zum Selbstverständnis des Menschen, das eigene Denken und Handeln steuern, kontrollieren und überwachen zu können, über die zugrunde liegenden Überzeugungen und Absichten ebenso nachdenken zu können wie über die Überzeugungen und Absichten anderer und einen – zumindestens teilweise – introspektiven Zugriff auf die eigenen mentalen Aktivitäten zu haben, sich diese bewußt machen und über sie berichten zu können. In Analogie zum Blick in den Spiegel, der das Erscheinungsbild einer Person >reflektiert<, bezeichnet man das Nachdenken über das eigene Denken und Handeln als >reflexives Denken<. Es benötigt Zeit, bewußte Anstrengung und Aufmerksamkeit, es geht häufig mit der Nutzung externer Hilfen einher und es beinhaltet die Betrachtung und Gewichtung alternativer Handlungsoptionen.“* (1998, S. 369)

[147] Das Problem des *„transzendentalen Handelns“*, d. h den Schwierigkeiten, die aus der Tatsache herrühren, daß der Mensch ein Wesen ist, das *„sein eigenes Erkennen und Denken als ein Handeln reflektieren und demgemäß in metawissenschaftliche, philosophische Überlegungen einzubetten hat.“* (Lenk 1989, S. 120) wird insbesondere in Kapitel 4 noch zu berücksichtigen sein.

all dies mit einem modernen Wissenschaftsverständnis in Verbindung steht, das durch die strikte kognitive und institutionelle Trennung von Rationalität und Moralität gekennzeichnet ist. Spätestens bei der Frage nach der Verantwortung für die Folgen beispielsweise so ungeheurer chancen- und gefahrenreichen Innovationen wie der Gentechnologie zeigt sich dann, daß die „Anwender", „Profiteure" oder „Nutznießer" wissenschaftlicher Errungenschaften mit der auf sie übertragenen Verantwortung sehr leicht in Schwierigkeiten geraten können.[148]

Abbildung 4
Handlungsorientierung im einzelwissenschaftlich erschlossenen Spannungsfeld von Rationalität und Moralität

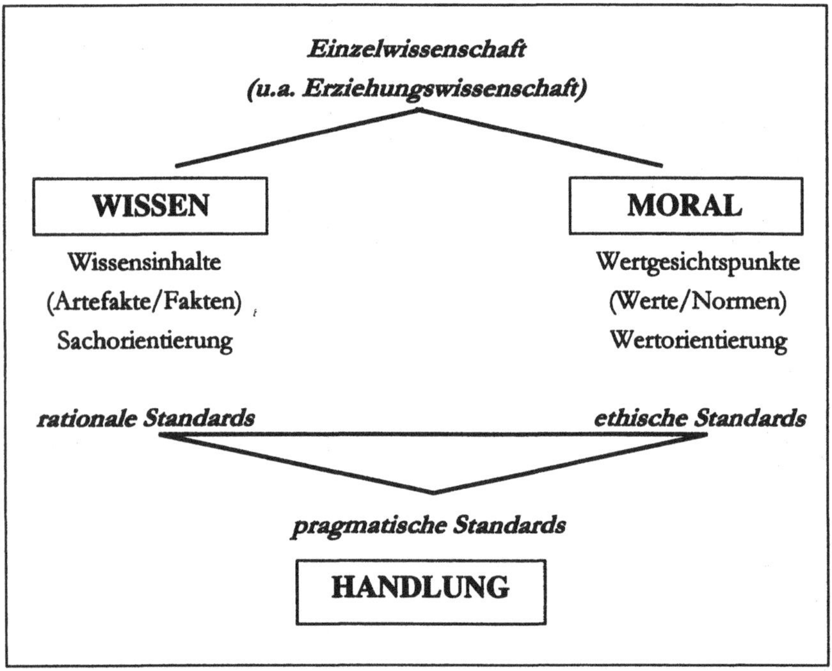

[148] Jürgen Mittelstraß (1982) spricht daher von *„theoretischen und praktischen Orientierungsproblemen"*, die er dort auftreten sieht, *„wo unser Tun und Denken nicht mehr auf fraglose Traditionsbildungen bezogen ist und die diejenigen Instanzen, die die Traditionen stabilisierend oder Traditionen umarbeitend tätig sind (...), die Ausarbeitung begründeter Systeme von Zwecken und Handlungsregeln nicht mehr leisten. Je nachdem, ob man dabei angesichts des historisch erreichten Komplexitätsgrades moderner Gesellschaften einfach nicht mehr durchschaut oder ob man (sehr viel prinzipieller) nicht mehr weiß, was man tun soll, sei von theoretischen bzw. praktischen Orientierungsdefiziten gesprochen."* (ebd., S. 40)

Mit der kognitiven und institutionellen Trennung von Rationalität und Moralität erscheint es heute nicht nur völlig selbstverständlich, sondern – unter dem Aspekt der Binnenlegitimation der Wissenschaften betrachtet – geradezu als unvermeidlich, wenn sich die spezialisierten Einzelwissenschaften, so beispielsweise auch die modernen Wissenspsychologen und Wissenssoziologen, auf die Gewinnung von „Faktenwissen" oder **positivem Wissen** mit nomologischer Struktur konzentrieren, bei dessen Anwendung bzw. Transformation in den jeweiligen Praxisbereich eine angemessene „Sachorientierung" herausarbeiten, und sich dabei grundsätzlich auf die Einhaltung „rationaler Standards" berufen.[149] Ganz ähnlich stellt sich die Situation für moderne Moralwissenschaftler dar. Sofern sie ein einzel- oder spezialwissenschaftliches Selbstverständnis pflegen und beispielsweise wie die empirischen Wertwandelforscher oder deskriptiv-ideographisch orientierten Moralphilosophen oder -geschichtler, die Erforschung von Werten, Normen, Einstellungen etc. im Sinne postiven Wissens von „Wertgesichtspunkten" oder sogenannter > positiver Moral < betreiben.[150] Sie konzentrieren sich dabei in aller Regel auf den

[149] In diesem Sinne beschäftigen sich die Wissenspsychologen heute mit Fragen der „neuronalen Grundlagen der Gedächtnisbildung, des Sprechens und des Denkens", oder sie untersuchen in einer großen Fülle von experimentellen Einzelstudien die Prozesse der „Wissensrepräsentation", des „Wissenserwerbs", der „Wissensanwendung" etc., kommen aber auch nicht umhin, sich unter dem Etikett der „Metakognitionsforschung" auch mit Grenzfragen der kulturellen und subjektiven Selbstreflexion zu befassen. Vgl. diesbezüglich die Einzelbeiträge in dem repräsentativen Lehrbuch von Heinz Mandl & Hans Spada *„Wissenspsychologie"* (1988) sowie in dem von Friedhart Klix & Hans Spada in der Reihe *„Enzyklopädie der Psychologie"* herausgegebenen Band *„Wissen"* (1998).
Der Stand der modernen Wissenssoziologie ist m. W. noch nicht in einem Lehrbuch zusammengefaßt. Aufschlußreich in dem hier gemeinten Sinne sind aber die neueren Bücher von Helmut Spinner *„Die Wissensordnung"* (1994) und *„Die Architektur der Informationsgesellschaft"* (1998), in denen er sich mit Folgen der Informationstechnologien für die neue, arbeitsteilig organisierte Grundordnung der Gegenwartsgesellschaften auseinandersetzt, die er dadurch geprägt sieht, daß neben die „Rechtsordnung" und die „Wirtschaftsordnung" eine sogenannte „Wissensordnung" hinzutritt. Gleiches gilt für das Buch von Nico Stehr *„Arbeit, Eigentum und Wissen – Zur Theorie von Wissensgesellschaften"* (1994), in dem die makrostrukturellen Veränderungen reflektiert werden, die sich daraus ergeben, daß (technisches Verfügungs-) Wissen zunehmend den Charakter eines „Produktionsfaktors" angenommen hat.

[150] Vgl. zur Wertewandelforschung die international vergleichenden und immer wieder auf meßtechnische Verfeinerungen abzielenden Studien von Ronald Inglehart *„Kultureller Umbruch"* (1995) und *„Modernisierung und Postmodernisierung"* (1998) sowie den von Helmut Klages et al. herausgegebenen Sammelband *„Werte und Wandel"* (1992). Zu den Problemen ethnographischer Moralforschung vgl. Klaus-Peter Köpping *„Ethik in Ethnographischer Praxis: Zwischen Universalismus und pluralistischer Autonomie"* (^{2}1993, S. 107-128). Als typisch für die historisch-induktive Vorgehensweise in der Moraltheorie vgl. die als solche noch immer hochaktuelle *„Geschichte der Ethik im Überblick"* von Alasdair MacIntyre (1994, zuerst 1966 im engl. Original) sowie Jürgen-Eckardt Pleines „Studien zur Ethik" (1992) und Ernst Tugendhats „Vorlesungen über Ethik" (^{2}1993).

historischen, gruppen- oder gesellschaftsspezifischen Vergleich von „Wertorientierungen" und analysieren bzw. diskutieren die dabei sich abzeichnenden „ethischen Standards".

Vor diesem Hintergrund lassen sich nun auch leicht die unterschiedlichen potentiellen Konfliktkonstellationen erkennen, die unter entsprechenden Umständen von einem Individuum in einer konkreten Handlungssituation zu bewältigen sind. Nicht nur die einzelnen Wissensinhalte, Sachorientierungen, rationalen Standards können im diachronen oder synchronen Vergleich miteinander in Widerspruch geraten, sondern auch die Sachorientierung kann eventuell dem Wissensinhalt nicht entsprechen, der rationale Standard nicht dem Wissensinhalt u.s.w. Gleiches kann sich nun aber auch auf Seiten der Wertgesichtspunkte, der Wertorientierung und der moralischen Standards ergeben. Die Probleme, von denen in unserem Zusammenhang aber primär die Rede ist, betreffen mögliche Spannungen zwischen Fakten und Werten oder zwischen Sach- und Wertorientierungen sowie Spannungen, die zwischen rationalen und moralischen Standards entstehen können. Auf der Grundlage einer arbeitsteilig organisierten wissenschaftlichen Auseinandersetzung mit Fragen der Moralität und Rationalität muß es angesichts der für den inneren „Handlungsentwurf" und den äußeren „Handlungsvollzug"[151] konstitutiven Interdependenz von Wissen und Moral massive Schwierigkeiten bereiten, die „pragmatischen Standards" für Handlungen zu definieren und zu legitimieren. Eine zusätzliche Steigerung erfahren diese Schwierigkeiten nun aber noch durch die Tatsache, daß – wie bereits mehrfach thematisiert – in den multikulturellen Gegenwartsgesellschaften natürlich mehrere außerwissenschaftliche (ethnische, religiöse, subkulturelle etc.) Angebote für eine 'ganzheitliche' Handlungsorientierung miteinander konkurrieren.

Mit Blick auf diese problemstrukturierende Grundlage und unter Bezug auf die vorausgegangenen Untersuchungsergebnisse muß man folglich davon ausgehen, daß die Pluralismuskrise, wie wir sie in Form von Orientierungsschwierigkeiten der Einzelindividuen aber auch einer ganzen wissenschaftlichen Disziplin, der Erziehungswissenschaft, beschrieben haben, vor allem in der Verunsicherung des Handelns unter den Bedingungen einer wissenschaftlich ‚ratifizierten' Trennung von

[151] Zu den einzelnen Dimensionen von „Handlungsentwurf" und „Handlungsvollzug", insbesondere zur Zeitperspektive, der Sinnstruktur und den intersubjektiven Bedingungen des Entwurfs und des Vollzugs vgl. die sozialphänomenologische Handlungstheorie von Thomas Luckmann (1992, insbesondere die Kapitel 5, 6 und 7).

Moralität und Rationalität zum Ausdruck kommt. Wie es scheint, ist damit der Versuch, die Frage nach der Existenz moralischen Wissens im Rahmen einer Untersuchung beantworten zu wollen, die für sich den Anspruch der Wissenschaftlichkeit reklamiert, zwangsläufig zum Scheitern verurteilt. Denn entweder man verstößt gegen die statuierte wissenschaftliche Arbeitsteilung und versucht, der Interdependenz von Rationalität und Moralität dadurch gerecht zu werden, daß man beide Erkenntnisinteressen getrennt voneinander verfolgt – also quasi zweigleisig vorgeht –, und setzt sich damit aber der Gefahr aus, bei der Koordination von rationalen und moralischen Standards des Handelns mehr oder weniger beliebig zu verfahren oder der Versuchung zu erliegen, sie einfach gleichzuschalten. Oder man verkürzt die Problemlage, setzt unmittelbar bei der Bestimmung der pragmatischen Standards des Handelns an und gerät in das Fahrwasser des anachronistischen Ethikdiskurses. Beide Vorgehensweisen werfen zwischenzeitlich sattsam bekannte Probleme auf. Erstere führt in das relativistische und zweite in das fundamentalistische 'Fahrwasser'. Die Situation erinnert in mehrfacher Hinsicht an die fatale Lage der Erziehungswissenschaft, wie wir sie in Kapitel 2.4 rekapituliert haben. Abermals ist damit ein Punkt erreicht, an dem unsere safety-first-Strategie zur Anwendung kommen muß. Allen weiteren Überlegungen ist deshalb die Klärung des argumentationslogischen Verständnisses der Frage nach der Existenz moralischen Wissens vorgeschaltet.

3.2.3 Zur Relationalität von moralischem Wissen

Ein jeglicher Konkretisierungs- bzw. Präzisierungsversuch dessen, was mit der Interdependenz von Wissen und Moral gemeint ist, führt sehr schnell zu der Einsicht, daß das jeweilige Verständnis von weitreichenden Voraannahmen abhängig ist, so daß eine erschöpfende Diskussion wiederum sehr weit von dem hier verfolgten Ziel wegführen würde. Womit dies im einzelnen zusammenhängt, wird bereits deutlich, wenn man sich unter Bezug auf die zuvor ermittelten Befunde nochmals vor Augen führt, daß mit den beiden Begriffen abermals 'Sachverhalte' umschrieben werden, die uns sowohl aus der Sinnes- als auch aus der Denkerfahrung vertraut sind.

Abbildung 5

Modalitäten von Wissen und Moral

Erfahrungsinstanz	**Modalitäten des Wissens**	**Modalitäten der Moral**
Sinneserfahrung - sensualistische Argumentationsbasis	empirisches oder lebenspraktisches „positives Wissen“	normenbezogene oder handlungsanleitende „positive Moral“
Denkerfahrung - intellektualistische Argumentationsbasis	theoretisches, prinzipiengeleitetes „Metawissen“	theoretische, prinzipiengeleitete „Metamoral“

Ohne an dieser Stelle nun weitere Stufen oder Ausprägungen der Erfahrung von Wissen und Moral unterscheiden zu müssen, läßt sich aus Abbildung 5 zunächst leicht abschätzen, weshalb die beiden Konstrukte ‚Moral‘ und ‚Wissen‘ mit einer Vielzahl an inhaltlichen Bedeutungszügen und zur Stützung sehr unterschiedlicher sachlogischer Argumente in der Literatur Verwendung finden.[152] So heben

[152] In seiner gründlichen Analyse der Begriffs- und Theoriegeschichte sowie der semantischen Bedeutungszüge des Terminus ‚Wissen‘ stellt Gerhard Steindorf folgende Aspekte zusammen:

- *„Wissen ist, formal betrachtet, ein Begriff mit weitem Umfang. Gerade weil er so allgemein ist, läßt er sich nur schwer bestimmen.*
- *Wissen ist ein seelisch-geistiges Grundphänomen.*
- *Wissen ist ein Bewußtseinszustand besonderer Art.*
- *Wissen läßt sich kennzeichnen als die Summe der Vorstellungen und Begriffe, die der Mensch von den Dingen außer sich und von sich selber hat.*
- *Wissen besteht zu einem großen Teil aus sprachlichen Informationen.*
- *Wissen hängt aufs engste mit Gedächtnis und Erinnerung zusammen.*
- *Wissen vermag sich selbst zu transzendieren, indem der erkennende Mensch ein Wissen von seinem Wissen (Metawissen) hat.*“ (1985, S. 27)

Vergleichbare Schwierigkeiten wirft auch der Moralbegriff auf. Hier beruhen die Probleme allerdings sehr viel stärker auf der Tatsache, daß eine Reihe anderer Begriffe sich auf dem gleichen semantischen Feld tummeln und in vielfältiger Weise miteinander kombiniert werden. Dies sind vor allem Sitte, Sittlichkeit, Ethik, Norm und Wert. Einen guten Überblick und eine gute Arbeitsgrundlage bietet das von Otfried Höffe herausgegebene „*Lexikon der Ethik*“ (^{6}1997); sofern nicht beispielsweise die „Metatheoretiker" das unumgängliche, theoretisch-konstruktive Moment hervor, das beiden Begriffen innewohnt. Ihr Interesse ist vorwiegend auf die Begründung von Geltungskriterien für richtiges Handeln gerichtet, d.h. auf die Begründung von möglichst allgemeinen, intersubjektive Geltung beanspruchenden rationalen und ethischen Standards des Handels. In letzter Konsequenz sehen sie sich mit der hoffnungslosen Suche nach dem „moral and epistemological point of view" konfrontiert, also der bereits mehrfach problematisierten erkenntnistheoretischen Dimension von Moralität und Rationalität. Demgegenüber beschäftigen sich die „Realienforscher" mit den konkreten, der lebenspraktischen Realität abgewonnenen, objektivierbaren Erscheinungsformen von Wissen und Moral. Sie interessieren sich dabei vor allem für die Frage, warum und in welcher Weise Menschen ihr Handeln überhaupt an rationalen und ethischen Kriterien orientieren, d.h. von welchen Motiven sie sich in einer konkreten Handlungssituation leiten lassen? In letzter Konsequenz sehen sie sich mit dem Problem der kaum bewältigbaren deskriptiven Erscheinungsvielfalt von Wissen und Moralität konfrontiert, sie stoßen damit von der empirischen Seite kommend auf die Frage nach Urteilskriterien für angemessenes Handeln. Offenbar hat die wissenschaftliche Arbeitsteilung nicht nur zu einer kognitiven und institutionellen Trennung von Wissen und Moral geführt, sondern innerhalb der beiden Bereiche auch eine Differenzierung nach empirisch-praktischen und theoretisch-epistemologischen Forschungsinteressen begünstigt. Beiden Perspektiven ist aber gemeinsam, daß sie Wissen und Moral immer nur in **elementarer Relation** zur sensualistischen und/oder intellektualistischen Erfahrungsinstanz thematisieren.

Bei näherem Hinsehen fällt nun aber auch auf, daß sich bei aller Unterschiedlichkeit in der argumentativen Grundposition, für beide Konstrukte durchweg zwei Bedeutungszüge identifizieren lassen, nämlich ein ***materialer*** und ein ***evaluativer***. Ersterer besteht darin, daß sich sowohl Wissen als auch Moral immer auf einen Korpus von objektivierbaren 'Faktizitäten' bezieht; was das Wissen anbelangt, so sind dies z.B. alle Arten von 'Informationen' die in den unterschiedlichsten 'Speichermedien' und 'Datenträgern' zugänglich sind, dies fängt bei dem individuellen Gedächtnis an und reicht bis zu allen Arten menschlicher Erzeugnisse, angefangen bei Zeitungsberichten, Fernsehsendungen und Enzyklopädien, bis hin zu Lehrplänen; andererseits was die Moral anbelangt, so sind dies z. B. Kataloge von Normen, Verhaltensvorschriften, Ehrenkodizes, wie Menschen-

---

anders angegeben, orientiert sich die vorliegende Untersuchung an den darin gegebenen Begriffsdefinitionen.

rechte, die Zehn Gebote, aber auch das Gewissen etc. Der evaluative Bedeutungszug besteht nun darin, daß beide Konstrukte sich immer auch auf die begründete Bewertung einer Eigenschaft beziehen; bezüglich des Wissens sind dies Aussagen darüber, was ein sachgemäßes, richtiges, dem Stand der Wissensentwicklung angemessenes Urteil darstellt, und bezüglich der Moral sind dies Aussagen darüber, was ein verantwortliches, sittliches, tugendhaftes, dem 'Guten' verpflichtetes Verhalten ausmacht. Die Kombination beider Begriffe läßt demnach, wie in Abbildung 6 zu sehen ist, mindestens vier unterschiedliche Lesarten unserer Titelfrage nach der Existenz moralischen Wissens zu.

Abbildung 6:
Lesarten der Frage „Gibt es moralisches Wissen?"

WISSEN

		materialer Bedeutungszug	evaluativer Bedeutungszug
MORAL	materialer Bedeutungszug	1. Lesart: Identität von Wissensinhalten und Wertgesichtspunkten ***RELIGIONS-WISSENSCHAFT***	2. Lesart: 'rationale Qualität' von Wertgesichtspunkten und Wertorientierungen ***EINZELWISSEN-SCHAFTEN***
	evaluativer Bedeutungszug	3. Lesart: 'ethische Qualität' von Wissensinhalten und Sachorientierungen ***EINZELWISSEN-SCHAFTEN***	4. Lesart: Identität von ethischen und rationalen Standards ***TRANSZENDENTAL-PHILOSOPHIE***

Die erste Lesart, die eine Identität der materialen Ausgestaltung von Wissensinhalten und Moralgesichtspunkten impliziert, fällt primär in den Zuständigkeitsbereich der religionswissenschaftlichen Betrachtung und verbindet sich mit den Fragen einer „teleologischen Ethik".[153] Demgegenüber beruht die vierte Lesart auf einer Identität der ethischen und rationalen Standards von Wissen und Moral, eröffnet damit eine prinzipientheoretische oder transzendentalphilosophische Perspektive und führt zu den Fragen einer „Meta-Ethik".[154] Im Rahmen der vorliegenden Untersuchung interessieren entsprechend den vorausgegangenen Analysen insbesondere die zweite und die dritte Lesart, die beide als einzelwissenschaftliche Fragestellung aufgefaßt werden können. Ihnen zufolge wird mit der lakonischen Formulierung: „Gibt es moralisches Wissen?" sowohl die *Wissbarkeit von Moral* als auch die *Moralität von Wissen* in Frage gestellt. Die zweite Lesart lenkt dabei die Aufmerksamkeit auf die „rationale Qualität" von Moral und berührt damit das Problem der „Wahrheitsfähigkeit" von Wertgesichtspunkten und Wertorientierungen. Die dritte Lesart akzentuiert dagegen die „ethische Qualität" von Wissen und damit die „Verantwortungsproblematik" von Wissensinhalten und Sachorientierungen. Während also im Falle der zweiten Lesart eine Prüfung von moralischen Artefakten unter Bezug auf rationale Standards bezweckt ist, wird im dritten Falle eine Prüfung von Wissensartefakten unter Bezug auf ethische Standards bezweckt.

Im Anschluß an die von Max Weber in seinem berühmten Vortrag von 1919 *„Politik als Beruf"* getroffene Unterscheidung von Gesinnungs- und Verantwortungsethik, liegt es nun nahe, die zweite Lesart als „verantwortungsethische" und die dritte Lesart als „gesinnungsethische" Grundorientierung zu interpretieren. *„Wir müssen uns klar machen"*, so stellt Weber fest, *„daß alles ethisch orientierte Handeln unter >zwei< voneinander grundverschiedenen, unaustragbar gegensätzlichen Maximen stehen kann: es kann >gesinnungsethisch< oder >verantwortungsethisch< orientiert sein."* (^{5}1973c, S. 174f.) In zweierlei Hinsicht unterscheiden sich nach Weber Gesinnungs- und Verantwortungsethiker besonders ausgeprägt: Zum einen bei der Frage nach der

[153] Neben den verschiedenen normativen und religiösen Morallehren ist insbesondere auch die utilitaristische Ethik in dem hier gemeinten Sinne als teleologisch zu verstehen. Das Telos des Utilitarismus besteht im *„Glück aller Betroffenen"*, das sich als Folge von auf Nutzenmaximierung ausgerichteten Handlungen einstellt (vgl. Höffe ^{5}1997, S. 312).

[154] Unter dem Begriff ‚Metaethik' werden seit Beginn des 20. Jahrhunderts diejenigen Spielarten von wissenschaftlichen Moralbegründungen subsumiert, die keine inhaltlichen Aussagen mehr über das sittlich Gute machen, sondern geltungstheoretische, semantische und epistemologische Überlegungen anstellen (vgl. Höffe ^{5}1997, S. 196f.) Die Geschichte der Metaethik beginnt mit Immanuel Kants „kategorischem Imperativ" und tritt bis heute in einer Vielzahl von deontologischen, epistemologischen, antirealistischen und nonkognitivistischen Varianten auf, vgl. z.B. Viktor Kraft *„Die Grundlagen der Erkenntnis und der Moral"* (1968), Günther Patzig *„Ethik ohne Metaphysik"* (^{2}1983), Ernst Tugendhat *„Vorlesungen über Ethik"* (^{2}1993), sowie die Diskursethik von Jürgen Habermas allgemein, wie aber besonders prägnant in seinem Aufsatz *„Eine genealogische Betrachtung zum kognitiven Gehalt der Moral"* (1996).

Zurechnung der Verantwortlichkeit für die Folgen von Handlungen, und zum zweiten bei der Frage, welche Mittel für die Erreichung 'guter' Ziele als legitim erachtet werden. Für den Gesinnungsethiker ist laut Weber typisch: *„Wenn die Folgen einer aus reiner Gesinnung fließenden Handlung üble sind, so gilt ihm nicht der Handelnde, sondern die Welt dafür verantwortlich, die Dummheit der anderen Menschen oder – der Wille des Gottes, der sie schuf."* Im Unterschied dazu rechnet der Verantwortungsethiker *„mit eben jenen durchschnittlichen Defekten der Menschen – er hat, wie Fichte richtig gesagt hat, gar kein Recht, ihre Güte und Vollkommenheit vorauszusetzen, er fühlt sich nicht in der Lage, die Folgen eigenen Tuns, soweit er sie voraussehen konnte, auf andere abzuwälzen. Er wird sagen: diese Folgen werden meinem Tun zugerechnet."* (ebd., S. 175) Erst aber das Zweck-Mittel-Problem, wie er es insbesondere in der praktischen Politik in Erscheinung treten sieht, bringt die Schwächen der Gesinnungsethik besonders deutlich zum Vorschein. Hier hat ein Gesinnungsethiker *„logischerweise nur die Möglichkeit, >jedes< Handeln, welches sittlich gefährliche Mittel anwendet, zu >verwerfen<."* (ebd., S. 176f.) In der politischen Realität findet Weber jedoch viele Beispiele, in denen Gesinnungsethiker im Namen der Gewaltlosigkeit zum Einsatz von Gewalt aufrufen. Er kommt daher zu dem Schluß: *„Der Gesinnungsethiker erträgt die ethische Irrationalität der Welt nicht. Er ist kosmisch-ethischer >Rationalist<."* (ebd., S. 177). Ohne die weiteren Implikationen der bis heute heftig umstrittenen 'Ethik' von Max Weber hier diskutieren zu müssen, wird deutlich, wie die beiden einzelwissenschaftlichen Lesarten miteinander zusammenhängen: Beide implizieren ein reziprokes Verhältnis von Wissen und Moral, bzw. der rationalen und ethischen Standards von Handlungen, und unterscheiden sich durch den Austausch der Beurteilungsbasis voneinander. Gemeinsam ist ihnen jedoch die anthropologische Prämisse, daß der Mensch (kraft seiner Vernunftbegabung) grundsätzlich dazu in der Lage ist, ethische und rationale Urteilskriterien zu begründen, sie seinem Handeln zugrunde zu legen und sie auf ihre Bewährung hin zu hinterfragen. Zugleich wird damit erkennbar, daß beide Begriffe aber auch ein elementares Inbeziehungsetzen von Einzelperson, Umwelt und Mitmenschen implizieren.[155] Was sich nämlich als ‚sachgerechtes Agieren' im Modus der 'logischen Stimmigkeit', der 'Richtigkeit', der 'Gewißheit' und der 'Wahrheit' erweist, und was als ‚legitimes 'Verhalten' im Modus des 'Tugendhaften', des 'Verantwortbaren', des 'Normgerechten' und des 'Guten' angesehen werden

[155] Aus der Perspektive der Sozialphänomenologie Schützscher Provenienz erklärt dies Thomas Luckmann damit, daß menschliche Handlungen *„ihrem Wesen nach"* immer schon gesellschaftlich bedingt sind: *„nur über die Handlungen anderer Menschen lernt der Einzelne zu handeln. Die Handlungen anderer, die Folgen dieser Handlungen und die Sprache vergesellschaften darüber hinaus das Bewußtsein des >normalen< Menschen so weit, daß seine Handlungen auch in beträchtlichem Ausmaß gesellschaftlich bestimmt werden. Der Handelnde ist so immer >in Gesellschaft<, auch wenn er augenblicklich allein ist."* (1992, S. 103)

kann, kann immer erst in Bezug auf die zu den konkreten Bedingungen der individuellen und sozialen Existenz ermittelt werden.[156] Während der erste relationale Grundzug von Wissen und Moral sich von den beiden Erfahrungsinstanzen herleitet, verdankt sich dieser **zweite relationale Grundzug** nun stärker der Tatsache, daß rationale und ethische Orientierungsgrößen (in materialer und evaluativer Ausprägung) weder in einem sozialen Vakuum entstehen noch statisch sind, sondern an der soziokulturellen Entwicklungsdynamik aktiv teilhaben.

Bei dem Bemühen, das Verhältnis von Wissen und Moral aufzuhellen, stößt man also zwangsläufig auf den Umstand, daß es sich bei diesem Verhältnis tatsächlich um eine 'Dreiecksbeziehung' handelt, bei der die konkreten sozialen, historisch-kulturellen und gesellschaftlichen Bedingnisse der individuellen Lebensbewältigung eine entscheidende Rolle spielen. Nachdem wir diese Bedingnisse bislang im allgemeinen Wortsinne mit 'Lebenswelt' umschrieben haben, gilt es nun, bezüglich des angesprochenen Dreiecksverhältnisses an den aus der Phänomenologie stammenden Begriff anzuknüpfen. In diesem ursprünglichen Wortsinne bezeichnen Alfred Schütz und Thomas Luckmann, in Anlehnung an, aber zugleich auch in Absetzung von Edmund Husserl[157], mit **Lebenswelt** jenen von uns als *„Wirklich-*

---

[156] Was den Zusammenhang von Wissen und Sozialität anbelangt, so sei auf die Lebenswelttheorie von Alfred Schütz und dessen Konstrukt des „Wissensvorrats" verwiesen. Der Wissensvorrat *„baut sich auf aus Sedimentierungen ehemals aktueller, situationsgebundener Erfahrungen. Umgekehrt fügt sich jede aktuelle Erfahrung je nach ihrer im Wissensvorrat angelegten Typik und Relevanz in den Erlebnisablauf und in die Biographie ein. Und schließlich wird jede Situation mit Hilfe des Wissensvorrates definiert und bewältigt. Der Wissensvorrat ist also sowohl genetisch als auch strukturell als auch funktional auf die Situation bzw. die situationsgebundene Erfahrung bezogen."* ([5]1994, S. 133, zuerst 1979) In Fortführung dieser Perspektive beschreibt Thomas Luckmann „Protomoral" als *„aus einer subjektiven Struktur reziproker Verpflichtungen [bestehend, W. J.], die ursprünglich in intersubjektiven Handlungen ausgebildet werden und die folglich intersubjektive Handlungen 'leiten'."* (1996, S. 11) Und mit durchaus vergleichbarer Intention schreibt Jürgen Habermas: *„Jede Moral löst, funktional betrachtet, Probleme der Handlungskoordination zwischen Wesen, die auf soziale Interaktion angewiesen sind. Das moralische Bewußtsein ist Ausdruck der legitimen Forderungen, die kooperative Mitglieder einer sozialen Gruppe aneinander richten dürfen. Moralische Gefühle regulieren die Einhaltung der zugrundeliegenden Normen."* (1996, S. 28)

[157] Die Anlehnung bezieht sich auf die transzendental-phänomenologische Analyse der *„Sinnstruktur der Lebenswelt in ihrem Entstehungszusammenhang, nämlich in den Bewußtseinsleistungen des Subjekts"*, während die Absetzung oder Ergänzung in der anthropologischen Analyse der *„lebensweltlichen Seinsstruktur"* besteht (vgl. Luckmann 1990, S. 10f.). Beide Momente, Sein- und Sinnstruktur der Lebenswelt, gehören für Schütz und Luckmann aber nach wie vor jenem der Wissenschaft vorgelagerten *„Reich ursprünglicher Evidenzen"* an, das Husserl als Lebenswelt verstanden wissen wollte: *„Ist die Lebenswelt als solche nicht das Allerbekannteste, das in allem menschlichen Leben immer schon Selbstverständliche, in ihrer Typik immer schon durch Erfahrung uns vertraut? Sind alle ihre Unbekanntheitshorizonte nicht Horizonte bloß unvollkommener Bekanntheiten, nämlich im voraus bekannt nach ihrer allgemeinsten Typik. Dem vorwissenschaftlichen Leben freilich genügt diese Bekanntheit und ihre Weise, Unbekanntheit in Bekanntheit überzuführen (...). Sie genügt für eine alltägliche Praxis."* (1992, S. 126)

keit" erlebten Realitätsbereich, *„den der wache und normale Erwachsene in der Einstellung des gesunden Menschenverstandes als schlicht gegeben vorfindet. Mit schlicht gegeben bezeichnen wir alles, was wir als fraglos erleben, jeden Sachverhalt, der uns bis auf weiteres unproblematisch ist."* (^{5}1994, S. 25) Dieser als *„natürliche Einstellung des Alltags"* charakterisierte Bewußtseinszustand ist dadurch gekennzeichnet, daß wir folgendes als fraglos gegeben hinnehmen: *„a) die körperliche Existenz von anderen Menschen; b) daß diese Körper mit einem Bewußtsein ausgestattet sind, das dem meinen prinzipiell ähnlich ist; c) daß die Außenweltdinge in meiner Umwelt und der meiner Mitmenschen für uns die gleichen sind und grundsätzlich die gleiche Bedeutung haben; d) daß ich mit meinen Mitmenschen in Wechselbeziehung und Wechselwirkung treten kann; e) daß ich mich – dies folgt aus den vorausgegangenen Annahmen – mit ihnen verständigen kann; f) daß eine gegliederte Sozial- und Kulturwelt als Bezugsrahmen für mich und meine Mitmenschen historisch vorgegeben ist, und zwar in einer ebenso fraglosen Weise wie die > Naturwelt <; g) daß also die Situation, in der ich mich jeweils befinde, nur zu einem geringen Teil eine rein von mir geschaffene ist. Die alltägliche Wirklichkeit der Lebenswelt schließt also nicht nur die von mir erfahrene > Natur <, sondern auch die Sozial- bzw. Kulturwelt, in der ich mich befinde, ein."* (ebd., S. 27) Unter Bezug auf dieses sozialphänomenologische Verständnis von Lebenswelt ist nunmehr leicht zu erkennen, daß damit die Quelle gefunden ist, aus der sich sowohl die von uns als Realität erlebten 'Faktizitäten' von Wissen und Moral als auch die rationalen und ethischen Urteilskriterien speisen, mit denen diese Faktizitäten auf ihre Richtigkeit/Wahrheit bzw. Moralität/Verantwortbarkeit hin bewertet werden. Hierin liegt demnach auch die eigentliche Ursache für die herausgearbeitete **doppelte Relationalität** dieser beiden Konstrukte. In der sozialphänomenologischen Perspektive wird nämlich unmittelbar einsichtig, daß es weder ein 'freischwebendes', personen- und lebensweltunabhängiges Wissen oder eine solche Moral, d.h. ein Wissen oder *eine Moral an sich* gibt, noch ein ausschließlich 'bodenständiges', subjekt- und lebensweltgebundenes Wissen oder eine solche Moral, d.h. ein Wissen und *eine Moral nur für mich in meiner Lebenswelt*. Darüber hinaus scheint die Lebenswelt nun aber auch die 'Einbruchstelle' zu sein, über die sich der Pluralismus Zugang zu unserem Bewußtsein verschafft. Wie wir gesehen haben, sind es ja gerade die vielen (ethischen und rationalen) Selbstverständlichkeiten des Alltagslebens, die sich im modernen Erfahrungshorizont jedes einzelnen als vielgestaltig und wandelbar erweisen. Damit konkretisiert sich der in Frage gestellte Zusammenhang von Wissen und Moral im Problem der lebensweltlichen Verankerung der individuellen und kollektiven Handlungsorientierung unter den Bedingungen pluraler Wirklichkeitserfahrungen. Damit ist nun aber auch eine zentrale Einsicht gewonnen, unter deren Zuhilfenahme es gelingen sollte, die Gefährdungspotentiale, denen sich die Erziehungswissenschaft ausgesetzt sieht, genauer zu bestimmen.

3.3 *Zweite systematische Zwischenbetrachtung:* Zur problemgeschichtlichen Hypothek der Erziehungswissenschaft

In knappen Worten wurde in den vorausgegangenen Abschnitten formuliert, was man als das **allgemeine Gefährdungspotential** des *postmodernen* Pluralismus bezeichnen kann: Die Mehrdimensionalität sowie die damit einhergehende unterschiedliche Reichweite und das variierende Befremdungspotential des Pluralismus auf der einen Seite, die, wie in 3.1 gezeigt, leicht in die logische Abwärtsspirale von Relativismus und Fundamentalismus führen. Und auf der anderen Seite die – wissenschaftsgeschichtlich mit dem erkenntnistheoretischen Problem eng verwobene – kognitive und institutionelle Trennung von Wissen und Moral bei gleichzeitiger handlungstheoretischer Interdependenz von Rationalität und Moralität sowie der doppelten Relationalität von moralischem Wissen, die, wie in 3.2 gezeigt, leicht zu Orientierungsschwierigkeiten des praktischen Handelns führen. Beide Gefahrenbereiche markieren die Grundprobleme, mit denen sich insbesondere die modernen Kultur-, Sozial- und Verhaltenswissenschaften konfrontiert sehen. Um nun aber noch besser verstehen zu können, worin das **spezifische Gefährdungspotential** für die Erziehungswissenschaft besteht, sind die Befunde bezüglich der Anatomie des ‚Pluralismusgespenstes' auf ihren Zusammenhang mit der in Kapitel 2 herausgearbeiteten Pluralisierung der erziehungswissenschaftlichen Lehr- und Forschungsgestalt hin zu untersuchen. Dazu werden in einer zweiten Zwischenbetrachtung die Ausgangskonzepte (3.3.1) und die Grundprinzipien (3.3.2) der modernen Erziehungswissenschaft rekonstruiert und auf ihre Verbindung zum Pluralismus hin befragt, bevor unter Bezug auf die erziehungswissenschaftliche Grundbegrifflichkeit die problemgeschichtliche Hypothek (3.3.3) herausgearbeitet werden kann. Der ein oder andere Seitenblick auf die Disziplingeschichte wird sich notgedrungen wie eine Erinnerung an längst Bekanntes lesen. Im Vordergrund steht daher auch nicht der Neuigkeitswert dieser Betrachtungen, sondern die Absicht, sie systematisch einzuholen.

3.3.1 Die zwei Ausgangskonzepte der Erziehungswissenschaft

Ohne hier zu einer differenzierten wissenschaftsgeschichtlichen Betrachtung ausholen zu müssen, kann man in Übereinstimmung mit den wichtigsten Darstellungen zur Disziplingeschichte der Pädagogik als Wissenschaft davon sprechen, daß der ideen- und zeitgeschichtliche Durchbruch des Pluralismus weitgehend parallel verläuft mit der Herauslösung der erziehungswissenschaftlichen Fragestellung aus der theologisch-mythologischen Weltdeutung.[158] So wie der Pluralismus – wie oben gesehen – aufs engste mit dem modernen Wissenschaftsverständnis verbunden ist, läßt sich auch die Erziehungswissenschaft als Teilprojekt der Aufklärung begreifen. Grundlegend hierfür war, daß die beiden Kernelemente der modernen Weltgestaltung, Wissen und Moral, in der Aufklärungsphilosophie allmählich eine säkulare Gestalt angenommen haben.[159] Dieser generationenübergreifende, denkgeschichtliche Prozeß der Säkularisierung kulminiert in einem Menschenbild, für das die Geschichts- bzw. Kulturmächtigkeit des Menschen sowie das Nichtvorherbestimmtsein und die Vielförmigkeit von Menschsein konstitutiv sind.[160] Die

---

[158] Bereits Wilhelm Dilthey konstatiert diesen Zusammenhang sozusagen als ‚Geburtsfehler', bzw. ‚Erblast' der Erziehungswissenschaft. Seine „*Grundlinien eines Systems der Pädagogik*" eröffnet er deshalb mit dem Hinweis: „*Die pädagogischen Systeme, welche zur Zeit diese Wissenschaft in Europa vertreten, beanspruchen, von leitenden Prinzipien aus das Ziel der Erziehung, die Werte der Unterrichtsgegenstände für dieselbe, die Bedeutung ihrer Zusammensetzung in den einzelnen Schulen allgemeingültig, d.h. für die Bildung ganz verschiedener Völker und Zeiten zu entscheiden. (...) Eine abstrakte, mit falschem Anspruch auf Allgemeingültigkeit auftretende Theorie wirkt revolutionär und zersetzend auf die geschichtlichen Ordnungen der Gesellschaft. Aus diesem Verhältnis empfängt die Kritik unserer heute herrschenden Pädagogik eine erhebliche praktische Bedeutung. Diese Pädagogik ist im 17. und 18. Jahrhundert erst geschaffen worden, und sie ist ein Teil jenes mächtigen Baues eines natürlichen Systems der großen Zweckzusammenhänge der menschlichen Gesellschaft, welches damals natürliche Religion oder Theologie, Naturrecht, natürliches System des wirtschaftlichen Kreislaufs, allgemeingültige Poetik usw. umfaßte. Denn die Alten haben eine abgesonderte allgemeingültige Wissenschaft der Pädagogik nicht gekannt.*" ([4]1974, S. 167)

[159] Auf die große Bedeutung, die der Naturerkenntnis für die Entstehung dieses modernen Weltverständnisses beizumessen ist, hat beispielsweise Bruno Nieser in Auseinandersetzung mit dem französischen Aufklärungsdenken hingewiesen: „*Sie bildet das Einfallstor einer Säkularisierung und Autonomisierung der Wissenschaft jenseits des Monopols der Kirche.*" Seither bestehe eine enge Beziehung zwischen der Erkennbarkeit der Naturgesetze und den auf den Menschen bezogenen Wissenschaftsbereichen, so daß auch hier „*ohne das Vorbild der Naturerkenntnis keine Entwicklung mehr denkbar zu sein [scheint, W. J.].*" (1992, S. 27).

[160] Aus historisch-vergleichender Perspektive und mit erziehungswissenschaftlichem Interesse rekapituliert Käte Meyer-Drawe diese Entwicklung wie folgt: „*Seit Beginn der Moderne (...) gehört die Option auf Selbstbestimmung des einzelnen zu den wichtigsten und gleichzeitig empfindlichsten Selbstbeschreibungen des Menschen, die seine Freiheit an seine Vernunft bindet. Gegen jede Fremdbestimmung sollte vor allem pädagogisches Handeln daran mitarbeiten, die Aufwachsenden zu befähigen, sich selbst zu bestimmen, um mündig an gesellschaftlichen Prozessen teilhaben zu können. Der selbständige Gebrauch der Vernunft war dabei durchaus als Wagnis bewußt. Eine als vorbildlos begriffene Moderne mutete dem Menschen zu, sich aufgrund seiner prinzi-*

Entdeckung dieses modernen Subjekts folgt im wesentlichen den kultur- und bildungsphilosophischen Einsichten des abendländischen Humanismus, wie er exemplarisch in den Schriften von Nikolaus von Cues (1401-1464), Giovanni Pico della Mirandola (1463-1494) und Erasmus von Rotterdam (1467-1536) zum Ausdruck kommt.[161] So weist u. a. Jörg Ruhloff darauf hin, daß bereits Giovanni Pico della Mirandola gegen Ende des 15. Jahrhunderts, *„die neu entdeckte Menschenwürde auf ihren bildungstheoretischen Begriff"* gebracht habe (1993a, S. 169), indem er *„die Vielförmigkeit, Verschiedenartigkeit und Sprunghaftigkeit zum bejahenswerten Wesen des Menschen"* erhob und damit der *>Multiformität< gewissermaßen ein anthropologisches Fundament"* verschafft habe (1990a, S. 25f., Hervorhebung, W. J.).[162] Erst seit Immanuel Kants im Jahre 1784 veröffentlichter Antwort auf die Frage „Was ist Aufklärung?" steht aber mit der Kategorie der „Mündigkeit" die zentrale Leitvorstellung zur Verfügung, die die uneingeschränkte Fähigkeit eines Subjekts, selbständig zu denken und autonom zu handeln, d.h. in eigenverantwortlicher Weise sich an rationalen und ethischen Standards zu orientieren, auf den begrifflichen Nenner bringt. Daß mit den Optionen auf Selbstbestimmung und Autonomie die Vorherrschaft der christlich-abendländischen Weltsicht jedoch noch lange nicht gebrochen war, zeigt sich an dem bis weit ins 20. Jahrhundert reichenden Einfluß der beiden großen Kirchen auf das moralisch-normative Selbstverständnis der modernen europäischen Gesell-

---

piellen Unbestimmtheit selbst zu gestalten. Menschen sollten nicht länger durch ihre Herkunft festgelegt oder durch kirchliche Vormundschaft gegängelt sein, sie sollten vielmehr im Hinblick auf ihre Zukunft selbst Einfluß nehmen können." (1998, S. 33)

[161] Zur Interpretation einzelner Schriften und zur Bedeutung des Humanismus insgesamt für das moderne Erziehungs- bzw. Bildungsdenken vgl. Günther Böhm *„Bildungsgeschichte des europäischen Humanismus"* (1986) sowie die einzelnen Beiträge in dem von Jörg Ruhloff herausgegebenen Sammelband *„Renaissance-Humanismus. Zugänge zur Bildungstheorie der frühen Neuzeit"* (1989).

[162] Vgl. dazu die zentrale, und bis heute hin die „Selbstermächtigung" des Menschen einprägsam auf den Begriff bringende Passage aus der Beschreibung des göttlichen Schöpfungsaktes in Pico della Mirandolas Rede *„Über die Würde des Menschen"* aus dem Jahre 1486: *„Daher ließ sich Gott den Menschen gefallen als ein Geschöpf, das kein deutlich unterscheidbares Bild besitzt, stellt ihn in die Mitte der Welt und sagt: >Wir haben dir keinen bestimmten Wohnsitz noch ein eigenes Gesicht, noch irgendeine besondere Gabe verliehen, o Adam, damit du jeden beliebigen Wohnsitz, jedes beliebige Gesicht und alle Gaben, die du dir sicher wünschst, auch nach deinem Willen und nach deiner eigenen Meinung haben und besitzen mögest. Den übrigen Wesen ist ihre Natur durch die von uns vorgeschriebenen Gesetze bestimmt und wird dadurch in Schranken gehalten. Du bist durch keinerlei unüberwindliche Schranken gehemmt, sondern du sollst nach deinem eigenen freien Willen, in dessen Hand ich dein Geschick gelegt habe, sogar jene Natur dir selbst vorherbestimmen. Ich habe dich in die Mitte der Welt gesetzt, damit du von dort bequem um dich schaust, was es alles in dieser Welt gibt. Wir haben dich weder als einen Himmlischen noch als einen Irdischen, weder als einen Sterblichen noch als einen Unsterblichen geschaffen, damit du als dein eigener, vollkommen frei und ehrenhalber schaltender Bildhauer und Dichter dir selbst die Form bestimmst, in der du zu leben wünschst. Es steht dir frei, in die Unterwelt des Viehes zu entarten. Es steht dir ebenso frei, in die höhere Welt des Göttlichen dich durch den Entschluß deines eigenen Geistes zu erheben<."* ([4]1996, S. 10f.)

schaften. Es ist seither aber unübersehbar, daß *„das Bewußtsein der anbrechenden Neuzeit nicht mehr einheitlich"* ist (Scheuerl 1982, S. 77). Entgegen der *„hierarchisch-universalen Ordnung des Mittelalters"* wird zunehmend *„ein >Pluralismus< von sich ausschließenden geistigen Positionen und Mächten"* (ebd., Hervorhebung, W. J.) strukturdominant. Nicht von ungefähr gehen mit diesem epochalen denkgeschichtlichen Umbruch die Ausdifferenzierung der klassischen pädagogischen Fragestellung und die Institutionalisierung ihrer „Dauerreflexion" (Helmut Schelsky) in einer neuen wissenschaftlichen Disziplin einher.[163]

Zwei ideengeschichtliche Entwicklungsstränge waren für diese – vom 20. Jahrhundert aus zurückblickend – als „anthropologische Wendung" (Arnold Gehlen) bezeichnete Säkularisierung der Selbst-, Gesellschafts- und Weltauffassung grundlegend: zum einen der **Rationalismus** oder **Intellektualismus**, wie er in den Arbeiten von René Descartes (1596-1650), Baruch de Spinoza (1632-1677), Gottfried Wilhelm Leibniz (1646-1716) und Immanuel Kant (1724-1804) seine reife Gestalt angenommen hat; und zum zweiten ist dies der **Empirismus** oder **Sensualismus**, der insbesondere mit den Arbeiten von Francis Bacon (1561-1626), John Locke (1632-1704) und David Hume (1711-1776) seine größte Wirkung entfalten konnte.[164] In Anknüpfung an unterschiedliche Vordenker der antiken Philosophie und unter Bezug auf jeweils spezifische anthropologische Prämissen

---

[163] Vgl. diesbezüglich Erich Wenigers klassische Formulierung: *„Die eigentliche Geburtsstunde der pädagogischen Theorie aber ist die Loslösung des Menschen aus der ständischen Gebundenheit: Der Mensch wird sich seiner Persönlichkeit und Individualität bewußt. Er ist nicht einfach nur Ritter, Kleriker, Familienmitglied, Kaufmann, Volksgenosse, Bürger, sondern er ist zunächst einmal er selbst, mit seinem ganz persönlichen Schicksal und seiner ganz persönlichen Aufgabe, für die er einer gerade auf ihn ganz persönlich zugeschnittenen, auf seine Bedürfnisse, Ansprüche, Möglichkeiten gerichteten Erziehung bedarf."* (^{2}1967, S. 358)

[164] Vgl. dazu im einzelnen die einschlägigen Interpretationen ausgewählter Schriften dieser Klassiker von Lothar Kreimendahl (1994). Als *„Rationalisten"* bezeichnet Kreimendahl dabei *„solche Philosophen, die der Vernunft bei der Aufstellung der Theoriegebilde, innerhalb derer die Phänomene ihre Erklärung finden sollen, eine erhebliche Bedeutung beimessen."* Als *„Empiristen"* bezeichnet er auf der anderen Seite jene, die auf die Erfahrung setzen, *„von der sie sich allein eine nennenswerte Erweiterung des Wissens versprechen."* (ebd., S. 9) Freilich wäre es eine viel zu simple Vorstellung, die einen wollten gänzlich ohne Erfahrung und die anderen ganz ohne Vernunftleistungen auskommen. Was beide Richtungen aber in der Hauptsache voneinander trennt, *„ist eine unterschiedliche Auffassung in der Frage, ob und wieweit die Vernunft auch ohne alle Erfahrung zu inhaltsreichen, d.h. nichtanalytischen Erkenntnissen außerhalb der engen Grenzen der Mathematik fähig ist - und zwar vorrangig im Bereich des Tatsachenwissens, dann aber auch in Fragen der Ethik."* (ebd. S. 10) Auch wenn die immanente Einzelinterpretationen natürlich keine saubere Zuordnung der einzelnen Denker zu diesen Paradigmen gestattet, bezeichnet Kreimendahl – und dieser Einschätzung schließe ich mich hier mit Verweis auf die Webersche Idealtypenlehre an – die beiden Richtungsbezeichnungen als *„für die Philosophiegeschichte nützliche Kategorien"* (vgl. ebd., S. 13).

prägen beide Richtungen bis heute die moderne Vorstellung vom Menschen.[165] Diese als „animal rationale" bekannt gewordene Vorstellung hebt im Kern darauf ab, daß der Mensch ein Lebewesen ist, das seine 'Animalität' oder auch 'Natürlichkeit' durch den Besitz der Ratio oder der Vernunft übersteigen kann. Mit diesem Dualismus von empirischer 'Seinsnatur' und intelligibler 'Vernunftnatur' verbindet sich seither jedoch die höchst unbequeme Frage nach der ‚authentischen' Quelle für das menschliche Erkenntnisvermögen. Die beiden unterschiedlichen Antwortperspektiven auf diese Frage, Rationalismus und Empirismus, sind damit auch bereits für die Entstehung der wissenschaftlichen Pädagogik gegen Ende des 18. und zu Beginn des 19. Jahrhunderts entscheidend.[166] Der Rationalismus ist im Anschluß an Descartes' 'Zwei-Welten-Theorie' darum bemüht, das Individuum als vernunftbegabte Integrationsinstanz von „res cogitans" und „res extensa" – oder von „Begriff" und „Wirklichkeit", wie es bei Kant heißt – zu konzipieren. Unter Hinweis auf die individuelle Denkerfahrung und die Fähigkeit zur „transzendentalen Apperzeption", d.h. der subjektiven Freiheit, das „gegenständlich Gegebene" als „begrifflich Bezeichnetes" wahrzunehmen, bemühen sich die Rationalisten darum, die schöpferische Vernunfterkenntnis als d a s Wesensmerkmal des Menschen unter Beweis zu stellen. Demgegenüber rückt der Empirismus im Anschluß an Lockes Diktum: *„Nichts ist im Geiste, was nicht vorher in den Sinnen war"* (zitiert nach Blankertz 1982, S. 32) viel stärker die Prägekraft der menschlichen Sinneserfahrungen in den Mittelpunkt. Insbesondere die existentielle Abhängigkeit jeder Erkenntnis von der dinglich-materialen und der personal-sozialen Umwelt dient seither den Empiristen als Nachweis dafür, daß selbst die individuelle Psyche *„durch von außen kommende Sinneseindrücke und Erfahrungen geprägt, ja konstituiert werde"* (Geulen ^{2}1982, S. 21). Sowohl der Rationalismus als auch der Empirismus haben auf die moderne Wissenschaftsentwicklung einen enormen Einfluß ausgeübt. Mit den Konstrukten **Vernunfterkenntnis** und **Sinneserfahrung** stellen sie auch noch heute die beiden zentralen **Argumentationsmodelle** bereit, und sind damit auch unschwer als die ideengeschichtlichen Wurzeln der unterschiedlichen modernen ‚Erkenntnisprogramme' zu identifizieren. Nachdem Kant in der Einleitung zu seiner „transzendentalen Logik" die nur noch schwer zu entkräftende Feststellung getroffen hat:

---

[165] Bereits Kant verbindet in der *„Kritik der reinen Vernunft"* (^{3}1990, Methodenlehre, S. 764ff., zuerst 1781) Aristoteles und Locke mit dem ‚Empirismus', Platon und Leibniz dagegen mit dem ‚Noologismus', und bezeichnet mit letzterem annähernd synonym das, was die moderne Philosophiegeschichte mit ‚Intellektualismus' oder ‚klassischer Rationalismus' meint (dem im übrigen auch Kant selbst zuzurechnen wäre), nämlich alle Versuche, die Vernunft als Quelle der Vernunfterkenntnis zu begreifen.

[166] Vgl. diesbezüglich insbesondere Herwig Blankertz 1982, S. 23ff.

„Ohne Sinnlichkeit würde uns kein Gegenstand gegeben, und ohne Verstand keiner gedacht werden. Gedanken ohne Inhalt sind leer, Anschauungen ohne Begriffe sind blind" (Kritik der reinen Vernunft, A51), wäre es freilich eine viel zu simple Vorstellung zu denken, (moderne) Rationalisten wollten gänzlich ohne Erfahrung und (moderne) Empiristen ganz ohne Vernunftleistungen auskommen. Und dennoch: Wenn die Frage nach dem Ausgangspunkt der Dialektik berührt wird, bleibt bekanntlich auch Kant nur die Entscheidung für den Primat der Vernunft vor den Sinnen.[167]

So alt wie das Nachdenken über das Erkenntnisvermögen ist auch die immer wieder aufs Neue gestellte Frage nach d e m eigentlichen Wesen des Menschen. Unabhängig davon, wie seit der anthropologischen Wende die vielen Versuche, dieses Wesen mit wissenschaftlichen Mitteln zu ergründen, im einzelnen vorgenommen und auf den Begriff zu bringen versucht wurden – ob als „homo faber", „homo ludens", „homo oeconomicus" oder unter welchem Etikett auch immer die ermittelten Wesensmerkmale gebündelt wurden und werden, ein Moment wird spätestens seit der Aufklärung prinzipiell immer mitassoziiert, nämlich eben das des „animal rationale". Wie dies mit dem Hinweis auf dessen dualen Grundcharakter zuvor schon angeklungen ist, korrespondieren Rationalismus und Empirismus nun aber auch mit zwei gegensätzlichen und im Kern naturrechtlich-ontologisch 'begründeten' modernen **Subjektmodellen**. Obgleich diese Menschenbilder schon bei ihren Schöpfern gleichsam nur in heuristischer Absicht eingeführt wurden, nämlich um gesellschafts- bzw. sozialtheoretische Schlußfolgerungen daraus abzuleiten, sind sie als feststehende Modelle in die anthropologische Literatur eingegangen.[168] Der Rationalismus bevorzugt demnach das Rousseausche Subjektmodell des von seiner natürlichen Bestimmung her und des noch vor seiner Vergesellschaftung guten Menschen („homme naturel"), dessen ursprünglich gutes Wesen *„im Prinzip auch beim zivilisierten Menschen erhalten [bleibt]"*, so daß er *„sich darauf zurückbeziehen und es als Korrektiv seiner Entwicklung nutzen [kann]."* (Böhme 1997, S. 103) Der Empirismus steht dagegen dem Hobbesschen Subjektmodell des „homo homini lupus" nahe, quasi der Gegenthese zu Rousseau. Demzufolge ist *„der Mensch ursprünglich, also von Natur roh, gewalttätig und asozial"* und muß *„durch Kul-*

---

[167] Daß die von Immanuel Kant, u. a. in der „Kritik der reinen Vernunft" gegebene Antwort unter Hinweis auf die „transzententale Apperzeption" und die „synthetischen Urteile apriori" natürlich erheblich anspruchsvoller ausfällt, ändert nichts an den Schlußfolgerungen im vorliegenden Zusammenhang.

[168] Im Rahmen der vorliegenden Arbeit kann es weder darum gehen, die werkimmanente Stimmigkeit dieser Konstrukte zu diskutieren, noch darum, die Frage beantworten zu wollen, inwieweit sich diese polare Interpretation überhaupt mit den Intentionen von Rousseau und Hobbes deckt. Ich beziehe mich hier vielmehr auf die Rezeption, deren Wirkung sich wie beschrieben entfaltete.

tur, Gesetz und Staat gezähmt werden." (ebd., S. 102) Beide Subjektmodelle teilen offensichtlich die Ausgangsprämisse des „animal rationale", der Vorstellung also, daß der Mensch prinzipiell dazu in der Lage ist, seine Handlungen und die ihnen zugrunde liegenden Handlungsmotive oder -auslöser,[169] und damit auch sich selbst, reflexiv zu vergegenwärtigen, kommen dabei aber zu recht gegensätzlichen 'Erklärungen' bezüglich der Ursachen für abweichendes Handeln und zu widersprüchlichen Empfehlungen hinsichtlich vorbeugender Maßnahmen.

Mit entsprechend gegensätzlichen Motiven sind die beiden Subjektmodelle denn auch in den pädagogischen Diskurs übernommen worden. Dies zeigt sich insbesondere bei den unterschiedlichen Begründungen für die 'Entwicklungshilfen', die den jeweiligen Zöglingen zum eigenen wie auch zum Wohle der Gemeinschaft zuteil werden sollten.[170] Im Anschluß an Rousseaus „éducation négative" geht es dabei primär um den selbständigen Entfaltungsprozeß der inneren Welt des Individuums, zu dessen ungestörter „Entwicklung" es der Protektion eines schonenden Milieus bedarf. Die Eingriffe des Erziehers sind damit vorwiegend vermittelnder oder indirekter Art, in der Absicht, durch die pädagogische Manipulation der äußeren Welt „*der wahren Bestimmung des Menschen zum Durchbruch zu verhelfen [und] (...) zugleich im Kinde die bessere Zukunft der Gesellschaft herbeizuführen.*" (Tenorth 1988, S. 77) Im anderen Falle richtet sich das Interesse primär auf die pädagogische Manipulation der inneren Welt und damit auf sehr viel direktere Eingriffe in den Entfaltungsprozeß des Individuums. Demnach läßt die von Locke artikulierte Vorstellung vom jungen Menschen als einer „tabula rasa" eine „*Pädagogik denkbar erscheinen, in der das Individuum gerade als Objekt von Umwelt und Erziehung zum Subjekt seiner eigenen Möglichkeiten wird.*" (ebd., S. 78) Rationalismus und Empirismus haben offenbar auch über das ihnen immanente bzw. homologe Subjektverständnis die Wissenschaftsentwicklung maßgeblich beeinflußt. In der idealtypischen Überzeichnung wird damit deutlich, daß beide Subjektmodelle die Persönlichkeitsentwicklung als Austauschprozeß von innerer und äußerer Realität, von Mensch und Welt begreifen, bezüglich der Legitimation von Erziehungs- bzw. Entwicklungshilfen aber eine

[169] Vgl. die in dieser Hinsicht bedeutsame Definition „sozialen Handelns" von Max Weber, wonach soziales Handeln ein spezielles Verhalten darstellt, das „*1. dem subjektiv gemeinten Sinn des Handelnden nach auf das 'Verhalten anderer' bezogen, 2. durch diese seine sinnhafte Bezogenheit in seinem Verlauf 'mitbestimmt' und also 3. aus diesem (subjektiv) gemeinten Sinn heraus verständlich 'erklärbar' ist.*" ([4]1973b, S. 430), sowie den daran anschließenden Versuch, verschiedene Klassen sozialen Handelns nach dem Grad und der Art ihrer rationalen Durchdringung in „*zweckrationales*", „*wertrationales*", „*traditionales*" und „*affektuelles*" Handeln zu unterscheiden (1972, S.12).
[170] Zum Verständnis der „*nachgeburtlichen Entwicklung und Erziehung*" als „*Entwicklungshilfe*" vgl. Ludwig Liegle (1999, insb. S. 203).

tendenziell monistische Entscheidungsgrundlage bieten: Für oder gegen den ‚Primat des Subjekts', bzw. für oder gegen den ‚Primat der Welt'.

Abbildung 7
Ausgangskonzepte der modernen Erziehungswissenschaft

ideengeschichtliche Wurzel	**Argumentations-modell**	**Subjektmodell**
Rationalismus/ Intellektualismus	Vernunfterkenntnis	„homme naturel" „Entwicklung"
Empirismus/ Sensualismus	Sinneswahrnehmung	„homo homini lupus" „tabula rasa"

Wie in Abbildung 7 stark vereinfacht dargestellt, wurden durch den Rationalismus und Empirismus unter Bezug auf fundamentale Prämissen hinsichtlich der menschlichen 'Doppelnatur' zwei erziehungswissenschaftliche **Ausgangskonzepte** begründet. Ihre Wirkungsgeschichte reicht in Deutschland einerseits über die Romantik, den Neuhumanismus und in die Reformpädagogik (einschließlich ihres neukantianischen ‚Ablegers', der Kulturpädagogik) bis in die heutige Diskussion über die antiautoritäre bzw. Antipädagogik, und auf der anderen Seite von der utilitaristisch-pietistischen Aufklärungspädagogik über die behavioristischen bzw. experimentellen Lerntheorien bis in die aktuellen pädagogisch-psychologischen und entwicklungspsychologischen Fragestellungen.[171] In diesen beiden Ausgangskonzepten ist demnach bereits auch schon die Quelle für die erkenntnistheoretischen und subjekttheoretischen Grundprobleme zu sehen, denen sich die heutige Erziehungswissenschaft angesichts ihrer Pluralismuskrise wieder verstärkt zuwenden muß. Auf die prinzipiellen Schwierigkeiten, Vernunfterkenntnis und Sinneswahrnehmung als „gleichursprünglich" miteinander zu koordinieren, wurde bereits in vorausgegangenen Darstellungen bereits hingewiesen, und unter Abschnitt 2.3 wurden mit „paedagogia perennis" und „Paradigmenpluralismus" die beiden pro-

[171] Vgl. dazu u. a. die entsprechenden Hinweise bei Jürgen Oelkers (1989 sowie 1991, S. 13)

minentesten erziehungswissenschaftlichen Integrationsversuche vorgestellt und als defizitär gekennzeichnet. Um nun wenigstens nachvollziehen zu können, wie es zu der Fülle an unterschiedlichen, miteinander nicht verträglichen metatheoretischen Orientierungen in der Erziehungswissenschaft kommt, erscheint mir die von Norbert Elias in die Diskussion eingeführte Unterscheidung zwischen „distanzierter" versus „engagierter" forschungsleitender Orientierungen sehr hilfreich.[172] Ohne im voraus bereits für ein Grundlagenkonzept Partei ergreifen zu müssen und sich damit den Gefahren der logischen Abwärtsspirale von Relativismus und Fundamentalismus auszusetzen, lassen sich die unterschiedlichen erziehungswissenschaftlichen Metatheorien auf einer Skala anordnen, die zwischen den beiden idealtypischen Extrempunkten **distanziert-deskriptives** und **engagiert-normatives** Argumentationsmodell verläuft. Die Anhänger eines distanziert-deskriptiven Wissenschaftsverständnisses richten ihr Hauptaugenmerk, wie oben bereits angesprochen, auf die „kausal-analytische Erklärung" sozialer „Gesetzmäßigkeiten". Aus der Perspektive des unbeteiligten Beobachters heraus und unter Anwendung von „quantifizierenden Forschungsmethoden" bemühen sie sich darum, auf intersubjektiv nachprüfbare Art und Weise zu möglichst gehaltvollen Aussagen über die „objektiven" Eigenschaften und Funktionsweisen sozialer Phänomene zu gelangen.

---

[172] Die Unterscheidung eines engagiert-normativen und eines distanziert-deskriptiven Argumentationsmodells greift in inhaltlich nuancierter Form die von Norbert Elias in seiner wissenssoziologischen Arbeit *„Engagement und Distanzierung"* (erstmals 1956, im englischen Original und in einer erweiterten und überarbeiteten deutschen Fassung ²1987 erschienen) getroffene Differenzierung auf. Elias geht dabei davon aus, daß, *„seit Menschen den Gedanken gefaßt haben, daß man nicht nur physikalische, sondern auch soziale Ereignisse >wissenschaftlich< erforschen könne, (...) alle, die sich an diese Aufgabe machen, mehr oder weniger unter dem Einfluß zweier Modelle [stehen]"* (²1987, S. 56). Das ältere, aus der Naturerkenntnis hervorgehende Modell der Distanzierung gilt allgemein als wissenschaftlich anerkannt und wird häufig von Sozialwissenschaftlern zu kopieren versucht. Da es aber für sie bei der Untersuchung sozialer Sachverhalte notorisch schwierig ist, *„die Ideen und Begriffe, die sie in ihrer spezialisierten Arbeit als Wissenschaftler benutzen, von denen ihres alltäglichen sozialen Lebens zu scheiden"* (ebd.), benutzen sie, häufig unbewußt, das Modell des „Engagements". Da, wo sich Sozialwisssenschaftler aber um eine Annäherung an das distanzierte Modell bemühen, gibt Elias zu bedenken, daß die *„mechanische Übertragung der Modelle von einem Wissensfeld auf ein anderes häufig zu einer Art Pseudo-Distanzierung, zu verfehlten Problemstellungen und zu massiven Einengungen des Gegenstandsbereichs der Forschung"* (ebd., S. 57) führe. Die Sozialwissenschaft sieht Elias daher vor der schwierigen Aufgabe, *„die Autonomie ihrer Theorien und Begriffe"* sowohl gegenüber *„gesellschaftlichen Glaubensaxiomen und Idealen"* als auch gegenüber den *„älteren, erfolgreicheren und fester etablierten physikalischen Wissenschaften"* (ebd., S. 57f.) erst noch zu erreichen.
Auch Theodor Geiger unterscheidet im Rahmen seiner Ideologietheorie eine *„attachierte"* und eine *„detachierte"* Erkenntnishaltung. Ein detachierter *„Betrachter"* nimmt den *„Objekten der Außenwelt"* gegenüber einen uninteressierten Standpunkt ein, während ein attachierter *„Beteiligter"* in einem *„Vitalverhältnis"* zu den Dingen steht und Aussagen nicht über die Objekte, sondern *„über die Bedeutung des Objektes für den Sprechenden"* macht. (vgl. 1953, S. 68) Anders als Elias glaubt Geiger, daß auch Sozialwissenschaftler prinzipiell in der Lage sind, das ‚Vitalverhältnis' zu überwinden.

Sie lassen sich dabei vom „naturwissenschaftlich-nomologischen Erkenntnisideal" leiten, verfolgen meist eine induktive Strategie und stehen damit dem epistemologischen Relativismus nahe.

Demgegenüber betonen die Anhänger eines engagiert-normativen Wissenschaftsverständnisses die Unmöglichkeit voraussetzungsloser, die soziale Realität getreu abbildender „Fakten-Erkenntnis". Sie richten daher ihr Augenmerk stärker auf den „verstehenden Nachvollzug" sozialer Komplexität. Im Rückgang auf „prinzipientheoretische Basisannahmen", mit universellem Geltungsanspruch sehen sie den einzig legitimen Ausgangspunkt wissenschaftlichen Arbeitens. Sie stützen sich dabei in aller Regel auf qualitative Forschungsmethoden, mit dem Anspruch, aus der „intimen Feldkenntnis" heraus zu authentischen Urteilen bezüglich der „Genese", des „Wesens" und der „Sinnstruktur" sozialer Phänomene zu gelangen. Sie lassen sich dabei von einem „historisch-hermeneutischen Erkenntnisideal" leiten, verfolgen meist eine deduktive Strategie und stehen dem epistemologischen Fundamentalismus nahe. Nach den vorausgegangenen Überlegungen ist leicht nachvollziehbar, daß alle in Kapitel 2 skizzierten erziehungswissenschaftlichen Grundlagenkonzepte ihre argumentative Orientierung zwischen diesen beiden Polen gewinnen. Die Tragweite dieser Differenzen wird aber immer erst unter inhaltlichen Bezügen deutlich.

3.3.2 Die zwei Grundprinzipien der Erziehungswissenschaft

Ungeachtet der anscheinend noch immer unüberbrückbaren Differenzen zwischen den beiden Ausgangskonzepten haben Rationalismus und Empirismus maßgeblich dazu beigetragen, daß wir heute Individualität als Ergebnis einer ontogenetischen Entwicklung begreifen, an der sowohl die innere Realität der Individuen als auch die sie umgebende äußere Realität beteiligt sind.[173] Unverkennbar sind damit nun auch die Grundlagen gelegt, von denen beispielsweise die immer wieder auflebende Diskussion über die „Anlage-Umwelt-Frage" ausgeht. Alle Versuche, diese Debatte mit einem am naturwissenschaftlichen Erkenntnisideal orientierten Forschungsin-

[173] Bei aller Differenz bezüglich der philosophisch-anthropologischen Bezugstheorien und aller Unterschiedlichkeit im wissenschaftlichen Selbstverständnis konvergieren die in Kapitel 2 thematisierten Konzepte, Richtungen und Schulmeinungen der modernen Erziehungswissenschaft in der Annahme, daß die 'ontogenetische Tatsache' des Aufwachsens – oder mit Siegfried Bernfeld gesprochen: der „Entwicklungstatsache" – als das Ergebnis von Austauschbeziehungen der inneren und äußeren Realität zu begreifen ist.

strumentarium definitiv entscheiden zu wollen, haben zwar bis heute nicht die gesuchte, allgemein anerkannte Antwort hervorgebracht, haben aber zumeist diese für das neuzeitliche Menschenbild konstitutive Prämisse erhärtet:[174] Sowohl die Vererbung von biophysischen und biopsychischen Grunddispositionen als auch deren umweltbedingte Variabilität werden heute weithin als universelle Bestimmungsgrößen der Persönlichkeitsgenese akzeptiert.[175] Dieser hier im weiten Wortsinne als **Idee der Bildungsfähigkeit**[176] bezeichnete Sachverhalt der begrenzten Plastizität des Menschen ist nicht nur mit einem naiven göttlichen Prädestinationsglauben und einem monadischen Atomismus unverträglich, sondern widerspricht gleichzeitig sowohl einem genetischen als auch einem Umweltdeterminismus. Die sich daraus herleitende Erkenntnis, daß Individualität in zwingender Weise Multiformität voraussetzt, konnte nun allerdings nicht verhindern, daß es noch bis ans Ende der Aufklärungsepoche dauerte, bis sich die Bestimmung von Erziehungszielen nicht mehr in erster Linie von der christlichen „Imago-dei-Lehre“, der Lehre von der Gottesebenbildlichkeit als Ausgangs- und Zielpunkt der individuellen Entwicklung, leiten ließ.[177]

---

[174] Zur Aktualität dieser Frage vgl. die Beiträge von Hubert Markl *„Homo sapiens: Zur fortschreitenden Naturgeschichte des Menschen“* (1998) und Georg Auernheimer *„Über die Transformation des pädagogischen Begabungsdiskurses in 1968“* (1998) sowie von Ludwig Liegle *„Erziehung als Reaktion auf die Entwicklung des Kindes und als Entwicklungshilfe“* (1999).

[175] Bereits Schleiermacher kam mit der Formel von der *„Unentschiedenheit der anthropologischen Voraussetzungen“* (1959, S. 50f.) zu dem Ergebnis, daß der Erziehungsprozeß weder durch die *„Allmacht“* noch durch die *„Ohnmacht“* des Erziehers hinreichend gekennzeichnet sei, sondern immer auch die *„Selbsttätigkeit“* des Zöglings berücksichtigen muß. Bezüglich des Umwelteinflusses sind z. B. auch der neueren Literatur zur kulturvergleichenden Sozialisationsforschung bzw. Entwicklungspsychologie (vgl. Trommsdorff 1989, und Liegle 1991) wichtige Hinweise zu entnehmen.

[176] „Bildungsfähigkeit“ wird hier ausdrücklich im weiten, fast alltagssprachlichen Sinne gebraucht und hebt demnach auf die anthropologischen Voraussetzungen für erzieherisches Einwirken ab, welche Heinrich Roth (1966, S. 109ff.) im Kontrast zur Dressierbarkeit von Tieren mit *„Erziehungsbedürftigkeit“* und *„Erziehungsfähigkeit“* bezeichnet hat. Im Gegensatz zum Begriff der Lernfähigkeit erlaubt es der Terminus „Bildungsfähigkeit“ m. E. jedoch, die Subjektbeteiligung stärker zu berücksichtigen.
Ohne in die Diskussion der Herbartschen Begriffsbedeutung einsteigen zu wollen, sei zumindest erwähnt, daß „Bildsamkeit“ in seinem Sinne auf die Tatsache der dualen Natur des Menschen abhebt und die *„Bildsamkeit des Willens zur Sittlichkeit“* (1964/65, Bd. III, S. 165) einschließt und damit bereits ausdrücklich die Interdependenzen von Erziehungsprozessen zu berücksichtigen versucht. (Zum Verständnis von Bildsamkeit vgl. darüber hinaus auch Fußnote 110).

[177] Wie z. B. die begriffsgeschichtlichen Studien von Ilse Schaarschmidt und Franz Rauhut zeigen, haben die wichtigsten Begriffe, mit denen die modernen Erziehungsziele umschrieben werden: „Kultur“, „Zivilisation“ und „Bildung“, zwei tradierte Bedeutungszüge in sich aufgenommen. In ihrem semantischen Kern lassen sie sich zum einen auf Ciceros *„cultura animi“*, zum anderen auf Pufendorfs *„vitae cultura“* bzw. *„vitae socialis“* zurückführen (vgl. Rauhut 1965, S. 11ff.). Das auf ein Gleichnis der griechischen Sophisten zurückgehende Bild von der ‚Beackerung der Seele‘ wirkt in

Obgleich schon Aristoteles den Menschen als „zoon politikon", als gesellschaftliches Wesen, begriff, rückte doch nur ganz allmählich auch der soziale Charakter der Persönlichkeitsgenese ins Bewußtsein der sich mit Erziehungsfragen beschäftigenden 'Theoretiker'. Aber erst seit Johann Gottfried Herder (1744-1803) im Rahmen seiner ethnologischen Studien von der *„zweiten Genesis des Menschen"*[178] spricht, und als insbesondere in Deutschland die Philanthropen neben der individuellen Vervollkommnung auch die individuelle Verantwortung für das Gemeinwesen und damit soziale Nützlichkeit und Brauchbarkeit zu einem Ziel pädagogischen Wirkens werden, ist es möglich, falls nicht sogar unumgänglich, das naive Gemeinschaftserlebnis in archaischen 'Kollektiven' zu problematisieren. Die Art und Weise, in der die utilitaristischen Aufklärungspädagogen dies in ihren Erziehungskonzepten zunächst versuchen, folgt jedoch noch weitgehend der Logik und Praxis der absolutistisch-merkantilistischen Staatsverfassung, *„nämlich den einzelnen Menschen dem gesellschaftlichen Anspruch preiszugeben (...). Im Interesse der Gesellschaft – so formulierte es der Aufklärer Villaume – kann Gehorsam statt Vernunft, kann mechanische Fertigkeit statt Einsicht, kann Alltagszufriedenheit statt verunsicherndem Wissen gefordert sein."* (Blankertz 1982, S. 82) Spätestens jetzt wird aber auch einsichtig, daß sich die äußere Realität auf sehr viel mehr als die dinglich-materiale Umwelt sowie die kleinkindliche Primärversorung und die familialen oder sippenbezogenen Nahbereichskontakte erstreckt. Es wird nun vielmehr allgemein ins Bewußtsein gehoben, daß im Laufe der Menschheitsgeschichte die lebensweltliche Verflechtung mit Personen, die die gleiche Sprache sprechen, an denselben Gott glauben, ihr Verhalten an den gleichen Sitten und Gebräuchen orientieren und demselben Herrscher sich unterworfen fühlen, immer engmaschiger und sublimer geworden ist und damit von immer größerer Bedeutung für die Ausgestaltung und die Sicherung der „persönlichen Identität".[179] Damit verbindet sich die geschichtliche Erkenntnis, daß der Aufbau, die Struktur und die Funktionsweise der sozialen Umwelt nicht das Ergebnis willkürlicher Setzungen eines außer- oder innerweltlichen allmächtigen 'Schöpfers' anzusehen sind oder allein als immer wieder neu zu erfindende und neu zu begründende Kompensationen der menschlichen „Instinktreduziertheit" und „Umweltentbundenheit" gelten können, sondern das Resultat historisch gewachse-

---

der „Idee der Bildungsfähigkeit" weiter, wie sie hier umschrieben wurde, und die von Pufendorf gegen Ende des 17. Jahrhunderts dem Kulturbegriff hinzugefügte Bedeutung kultivierter Lebensverhältnisse lebt in der „Idee der Sozialität" des Menschen, wie sie im weiteren noch dargestellt wird, fort.

[178] Zur sozialen und politischen Dimension des Menschen aus erziehungswissenschaftlicher Perspektive vgl. u.a. Rudolf Lassahn (³1993, S. 116ff.). Zu Herders Menschenbild und seiner Bedeutung für die zeitgenössische Sozial- und Kulturphilosophie vgl. Heribert Zdarzil (1993, S. 125ff.).

[179] Zum Zusammenhang von Gesellschaftsentwicklung und Selbstwahrnehmung aus der Perspektive der Sozialphänomenologie vgl. Thomas Luckmann (1972 sowie 1979).

ner und tradierter Lösungen der alltäglichen Lebensbewältigung darstellen. Von nun an kommen auch die Erziehungswissenschaftler nicht mehr umhin, dieser an der Persönlichkeitsgenese maßgeblich beteiligten sozialen Umwelt bei der Begründung von Erziehungskonzepten in spezifischer Weise Rechnung zu tragen.[180]

Ausgehend von der Erfahrung der zweckrationalen Gestaltbarkeit und der wertrationalen Tradierbarkeit der Sozialwelt samt ihrer Deutung, war es schließlich nur noch ein relativ kleiner Schritt, die unterschiedlichen Problemlösungen für die neuzeitliche Verhältnisbestimmung von Individuum, Gemeinschaft und Gott nicht nur zur Stabilisierung der Gesellschaften nach innen zu nutzen, sondern zugleich auch durch die sozial-räumliche und sozial-moralische Grenzziehung zu 'Fremden' zu politisieren. Insbesondere die Nationalerziehungspläne des ausgehenden 18. Jahrhunderts verdanken sich den Versuchen, die Bestimmung von Erziehungszielen künftig nach spezifisch weltlichen Kriterien vorzunehmen. Begriffe wie „Gemeinschaft", „Republik", „Volk", „Staat", „Nation", „Zivilisation" und „Kultur" übernehmen dabei die Funktion, diesem zunächst eher ‚dumpf' empfundenen „Wir-Gruppen-Gefühl" (vgl. Elwert 1989) Ausdruck zu verleihen und der damit erforderlich werdenden Gemeinschaftserziehung eine nationalerzieherische Richtung zu weisen.[181] Paradoxerweise führte also gerade die Entdeckung der Vielförmigkeit menschlichen Gemeinschaftslebens dazu, soziokulturelle Pluralität als Bedrohung zu empfinden, und die interne Homogenität als natürlichen, vorgefundenen und da, wo dies nicht mehr oder noch nicht der Fall ist, anzustrebenden Normalzustand anzusehen. Diese Entwicklung führt im Extremfall dazu, daß die Individualität des einzelnen letztendlich auf die individuelle Ausprägung ein und desselben „Kollektivgeistes" reduziert wird. Insbesondere im ideologischen Konstrukt des „Nationalismus" verschmelzen die Vorstellung einer gemeinsamen ethnisch-primordialen Abstammung und die der politisch-territorialen Selbstbestimmung zu einem explosiven Symbolsystem.[182] Die Einbettung der individuellen Entwicklung in 'soziokulturelle Apriori' wirkt sich seither unweigerlich auch auf die

---

[180] In dieser Hinsicht kann Schleiermachers Erziehungstheorie bis heute noch als wegweisend angesehen werden.

[181] Zur Problematik der Nationalerziehung mag hier der Verweis auf die Arbeiten von Helmut König (1960, 1972 und 1973) und Karl-Ernst Jeismann (1968) genügen, darüber hinaus vgl. auch Walter Jungmann (1995, S. 65ff.).

[182] Nationalismus wird allgemein als das klassische Paradigma sozialer bzw. kollektiver Identität aufgefaßt. Angesichts der Tatsache, daß die Literatur zur Genese und zu den Folgen des deutschen Nationalismus kaum noch zu überblicken ist, sei hier auf neuere Arbeiten verwiesen, die um eine ausführliche, international vergleichende Diskussion der unterschiedlichen Einzelaspekte bemüht sind: Otto Dann (1978 und 1991), Heinrich August Winkler (^{2}1985), Hagen Schulze (1985), Ernest Gellner (1983), Eric J. Hobsbawn (1991), Bernhard Giesen (1993) sowie die einzelnen Beiträge in Giesen (1991).

individuelle Deutung der eigenen persönlichen Existenz aus. Diesem Umstand verdankt es sich, daß das, was als nationale, kulturelle oder kollektive Identität zum festen Bestandteil moderner politischer Rhetorik geworden ist und im Anschluß an die Sozialtheorie des symbolischen Interaktionismus als „soziale Identität" bezeichnet wird, zunehmend auch für die Erziehungswissenschaft an Bedeutung gewinnt.[183] In dieser hier sehr knapp umrissenen Gestalt gesellt sich die **Idee der Sozialität** bis zum Ende des 18. Jahrhunderts zur Idee der Bildungsfähigkeit hinzu. Multiformität, soviel sollte aus den vorausgegangenen Bemerkungen deutlich geworden sein, ist demnach auch die logische Implikation der Idee der Sozialität.[184]

Unter der Leitvorstellung der „innerweltlichen perfectibilité" werden seither beide Prinzipien in die Pflicht einer dialektischen oder anderweitig konzipierten Verschränkung von Individual- und Sozialgenese genommen.[185] Nicht mehr Gottesebenbildlichkeit und Standeserziehung, sondern „Bildungsfähigkeit" und „Sozialität" bilden damit seit Ende des 18. Jahrhunderts die Grundlage für die modernen Erziehungskonzepte.[186] In diesen beiden, unter der Perspektive der *innerweltlichen perfectibilité* verbundenen Grundprinzipien sehen denn auch die Erziehungswissenschaftler bis heute die anthropologische Rechtfertigung dafür, die individuelle, die gesellschaftliche und die gattungsgeschichtliche 'Perfektionierung' der

---

[183] Eine der prägnantesten Formulierungen diese Sachverhaltes von George Herbert Mead lautet wie folgt: *„Wir können nicht wir selbst sein, solange wir nicht auch an gemeinsamen Haltungen Anteil haben, durch die die Haltungen aller Mitglieder kontrolliert werden. (...) Es kann keine scharfe Trennungslinie zwischen unserer eigenen Identität und der Identität anderer Menschen gezogen werden, da unsere eigene Identität nur soweit existiert und als solche in unsere Erfahrung eintritt, wie die Identitäten anderer Menschen existieren und als solche ebenfalls in unsere Erfahrung eintreten. Der Einzelne hat seine Identität nur im Bezug zu den Identitäten anderer Mitglieder seiner gesellschaftlichen Gruppe. Die Struktur seiner Identität drückt die allgemeinen Verhaltensmuster seiner gesellschaftlichen Gruppe aus, genauso wie sie die Struktur der Identität jedes anderen Mitgliedes dieser gesellschaftlichen Gruppe ausdrückt."* (^{7}1988, S. 206, zuerst 1934) Der Terminus „soziale Identität" wurde freilich erst wesentlich später von Erving Goffmann geprägt.

[184] Jürgen Oelkers hebt in diesem Zusammenhang die Legitimationsprobleme traditioneller Erziehungskonzepte hervor. Wenn „Sein" nämlich entgegen der rationalistisch-idealistischen Tradition *„empirisch gefaßt wird, zerfällt die Einheitsannahme bei allen denkbaren Ersatzkonstrukten, von >Gesellschaft< über >Kultur< bis >Welt< oder >System<. Was immer die Realität begrifflich erfassen soll, es zwingt zur Pluralität. Im Sinne von Nelson Goodman (1978) gibt es >Welt< nur noch in der Mehrzahl, aber dann kann es weder ein einheitliches Sittengesetz noch eine verbindliche Moral für alle geben, und so wäre auch die Erziehung eine teilbare und so relativierte Größe."* (1996, S. 246)

[185] Zum Begriff der „innerweltlichen perfectibilité" vgl. Ulrich Herrmann (1993a, S. 73)

[186] Anders als Dietrich Benner (^{2}1991c) bezeichne ich hier mit „Bildungsfähigkeit, stärker an Schleiermacher angelehnt, das, was Benner mit „Bildsamkeit" und „Selbsttätigkeit" bezeichnet, als ein zusammengehöriges 'konstitutives Prinzip', und auch das, was Benner als regulative Prinzipien mit *„Überführung gesellschaftlicher Determination in pädagogische Determination"* und mit *„nicht-hierachicher Ordnung der menschlichen Gesamtpraxis"* bezeichnet, läßt sich m.E. ohne Verlust an erkenntnisleitender Orientierung mit nur einem 'regulativen Prinzip', nämlich dem der „Sozialität", sehr viel prägnanter fassen.

nachwachsenden Generation als Aufgabe ihres wissenschaftlichen Nachdenkens über Erziehung zu definieren. Nach den vorausgegangenen Analysen ist nun leicht nachvollziehbar, daß sowohl die individuelle als auch die gesellschaftliche und gattungsgeschichtliche Fortschrittsdimension durch eine kognitive und ethische Ausprägung, oder eben: durch Wissen und Moral bestimmt sind.[187]

Abbildung 8
Problemgeschichtliche Grundprinzipien der modernen Erziehungswissenschaft

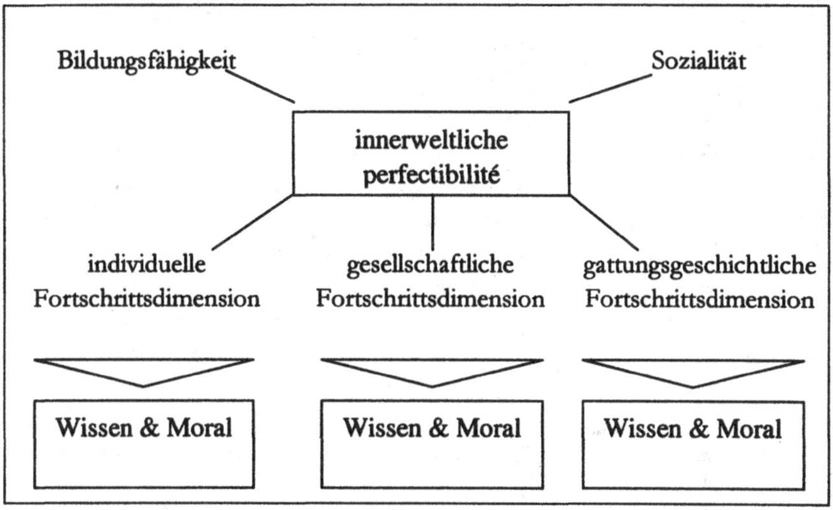

Das in Abbildung 8 schematisch dargestellte Beziehungsgeflecht veranschaulicht die erheblichen Schwierigkeiten, die es jedoch bereitet, die beiden Grundprinzipien „Bildungsfähigkeit" und „Sozialität" theoretisch-konzeptionell miteinander zu vereinbaren. Seit individuelle Lebensertüchtigung und Tradierung soziokultureller Lebenspraktiken in modernen Gesellschaften nämlich nicht mehr in den engen, selbstevidenten, geburtsständischen Bahnen verlaufen, sondern von Bildungsfähigkeit und Sozialität ausgehend konzipiert werden, ist das erziehungswissenschaftliche Denken von der Überwindung des fortan gegebenen potentiellen Widerspruchs von individueller Entfaltungsmöglichkeit und gesellschaftlicher Abhängigkeit – von Freiheit und Zwang, von Natur und Kultur, von Subjektivität und Kollektivität, von Autonomie und Heteronomie, von Barbarei und Sittlichkeit, von

[187] Zu den einzelnen Fortschrittsdimensionen und ihren pädagogischen Ausprägungen vgl. Ulrich Herrmann (1993a, S. 13ff.).

Mensch und Bürger, von Fremd- und Selbstbestimmung von allgemeiner und Spezialbildung – geprägt. Angesichts der fortschreitenden Pluralisierung der Weltbezüge und der zunehmenden kognitiven und institutionellen Trennung von Rationalität und Moralität läßt sich leicht ermessen, daß die Schwierigkeiten, beide erziehungswissenschaftlichen Grundprinzipien als in einem konsistenten Bedingungsgefüge stehend zu begreifen, heute noch eine Steigerung erfahren.[188] Diesen bislang unbewältigten Schwierigkeiten verdankt die Erziehungswissenschaft die in Kapitel 2 umrissenen und bis in unsere Tage hineinreichenden, immer wieder mit viel ideengeschichtlichem 'Aufwand' geführten Grundlagendebatten. Nirgendwo wird dies deutlicher, als bei der Frage nach den zentralen, das erziehungswissenschaftliche Selbstverständnis konstituierenden Begriffen. Abermals erweist sich also eine kurze disziplingeschichtliche Rückblende als erforderlich

Insbesondere während der Hoch-Zeit des Deutschen Idealismus, dessen unterschiedliche Strömungen Herman Nohl im Anschluß an Überlegungen von Wilhelm Dilthey unter dem einprägsamen Begriff *„Deutsche Bewegung"* zusammengefaßt hat, wurden vor dem Hintergrund des Fortschrittsprogramms der „innerweltlichen perfectibilité" außerordentliche, auch heute noch folgenreiche sozial- und bildungsphilosophische Systeme entworfen.[189] Ihr gemeinsames Hauptanliegen besteht darin, die von den Aufklärungsphilosophen verursachte Spaltung eines als

---

[188] Jürgen Oelkers sieht diesbezüglich erhebliche Legitimationsprobleme seitens der noch immer wirkungsmächtigen rationalistisch-idealistischen Erziehungskonzepte im Anschluß an Schleiermacher und Herbert, die nach Oelkers Gefahr laufen, die Allgemeine Pädagogik an untauglichen Prämissen auszurichten. Im Gegensatz zum sensualistischen Konzept in der Tradition von John Locke halten nämlich erstere an einem paradoxen Individualitätsbegriff fest, der ausschließlich die *„universelle Einzigartigkeit"* akzentuiere und damit *„weder auf Kulturen noch auf Milieus, Lerngeschichten oder Erfahrungsbrüche Rücksicht nehmen muß. Mit solchen empirischen Rücksichten aber scheint das Problem der Allgemeinen Pädagogik zu verschwinden und sich deren Anspruch aufzulösen. Er ist traditionell gebunden an unteilbare Absichten, monistische Ideen und Universalismen von Moral und Sittlichkeit, die als absolut gut und so als legitim erachtet werden. In dieser Hinsicht liegt tatsächlich das Zentrum der Allgemeinen Pädagogik, aber wie soll damit umgegangen werden, wenn die Grundlagen zusammenbrechen?"* (1996, S. 247) Dies ist nun weder die passende Gelegenheit noch der richtige Ort, um die Schleiermacher- bzw. Herbartinterpretation von Oelkers eingehend zu diskutieren. Auch wenn diesen im einzelnen nicht immer zugestimmt werden kann, wird von Oelkers in durchaus zutreffender Weise ein Problem herausgearbeitet, das sich m. E. allerdings weniger den beiden Stammvätern der Erziehungswissenschaft als, einer einseitigen Rezeption und Tradierung ihrer Konzepte verdankt.

[189] Vgl. zur allgemeinen Bedeutung für das immer wieder prekäre soziokulturelle Selbstverständnis der deutschen Gesellschaft auch noch nach dem 2. Weltkrieg vgl. Georg Bollenbeck *„Bildung und Kultur. Glanz und Elend eines deutschen Deutungsmusters"* (^{2}1994, insbesondere S. 96ff.). Zum Einfluß des deutschen Idealismus auf das Selbstverständnis der Reformpädagogik seit Ende des 19. Jahrhunderts vgl. Herman Nohl *„Die pädagogische Bewegung in Deutschland und ihre Theorie"* (^{3}1949).

„einheitliches Ganzes" empfundenen Lebens wieder rückgängig zu machen, und *„diese Einheit – im Menschen zwischen seinen Kräften, in der Gesellschaft zwischen den einzelnen Menschen, endlich zwischen Mensch, Natur und Gott – wiederherzustellen."* (Nohl 1970, S. 78, zuerst 1911) Als geeignete Gegenstrategie gelten den Vertretern des Deutschen Idealismus dabei persönlichkeitsbildende Einheitserfahrungen im Kindes- und Jugendalter. Ungeachtet aller systematischen und begrifflichen Unterschiede stimmen die Grundaussagen beispielsweise von Herder, Kant, Schiller, Humboldt und Hegel aber darin überein, daß sich „Humanität", „Individualität", „Moralität", „Sittlichkeit", „Lebenskunst" und allgemeine „Menschen- und Verstandesbildung" nur über eine an rationalen und ethischen Kriterien orientierte 'Entwicklungshilfe' im Kindes- und Jugendalter 'bewirken' lassen. Bei aller Differenz hinsichtlich der philosophiegeschichtlichen und erkenntnistheoretischen Bezüge heben diese Leitbegriffe – der 'optimistischen' Anthropologie des Rationalismus folgend – darauf ab, daß sich Menschsein in einer artspezifischen Potentialität zur Überwindung der konkurrierenden Ansprüche von Bildungsfähigkeit und Sozialität realisiert. Nachdem der Erziehungsbegriff aber aufgrund seiner utilitaristischen Vereinseitigung und seiner semantischen Vieldeutigkeit seine pädagogisch-theoretische Legitimation eingebüßt hat,[190] kristallisiert sich insbesondere im deutschen Sprachraum der Bildungsbegriff als programmatischer Ersatzterminus heraus.[191] Er gewinnt in jener

---

[190] Tenorth faßt diese Entwicklung wie folgt zusammen: *„Erziehung bezeichnet (...) zunächst die Einwirkung der älteren Generation auf die jüngere, aber der Begriff umfaßt sowohl das Geschehen wie das Ergebnis dieses Geschehens, er bezeichnet die Handlungen, die Erzieher ausüben, und die Absichten, die sie dabei verfolgen, aber auch die Wirkungen, die Kinder erleiden; Erziehung wird für den Einfluß gebraucht, den Institutionen, soziale Gruppen oder Gesellschaften im Ganzen auf Heranwachsende ausüben, und der Begriff wird sogar bei der Untersuchung von Einflüssen verwendet, die von der Natur oder der Welt im ganzen auf das Kind ausgehen. Erziehung wird schließlich als deskriptiver Begriff gebraucht, mit dem eine bestimmte Praxis nur beschrieben wird, aber auch als Begriff, der Erziehungsverhältnisse normativ, z.B. als 'Pädagogik', qualifiziert und dann nur für bestimmte Formen der Beeinflussung von Menschen, z.B. für 'gute' oder 'gut gemeinte' Erziehung, benützt wird und erlaubt ist."* Diese Vieldeutigkeit hindert Tenorth nicht daran, eine *„Geschichte der Erziehung"* zu verfassen, in der er sich an Bernfelds Begriffsverständnis anschließt, wonach Erziehung als *„die Summe der Reaktionen einer Gesellschaft auf die Entwicklungstatsache"* zu definieren sei (1988, S. 12f.).

[191] Aus international vergleichender Perspektive hat Reinhard Koselleck die für den klassischen deutschen Bildungsbegriff charakteristische Verschränkung von Subjekt- und Sozialgenese wie folgt zusammengefaßt. *„Es kennzeichnet den deutschen Bildungsbegriff, daß er den Sinn einer von außen getragenen Erziehung, der dem Begriff im 18. Jahrhundert noch innewohnt, umgießt in den Autonomieanspruch, die Welt sich selbst einzuverwandeln: insofern unterscheidet sich Bildung grundsätzlich von 'education'.– Es kennzeichnet zweitens den deutschen Bildungsbegriff, daß er den gesellschaftlichen Kommunikationskreis nicht mehr zurückbezieht auf die politisch begriffene societas civilis, sondern zunächst auf eine Gesellschaft, die sich primär durch ihre mannigfaltige Eigenbildung begreift: insofern unterscheidet sich der Bildungsbegriff von 'civility' und 'civilisation'. – Es kennzeichnet schließlich den deutschen Bildungsbegriff, daß er die kulturellen Gemeinschafts-*

„Philosophie der dialektischen Bewegung und des Selbstbewußtseins des Geistes, in der sich der Anspruch persönlicher intellektueller Selbstbildung und Selbsterziehung des Individuums durchsetzt und die geistige Selbsttätigkeit, das Leben in Ideen zum Königsweg der Versittlichung des Menschen wird, die volle Bedeutung eines Reflexionsbegriffes und eines normativen Leitbildes für eine geistige Führungsschicht.“ (Lichtenstein 1966, S. 23) Auf der normativen Grundlage eines am Vorbild der griechischen Antike orientierten Humanitätsideals verbindet sich bis heute mit „Bildung“ das Bemühen, die existentielle Notwendigkeit von ‚Entwicklungshilfe‘ auf die individuelle Potentialität zur subjektgenerierenden Balance zwischen der Antinomie von Bildungsfähigkeit und Sozialität zu beziehen. Indem Bildung sich *„in der Begegnung eines Individuums mit der Geschichte, den sittlichen Mächten, den kulturellen Strömungen einer Zeit“* vollzieht, kann zwischen *„Geist und Geschichte, Individuum und Gesellschaft“* vermittelt und jene *„>geistige< Einheit“* wiederhergestellt werden, die mit der Säkularisierung zerbrochen war (Giesen 1993, S. 212). Im weiteren Verlauf des 19. Jahrhunderts ist jedoch, angesichts der sozialen Folgen der Industrialisierung und der Funktionalisierung des idealistischen Bildungsverständnisses für die Emanzipationsinteressen des Bürgertums, nicht mehr zu übersehen, daß der (neu-) humanistische Anspruch und die sozialstrukturelle Bedeutsamkeit von Bildung nur schwer miteinander zu vereinbaren sind.[192] Sowohl in der materialistisch-sozialistischen (Ideologie-) Kritik als auch in dem kulturpessimistischen Skeptizismus à la Nietzsche, de Lagarde und Langbehn wird auf sehr unterschiedliche Weise der Geltungsanspruch des idealistischen Bildungsverständnisses erschüttert, dies letztlich aber nur, so die Kritiker, um die ‘wahre’ emanzipatorische Bedeutung des Bildungsverständnisses zu retten. Ohne den Argumentationsgang der pessimistischen Anthropologie des Empirismus/Sensualismus geradlinig weiterzuführen, werden beide Kritiken für die Entwicklung insbesondere der deutschen Reformpädagogik bedeutsam.[193] Für die Erziehungswissenschaft bleibt letztendlich bis weit ins 20. Jahrhundert hinein ein Bildungsbegriff relevant, der die Antinomie von Bildungsfähigkeit und Sozialität unter Rückgriff auf ein **intentionales Subjektverständnis** zu überwinden versucht. Die sozialpädagogischen und pädagogisch-soziologischen Theorieausläufer der Weimarer Zeit

---

leistungen, auf die er sich natürlich auch bezieht, zurückbindet in eine persönliche Binnenreflexion, ohne die eine gesellschaftliche Kultur nicht zu haben sei.“ (1990, S. 14f.)

[192] Vgl. hierzu u. a. den Handbuchbeitrag von Rudolf Vierhaus (1972) sowie die einzelnen Untersuchungen in den vier von Werner Conze, Jürgen Kocka und Mario Rainer Lepsius herausgegebenen Bänden *„Bildungsbürgertum im 19. Jahrhundert“* (1983-1992).

[193] Vgl. hierzu die einschlägigen Darstellungen zum ideen- und sozialgeschichtlichen Kontext der Reformpädagogik sowie die Arbeiten von Jürgen Oelkers (1989), Ulrich Herrmann (1991) und Roland Bast (1996).

etablieren aber schließlich, beispielsweise mit dem Konstrukt der „funktionalen Erziehung“, eine immer bedeutsamer werdende entgegengesetzte Perspektive.[194] Sie beruht darauf, daß sie die Antinomie von Bildungsfähigkeit und Sozialität unter Bezug auf überindividuelle Wertgesichtspunkte wie „Kultur“, „Gemeinschaft“, „Volk“ und „Nation“ zu überwinden sucht, und läßt sich demgemäß stärker von einem **deterministischen Subjektverständnis** leiten.

Analog zur Skalierung des erkenntnistheoretischen Grundproblems lassen sich auch die subjekttheoretischen Prämissen, die den verschiedenen erziehungswissenschaftlichen Konzepten zugrunde liegen, auf einer Skala abbilden. Sie verläuft zwischen den beiden idealtypischen Extrempunkten „intentionales Subjektmodell“ und „deterministisches Subjektmodell“.[195] Diejenigen, die dem „intentionalen Subjektmodell“ zuneigen, folgen der im Rationalismus wurzelnden Vorstellung vom „autonomen Subjekt“, das sich durch subjektiv-sinnvolle (intentionale) Handlungen 'entäußert' und auf diese Art und Weise zum Schöpfer seiner

---

[194] Die Sozialpädagogik, im Sinne einer der Individualpädagogik gegenübergestellten Grundkonzeption von Pädagogik, vertritt insbesondere Paul Natorp und definiert sie wie folgt: *„Ziemlich einhellig jedoch versteht man darunter nicht sowohl einen abgegrenzten Teil der Pädagogik als vielmehr eine bestimmte Auffassung ihrer ganzen Aufgabe, nämlich diejenige, welche bei der Bestimmung des Ziels wie der Mittel der Erziehung die Gemeinschaft nicht das Individuum in den Vordergrund stellt.“* (^{2}1908, S. 675) Zu Bedeutung und Entwicklung der sozialpädagogischen Diskussion seit Pestalozzi vgl. Cristian Niemeyer (1998). Der Begriff „funktionale Erziehung“ verbindet sich insbesondere mit Überlegungen, die Ernst Krieck in seiner *„Philosophie der Erziehung“* (1922) in einen größeren Zusammenhang zu stellen versuchte. Unter der Überschrift *„Die Funktion der Erziehung“* faßt Krieck seine Vorstellungen bezüglich eines neuen Begriffsverständnisses, das er der künftigen Erziehungswissenschaft zugrunde legen will, wie folgt zusammen: *„Erziehung empfängt ihr Gesetz von den natürlichen und geistigen Normen des Gemeinschaftslebens. Sie macht aus dem natürlichen Menschen den geistigen und sozialen Menschen; sie bringt die seelischen Anlagen zur Entfaltung, beeinflußt im Sinne der Norm das leibliche Wachstum und schafft die Grundlage zu schöpferischer Selbstformung und Werkgestaltung. Die Erziehung bildet dem Gemeinschaftsglied den Bestand an objektiven geistigen Werten und Gütern ein (...). Die Erziehung ordnet den Einzelnen einer höheren Norm, dem Bildungsgesetz der Gemeinschaft ein (...). Erziehung erstrebt allseitige Harmonisierung zwischen den Gliedern und der Gemeinschaft (...).“* (1922, S. 164)
Zu Bedeutung und Entwicklung der pädagogisch-soziologischen Theorieentwicklung vgl. insbesondere Wilhelm Brinkmann (1986). Zur Aktualität der Verhältnisbestimmung von Individualpädagogik und Sozialpädagogik vgl. Reinhard Uhle (1995).

[195] Bei der Typenbildung von intentionalem und deterministischem Subjektmodell hat in systematischer Hinsicht der Aufsatz *„Soziale Bedingtheit und die Freiheit des Individuums – das Problem des >homo sociologicus<“* von Raymond Boudon (1977) Pate gestanden. Was die Namengebung anbelangt, war die Arbeit von Peter Vogel *„Kausalität und Freiheit in der Pädagogik“* (1990, S. 48ff.) maßgeblich, die auch in inhaltlicher Hinsicht hilfreich war, ebenso wie der sozialisationstheoretische Grundlegungsversuch von Dieter Geulen (1989, zuerst 1977), die verschiedenen Arbeiten von Klaus Hurrelmann (insb. 1986) und die begriffsanalytische Studie von Wolfgang Brezinka (1989, S. 192ff.).

äußeren Realität wird. Diese Perspektive ist demnach durch die Verabsolutierung der 'inneren Realität', d. h. durch die starke Betonung der Würde, Autonomie, Reflexivität, Selbsttätigkeit und Freiheit des Einzel-Individuums charakterisiert. Die Intentionalisten wenden sich vor allem gegen die gesellschaftlich-funktionale 'Fremdbestimmung' des Subjekts, stehen daher dem idealistisch-individualistischen Wissenschaftsprogramm nahe und favorisieren hinsichtlich der Frage nach der Existenz moralischen Wissens die gesinnungsethische Position.
Demgegenüber orientieren sich die Anhänger des „deterministischen Subjektmodells" primär an der im Empirismus wurzelnden Vorstellung der individuellen Abhängigkeit von personalen und soziokulturellen (Vor-) Gegebenheiten. Sie akzentuieren damit die Anpassungsleistungen an die Imperative der äußeren Realität und deren Verinnerlichung bzw. Internalisierung im Rahmen von Vergesellschaftungsprozessen. Ihre Perspektive läßt sich demnach durch die Verabsolutierung der 'äußeren Realität' des Menschen charakterisieren, d. h. durch die starke Betonung historisch-sozialer Bedingnisse und struktureller Zwänge, die das Individuum auf funktionale 'Rollenerfüllung' festlegen. Die Deterministen stehen damit dem materialistisch-holistischen Wissenschaftsprogramm nahe und bevorzugen hinsichtlich der Frage nach der Existenz moralischen Wissens den verantwortungsethischen Standpunkt.

3.3.3 Die disziplingeschichtliche Hypothek der Erziehungswissenschaft

In dem hier sehr knapp gehaltenen Abriß zur Etablierung und Entwicklung der erziehungswissenschaftlichen Fragestellung kristallisieren sich mithin zwei Probleme als zentral heraus:

- dies ist zum einen die Suche nach einem angemessenen Subjektverständnis, das den beiden Grundprinzipien „Bildungsfähigkeit" und „Sozialität" Rechnung zu tragen vermag, ohne an der Aporie von Intentionalismus versus Determinismus zu scheitern;
- und dies ist zum zweiten die Suche nach einem erkenntnistheoretischen Grundverständnis, das den beiden Erkenntnisquellen „Vernunft" und „Sinneserfahrung" gerecht zu werden vermag, ohne an der Aporie engagiert-normativer versus distanziert-deskriptiver Argumentationshaltung (bzw. Wissenschaftsauffassung) zu scheitern.

Daß sich mit beiden Problemkreisen gravierende Schwierigkeiten verbinden, wurde in den vorausgegangenen Untersuchungen bereits hinreichend thematisiert. Um nun aber besser zu verstehen, worin in diesem Zusammenhang das „spezifische Gefährdungspotential“ des *postmodernen* Pluralismus besteht, das die Erziehungswissenschaft in die aktuelle Krise führt, muß man sich klar machen, daß – wie dies ja auch bereits in den beiden Ausgangskonzepten deutlich wurde – die subjekt- und die erkenntnistheoretische Fragestellung nie getrennt voneinander zu beantworten sind, sondern uns in konstitutiver Verschränkung stets gemeinsam beschäftigen. Eben dies zeigt sich in der erziehungswissenschaftlichen Grundbegrifflichkeit in besonders prägnanter Weise.

Abbildung 9
Erziehungswissenschaftliche Grundbegriffe im Spannungsfeld gegensätzlicher subjekt- und erkenntnistheoretischer Prämissen

		Subjektmodell	
		intentional	deterministisch
Argumentationsmodell	distanziert-deskriptiv	**Lernen**	**Sozialisation**
	engagiert-normativ	**Bildung**	**Erziehen**

Ganz offensichtlich verbindet sich mit den in Schaubild 9 dargestellten Grundbegriffen ein je eigenes Verständnis von der Konstituierung der Pädagogik als Wissenschaft. Dies wird alleine schon dadurch deutlich, daß die meisten der im Bereich der Erziehungswissenschaft Lehrenden und Forschenden ihr disziplinäres Selbstverständnis unter ausdrücklichem Bezug auf einen dieser Begriffe und die mit ihm verbundene Theorietradition umschreiben. Wie sich z. B. durch einen Blick in das seit 1993 bereits in der 6. Auflage erschienene Lehrbuch von Herbert Gudjons (^{6}1999) leicht demonstrieren läßt – sich aber in gleicher Weise auch in anderen Lehrbüchern zeigt –, wird mit der Wahl der forschungsleitenden Kategorie nicht nur eine Vorentscheidung über den jeweiligen Forschungsgegenstand und die ihm angemessenen forschungspraktischen Strategien getroffen, sondern zugleich auch ein unterschiedlicher Anspruch hinsichtlich der Orientierung pädagogischer Praxis erhoben.

So richten beispielsweise **Lerntheoretiker** ihre Aufmerksamkeit auf die lebenslang andauernden Prozesse des Erwerbs und der Veränderung „psychischer Dispositionen" – operationalisiert als „Verhaltens– und Handlungs*möglichkeiten*" – und konzentrieren sich in ihrer (überwiegend empirisch-analytischen) Forschung auf Fragen der motivationalen, situativen und kognitiven Einflüsse oder Voraussetzungen individueller Lernleistungen (vgl. u.a. Edelmann [3]1993, S. 6). **Bildungstheoretiker** stellen zwar gleichfalls das Individuum ins Zentrum ihres Interesses, akzentuieren dabei aber die „Selbsttätigkeit", „Selbstbestimmung" und „Selbstverantwortung" des Subjekts, und konzentrieren sich in ihrer (überwiegend historisch-hermeneutischen) Forschung auf die Dialektik *„zwischen tradierten Idealen und aktuellem Kompetenzbedarf, zwischen philosophischer Selbstvergewisserung und praktischer Selbsterhaltung der Gesellschaft"* (von Hentig 1996, S. 58), oder, wie Hartmut von Hentig unter Anspielung auf Platons Höhlengleichnis schreibt, zwischen *„Aufstieg ans Sonnenlicht und Abstieg in die Höhle."* (ebd.) Demgegenüber rücken **Sozialisationstheoretiker** die individuellen Anpassungsleistungen an gesellschaftlich-kulturelle Bedingnisse ins Zentrum ihres Interesses und konzentrieren sich in ihrer (überwiegend empirisch-analytischen) Forschung auf soziale und dinglich-materielle Einflußgrößen und deren Wirkungsweisen in Hinblick auf die *„Entstehung und Entwicklung der Persönlichkeit in wechselseitiger Abhängigkeit von der gesellschaftlich vermittelten sozialen und materiellen Umwelt. Vorrangig thematisch ist dabei (...), wie sich der Mensch zu einem gesellschaftlich handlungsfähigen Subjekt bildet."* (Geulen & Hurrelmann [2]1982, S. 51) **Erziehungstheoretiker** interessieren sich gleichfalls für die von außen auf die Persönlichkeitsentwicklung einwirkenden Kräfte, konzentrieren sich aber in ihrer (überwiegend historisch-hermeneutischen) Forschung auf intentionale und interpersonale Einflußgrößen, die dazu dienen, *„das >Innere< des Educanden zu bestimmen, zu >bearbeiten< oder zu >determinieren<"* (Brezinka [4]1978, S. 43), oder, wie Wolfgang Brezinka etwas entschärfend formuliert, auf Handlungen, *„durch die Menschen versuchen, das Gefüge der psychischen Dispositionen anderer Menschen in irgend einer Hinsicht dauerhaft zu verbessern oder seine als wertvoll beurteilten Komponenten zu erhalten oder die Entstehung von Dispositionen, die als schlecht bewertet werden, zu verhüten."* (ebd., S. 45) Mit den sich in der Grundbegrifflichkeit ausdrückenden subjekt- und argumentationstheoretischen Präferenzen verbindet sich darüber hinaus, wie dies oben bereits ausgeführt wurde, die jeweilige Nähe bzw. Ferne zu den beiden im Anschluß an Max Weber unterschiedenen moraltheoretischen Grundpositionen. Ganz offensichtlich stehen „Lern- und Sozialisationstheoretiker" dem „verantwortungsethischen" und „Bildungs- und Erziehungstheoretiker" dem „gesinnungsethischen" Standpunkt nahe. Doch damit nicht genug: Bedenkt man, daß zu diesen mit der Grundbegrifflichkeit gegebenen Differenzierungsprozessen noch eine gegenstands- oder bereichsspezifische Differenzierung hinzukommt (z. B. die lernpsychologische Erforschung der Ausbildungsprobleme von ausländischen Auszubildenden im

Bereich gewerblich-technischer Berufsausbildung), kann man erahnen, welche Ausmaße die Pluralisierung annimmt.

Ohne dies an dieser Stelle in allen Einzelheiten durchdeklinieren zu müssen, ist damit leicht nachvollziehbar, daß auch die in Kapitel 2 problematisierte Pluralisierung der Lehr- und Forschungsgestalt der modernen Erziehungswissenschaft eine Konsequenz dieser weit in die Geschichte zurückreichenden Ausformung der subjekt- und erkenntnistheoretischen Grundprobleme darstellt. Als **disziplingeschichtliche Hypothek** erweist sich all dies aber erst dadurch, daß es den Erziehungswissenschaftlern, insbesondere jenen, die sich als Allgemeinpädagogen verstehen, offenbar immer schon schwer gefallen ist, a l l e s pädagogische Denken und Handeln an die lebensweltliche Relationalität von Wissen und Moral rückzubinden und den fachwissenschaftlichen Selbstverständigungsprozeß als ein nach praktischen Fragestellungen und theoretischen Reflexionsstufen zu differenzierenden Grundlegungsdiskurs zu konzipieren. Dieser Tatsache verdanken sich jene noch von jeder neuen Generation an Erziehungswissenschaftlern unternommenen Versuche, d e n einheitsstiftenden Grundgedanken, d i e originäre Grundperspektive, d a s unhintergehbare Grundprinzip oder d a s integrative System zu entdecken – allesamt Anstrengungen, die bereits Wilhelm Dilthey als Baupläne für *„Kasernenbauten der radikalen Doktrinen“* ([4]1974, S. 180) entlarvt hat. Bei all diesen Unternehmungen scheint immer wieder in Vergessenheit zu geraten, daß die Erziehungswissenschaft selbst ein Kind der Aufklärung ist, das seine eigene Existenz einer Pluralisierung der ‚individuellen Weltbezüge‘ und ‚sozialer Daseinsfürsorge‘ verdankt.

Peter Vogel stellt daher mit Verweis auf einschlägige disziplingeschichtliche Befunde, wie sie bis in die aktuelle Diskussion hinein in Kapitel 2 bereits vorgestellt wurden, völlig zurecht fest: *„Die Grundlegungsdiskussion der Erziehungswissenschaft leidet an einer systematischen Überforderung, wenn sie gleichsam in einem Begründungszusammenhang die Bestimmung des Gegenstandes empirisch-pädagogischer Forschung, die Orientierung praktisch-pädagogischen Handelns und die Konstitution der Pädagogik als wissenschaftliche Disziplin leisten will.“* (1986, S. 482) Wenn er deshalb zusammen mit Jörg Ruhloff (1991a, S. 215) und anderen für eine „Dekomposition“ dieses Diskurses plädiert und in wenig spektakulärer Weise darunter *„die Differenzierung von Problembereichen und ihnen entsprechenden Bearbeitungsverfahren und Wissensformen unter Aufrechterhaltung ihres Verweisungszusammenhangs“* (1986, S. 482) verstanden wissen will, und wenige Zeilen weiter nochmals zu konkretisieren versucht: *„Die Argumentationen, die die Bildung empirisch zu prüfender Hypothesen, die Begründung pädagogischer Handlungsmodelle oder Konstitutionsprobleme der Erziehungswissenschaft zum Gegenstand haben, gehören ungeachtet ihrer Bezogenheit auf einen gemeinsamen Problemzusammenhang unterschiedlichen Gebieten an, die durch je spezifische*

Geltungsansprüche gekennzeichnet sind" (ebd., S. 483), so stößt Vogel erwartungsgemäß auf breite Zustimmung. Die Vorgehensweise mit der er dieses Anliegen jedoch in späteren Beiträgen, die sich schwerpunktmäßig der Differenzierung von „erziehungswissenschaftlichen Wissensformen" widmen, einzulösen versucht, vermag dagegen nicht mehr so ganz zu überzeugen.[196] Denn wie sich vor dem Hintergrund der oben dargestellten Befunde zur Anatomie des Pluralismus und zur Relationalität moralischen Wissens unschwer zeigen läßt, bleibt sein Antwortversuch auf die Kernfrage nach der Beschaffenheit des „*Verweisungszusammenhangs*" oder danach, was eigentlich den gemeinsamen „*Problemzusammenhang*" oder „*Konstitutionszusammenhang*" stiftet, letztlich unbefriedigend.[197] Erneut stehen wir deshalb vor dem die disziplinäre Identität untergrabenden Problem, zwischen ‚prinzipientheoretischer Zwingburg' oder ‚empirisch-analytischem Turmbau zu Babel' wählen zu müssen. Genau dieses Problem haben wir aber als das Einfallstor identifiziert, durch welches sich unser ‚Pluralismusgespenst' Zugang zum aktuellen erziehungswissenschaftlichen Selbstverständigungsdiskurs verschafft. Und genau darin ist denn auch das spezifische Gefährungspotential des Pluralismus zu sehen. – Summa summarum also Grund genug, die safety-first-Strategie wieder in Erinnerung zu rufen und nach Schutzvorkehrungen vor der sinnestäuschenden Janusgesichtigkeit des 'Pluralismusgespenstes' Ausschau zu halten.

---

[196] Vgl. Peter Vogel 1989, 1990, 1991a, 1996, 1998a, 1998b.

[197] Da der Terminus „*Verweisungszusammenhang*" im Sinne einer „*höheren Einheit*" mißverstanden worden sei, spricht Peter Vogel in späteren Beiträgen vorzugsweise von „*geschichtlichem Verweisungszusammenhang*" (1989, S. 438). Daß das Problem aber auch damit nicht ausgeräumt ist, zeigt sich in seinem Aufsatz „*Von Umfang und Grenzen der Lernfähigkeit empirisch-analytischer und systematischer Pädagogik*" (1991b). Darin arbeitet Vogel bezüglich einer Bilanzierung des Positivismusstreits in der Erziehungswissenschaft selbst die Schwierigkeiten heraus, die ein jeglicher Versuch mit sich bringt, für beide 'Großparadigmen' eine „*komplementäre Problemdefinition*" zu finden (vgl. ebd., S. 26). Und in seinem Beitrag „*Scheinprobleme der Erziehungswissenschaft: Das Verhältnis von >Erziehung< und >Sozialisation<*" (1996) zeigt er, daß „*>Erziehung< und >Sozialisation< (...) weder in einem Konkurrenz- noch in einem Ergänzungs- noch in einem Subsumtionsverhältnis zueinander [stehen]; sie entstammen unterschiedlichen >Erkenntnissphären<, die sich nicht berühren.*" (ebd., S. 487) In beiden Fällen beschreibt er die Differenzierung von pädagogischen Wissensformen als ‚Königsweg' aus diesen Schwierigkeiten, was dabei aber deren Konstituierungszusammenhang ausmacht, ist nicht mehr nachvollziehbar.

4. Schutzmaßnahmen: Allgemeine Erziehungswissenschaft als Wissenschaftsdidaktik

Vor dem Hintergrund der in den vorangegangenen Kapiteln vorgestellten Einzelbefunde erscheint die derzeitige *Postmodernismus*debatte in der Erziehungswissenschaft über weite Strecken nichts anderes zu sein, als eine verspätete und vielfach unzureichende Auseinandersetzung mit dem modernen Wissenschaftsverständnis. Bereits seit dem 18. Jahrhundert sind nämlich genau jene wissenschaftstheoretischen Grundprobleme bekannt, deren unbewältigte Schwierigkeiten in der aktuellen Pluralismuskrise in verschärfter Form wieder zutage treten. Und spätestens seit der Hoch-Zeit der Diltheyschen Forschung stellt die *Suche nach der Einheit in der Vielheit*, nach einem Flucht- oder Bezugspunkt, von dem aus oder auf den hin sich in 'gültiger' Weise eine disziplinäre Identität stiften läßt, zur in sich widersprüchlichen Aufgabe Allgemeiner Erziehungswissenschaft. Zur disziplingeschichtlichen Hypothek wächst sich diese Aufgabe allerdings erst dadurch aus, daß – ungeachtet aller Differenzen im einzelnen – der erziehungswissenschaftliche Grundlagendiskurs letztlich immer wieder zwischen die Fronten miteinander unvereinbarer Leitideen gerät (sei es die vom *postmodernen* „Widerstreit" oder die von den *postmodernen* „Sprachspielen"), und sich damit in die Abwärtsspirale von fundamentalistischer Selbstblockade und relativistischer Selbstaufgabe ziehen läßt. Darin liegen letztlich auch die Ursachen für die ausgeprägte Ambivalenz, mit der viele Erziehungswissenschaftler heute dem Pluralismus begegnen. Als Kernelement der säkularen Weltdeutung verhilft er zwar der Idee von der Multiformität individueller und kollektiver Selbstauffassungen – und damit auch der modernen Freiheitsidee – zum Durchbruch, und ermöglicht es dadurch, im kulturgeschichtlichen Längsschnitt ebenso wie im kulturvergleichenden Querschnitt die Multiformität erziehungsrelevanter individueller und kollektiver Lebensformen zu entdecken, zu beschreiben und zu analysieren, scheint aber – konsequent zu Ende gedacht – gleichzeitig der Erziehungswissenschaft ihr einheits- und identitätsstiftendes Moment zu entziehen.

Wenn in diesem abschließenden Kapitel mit Blick auf die zuvor gewonnenen Ergebnisse Schutzmaßnahmen entwickelt werden, geschieht dies ganz im Sinne des in Kapitel 2.4 skizzierten Verständnisses von Pluralitätsverarbeitung als erziehungswissenschaftlichem Lernprozeß. Der leitende Gesichtspunkt ist dabei die Suche nach Anfangsgründen für eine disziplinäre Selbstvergewisserung, die sich weder dem Vorwurf aussetzt, einem „permessiven Pluralismus" oder „konturlosen

Indifferntismus" Vorschub zu leisten noch in den Verdacht gerät, ins Lager der „Letztbegründer" oder „Fundamentalisten" überlaufen zu wollen.

Wie also vermag 'das Prinzip Lernen' dabei zu helfen, der Erziehungswissenschaft einen Weg zwischen Fundamentalismus und Relativismus zu erschließen? Ausgehend von der alarmierenden Lernstandsdiagnose in Kapitel 2 und bezogen auf das in Kapitel 3 ermittelte allgemeine und spezifische Gefährdungspotential geht es im Folgenden zunächst darum, das Lernziel näher zu bestimmen (4.1), um dann hierauf bezogen die wichtigsten Lektionen zu konzipieren (4.2 bis 4.5), und schließlich mit Überlegungen zum wissenschaftsdidaktischen Stellenwert der Untersuchungsergebnisse die vorliegende Arbeit zu beenden (4.6).

4.1 *Lernzielbestimmung*

Eine von Hans Scheuerl geprägte Metapher scheint mir am ehesten dazu geeignet, eine 'unvoreingenommene' Annäherung an das gesuchte Lernziel zu ermöglichen (vgl. dazu nochmals Kapitel 2.3). Angesichts der großen Heterogenität erziehungspraktischer Fragestellungen und den damit einhergehenden zentrifugalen Tendenzen in der Erziehungswissenschaft bezeichnete er schon vor mehr als 25 Jahren die Erarbeitung einer erziehungswissenschaftlichen *„Systematik"* als vordringlich. Scheuerl wollte darunter eine *„kartographische Aufnahme der ganzen pädagogischen Landschaft"* verstanden wissen, in der sich *„die heterogenen Probleme verständlich lokalisieren ließen. Dabei hieße >lokalisieren< zugleich: jedes Problem sowohl eingrenzen, also isolieren, als auch in den Zusammenhängen rekonstruierbar machen, aus denen es sich isolieren läßt. Also beides in einem: die Sache in ihren Umgrenzungen wie in ihren Verstrickungen sehen."* (1975, S. 14) Angesichts der dargestellten Verschärfung der Pluralismuskrise erweist es sich heute als notwendig, über den von Scheuerl aus dieser Perspektive heraus entworfenen Lösungsvorschlag hinauszugehen. Dazu bietet es sich an, die Metapher von der 'kartographischen Aufnahme' noch etwas auszumalen.

Wie dies den Kartographen (aber selbstverständlich auch allen sonstigen 'Meßwissenschaftlern') geläufig ist, verdanken sich die Konstruktion und Eichung ihrer Meßinstrumente dem Versuch, die geographischen Faktizitäten modellhaft abzubilden. Abbild und Realität gelten ihnen daher niemals als identisch, sondern immer als über messtechnische Operationen und die ihnen vorausgehenden messtheoretischen Prämissen vermittelt. Und noch eine weitere damit unmittelbar zusammenhängende Erfahrung ist ihnen geläufig, nämlich die empirische Feststellung, daß weder das einer kartographischen Aufnahme zugrunde gelegte Koordinatensystem noch die zur Ermittlung und Darstellung von Einzelausprägungen verwandten Meßmethoden, Maßstäbe, Maßeinheiten und Instrumente zeit- und raumübergreifende Gültigkeit beanspruchen können. Sie werden vielmehr allesamt als Konventionen betrachtet, die angesichts des fortwährenden soziokulturellen Wandels unter stetem Bewährungsvorbehalt stehen und immer wieder verfeinert werden müssen. Sie erscheinen damit, wie das einzelne Meßergebnis bzw. die einzelne Momentaufnahme selbst, als prinzipiell veränder- bzw. wandelbar. Nach den unter 3.2 dargestellten Befunden ist nun allerdings offenkundig, daß sich Meßobjekt, Meßinstrument, Meßmethode und Maßstab zwar darin ähneln, daß sie weder statische noch monolithische Entitäten sind, daß sie sich aber, was ihre Wandlungsanfälligkeit bzw. Änderungsresistenz anbelangt, natürlich erheblich unterscheiden. Die Globen, Atlanten und Landkarten vergangener Zeiten und anderer Kulturen machen dies ebenso sinnfällig, wie beispielsweise die Umrechnungsformel von metrischen in Inch-Maße. Technische Neuerungen bis hin zu modernsten, satelliten-unterstützten Meßverfahren machen die immer präzisere Bestimmung der Flußläufe und Meeresküsten sowie Höhe und Gestalt von Bergformationen möglich, und so mancher Grenzverlauf erweist sich als der kartographischen Korrektur bedürftig. Erdgeschichtliche Erosionsprozesse, Klimaveränderungen, aber auch einfach nur gewandelte gesellschaftliche Interessenlagen bewirken einen permanenten Bedarf nach 'Neuvermessung' und meßtechnischer Innovation. Bei aller Schnellebigkeit und Wandlungsanfälligkeit einzelner Bestandteile der Kartographie – das Kugelmodell, die Himmelsrichtungen, die Aufteilung nach Erdteilen etc. erweisen sich bereits seit Jahrhunderten als probate Hilfsmittel, ohne daß je jemand auf die Idee gekommen wäre, sie für sakrosankt zu erklären. Auch wenn die ein oder andere Neuerung für Irritationen sorgt, ein Maximum an Befremdung wäre erst dann erreicht, wenn eine dieser „problemgeschichtlichen Evidenzen" – etwa die sphärische Gestalt der Himmelskörper – von der modernen Kartographie in Frage gestellt werden würde.

Ohne die Metapher der 'kartographischen Aufnahme' überstrapazieren zu wollen, gelingt es mit ihr, zunächst einmal die grobe Richtung zu bestimmen, in der die Lernanstrengungen der Erziehungswissenschaft unter den Bedingungen des Pluralismus erfolgen sollten. Sie lenkt die Aufmerksamkeit darauf, daß eine disziplinäre Systematik heutzutage nur noch so konzipiert werden kann, daß prinzipiell a l l e ihre Einzelelemente, einschließlich ihrer Konstituierungsregeln, in je eigener

Weise durch Kontinuität und Wandel charakterisiert sind. Wobei man sich dies in der Weise vorstellen kann, daß die Grundkoordinaten dieser Systematik durch ein deutlich höheres Beharrungsvermögen gekennzeichnet sind als die einzelnen erziehungstheoretischen und forschungspraktischen Bestandteile, die sich wiederum aber als dauerhafter erweisen als die verschiedenen erziehungspraktischen Tatbestände oder Fragestellungen. Durch die Differenzierung der wissenschaftskonstituierenden Ordnungsvorstellungen nach Selbstbeschreibungs- oder Deutungskategorien mit unterschiedlicher (theoretischer) Reichweite und unterschiedlich ausgeprägter Änderungsresistenz sollte es gelingen, sowohl deren jeweiligen Geltungsanspruch als auch deren jeweilige Variabilität zu begrenzen. Genau darin besteht denn auch das „Lernziel einer Erziehungswissenschaft in Zeiten segmentierter Lebenswelt".

4.2 *Lektion 1:* Die „problemgeschichtlichen Evidenzen" der Erziehungswissenschaft unter den Bedingungen des Pluralismus

Die Umschreibung des Lernziels klingt bisher noch unspektakulär und ist vor allem wenig konkret. Der neuralgische Punkt, an dem sich bereits die ersten Schwierigkeiten einstellen, scheint offensichtlich bereits dann erreicht, wenn es darum geht, die inhaltlichen oder thematischen Grundkoordinaten der Erziehungswissenschaft zu bestimmen. Aber auch diesbezüglich vermag obige Metapher weiterzuhelfen. Analog zu dem, was als „problemgeschichtliche Evidenzen der Kartographie" bezeichnet wurde, lassen sich auch im Prozeß der Etablierung der Einzelwissenschaft von der Erziehung charakteristische Entwicklungsaspekte identifizieren und zu problemgeschichtlichen Evidenzen ausformulieren.[198] Die erste Lektion besteht folglich darin, diese disziplinäre Erinnerungsarbeit nunmehr unter Berücksichtigung der durch den Pluralismus hinzugekommenen Anforderungen zu leisten. In diesem Zusammenhang führt die systematische Auseinandersetzung mit den in den vorausgegangenen Kapiteln dargestellten wissenschaftsgeschichtlichen Etappen zur Differenzierung dreier zentraler erziehungswissenschaftlicher Fragestellungen:

---

[198] Was den ontologischen Status von problemgeschichtlichen Evidenzen anbelangt, so sei nochmals auf Max Weber und sein Konzept einer empirischen Kulturwissenschaft verwiesen, das bekanntlich auch allen teleologischen Vorstellungen eine unmißverständliche Absage erteilt (vgl. dazu Jungmann 1994).

- Dies ist zum einen die aus der neuzeitlichen Einsicht in „das empirische Wesen“ des Menschen sich ableitende Frage nach den Einflußfaktoren auf die individuelle Ontogenese („Entwicklungstatsache“). Die im „zwischenmenschlichen Vergleich“, aber auch die mit Blick auf die persönliche Biographie sich zeigende Variabilität des „Menschwerdens“ und Multiformität des „Menschseins“ sind seit der Neuzeit fundamental für die individuelle Selbsterfahrung. Alle erziehungswissenschaftlichen Antwortversuche auf die Frage nach der Subjektgenese bemühen sich daher darum, unter mehr oder weniger explizitem Bezug auf die „konstitutive Idee der Bildsamkeit“ und die „regulative Idee der Sozialität“ dieser Grunderfahrung Rechnung zu tragen. Angesichts des „soziokulturellen Pluralismus“ fällt es jedoch, wie wir gesehen haben, zunehmend schwerer, relativistischen und fundamentalistischen Positionen Einhalt zu gebieten oder sie zu entkräften. Die unterschiedlichen Bemühungen, einen „Königsweg“ zwischen Autonomie und Heteronomie oder zwischen Natur und Kultur ausfindig zu machen, sehen sich regelmäßig damit konfrontiert, zwischen einem deterministischen oder einem intentionalistischen Subjektmodell entscheiden zu müssen, und geraten damit letztendlich in Gefahr, sich in einer „praktischen Aporie“ zu verlieren. Mit der Suche nach einem Subjektverständnis, das sich unter den Bedingungen des sozial- bzw. kulturtheoretischen Pluralismus als angemessen erweist, verbindet sich heute die **anthropologische Fragestellung der Erziehungswissenschaft**.

- Die zweite, aus der neuzeitlichen Einsicht in „das praxeologische Wesen“ des Menschen resultierende Frage ist die nach den Einflußfaktoren auf die individuellen Handlungskompetenzen. Die im historischen und kulturellen Vergleich sich zeigende Vielgestaltigkeit rationaler und moralischer Standards des Handelns wirft seit der Neuzeit das Problem auf, die Orientierungs- und Entscheidungskriterien für individuelles Handeln bestimmen zu müssen. Alle erziehungswissenschaftlichen Antwortversuche auf die Frage nach der Handlungsmächtigkeit des Menschen verbinden seither das Problem der theoretischen und praktischen Legitimation von Erziehung mit dem Hinweis auf die Steigerung der rationalen und moralischen Verhaltensstandards. Angesichts des „ethischen Pluralismus“ und der fortschreitenden „Segmentierung der Vernunft bzw. der Lebenswelten“ in den modernen, ‘verwissenschaftlichten’ Gesellschaften fällt es aber zunehmend schwerer, die Relationalität von Wissen und Moral in angemessener Weise zu berücksichtigen. Die unterschiedlichen Bemühungen, den „Königsweg“ zwischen dem gesinnungsethischen und dem verantwortungsethischen Standpunkt zu finden, verweisen gleichfalls auf das Problem, zwischen einem deterministischen oder einem intentionalistischen Subjektmodell entscheiden zu müssen und dabei an einer „praktischen Aporie" zu scheitern. Mit der Suche nach einem Subjektmodell, das sich unter den Bedingungen des moraltheoretischen Pluralismus als angemessen erweist, verbindet sich heute die **axiologische Fragestellung der Erziehungswissenschaft**.

- Die dritte, sich mit der neuzeitlichen Einsicht in „das intelligible Wesen" des Menschen verbindende Frage ist die nach den Einflußfaktoren auf das individuelle Denk- und Urteilsvermögen. Die im historischen, kulturellen und individuellen Vergleich sich zeigende Diversität von Verstandesleistungen wirft seit der Neuzeit das wissenschaftskonstituierende Problem auf, Güte- bzw. Geltungskriterien für Einzelerkenntnisse zu bestimmen. Alle erziehungswissenschaftlichen Antwortversuche auf die Frage nach der Reflexivität des Menschen bedienen sich zur Begründung ihrer Forschungsstrategien rationalistischer und/oder sensualistischer Basisannahmen. Angesichts des fortschreitenden Paradigmenpluralismus wird es jedoch zunehmend schwerer, bei der Suche nach einer 'robusten' Erkenntnisgrundlage nicht in eine logische Abwärtsspirale zwischen relativistischen und fundamentalistischen Auffassungen zu geraten. Die unterschiedlichen Bemühungen, den „Königsweg" zwischen Relativismus und Fundamentalismus ausfindig zu machen, geraten damit letztlich in die Schwierigkeit, zwischen einem distanziert-deskriptiven und engagiert-normativen Argumentationsmodell entscheiden zu müssen, und führen damit in eine „theoretische Aporie". Mit der Suche nach einem Argumentationsmodell, das sich unter den Bedingungen des erkenntnistheoretischen Pluralismus als angemessen erweist, verbindet sich heute die **epistemologische Fragestellung der Erziehungswissenschaft**.

4.3 *Lektion 2:* Die „Seinsverbundenheit" des pädagogischen Denkens und Wissens

Mit dieser Differenzierung der drei Grundfragestellungen der Erziehungswissenschaft wurde die „disziplingeschichtliche Hypothek" bislang erst von ihrer problemfokussierenden Seite her in den Blick genommen. Was im Rahmen einer zweiten Lektion daher noch einer genaueren Betrachtung bedarf, ist ihre theoretisch-kognitive Strukturierung. Wie sich bei der Lernstandsdiagnose in Kapitel 2 nämlich gezeigt hat, geht die Pluralisierung der Lehr- und Forschungsgestalt der Erziehungswissenschaft vielfach mit einer unzureichenden Beachtung unterschiedlicher Argumentationsebenen einher. Obgleich heute die meisten Erziehungswissenschaftler die Unterscheidung von Pädagogik und Erziehungswissenschaft als obligatorisches Element einer fachwissenschaftlichen Propädeutik akzeptieren, fällt es manchen noch immer schwer, beispielsweise zwischen praktischer Erziehung (oder angewandter ‚Entwicklungshilfe') auf der einen, und ihrer wissenschaftlichen Erforschung auf der anderen Seite sauber zu trennen.[199] Womit dies zusammenhängt, wird leicht einsichtig, wenn man sich nochmals vor Augen führt, was zur argumentativen Stützung der in Kapitel 2 analysierten Positionen jeweils als zugrunde liegendes „pädagogisches Wissen" herausgearbeitet wurde.[200] Dieses 'Wissen' korrespondiert in aller Regel mit einem Selbstverständnis von akademischer Pädagogik, das – wie Heiner Drerup insbesondere auch mit Blick auf das

---

[199] Auch wenn das erziehungswissenschaftliche Selbstverständnis sich heute nicht mehr von der Vorstellung einer „Theorie von der Praxis für die Praxis" leiten läßt und die Zeiten einer wissenschaftlichen Pädagogik als *„réflexion engagée"* im Sinne Wilhelm Flitners (1989, S. 328) längst als überwunden gelten können, herrscht bei vielen Erziehungswissenschaftlern noch immer eine Denkweise vor, die von Niklas Luhmann und Karl-Eberhart Schorr als *„Rationalitätskontinuum"* (1979, S. 193) kritisiert wurde. Die Vorstellung, daß theoretische Reflexion über Erziehung und praktisches erzieherisches Handeln ohne große Mühen ineinander überführt werden können, findet sich selbst noch bei Wolfgang Brezinka und zeigt sich in dessen Erwartung, daß sich Erziehungspraktiker (evtl. aufgrund ihrer ‚angeborenen Wissenschaftsgläubigkeit') an dem von den Erziehungswissenschaftlern bereitgestellten *„erziehungstechnologischen Wissen über Kausalzusammenhänge und Zweck-Mittel-Beziehungen"* orientieren (1993, S. 78). Insgesamt herrscht in weiten Teilen der Erziehungswissenschaft auch heute noch ein Wissensbegriff vor, der, wie Heiner Drerup dies treffend ausführt, *„zwangsläufig eine >Gemengelage< beschreiben [muß], d.h. nicht nur >deskriptiv-erklärendes Wissen<, welches man intersubjektiv prüfen könnte, sondern auch >norm- und traditionsinspirierte Überzeugungen< beinhalten [muß] über gute, richtige >Praxis< und über die recht verstandenen >Aufgaben pädagogischer Berufe<. Es kann nicht einfach unaufbereitetes wissenschaftliches >Wissen über Erziehung< sein, denn es muß ja >Handlungswissen< sein, das Erzieher und Lehrer nutzen, wenn sie praktisch handeln."* (1993, S. 452)

[200] Als erste Annäherung, an das, was bei aller Unterschiedlichkeit allgemein mit „pädagogischem Wissen" gemeint ist, kann eine von Jürgen Oelkers & Heinz-Elmar Tenorth vorgeschlagene *„Arbeitsdefinition"* dienen. Dieser (noch nicht sehr überzeugenden) definitorischen Umgrenzung zufolge bezeichnet pädagogisches Wissen *„jene nach Themen und Fokus von anderem Wissen unterscheidbaren, symbolisch repräsentierbaren Sinnstrukturen, die Erziehungs- und Bildungsverhältnisse jeder Art implizit oder explizit organisieren, dabei eine zeitliche, sachliche und soziale Schematisierung einer Praxis erzeugen, die als 'pädagogisch' selbst bezeichnet wird und so auch durch Beobachter beschreibbar ist; über pädagogisches Wissen läßt sich der Sinn dieser Praxis gemäß der ihr eigenen Rationalität verstehen und auch im Blick auf Funktion und Effekte analysieren; das Ergebnis solcher Anstrengungen läßt sich zugleich von dieser Praxis ablösen, als Text kodifizieren und selbständig tradieren und erörtern. Das gesamte Feld ist nie einheitlich strukturiert und kann entsprechend nur plural beschrieben werden. Die Ränder des Feldes sind vage, weil sich die Grenzen nur locker fügen lassen."* (1993, S. 29)

Selbstbild der empirischen Erziehungswissenschaftler in überzeugender Weise feststellt – *„von einer Identität und Kontinuität >einer< pädagogischen Wissensform von der Wissenschaft zur Praxis ausgeht (...). Dieses Selbstverständnis ignoriert die Differenz der jeweiligen Traditionskontexte des Forschungs-, Ausbildungs-, Professions- und Laienwissens und orientiert sich noch an der Vorstellung eines linearen Rationalitätstransfers von der Wissenschaft, die wissenschaftliches Wissen über Erziehung liefert, zur Praxis, in der dieses Wissen praktisches Handeln fundieren soll.“* (1993, S. 455) Die mangelnde Berücksichtigung von Traditions- und Erfahrungskontexten pädagogischen Wissens ist denn auch der Hintergrund, vor dem, wie oben angesprochenen, in den letzten Jahren gehäuft Versuche unternommen wurden, pädagogische Wissensformen über Erziehung zu differenzieren.[201] Wie exemplarisch an dem ambitionierten Ansatz Peter Vogels gezeigt wurde, verstricken sich diese Vorhaben angesichts des Pluralismusproblems jedoch sehr leicht in schwerwiegende Widersprüche. Aus diesem Grund wird im vorliegenden Zusammenhang eine andere Vorgehensweise gewählt. Unter Bezug auf die in den vorangegangenen Kapiteln erzielten Ergebnisse bietet es sich an, zwei bislang m.W. immer nur getrennt voneinander diskutierte Gedankengänge aufzugreifen und in spezifischer Weise miteinander zu verknüpfen. Gemeint ist die systematische Kombination von Überlegungen bezüglich einer Differenzierung von pädagogischen Wissensformen mit solchen zur Unterscheidung von Dimensionen, Stufen und Ebenen pädagogischer Reflexion.[202]

Bevor nun in dieser Weise die eigentlichen Ursachen für die Konfundierung der Argumentationsebenen in erziehungswissenschaftlichen Diskursen näher bestimmt werden können, ist es erforderlich, einen Wissensbegriff einzuführen, der

---

[201] Vgl. hierzu die einzelnen Beiträge in Jürgen Oelkers & Heinz-Elmar Tenorth (Hrsg.): *„Pädagogisches Wissen“* (1993), insbesondere jedoch deren einführenden Artikel *„Pädagogisches Wissen als Orientierung und Problem“* (ebd., S. 13ff.) und die dort genannte Literatur, sowie den auf das Lehrerwissen bezogenen Artikel von Ewald Terhart *„Pädagogisches Wissen. Überlegungen zu seiner Vielfalt, Funktion und sprachlichen Form am Beispiel des Lehrerwissens“* (ebd., S. 129ff.).
Im vorliegenden Zusammenhang waren neben den bereits zitierten Arbeiten von Peter Vogel und Heiner Drerup auch der Aufsatz von Klaus Prange *„Was muß man wissen, um erziehen zu können?“* (1998) sowie der Beitrag von Andreas von Prondczynsky *„Zwischen >Vermittlung< und >Distanz<. Entparadoxierung des Theorie-Praxis-Problems der Pädagogik durch Wissenschaftsforschung“* (1996) sehr hilfreich.

[202] Ohne Anspruch auf Vollständigkeit sei bezüglich der Unterscheidung von Dimensionen, Stufen und Ebenen pädagogischer Reflexion auf die in den letzten Jahren immer wieder zitierten Beiträge von Wolfgang Klafki *„Die Stufen des pädagogischen Denkens“* (²1967), Hans Bokelmann *„Pädagogik: Erziehung, Erziehungswissenschaft“* (1970) und Wolfgang Brezinka (in mehrfacher Wiederholung, hier jedoch:) *„Metatheorie der Erziehung“* (⁴1978) sowie die in diesen Beiträgen diskutierten und teilweise weitergeführten Systematisierungsversuche von Wilhelm Flitner, Theodor Litt, Erich Weniger u. a. verwiesen.

an die problemgeschichtlichen Überlegungen von *Lektion 1* anknüpft, und dabei insbesondere auch den in Kapitel 3 herausgearbeiteten Befunden zur „Anatomie des Pluralismus“ Rechnung zu tragen vermag. In dieser Hinsicht scheinen mir einige Überlegungen aus Karl Mannheims *„Wissenssoziologie“* gerade heute wieder von besonderem Interesse.[203] Mannheim geht bekanntlich von der grundlegenden – u. a. auch durch die in Kapitel 3 referierten Ergebnisse gestützten – Einsicht aus, daß Wissen als das Ergebnis *„seinsverbundener Denkweisen“* (⁷1985, S. 229ff., zuerst 1929) aufzufassen ist. Die ‚Seinsverbundenheit‘ des Denkens und Wissens macht sich dabei folgendermaßen bemerkbar: *„a) daß sich der Erkenntnisprozeß de facto keineswegs nach >immanenten Entfaltungsgesetzen< historisch entwickelt, keineswegs nur >von der Sache her< und von >rein logischen Möglichkeiten< geleitet, keineswegs von einer inneren >geistigen Dialektik< getrieben, zustandekommt, sondern daß an ganz entscheidenden Punkten außertheoretische Faktoren ganz verschiedener Art, die man als >Seinsfaktoren< zu bezeichnen pflegt, das Entstehen und die Gestaltung des jeweiligen Denkens bestimmen; b) daß diese das Entstehen der konkreten Wissensgehalte bestimmenden Seinsfaktoren keineswegs von bloß peripherer Bedeutung, von >bloß genetischer Relevanz< sind, sondern in Inhalt und Form, in Gehalt und Formulierungsweise hineinragen, Kapazität, Greifintensität eines Erfahrungs- und Beobachtungszusammenhanges, mit einem Wort alles, was wir als Aspektstruktur einer Erkenntnis bezeichnen werden, entscheidend bestimmen.“* (ebd., S. 230). Mit diesem, von Mannheim in seiner *„Theorie des Relationismus“* (ebd., S. 262) analysierten Sachverhalt gelingt es, eine Reihe von – spätestens seit der Aufklärung thematisierten – erkenntnistheoretischen Schwierigkeiten in überzeugender Weise auf den Begriff zu bringen, und dabei insbesondere allen Vorstellungen von einem absoluten Wahrheitsbegriff, einer allgemeingültigen Objektivität und einer unumstößlichen Letztbegründung eine gut fundiert Absage zu erteilen.[204] Die von ihm entwickelten Vorschläge, wie

---

[203] Vgl. hierzu insbesondere den gleichnamigen Handbuchartikel sowie die sonstigen Beiträge in: Karl Mannheim *„Ideologie und Utopie“* (⁷1985, zuerst 1929). Zur Phänomenologie seinsverbundener Wissensformen vgl. insbesondere: ebd., S. 229-244.

[204] Eine knappe, auf die Grundüberlegungen seiner wissenssoziologischen Intentionen abhebende Formulierung lautet wie folgt: *„Seinsgebundene Erkenntnis greift nicht ins Leere, seinsgebundene Norm ist nicht unverbindlich. Relationismus bedeutet nur die Bezüglichkeit aller Sinnelemente aufeinander und ihre sich gegenseitig fundierende Sinnhaftigkeit in einem bestimmten System. Dieses System aber ist nur möglich und gültig für ein bestimmt geartetes historisches Sein, dessen adäquater Ausdruck es eine Zeitlang ist. Verschiebt sich das Sein, so entfremdet sich auch das früher von ihm >gezeugte< Normsystem. Das selbe gilt für die Erkenntnis (...). Jede Erkenntnis intendiert zwar einen Gegenstand und richtet sich in erster Linie nach diesem. Die Zugangsweise zum Gegenstand hängt aber von der Konstitution des Subjekts ab. Einmal der Intensität nach (...), andererseits aber auch der* **intellektuellen Formalisierbarkeit der theoretischen Gegenstandskonstitution** *nach, da doch jede Sicht, um Erkenntnis zu werden, kategorial formiert und formuliert werden muß, die Formierbarkeit und Formulierbarkeit aber vom jeweiligen Stand des theoretisch-begrifflichen Bezugssystems abhängt. Was für Begriffe und welche Bezugsebenen man überhaupt hat, auch nach welchen Richtungen hin sie zur Weiterbil-*

diese Einsichten in der Wissenschaftspraxis berücksichtigt werden können, ohne in einen schrankenlosen Relativismus zu verfallen, erweisen sich jedoch letztendlich als unzureichend.[205] Erst in Verbindung mit dem von Alfred Schütz geprägten Terminus des subjektiven und gesellschaftlichen *„Wissensvorrats"*[206] wird es m.E. möglich, einen Wissensbegriff zu konzipieren, der sich nicht so leicht in den Sog der logischen Abwärtsspirale von Relativismus und Fundamentalismus ziehen läßt, und damit den in obigem Lernziel beschriebenen Erfordernissen besser zu entsprechen vermag. Der lebensweltliche Wissensvorrat, so Schütz, *„baut sich auf aus* ***Sedimentierungen*** *ehemals aktueller,* ***situationsgebundener Erfahrungen.*** *Umgekehrt fügt sich jede aktuelle Erfahrung je nach ihrer im Wissensvorrat angelegten* ***Typik und Relevanz*** *in den Erlebnisablauf und in die Biographie ein. Und schließlich wird jede Situation mit Hilfe des Wissensvorrats definiert und bewältigt.* ***Der Wissensvorrat ist also sowohl genetisch als auch strukturell als auch funktional auf die Situation bzw. die situationsgebundene Erfahrung bezogen.***" (Schütz & Luckmann [5]1994, S. 133, zuerst 1979, Hervorhebungen W.J.) Und wenige Seiten später wird *„Wissenserwerb"* beschrieben als *„die* ***Sedimentierung aktueller Erfahrungen nach Relevanz und***

---

dung tendieren, hängt nicht zuletzt von der dahinterstehenden historischen Seinslage der tragenden (...) Individuen in diesen Gruppen ab." (Mannheim [7]1985, S. 77, zuerst 1929, Hervorhebung W. J.)

[205] Die von Mannheim diesbezüglich diskutierten Gegenstrategien, insbesondere seine Differenzierung des Objektivitätsbegriffs (vgl. [7]1985, S. 258, zuerst 1929) und die in seiner *„Lehre von der gleitenden Denkbasis"* entwickelte Vorstellung einer *„wechselseitigen Neutralisierung von Sichtpartikularitäten"* (ebd., S. 262), stellen zwar wichtige Denkanstöße dar, die jedoch relativ abstrakt bleiben, vor allem aber dadurch an Überzeugungskraft verlieren, daß sich Mannheim in seinen angewandten Studien zum *„totalen Ideologiebegriff"* (vgl. dazu insbesondere: ebd., S. 60f.) in unüberwindbare logische Selbstwidersprüche verstrickt (vgl. diesbezüglich die Darstellungen von Kurt H. Wolff (1978, S. XY, und 1998, S. 80ff.).

Wie Mannheim im Jahr 1946, kurz vor seinem Tod, in einem Brief an Kurt H. Wolff schreibt, habe er das Problem des Relativismus damals unterschätzt, und versucht deshalb in seinem Brief, mit wenigen Hinweisen seine Lösungsvorstellungen zu präzisieren: *„In unseren empirischen Untersuchungen werden wir der Tatsache gewahr, daß wir die Welt von einer Rolltreppe aus beobachten, einer dynamischen Plattform, und daß deshalb das Bild der Welt sich mit den sich ändernden, von verschiedenen Kulturen geschaffenen Bezugsrahmen verändert (...), daß man nur verschiedene Perspektiven eines Hauses sehen kann und daß es trotzdem Wissen gibt, weil die verschiedenen Perspektiven nicht willkürlich sind. Eine kann von der anderen her verstanden werden.* ***Was wir, ohne jede Schwierigkeit, bezüglich der Apperzeption der sichtbaren Welt zugeben, sollten wir auch bezüglich des Wissens im allgemeinen zugeben.***" (zitiert nach Wolff 1998, S. 81, Hervorhebung W. J.) Ohne dies im vorliegenden Zusammenhang differenziert diskutieren zu können, deutet Mannheims Perspektive damit in eine Richtung, in die im Kern auch die Bemühungen von Alfred Schütz weisen.

[206] Vgl. dazu insbesondere den von Thomas Luckmann aus dem Nachlaß herausgegebenen Band 1 der *„Strukturen der Lebenswelt"* ([5]1994, S. 133ff., zuerst 1979). Alfred Schütz hat sich darin freilich nicht explizit auf Karl Mannheim bezogen, sich aber dennoch bei anderen Gelegenheiten in inhaltlicher Hinsicht teilweise ostentativ von ihm abgesetzt (vgl. dazu Wolff 1998, S. 61f.).

***Typik in Sinnstrukturen**, die ihrerseits in die Bestimmung aktueller Situationen und Auslegung aktueller Erfahrungen eingehen.*" (ebd., S. 154, Hervorhebung W.J.)

In Anlehnung an dieses Verständnis stellt sich Wissen als Ergebnis und zugleich Grundlage individueller Lebensbewältigung dar. In der einen Situation ist es praxisgeleitetes 'Erfahrungswissen', in der anderen theoriegeleitetes 'Vorwissen', d.h. Wissen steht immer in einer doppelten Relation. Zum einen verweist es zurück auf die authentische (oder kommunizierte) Erfahrung mit konkreten Handlungsvollzügen,[207] und zum anderen fließt es ein in die Entwürfe künftiger Handlungen. Entscheidend hierfür ist die menschliche Fähigkeit, zur Einzelsituation auf reflexive Distanz gehen und aus ihr Wissenselemente herauslösen zu können. Diesbezüglich spielt die Symbolisierung, insbesondere jedoch die Versprachlichung der in konkreten Situationen gemachten Erfahrungen eine zentrale Rolle.[208] Dadurch vermag Wissen den einzelnen von der Aufgabe zu entlasten, in der jeweiligen Situation sämtliche Weltbezüge hinsichtlich ihrer sachlichen Stimmigkeit und moralischen Verantwortbarkeit neu zu durchdenken, ohne zugleich auf diese zu „*Typisierungen*"[209] und „*Relevanzstrukturen*"[210] sedimentierten Problemlösungen ein für allemal festzule-

[207] Bezüglich der Bedeutsamkeit von kommunizierter Erfahrung für den subjektiven und den gesellschaftlichen Wissensvorrat vgl. die Untersuchung von Alfred Schütz über die unterschiedlichen Arten „*sozial abgeleiteten Wissens*" (1972, S. 98, zuerst 1946). Dieses beschreibt er wie folgt: „*Die große Masse unseres Wissens besteht aus Erfahrungen, die nicht wir, sondern unsere Mitmenschen, unsere Zeitgenossen oder Vorgänger gehabt haben und die sie uns übermitteln. (...) Aber warum glauben wir daran? Alles sozial abgeleitete Wissen gründet auf der impliziten Realisierung, die man wie folgt grob formulieren kann: >Ich glaube an die Erfahrung meines Mitmenschen, weil, wenn ich an seiner Stelle wäre (...), ich die gleiche Erfahrung machen würde (...) wie er, weil ich so wie er handeln könnte (...), weil ich die gleichen Chancen oder Risiken in der gleichen Situation hätte. Was daher für ihn ein wirklich existierender Gegenstand seiner aktuellen Erfahrung ist (...), ist für mich ein virtuell existierender Gegenstand der möglichen Erfahrung.<*" (ebd., S. 98)

[208] Wenigstens am Rande sei darauf hingewiesen, daß sich bezüglich des Zusammenhangs von Handeln, Sprechakten, Denken und Erfahrung erhebliche Parallelen zu Überlegungen zu John Deweys „*Wie wir denken*" (1951, zuerst 1910) erkennen lassen.

[209] Was Alfred Schütz unter „Typ" bzw. „Typisierung" verstanden wissen will, welche Rolle Typ und Typisierung beim Aufbau von Wissensstrukturen spielen und welchen Entstehungsbedingungen sie sich verdanken, kommt in den folgenden Formulierungen zum Ausdruck: „*Jeder Typ des lebensweltlichen Wissensvorrates ist ein in lebensweltlichen Erfahrungen >gestifteter< Sinnzusammenhang. Anders ausgedrückt, der Typ ist eine in vorangegangenen Erfahrungen sedimentierte, einheitliche Bestimmungsrelation.*" Und wenig später fährt er fort: „*(...) ein Typ entsteht in einer situationsadäquaten Lösung einer problematischen Situation durch die Neubestimmung einer Erfahrung, die mit Hilfe des schon vorhandenen Wissensvorrats, das heißt also hier mit Hilfe einer >alten< Bestimmungsrelation, nicht bewältigt werden konnte. Wir können uns also einen Typ gleichsam als Demarkationslinie vorstellen, die zwischen den auf Grund der >bisherigen< Relevanzstrukturen ausgelegten Bestimmungen (die in einem Sinnzusammenhang stehen) und den prinzipiell unbeschränkten Bestimmungsmöglichkeiten der Erfahrung verläuft.*" ([5]1994, S. 278f., zuerst 1979)

[210] Relevanzstrukturen sieht Alfred Schütz als Grundlage und Ausgangspunkt für Handlungen. Sie entstehen „*in einer raum-zeitlichen und sozialen Lage, in einer natürlich und gesellschaftlich gegliederten Umwelt. Daraus wachsen mir Relevanzstrukturen zu, die sich mit meiner Erinnerung an meine Vergangenheit,*

gen. Typisierungen und Relevanzstrukturen erweisen sich damit als Vermittlungsinstanz zwischen Erfahrungswissen und Vorwissen, ebenso wie zwischen dem subjektiven und dem gesellschaftlichen Wissensvorrat.[211] Sie gewährleisten solchermaßen auf beiden Ebenen die Kontinuität und den Wandel von Wissensstrukturen. Als ein nach Typisierungen und Relevanzstrukturen gegliedertes Orientierungssystem[212] ist der Wissensvorrat nicht biologisch vererbbar, sondern bedarf der individuellen Aneignung und der sozialen Vermittlung, d.h. – mit Schütz & Luckmann (ebd., S. 124ff.) gesprochen – der *„biographischen Artikulation"*. Neben den lebensweltlichen, den sogenannten natürlichen Erwerb-Situationen werden deshalb in modernen, arbeitsteilig organisierten Gesellschaften spezielle Erfahrungsräume eingerichtet, die sich in institutionell verfestigten pädagogischen Arrangements verstetigen. Auf beiderlei Art und Weise ermöglichen es die Austauschbeziehungen von subjektivem und gesellschaftlichem Wissensvorrat dem einzelnen, einen *„Sinnzusammenhang"*[213] zwischen den unterschiedlichen, in ihren

---

an vergangene Entscheidungen, an begonnene Handlungen, an unvollendete Projekte, zu einem zwar nicht homogenen, aber mir einheitlich erscheinenden Plansystem zusammenschließen." (⁵1994, S. 42f., zuerst 1979) Drei in der konkreten Handlungssituation miteinander verflochtene Relevanzstrukturen werden von Schütz analytisch unterschieden und hinsichtlich ihrer Wirksamkeit im Handlungsvollzug wie folgt beschrieben: *„Erstens, die* ***thematischen Relevanzen****, die im Zusammenhang mit den Strukturen interpretativer und motivationsmäßiger Relevanz die ursprüngliche Konstitution einer Erfahrung bestimmen. Zweitens, die* ***Motivationsrelevanzen****, die im Zusammenhang mit den Strukturen der thematischen und interpretativen Relevanzen eine Erfahrung problematisch machen können. Drittens, die* ***Interpretationsrelevanzen****, die im Zusammenhang mit den Strukturen der thematischen und motivationsmäßigen Relevanz die >Richtung< der Auslegungsvorgänge bestimmen. Viertens, die Motivationsrelevanzen, die im Zusammenhang mit den Strukturen der interpretativen und thematischen Relevanz den* ***Abschluß oder Abbruch der Auslegungsvorgänge*** *bewirken. Fünftens, die im Verlauf der Auslegung nicht >entwerteten<, miteinander verflochtenen drei Relevanzaspekte, die die* ***Sedimentierung des Auslegungsergebnisses in die Struktur des Wissensvorrates*** *lenken. Sechstens, die Relevanzstrukturen, die die* ***Anwendung*** *des nun sedimentierten Wissenselementes in der Bewältigung neuer aktueller Situationen bewirken, womit sich der Kreis geschlossen hat und wir wieder beim ersten Punkt angelangt sind."* (ebd., S. 276, Hervorhebung W. J.)

211 Bezüglich dieser beiden Vermittlungsfunktionen fällt unmittelbar auf, daß *„Typisierungen"* dem von Karl Mannheim als *„Gegenstandskategorisierung"* bezeichneten Sachverhalt nahe stehen, während *„Relevanzstrukturen"* sich sehr leicht mit dem verbinden lassen, was Mannheim unter *„Seinslagen"* beschrieben hat.

212 Schütz & Luckmann sprechen mit durchaus vergleichbarer Intention von *„Erfahrungsschemata"* (⁵1994, S. 283, zuerst 1979) oder auch von *„Verhaltensschema"* (ebd., S. 290).

213 In der von Schütz & Luckmann eingenommenen Perspektive stellt sich „Sinn" als relationaler Bewußtseinsakt dar, d.h. *„Sinn ist (...) das Resultat meiner Auslegung vergangener Erlebnisse, die von einem aktuellen Jetzt und von einem aktuell gültigen Bezugsschema reflektiv in den Griff genommen werden."* (⁵1994, S. 38, zuerst 1979) Für diesen relationalen Bewußtseinsakt sind die *„Objektivierungen"*, *„Symbolisierungen"* und *„Institutionalisierungen"* von Handlungen und Handlungsverläufen von größter Bedeutung, sie *„verweisen (...) auf ursprüngliche sinnstiftende Akte reflexiver Auslegungen, nachfolgender Wiederauslegungsakte und deren Habitualisierung in Sinn-Selbstverständlichkeiten für meine Vorgänger und für meine Zeitgenossen, in Tradition und relativnatürlicher Weltanschauung."* (ebd.; S. 39) Sinnstiftungsakte

zeitlichen und räumlichen Dimensionen variierenden Erlebnisschichten zu wahren, und damit in letzter Konsequenz, seinen Handlungen eine zwar umfassende, aber zugleich auch wandlungsfähige und damit zukunftsoffene *„Realitätskonstruktion von Welt“* (Schütz [6]1993, zuerst 1932) zur Seite zu stellen.

4.4 *Lektion 3:* Die „Dimensionen pädagogischen Wissens“

Von Karl Mannheims Hinweisen zur Seinsverbundenheit des Denkens und Wissens ausgehend, und unter Bezug auf das in seinen Kernelementen hier aufgegriffene sozialphänomenologische Wissenskonzept von Alfred Schütz, lassen sich nun in *Lektion 3* in systematischer Weise Folgerungen für die Untersuchung der theoretisch-kognitiven Seite der disziplingeschichtlichen Hypothek der Erziehungswissenschaft ableiten. Sechs Überlegungen erweisen sich für das Grundverständnis von pädagogischem Wissen als bedeutsam:
Erstens die Einsicht, daß auch der Vorrat an pädagogischem Wissen in seinen Einzelelementen wie in seiner Gesamtheit niemals (weder in seiner subjektiven noch in seiner gesellschaftlichen Ausprägung) in ein sicheres, allen subjektiven Zweifel und jede handlungspraktische Kritik ausschaltendes monolithisches Ensemble ewig gültiger Wahrheiten überführt werden kann. Dies verweist **zweitens** auf den handlungstheoretischen Umstand, daß auch pädagogische Praxis niemals theorielos und pädagogische Theorie niemals gänzlich praxisirrelevant sein kann. Ebenso einsichtig ist **drittens** dann aber auch, daß sich mit der Erkenntnis, daß es schlechterdings kein voraussetzungsloses pädagogisches Wissen gibt, keineswegs die Folgerung verbindet, daß alle Wissenselemente in gleicher Häufigkeit bzw. Schnelligkeit sowie im gleichen Ausmaß und vor allem im selben historischen Moment ihre Gültigkeit einbüßen. Damit in unmittelbarem Zusammenhang steht **viertens** die Einsicht, daß pädagogisches Wissen das Produkt von Austauschbeziehungen darstellt, die zwischen dem historisch-soziokulturellen Kontext, in dem es ‘fabriziert’ wird, und der individuellen rationalen Aufarbeitung von theoretischem Vorwissen und aktuellen erziehungspraktischen Erfahrungen bestehen. **Fünftens**

---

verbinden auf diese Weise die im subjektiven Bewußtsein ablaufenden Erlebnisinterpretationen mit überindividuellen Beschreibungskategorien und Bezugschemata (Wissensstrukturen). Somit kann *„Der sinnhafte Aufbau der sozialen Welt“* ([6]1993, zuerst 1932) – so der Titel des Schützschen Erstlingswerkes – nur durch „Sinnstiftungsakte“ gewährleistet werden. (vgl. bezüglich der Interdependenz von subjektivem und objektivem Sinn insbesondere: ebd., S. 42-49).

wird schließlich unter Hinweis auf die triviale Alltagsbeobachtung – daß beispielsweise Lehrer in einer aktuellen erziehungsrelevanten Situation einen völlig anderen Wissensvorrat aktivieren können, als etwa die darin involvierten Schüler, und daß sie die in dieser Situation gemachten Erfahrungen im Rückblick natürlich auch entsprechend unterschiedlich in ihren Erfahrungshorizont einarbeiten – leicht einsichtig, daß die subjektiven Wissensstrukturen (Typisierungen und Relevanzstrukturen) sowohl in inhaltlicher Hinsicht als auch was das Niveau ihrer kognitiven Erschließung anbelangt, divergieren. **Sechstens** dürfte angesichts dieser systematischen Divergenzen nun auch klar sein, daß sich die erziehungsrelevanten Erfahrungssedimentierungen, die pädagogisches Wissen prägen, stets auf drei Dimensionen beziehen: Eine Dimension der „gegenständlichen Gegebenheit", eine Dimension der „begrifflichen Kategorisierung" und eine Dimension der „Sinnkonstitution".[214]

Im Hinblick auf die Ursachen und die Folgen der Vermischung von Stufen oder Ebenen des pädagogischen Argumentierens und Denkens erweist sich die Unterscheidung von Dimensionen pädagogischen Wissens als besonders aufschlußreich. Denkt man sich diese drei Dimensionen nämlich als die Achsen eines Kugelmodells, erhält man – wie in Abbildung 10 dargestellt – eine leicht nachvollziehbare räumliche Anordnung der Vorstellungsgehalte, die pädagogisches Wissen kennzeichnen.

---

[214] Der Dimension der „deskriptiv-empirischen Gegebenheit" entspricht in der Terminologie der Kognitionspsychologie annähernd das, was mit *„deklarativem Wissen"* im Sinne eines Zustands- oder Faktenwissens über Sachverhalte bezeichnet wird, die Dimension der „begrifflichen Kategorisierung" steht dem Begriff des *„prozeduralen Wissens"* im Sinne von Regel- und Handlungswissen oder allgemeiner Vertrautheit mit Algorithmen nahe, und die Dimension der „Sinnkonstitution" bezieht sich auf Aspekte, die mit *„Meta- oder Strategiewissen"* im Sinne von Planungs-, Steuerungs und Kontrollkompetenzen umschrieben werden (vgl. u. a. Spada & Mandel 1988 sowie die Einzelbeiträge in Klix & Spada 1998)

Abbildung 10
Die Dimensionen pädagogischen Wissens

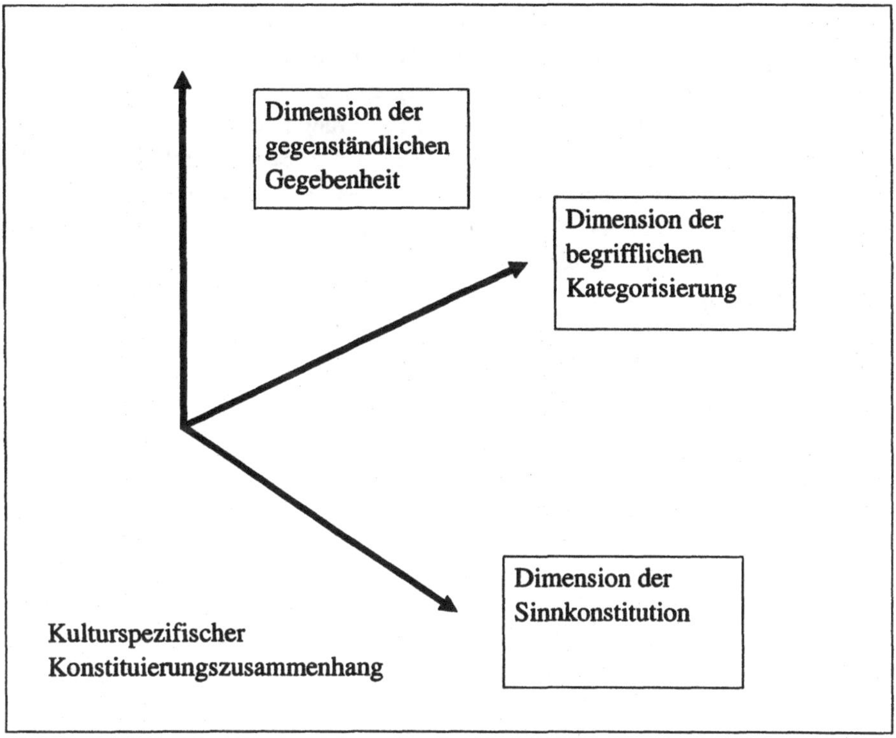

Vor dem Hintergrund der wissenstheoretischen Einsichten aus *Lektion 2* und unter Rückbezug auf die problemgeschichtlichen Evidenzen der Erziehungswissenschaft in *Lektion 1*, lassen sich diese **Dimensionen pädagogischen Wissens** nun wie folgt definieren:

- Dies ist zum ersten **die Dimension der „deskriptiv-empirischen Gegebenheit" von erziehungsrelevanten „Sachverhalten" und ihre anthropologische Bedeutung.** In dieser Dimension spielen die konkreten situativen Erfahrungen mit Erziehungshandlungen und ihre Versprachlichung die zentrale Rolle. Als Skala gedacht, bewegt sich die Reflexion in inhaltlicher Hinsicht zwischen Vergesellschaftung (Fremdbestimmung) und Individuation (Selbsttätigkeit), und in methodischer Hinsicht zwischen 'historisch-narrativer Erzählung' und 'empirisch-analytischer Kausalanalyse'; die dabei aktivierten und sedimentierten Wissensstrukturen organisieren sich um die Frage nach dem „Was" der Erziehungshandlung ('to know what');

- zweitens **die Dimension der „praxeologischen Typisierung oder Kategorisierung" von erziehungsrelevanten „Tatbeständen" und ihre axiologische Bedeutsamkeit**. In dieser Dimension spielen die Grundkategorien, die zur gedanklichen Verarbeitung der situativen Erfahrung mit Erziehungshandlungen herangezogen werden, die entscheidende Rolle. Als Skala gedacht, bewegt sich die Reflexion hier in inhaltlicher Hinsicht zwischen 'autonomer Bildung' und 'heteronomer Sozialisation', und in methodischer Hinsicht zwischen 'unreflektierter bzw. naiver Wertsetzung' und 'interesseloser Wert(urteils)freiheit'; die dabei aktivierten und sedimentierten Wissensstrukturen organisieren sich um die Frage nach dem „Wie" der Erziehungshandlung ('to know how');
- und drittens **die Dimension der „Sinnkonstitution" von erziehungsrelevanten „Erkenntnissen" und ihre epistemologische Bedeutsamkeit.** In dieser Dimension spielen die unterschiedlichen synchronen oder diachronen Bezugsschemata und die unterschiedlichen Formen des 'verstehenden' oder 'erklärenden' Nachvollzugs singularer Erfahrungen mit Erziehungshandlungen die zentrale Rolle. Wiederum als Skala gedacht, bewegt sich die Reflexion hier in inhaltlicher Hinsicht zwischen 'situativer Kontingenz' und 'logischer Konsistenz', und in methodischer Hinsicht zwischen 'nacherlebender Intuition' und 'diskursiver Erkenntniskritik'; die dabei aktivierten und sedimentierten Wissensstrukturen organisieren sich um die Frage nach dem „Warum" der Erziehungshandlung ('to know why').

4.5 *Lektion 4:* Die „pädagogischen Wissensformen"

Die problemgeschichtliche Präzisierung der erziehungswissenschaftlichen Grundfragestellungen sowie der Entwurf eines dynamischen Wissenskonzepts und die darauf aufbauende Differenzierung von Dimensionen pädagogischen Wissens in den vorangegangenen Lektionen stellen nur notwendige Zwischenschritte auf dem Weg zu einem besseren Verständnis der disziplingeschichtlichen Hypothek der Erziehungswissenschaft dar. Wie sich im Rahmen von *Lektion 4* zeigen wird, erweist sich jedoch erst die systematische Unterscheidung von pädagogischen Wissensformen als Ausgangspunkt zu deren Tilgung. Um dies besser nachvollziehen zu können, muß man sich zunächst nochmals vor Augen führen, daß das Wissen über erziehungsrelevante Sachverhalte keineswegs nur in individuell-singulären Ausprägungen vorliegt, sondern mindestens in drei idealtypischen sozialen 'Aggregatformen' anzutreffen ist. Im historischen Prozeß der Institutionalisierung und Formalisierung öffentlicher Erziehung, der bis heute andauert und – wie wir in Kapitel 2.4 gesehen haben – mit der Verberuflichung pädagogischen Handelns und der Akademisierung des Nachdenkens über pädagogische Grundvorgänge einhergeht, haben alle drei einen jeweils unterschiedlichen Stellenwert eingenommen, und spielen bis in die heutige Zeit hinein eine zentrale Rolle. Bezogen auf die drei Dimensionen pädagogischen Wissens und die dominante soziale 'Trägergruppe' lassen sie sich nach idealtypischen Wissensstrukturen unterscheiden. In Abwandlung der von Alfred Schütz in seinem Aufsatz *„Der gut informierte Bürger“* (1972, zuerst 1946) erstmals getroffene, und in Band 1 der *„Strukturen der Lebenswelt“* (vgl. [5]1994, S. 363ff., zuerst 1979)in Hinblick auf die sozialen Verteilungsmuster des Wissens konkretisierten Differenzierung[215], können in systematischer Weise drei Wissensformen über Erziehung unterschieden werden: ein Laienwissen, ein Professionswissen und ein wissenschaftliches Wissen:[216]

---

[215] Die Unterscheidung von drei Wissensformen hat Alfred Schütz in Auseinandersetzung mit Max Schelers Überlegungen zur sozialen Verteilung des Wissens in arbeitsteilig organisierten Gesellschaften entwickelt. Die Untersuchung der zunehmenden Bedeutung von *„Sonderwissen“* im Vergleich zum *„Allgemeinwissen“* führt ihn zu folgender Typisierung: *„Das* ***Wissen des Experten*** *ist auf ein beschränktes Gebiet begrenzt, aber darin klar und deutlich; seine Urteile sind keine bloße Raterei oder unverbindliche Annahmen. Der* ***Mann auf der Straße*** *hat ein funktionierendes Wissen auf vielen Gebieten, die aber nicht notwendig mit einander zusammenhängen. Er hat ein Wissen von Rezepten, die ihm sagen, wie er in typischen Situationen typische Resultate durch typische Mittel zustandebringen kann. Die Rezepte zeigen ihm die Prozeduren, auf die er sich verlassen kann, selbst wenn er sie nicht klar versteht. (...) Dieses Wissen in all seiner Vagheit ist immer noch >genügend< präzise für den praktischen und vorhandenen Zweck. In allen Angelegenheiten, die nicht mit solchen praktischen Zwecken von unmittelbarer Bedeutung verbunden sind, läßt sich der Mann auf der Straße von seinen Gefühlen und Leidenschaften leiten. Unter deren Einfluß errichtet er einen Komplex von Überzeugungen und ungeklärten Ansichten, auf die er sich einfach so lange verläßt, solange sie ihn nicht bei seinem Streben nach Glück behindern. Der Idealtypus, den wir den* ***gut informierten Bürger*** *nennen wollen (...), hat seinen Ort zwischen dem Idealtypus des Experten und dem des Mannes auf der Straße. Einerseits hat er kein Expertenwissen und strebt es auch nicht an; andererseits beruhigt er sich nicht mit der fundamentalen Vagheit des bloßen Rezept-Wissens oder mit der Irrationalität seiner ungeklärten Leidenschaften und Gefühle. Gut informiert zu sein bedeutet ihm, zu >vernünftig begründeten< Meinungen auf den Gebieten zu gelangen, die seinem Wissen entsprechend ihn unmittelbar angehen, obwohl sie seinem zuhandenen Zweck direkt nichts beitragen.“*(1972, S. 87f., zuerst 1946, Hervorhebungen W. J.) *„Bei komplexen sozialen Verteilungen des Wissens kann also die subjektive Orientierung in der sozialen Gesamtwirklichkeit idealtypisch durch die drei Typen des Laien, des Gutinformierten und des Sachverständigen erfaßt werden, wobei der Sachverständige weitere sozial definierte Kompetenzgrade umfaßt.“* (Schütz & Luckmann 1994, S. 392, zuerst 1979)

[216] Einen Vorschlag von Ewald Terhart (1993, S. 129f.) aufgreifend, erscheint es gewinnbringend, die Schützsche Terminologie leicht abzuwandeln und dessen Typen des „Gutinformierten“ und des „Sachverständigen“ durch die Wissensformen des Professions- und des wissenschaftlichen

- Das **Laienwissen über Erziehung** speist sich in aller Regel aus 'naturwüchsigen', unspezifischen und individuellen alltagspraktischen Erfahrungen im Umgang von Erwachsenen mit Kindern und Jugendlichen, und artikuliert sich überwiegend in objekt-[217] oder umgangssprachlicher[218] Form. Dementsprechend beruht Laienwissen überwiegend auf einer mit pädagogischem Handeln 'automatisch' gegebenen, immanenten Theorie,[219] d.h. auf zu

---

Wissens zu ersetzen. Bei der hier vorgenommenen inhaltlichen Konkretisierung fanden allerdings eine Vielzahl weiterer Aspekte Berücksichtigung, die weder von Schütz noch von Terhart angesprochen wurden und sich auch nicht in allen Einzelheiten mit deren Intentionen decken.

[217] Die Verwendung der Begriffe *„objektsprachlich"*, *„theoriesprachlich"* und *„metasprachlich"* ist an sprachanalytischen Differenzierungen orientiert, ohne allerdings vor dem Hintergrund der Pluralismusproblematik die sehr weitreichende Unterstellung einer *„Null-Stufe"* teilen zu können, vgl. dazu u. a. I. M. Bochenski *„Die zeitgenössischen Denkmethoden"* ([7]1975, Kapitel III, insbesondere S. 59f.). Zur Übertragung der semiotischen Methode auf die erziehungswissenschaftliche Theoriebildung vgl. Jürgen Zabeck *„Zur Stellung der Berufs- und Wirtschaftspädagogik in der Erziehungswissenschaft. – Zugleich ein Aufriß der semiotischen Struktur der Pädagogik"* (1992b, insbesondere S. 15ff., zuerst 1965). Wer von der Existenz eines vorfindbaren *„Unsprachlich-Gegenständlichen"* (ebd., S. 17) ausgeht und die *„erzieherisch relevante Wirklichkeit"* (ebd., S. 20) als ein solches begreift, handelt sich allerdings eine Reihe von gravierenden erkenntnistheoretischen Problemen ein. So weist z. B. Hans Albert im Anschluß an die Sprachtheorie von Karl Bühler darauf hin, *„daß die Theoriebildung nicht erst mit dem sprachlich artikulierten Denken oder gar mit der Kodifizierung bestimmter Auffassungen unter Verwendung mathematischer Kalküle [anfängt], sondern schon innerhalb der menschlichen Wahrnehmungstätigkeit, also im* ***vorsprachlichen Bereich****."* (1987, S. 98, Hervorhebung W. J.). Daß auch der von Albert entwickelte Lösungsvorschlag für das sich daraus ergebende Relativismusproblem nicht voll zu überzeugen vermag, wird in der weiteren Darstellung deutlich werden.

[218] Mit den Zusätzen *„umgangs-, fach- und wissenschaftssprachlich"* wird hier ein Differenzierungsvorschlag von Ewald Terhart aufgegriffen (vgl. die Fußnoten 25 und 28). In seiner Analyse des *„Reden[s] über Erziehung"* (1992) arbeitet Terhart charakteristische Unterschiede zwischen alltäglicher, beruflicher und wissenschaftlicher Sprache heraus: *„Die* ***Umgangssprache über Erziehung****"*, damit beginnt Terhart seine Differenzierung, *„ist dabei noch weitgehend unbeeinflußt von der Wissenschaftssprache, allerdings sind – je nach Milieu in unterschiedlicher Intensität und Qualität – popularisierte Begriffe, Konzepte und Thesen anzutreffen, die ihren Weg aus dem wissenschaftlichen Diskurs über Beratungsliteratur, über Popularisierung in den Medien, z. T. auch über die pädagogischen Berufe in die Alltagssprache gefunden haben. Diese begrifflichen Einschlüsse wissenschaftlicher Sprachelemente sind ihres ursprünglichen Kontextes und den dort angebrachten Differenzierungen entkleidet und fungieren im neuen Kontext nunmehr als vielfältig einsetzbare soziale Signalworte."* (1999, S. 155f., Hervorhebung W. J.)

[219] Die „immanente Theorie" entspricht in ihrem Abstraktionsniveau dem, was Alfred Schütz und Thomas Luckmann mit der *„natürlichen Einstellung des Alltags"* beschreiben. Sie ist dadurch charakterisiert, daß Menschen als *„fraglos gegeben hinnehmen[:] a) die körperliche Existenz von anderen Menschen; b) daß diese Körper mit einem Bewußtsein ausgestattet sind, das dem meinen prinzipiell ähnlich ist; c) daß die Außenweltdinge in meiner Umwelt und der meiner Mitmenschen für uns die gleichen sind und grundsätzlich die gleiche Bedeutung haben; d) daß ich mit meinen Mitmenschen in Wechselbeziehung und Wechselwirkung treten kann; e) daß ich mich (...) mit ihnen verständigen kann; f) daß eine gegliederte Sozial- und Kulturwelt als Bezugsrahmen für mich und meine Mitmenschen historisch vorgegeben ist, und zwar in einer ebenso fraglosen Weise wie die >Naturwelt<; g) daß also die Situation, in der ich mich jeweils befinde, nur zu einem geringen Teil eine rein von mir geschaffene ist."* ([5]1994, S. 27, zuerst 1979)

„Rezepten" oder *„Gebrauchsanweisungen"*[220] sedimentiertem Vorwissen, und ist in hohem Maße von unreflektierten Werturteilen durchsetzt[221].

- Das **Professionswissen über Erziehung** ist das Ergebnis und die Grundlage der 'Verberuflichung' der Erziehung im Laufe der historischen Entwicklung und geht als spezialisiertes 'Sonderwissen' über naives und traditionalistisches Erziehungswissen weit hinaus. Professionswissen artikuliert sich über weite Strecken in theorie- oder fachsprachlicher[222] Form, bleibt aber stets auf die unmittelbare Anwendung in konkreten Erziehungssituationen

---

Übertragen auf die „natürliche Weltanschauung" der pädagogischen Laienerfahrung wäre die „immanente Theorie" etwa im Sinne Erich Wenigers als *„Theorie ersten Grades"* zu beschreiben. Sie ist *„die unausdrückliche Anschauung, in der die Wirklichkeit gegenständlich wird, die Voreinstellung, die unausgesprochene Fragestellung, die an die Wirklichkeit und die Aufgabe herangebracht wird, das Gerichtetsein auf Gegenstand und Aufgabe (...). Es ist die eingehüllte Rationalität, die in der geistigen Haltung des Menschen liegt, die anrufende und gestaltende Kraft, die in der inneren Form des Menschen immer schon enthalten ist. Das letzte, was der Analyse da begegnet, ist das weltanschauliche Apriori, das ein ethisches Apriori in sich schließt (...). In unserem Gebiet dann das Apriori der pädagogischen Haltung und des erzieherischen oder pflegerischen Willens, das Ethos der erfahrenen und gewollten Verantwortung."* (o.J. [1952], S. 16f., zuerst 1929)

[220] Die Funktionsweise und den Stellenwert von *„Rezepten"* oder *„Gebrauchsanweisungen"* beschreiben Alfred Schütz & Thomas Luckmann wie folgt: *„Durch die erfolgreiche Anwendung von Gebrauchsanweisungen brauche ich nicht an jeweils neue Problemlösungen, Horizontauslegungen usw. zu gehen, sondern ich kann handeln, wie ich schon eh und je >in solchen Lagen< gehandelt habe. Die Gebrauchsanweisung mag also in ihren >theoretischen< Horizonten durchaus undurchsichtig sein und mir in >praktischen< Lagen dennoch als selbstverständlich anwendungsfähig erscheinen. Ihr kontinuierlicher >praktischer< Erfolg garantiert mir ihre Zuverlässigkeit, und sie wird als Rezept habitualisiert."* (^{5}1994, S. 37, zuerst 1979)

[221] Vgl. zur großen Bedeutung des Laienwissens im hier umrissenen Verständnis das an das Lebensweltkonzept von Schütz anknüpfende Konzept des Alltagswissens von Peter L. Berger & Thomas Luckmann in *„Die gesellschaftliche Konstruktion der Wirklichkeit"* (^{5}1990, zuerst 1966). Dem ihrer Einschätzung nach überzogenen Anspruch der Theoretiker und Ideengeschichtler halten sie entgegen, daß die Wirklichkeitserfahrung eines jeden Menschen in hohem Maße von dem geprägt sei, was er *„in seinem alltäglichen nicht– oder vortheoretischen Leben >weiß<. Alltagswissen, nicht >Ideen< gebührt das Hauptinteresse der Wissenssoziologie, denn dieses >Wissen< eben bildet die Bedeutungs- und Sinnstruktur, ohne die es keine menschliche Gesellschaft gäbe."* (ebd., S. 16)
Dieser Konzentration auf das Alltagswissen läßt sich mit der hier entwickelten Dreiteilung entgegenhalten, daß die Definition und Identifikation von Alltagswissen von einem theoretischen Wissensstandort aus erfolgt und damit selbst wieder Ausdruck einer anderen, nämlich der wissenschaftlichen Wissensform ist.

[222] *„Beim Reden >über< die berufliche Tätigkeit"*, so Terharts Ausgangspunkt für seine Charakterisierung einer zweiten Sprachform für erzieherisches Handeln, *„verfügen die* ***pädagogischen Berufe*** *jedoch kaum über eine spezifische Fachsprache, mittels derer sich die Berufsinhaberinnen und -inhaber untereinander über allgemeine und vor allen Dingen handlungsbezogenere Berufsprobleme verständigen können. In der Kommunikation untereinander sind sie vielmehr weitgehend auf eine Mischung aus Alltagssprache, aus den semantischen Überbleibseln von pädagogischer Aus- und Weiterbildung, aus der (...) Fachsprache der Sozial- und Bildungsadministration sowie schließlich aus kontinuierlich übernommenen Sprachelementen aus der Erziehungswissenschaft (...) angewiesen. Dabei stehen die erziehungswissenschaftlichen Konzepte in starker Konkurrenz zu Sprachelementen aus der Psychologie, Psychotherapie, Bildungs- und Organisationssoziologie, die ja ebenfalls die pädagogischen Berufssprache(n) beeinflussen."* (1999, S. 156, Hervorhebung W. J.)

bezogen. Es ist damit Ausdruck einer theorieanwendenden Praxis[223], die sich – wie etwa im Falle der schulischen Unterrichtspraxis – um die Kombination von fachwissenschaftlichen und fachdidaktischen 'Regionaltheorien' bemüht und sich von der Vorstellung eines kumulativen Erfahrungsfortschrittes leiten läßt. Der für pädagogisches Handeln konstitutive Bezug auf Normen und Werte ist obligatorischer Bestandteil des Professionswissens, ohne daß die Berufserzieher allerdings die massiven theoretischen Schwierigkeiten bewältigen könnten, die sich mit einem jeglichen Begründungsversuch von Norm- und Wertorientierungen verbinden.

- Das **wissenschaftliche Wissen über Erziehung** steht zwar in unmittelbarem Zusammenhang mit der Akademisierung der Erzieherberufe, bezieht sich aber auf die Erziehungsproblematik generell oder auf einzelne Teilfragen, ohne selbst den unmittelbaren Handlungszwängen konkreter Erziehungssituationen zu unterliegen.[224] Das wissenschaftliche Wissen artikuliert sich vorwiegend in meta- oder wissenschaftssprachlicher Form[225] und bezieht sich auf eine theoriegenerierende (Forschungs-) Praxis.[226] Damit zielt wissen-

---

[223] Die „*theorieanwendende Praxis*" unterscheidet sich von der „*immanenten Theorie*" dadurch, daß das „Abbruchniveau" für die „*Auslegungsprozesse*" von „*Situationsproblematiken*" deutlich in Richtung spezialisierten und situationsübergreifenden Sonderwissens verschoben ist (vgl. Schütz & Luckmann [5]1994, S. 35, zuerst 1979).
Aus der Perspektive von Erich Weniger handelt es sich bei dem, was Berufserzieher an theoretischem Wissen mitbringen, um eine „*Theorie zweiten Grades*", die alles umfasst, „*was auf irgend eine Art formuliert im Besitz des Praktikers vorgefunden und von ihm benutzt wird, in Lehrsätzen, in Erfahrungssätzen, in Lebensregeln, in Schlagworten und Sprichwörtern (...). Dabei ist die Theorie zweiten Grades freilich nicht immer bewußt im Sinne der ausdrücklichen Verfügbarkeit in sprachlicher Prägnanz (...). Es bedarf oft der Besinnung und des ausdrücklichen Bemühens, um sie hinter einem Tun wirkend nachzuweisen. Aber immer läßt sie sich dann in die Form eines Satzes prägen, mit dem Anspruch auf logische Gültigkeit und Verstehbarkeit bei Verwendung als Beweismittel.*" (o.J. [1952], S. 17, zuerst 1929)

[224] Selbstverständlich gilt dies nur insofern, als man Studium und akademische Lehre nicht selbst wieder als Erziehungssituation im 'konventionellen Sinne' begreift.

[225] Ausgangspunkt der dritten Sprachform über Erziehung, die Ewald Terhart charakterisiert, ist die Feststellung, daß es „*>die<* ***Sprache der Erziehungswissenschaft*** *nicht [gibt]. (...) Die verschiedenen Theoriefamilien, Generationen und disziplininternen Teilmilieus*", so Terharts Begründung hierfür, „*haben deutlich erkennbare unterschiedliche Sprachgestalten entwickelt, mittels derer sie sich ihrem (jeweiligen!) Gegenstandsbereich annähern, mittels derer sie untereinander kommunizieren und den Austausch mit Vertretern einer anderen Theorieschule/Sprachfamilie suchen.*" (1999, S. 156f., Hervorhebung W. J.)

[226] Die Mehrung und Differenzierung spezialisierter Wissensstrukturen hat nun zur Folge, daß im allgemeinen auch „*Sachverständige (...) ihr eigenes Gebiet der Sachverständigkeit (...) in seiner Gesamtheit*" nicht mehr überblicken, sondern „*zum Überblick über die Gesamtheit eines Gebietes des Sonderwissens gehören nunmehr verhältnismäßig langwierige und spezialisierte Lernvorgänge, in denen die Sinnstrukturen des Gebiets immer systematischer erfaßt werden; mit anderen Worten, eine >theoretische< Ausbildung.*" (Schütz & Luckmann [5]1994, S. 389f., zuerst 1979)

schaftliches Wissen auf die methodisch angeleitete Aufklärung über die Grundlagen pädagogischen Denkens und Handelns, ermöglicht die intersubjektive Bewährungskontrolle erzieherischer Praxis und stellt solchermaßen die Reflexion der Erziehungsproblematik, insbesondere auch im Hinblick auf die in den beiden anderen Wissensformen zum Ausdruck kommenden rationalen und ethischen Standards, auf Dauer sicher.

Was nun noch aussteht, ist eine Antwort auf die naheliegende Frage nach der Verhältnisbestimmung der drei Wissensformen zueinander. Wie nach den vorangegangenen Ausführungen leicht nachvollziehbar sein sollte, kann dabei keineswegs von einem gleichgewichtigen Nebeneinander, ebensowenig wie von einem simplen, formallogischen Ableitungsverhältnis untereinander die Rede sein. Alles, was wir in den vorausgegangenen Studien in Erfahrung gebracht haben, spricht jedoch – wie aus Abbildung 11 leicht zu ersehen ist – für die Vorstellung einer 'relativen Autonomie' der einzelnen Wissensformen.[227]

Angewandt auf die Mehrung und Differenzierung des pädagogischen Wissens stellt sich z. B. für Erich Weniger die Frage: *„Wie steht es nun aber um die >Theorie des Theoretikers< und damit um die Theorie, die der pädagogischen Ausbildung >vor dem Leben< zugrunde liegt? (...) Hier ist gegeben die Notwendigkeit einer Theorie (...) dritten Grades – wobei aber die Zahlen nicht etwa eine Rangordnung anzeigen – die dieses Verhältnis von Theorie und Praxis in der Praxis aufklärt, das nicht in ihm selbst verständlich ist. Je komplizierter das Erziehungsgefüge ist, je mehr Voraussetzungen mitgegeben sind, je vielfältiger, je verschränkter das Material für die pädagogischen Entscheidungen wird, um so notwendiger ist eine strenge systematische Besinnung. Aber freilich, diese Theorie der pädagogischen Wissenschaft setzt ganz einfach und schlicht die Praxis, ihrerseits mit Theorie geladen wie sie ist, voraus. Diese >Theorie der Pädagogik< ist, um es mit Schleiermacher zu sagen, eine >eine Tochter der Wissenschaft<, d.h. sie ist an sich schon auf dem Erkenntnisbedürfnis der Wissenschaft begründet und hat schon eine Berechtigung in der bloßen Analyse der Struktur der Praxis um der Erkenntnis willen."* (o.J. [1952], S. 19, zuerst 1929)

[227] Angesichts der Tatsache, daß es weder für Laien noch für Wissenschaftler eine *„theoriefreie Beobachtungsbasis"* (Hans Albert 1987, S. 101) geben könne, begreift Albert die Theoriebildung in den Wissenschaften als Fortsetzung derjenigen Erkenntnispraxis, die sich bereits im Rahmen des Alltagswissens bei der Korrektur und Erklärung von Wahrnehmungstäuschungen bewährt hat. Er hält es daher auch für wenig überzeugend, wenn von seiten der Wissenschaft versucht wird, *„diese Kontinuität zwischen Alltagserkenntnis und Wissenschaft durch entsprechende Abgrenzungsversuche zum Verschwinden zu bringen (...)."* (ebd., S. 100) Der wissenschaftlichen Forschung behält er es allerdings vor, eine ***„Kritik der Erfahrung"*** (ebd., Hervorhebung W. J.) zu leisten, indem sie die bei alltäglichen Wahrnehmungen oder Beobachtungen erzielten Deutungsleistungen einer theoriegeleiteten Überprüfung unterzieht.

Abbildung 11
Aspektraum pädagogischer Reflexion (res paedagogica)

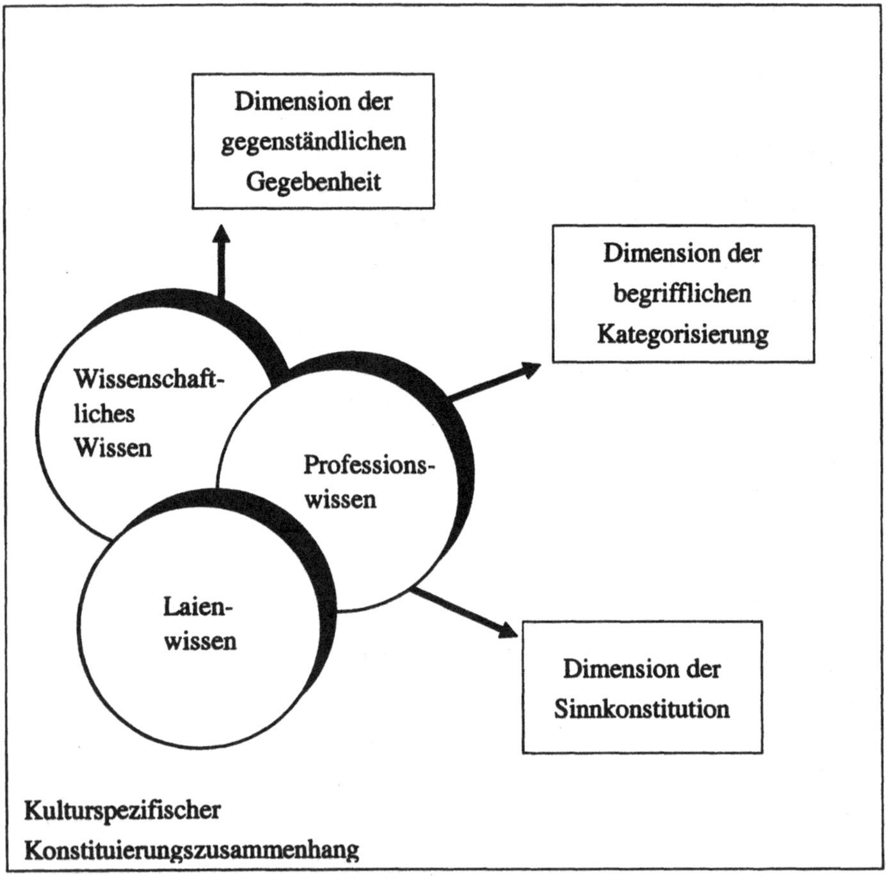

Wenngleich sich das wissenschaftliche Wissen über Erziehung in wesentlichen Punkten der systematischen Analyse (der Typisierungen und Relevanzstrukturen) des Laien- und Professionswissens verdankt, enthalten beide Wissensformen Sektoren und Elemente, die entweder als der wissenschaftlichen Analyse nicht zugänglich gelten, oder als irrelevant angesehen werden, so daß sie nie als völlig subsumiert gelten können. Dies hat dann auch zur Folge, daß alle drei Wissensformen Sektoren und Elemente enthalten, die nur dem jeweiligen Wissenstyp eigen sind.[228]

Vor dem Hintergrund dieser Überlegungen läßt sich der Aspektraum pädagogischer Reflexion als nach Dimensionen und Formen gegliedert und von einer unregelmäßigen und stetig sich wandelnden 'Kugeloberfläche' umgrenzt vorstellen. Einer Wortschöpfung von Hans Bokelmann folgend sei dieser Aspektraum als **res paedagogica** bezeichnet.[229] Mit Blick auf die zuvor gewonnenen Einsichten zeigt sich nun, daß diese res paedagogica ein kulturspezifisches Gepräge aufweist.[230] Denn in allen drei Wissensformen wird Erziehung in Inhalt und Methode auf soziokulturelle Artefakte bezogen (Sprache, Techniken etc.), werden Erziehungsziele und sonstige Legitimationskonstrukte nach kulturspezifischen Denkmustern bestimmt (Mündigkeit, Humanität, Gerechtigkeit etc.) und wird das gesamte Erziehungsgeschehen in einen kulturspezifischen Sinnhorizont integriert. Die Feststellung, daß Laien- und Berufserzieher in aller Regel nur über kulturgefärbtes pädagogisches Wissen verfügen, besitzt aber wenig Neuigkeitswert. Dieser Einsicht zollen schließlich schon die Bildungs- und Erziehungstheorien des 19. Jahrhunderts ihren Respekt. Schwerer wiegt m.E. dagegen die Tatsache, daß auch die wissenschaftliche Wissensform über Erziehung in hohem Maße von kulturgebundenen Elementen durchsetzt ist, und daß damit letztlich auch der Konstituierungszusammenhang der res paedagogica ein kulturspezifischer ist.[231]

---

[228] Alfred Schütz & Thomas Luckmann machen darauf aufmerksam, daß in den modernen, arbeitsteiligen Gesellschaften mit komplexer Sozialstruktur die Differenziertheit des *„Sonderwissens (...) für niemand mehr insgesamt überblickbar ist"*, und darüber hinaus sei selbst der *„'relative' Überblick über das Sachverständigentum sozial verteilt."* ([5]1994, S. 391, zuerst 1979) In diesem Sinne läßt sich dann auch der hier vorgenommene Versuch, pädagogisches Wissen nach Formen und Dimensionen zu differenzieren, als 'relativer', vom sozialen Standort wissenschaftlichen Wissens aus gewonnener Überblick verstehen.

[229] Hans Bokelmann verwendet den Begriff „res paedagogica" in der Absicht, eine diskurstheoretische Umgrenzung der Pädagogik vorzunehmen (vgl. 1989, S. 372).

[230] Gestützt auf eine Reihe von empirisch–analytischen Befunden spricht z. B. Rolf Oerter von einer *„Isomorphie"* in Struktur und Ordnung zwischen kulturellem und individuellem Wissen. Zwei Ursachen macht er dafür verantwortlich, den Sozialisationsprozeß und die kulturelle Bestimmtheit der Objekte (vgl. 1988, S. 352).

[231] Von der sozialgeschichtlichen Relativität der Lebenswelt ausgehend, kommen Alfred Schütz & Thomas Luckmann zu einem vergleichbaren Ergebnis: *„In der Tat wird in jeder Gesellschaft der einzelne typische Unterschiede zwischen Sachverständigen und Laien erfassen, und in jeder Gesellschaft wird dies ein Moment der Selbst- und Fremderfahrung und der Orientierung in der Sozialwelt überhaupt sein. Die jeweilige historische Ausprägung der sozialen Verteilung des Wissens bestimmt jedoch die Formen und den Inhalt der Sachverständigkeit und bedingt das typische Verhältnis von Sachverständigkeit und Laientum und dessen Bedeutung für die subjektive Orientierung in der Sozialwelt."* ([5]1994 S. 384f; vgl. dazu auch S. 293ff.)

4.6 *Allgemeine Erziehungswissenschaft als Wissenschaftsdidaktik*

Im Lichte der vorgestellten Einsichten wird nun deutlich, daß die disziplingeschichtliche Hypothek der Erziehungswissenschaft im Kern in einer unzureichenden Beachtung der Konstituierungsbedingungen pädagogischen Wissens besteht. Genau dieses Problem tritt denn auch in der erziehungswissenschaftlichen *Postmodernismus*debatte in verschärfter Form als Pluralismuskrise wieder zutage und erschwert gegenwärtig die disziplinäre Selbstvergewisserung ganz erheblich. Gelingt es der Erziehungswissenschaft nicht, ihre Selbstbeschreibungs- oder Deutungskategorien als soziokulturell bestimmt und mit unterschiedlicher Reichweite und Änderungsresistenz ausgestattet zu konzipieren, läuft sie in der Tat Gefahr, im logischen Abwärtsstrudel von 'fundamentalistischer Selbstblockade' und 'relativistischer Selbstaufgabe' zu versinken. Es erscheint daher angebracht, in einem kurzen abschließenden Ausblick einige Überlegungen zum möglichen Beitrag der Allgemeinen Erziehungswissenschaft zur Etablierung von Schutzvorkehrungen bezüglich der identitätsgefährdenden Folgen des Pluralismus anzustellen.

Dieser Beitrag besteht augenscheinlich zunächst einmal darin, die eigene künftige Rolle im arbeitsteiligen Gefüge der Einzelwissenschaften von der Erziehung neu zu bestimmen. Wie wir angesichts des Relativismus-Fundamentalismus-Zirkels gesehen haben, hat die Vorstellung von Allgemeiner Erziehungswissenschaft als einer sich autoritär gebärdenden Leitdisziplin, die in einem fundierenden Verhältnis zu den Teildisziplinen steht, schon lange ausgedient. Aber auch die Vorstellung, sie könne sich mit der Rolle einer Teildisziplin bescheiden, die in einem additiven Verhältnis zu den anderen Teildisziplinen steht, vermag nicht zu überzeugen. Diese Feststellung führt zu dem Schluß, daß sich die Allgemeine Erziehungswissenschaft ernsthaft um eine Alternative zu relativistischen und fundamentalistischen Rollenkonzepten bemühen muß. Dem, was oben als „performative Erschließung eines dritten Weges" umschrieben wurde, kann Allgemeine Erziehungswissenschaft dadurch gerecht werden, daß sie künftig stärker die Rolle einer **Wissenschaftsdidaktik** akzentuiert. Ihre übergreifende Aufgabenstellung bestünde dann darin, die inhaltlich-curricularen und die methodisch-operativen Konsequenzen eines dynamischen und offenen disziplinären Selbstverständnisses in Forschung und Lehre zu thematisieren.

- Bezüglich ihrer **inhaltlich-curricularen Aufgabenstellung** hätte die erziehungswissenschaftliche Wissenschaftsdidaktik sich angesichts der Pluralisierung der Forschungs- und Lehrgestalt auf Hilfestellungen bei der immer wieder erforderlichen Aktualisierung der problemgeschichtlichen Evidenzen der Erziehungswissenschaft zu konzentrieren. Wie wir gesehen haben, stünde dabei die Untersuchung der subjekttheoretischen, der handlungstheoretischen und der erkenntnistheoretischen Prämissen pädagogischer Argumentation im Vordergrund.
- Bezüglich **ihrer methodisch-operativen Aufgabenstellung** hätte die erziehungswissenschaftliche Wissenschaftsdidaktik sich angesichts der häufigen argumentativen Konfundierung von Ebenen und Stufen pädagogischer Reflexion auf die Beachtung der unterschiedlichen Dimensionen und Formen pädagogischen Wissens zu konzentrieren. Wie wir gesehen haben, stünde dabei die Untersuchung der nach Reichweite und Änderungsresistenzen differenzierten Bedingungen des Konstituierungszusammenhangs der res paedagogica und ihre individuelle sowie gesellschaftliche Artikulation als Laien-, Professions- und wissenschaftliches Wissen im Vordergrund.

Gelingt es den Protagonisten der Allgemeinen Erziehungswissenschaft, diesem wissenschaftsdidaktischen Grundverständnis bei ihrer eigenen Arbeit Rechnung zu tragen, sollten sie auch in der Lage sein, die Erziehungswissenschaft als e i n prinzipiell o f f e n e s und w a n d l u n g s f ä h i g e s 'System' wissenschaftlicher Forschungs- und Lehrtätigkeit zu begreifen, es solchermaßen vor relativistischen und fundamentalistischen Übergriffen zu schützen und damit die destruktiven Potentiale des Pluralismus zu kontrollieren. Gleichsam ihre Bewährungsprobe fänden sie dann darin, eine stets aktualisierungsbedürftige Antwortperspektive auf die, wie wir gesehen haben, den 'Lebensnerv' der Erziehungswissenschaft treffende Titelfrage nach der Existenz moralischen Wissens zu entwickeln. Wie eine solche 'zukunftsoffene' Perspektive konkret aussehen könnte, sei – die vorliegende Untersuchung beschließend, was zugleich nur heißen kann, die bevorstehende Arbeit eröffnend – mit einem Zitat von Karl Acham demonstriert:
„Die Pluralität von normativen Orientierungen – ob im Bereich des Denkens oder des Handelns – wird durch (...) Versuche einer Fundierung oder Reduktion derselben nicht grundsätzlich beseitigt. (...) So zeichnet sich ab, daß der Pluralismus von Denk- und Wertorientierungen und die Vielheit der Kultursysteme als historische Fakten zunächst bestehen bleiben, und daß eine Vielzahl von geistes- und sozialwissenschaftlichen Bemühungen nach wie vor nur darauf hinauslaufen kann, diese Systeme historisch zu deuten. Diese Bemühungen werden durch Bestrebungen ergänzt,

systematische Theorien zu bestimmten Gegenstandsbereichen zu formulieren. Aber weder die genetische Rekonstruktion noch die systematische Theorie bieten uns verbindliches Wissen von den richtigen Werten und Denkformen. Sie orientieren uns jedoch immerhin über das Verschiedenartige in belangvoller Weise und rauben ihm den Schrecken des Fremden und Unvermittelten."
(1996, S. 67)

* *
*

Literaturverzeichnis

ACHAM, Karl: Historismus - Multikulturalismus - Kommunitarismus, in: SCHOLTZ, Gunter (Hrsg.): Historismus am Ende des 20. Jahrhunderts, Berlin 1997, S. 155-173.

ACHAM, Karl: Die 'kulturelle' Krise der Gesellschaft um 1900 und die Genese der Sozialwissenschaften, in: DREHSEN, Volker/SPARN, Walter (Hrsg.): Vom Weltbildwandel zur Weltanschauungsanalyse. Krisenwahrnehmung und Krisenbewältigung um 1900, Berlin 1996, S. 39-67.

ACHAM, Karl: Geschichte und Sozialtheorie. Zur Komplementarität kulturwissenschaftlicher Erkenntnisorientierung, Freiburg/München 1995.

ACHAM, Karl: Einheit – Differenzierung – Indifferenz. Über Relativierungstendenzen und Universalitätsansprüche in Wissenschafts- und Moralphilosophie, in: MARQUARD, Odo (Hrsg.): Einheit und Vielheit, XIV Dt. Kongress für Philosophie, Hamburg 1990, S. 130-152.

ABEL, Günter/STEINKÜHLER, Hans Jörg (Hrsg.): Pluralismus – Erkenntnistheorie, Ethik und Politik, Heft 3/1996 der Zeitschrift Dialektik.

AEBLI, Hans: Begriffliches Denken, in: MANDL, Hans/SPADA, Hans (Hrsg.): Wissenspsychologie, München/Weinheim 1988, S. 227-246.

ALBERT, Hans: Die Soziologie und das Problem der Einheit der Wissenschaften, in: Kölner Zeitschrift für Soziologie und Sozialpsychologie, Jg. 51, 1999, S. 215-231.

ALBERT, Hans: Kritik der reinen Erkenntnislehre, Tübingen 1987.

ALBERT, Hans: Erkenntnis und Entscheidung, in: DERS.: Traktat über kritische Vernunft, 3. Aufl., Tübingen 1968, S. 55-79.

ALBERT, Hans: Traktat über kritische Vernunft, 3. Aufl., Tübingen 1968a.

ALISCH, Lutz-Michael/BAUMERT, Jürgen/BECK, Klaus (Hrsg.): Professionswissen und Professionalisierung, Braunschweig 1990.

ALLEMANN-GHIONDA, Cristina: Schule, Bildung und Pluralität. Sechs Fallstudien im europäischen Vergleich, Berlin u.a. 1999.

ALLEMANN-GHIONDA, Cristina: Interkulturelle Bildung, in: FATKE, Reinhard (Hrsg.): Forschungs- und Handlungsfelder der Pädagogik, Weinheim 1997, S. 107-149.

ANACKER, Ulrich: Vernunft, in: KRINGS, Hermann/BAUMGARTNER, Hans Michael/WILD, Christoph: Handbuch philosophischer Grundbegriffe, Bd. II, München 1974, S. 1597-1612.

AUERNHEIMER, Georg: Über die Transformation des pädagogischen Begabungsdiskurses in 1968, in: Das Argument, Jg. 40, Hamburg 1998, S. 659-670.

AUERNHEIMER, Georg: Interkulturelle Pädagogik - ein überflüssiges Steckenpferd?, in: Pädagogik und Schulalltag, Jg. 52, 1997, S. 303-311.

AUERNHEIMER, Georg: "Interkulturelle Erziehung". Eine Replik auf die Thesen von F.-O. Radtke, in: Zeitschrift für Pädagogik, Jg. 42, 1996, S. 425-430.

AUERNHEIMER, Georg: Interkulturelle Erziehung – eine bisher unterschätzte Herausforderung für die Erziehungswissenschaft, in: WILLMANN, Bodo (Hrsg.): Bildungsreform und Vergleichende Erziehungswissenschaft. Aktuelle Probleme – historische Perspektiven, Münster u.a. 1995, S. 148-172.

AUERNHEIMER, Georg: Struktur und Kultur. Über verschiedene Zugänge zu Orientierungsproblemen und –strategien von Migranten, in: Zeitschrift für Pädagogik, Jg. 40, 1994, S. 29-42.

AUERNHEIMER, Georg: Der sogenannte Kulturkonflikt - Orientierungsprobleme ausländischer Jugendlicher, Frankfurt am Main u.a. 1988.

BADE, Klaus J. (Hrsg.): Migration – Ethnizität – Konflikt: Systemfragen und Fallstudien, Osnabrück 1996.

BALLAUFF, Theodor: Ist systematische Pädagogik heute noch möglich und notwendig?, in: Vierteljahrsschrift für wissenschaftliche Pädagogik, Jg. 60, 1984, S. 425-441.

BARTH, Paul: Die Geschichte der Erziehung in soziologischer und geistesgeschichtlicher Beleuchtung, Leipzig 1911.

BAST, Roland: Kulturkritik und Erziehung. Anspruch und Grenzen der Reformpädagogik, Dortmund 1996.

BAUMANN, Zygmunt: Postmoderne Ethik, Hamburg 1995.

BAUMERT, Jürgen/ LEHMANN, Rainer: TIMSS – Mathematisch-naturwissenschaftlicher Unterricht im internationalen Vergleich. Deskriptive Befunde, Opladen 1997.

BAUMERT, Jürgen/ ROEDER, Peter Martin: Stille Revolution. Zur empirischen Lage der Erziehungswissenschaft, in: KRÜGER, Heinz-Hermann/ RAUSCHENBACH, Thomas (Hrsg.): Erziehungswissenschaft. Die Disziplin am Beginn einer neuen Epoche, Weinheim 1994, S. 29-47.

BAUMERT, Jürgen/ ROEDER, Peter M.: Expansion und Wandel der Pädagogik. Zur Institutionalisierung einer Referenzdisziplin, in: ALISCH, Lutz-Michael (Hrsg.): Professionswissen und Professionalisierung, Braunschweig 1990, S. 79-128.

BECK, Christian: Ästhetisierung des Denkens. Zur Postmoderne - Rezeption der Pädagogik. Amerikanische, deutsche, französische Aspekte. Bad Heilbrunn 1993.

BECK, L.W.: Kants "Kritik der praktischen Vernunft", 2. Aufl., München 1985.

BECK, Ulrich: Was ist Globalisierung? Irrtümer des Globalismus – Antworten auf Globalisierung, 4. Auflage, Frankfurt am Main 1998a.

BECK, Ulrich: Vorwort, in: DERS. (Hrsg.): Perspektiven der Weltgesellschaft, Frankfurt am Main 1998b, S. 7-10.

BECK, Ulrich: Weltrisikogesellschaft, ökologische Krise und Technologiepolitik, in: Politische Bildung. Gesellschaft neu verstehen, Jg. 30, 1997, S. 55-76.

BECK, Ulrich: Die Eröffnung des Welthorizontes, Zur Soziologie der Globalisierung, Herausgeber-Mitteilung, in: Soziale Welt, Jg. 47, 1997, S. 3-15.

BECK, Ulrich: Risikogesellschaft. Auf dem Weg in eine andere Moderne, Frankfurt am Main 1986.

BECKER, Egon: Paradoxien kultureller Modernisierung, in: MÜLLER-ROLLI, Sebastian: Das Bildungswesen der Zukunft, Stuttgart 1987, S. 33-51.

BELL, Daniel: The Coming of post-industrial society. A venture in social forecasting, New York 1973.

BENNER, Dietrich: Ethik und Pädagogik. Über ethische Voraussetzungen der Pädagogik und pädagogische Voraussetzungen der Ethik, in: DERS.: Studien zur Theorie der Erziehung und Bildung, Weinheim 1995, S. 217-229.

BENNER, Dietrich: Systematische Pädagogik - die Pädagogik und ihre wissenschaftliche Begründung, in: BORELLI, Michele (Hrsg.): Deutsche Gegenwartspädagogik, Baltmannsweiler 1993, S. 43-58.

BENNER, Dietrich: Allgemeine Pädagogik als Kritik und Orientierung pädagogischen Denkens und Handelns. Zur Frage nach der gegenwärtigen Formulierung eines "pädagogischen Grundgedankens", in: PEUKERT, Helmut/ SCHEUERL, Hans (Hrsg.): Ortsbestimmung der Erziehungswissenschaft. Wilhelm Flitner und die Frage nach einer allgemeinen Erziehungswissenschaft im 20. Jahrhundert, Weinheim u.a. 1992, S. 171-185.

BENNER, Dietrich: Erziehungswissenschaft zwischen Modernisierung und Modernitätskrise, in: Zeitschrift für Pädagogik, Jg. 38, 1992, S. 31-44.

BENNER, Dietrich: Allgemeine Pädagogik. Eine systematisch-problemgeschichtliche Einführung in die Grundstruktur pädagogischen Denkens und Handelns, 2. Aufl., Weinheim u.a. 1991c.

BENNER, Dietrich: Hauptströmungen der Erziehungswissenschaft. Eine Systematik traditioneller und moderner Theorien, 3. Aufl., Weinheim 1991.

BENNER, Dietrich: Systematische Pädagogik - die Pädagogik und ihre wissenschaftliche Begründung, in: ROTH, Leo (Hrsg.): Handbuch für Studium und Praxis, München 1991, S. 5-18.

BENNER, Dietrich: Pädagogik, systematische, in: LENZEN, Dieter (Hrsg.): Pädagogische Grundbegriffe, Bd. 2, Reinbek bei Hamburg 1989, S. 1231-1246.

BENNER, Dietrich: Grundstrukturen pädagogischen Denkens und Handelns, in: LENZEN, Dieter/MOLLENHAUER, Klaus (Hrsg.): Enzyklopädie Erziehungswissenschaft. Theorien und Grundbegriffe der Erziehung und Bildung, Bd. 1, Stuttgart 1983, S. 283-301.

BENNER, Dietrich/BRÜGGEN, Friedhelm: Erziehung und Bildung, in: WULF, Christoph (Hrsg.): Vom Menschen. Handbuch Historische Anthropologie, Weinheim u.a. 1997, S. 768-779.

BERG, Christa et al. (Hrsg.): Handbuch der deutschen Bildungsgeschichte, 5 Bände, München 1987-1999.

BERGER, Peter L. (Hrsg.): Die Grenzen der Gemeinschaft. Konflikt und Vermittlung in pluralistischen Gesellschaften. Ein Bericht der Bertelsmann Stiftung an den Club of Rome, Gütersloh 1997.

BERGER, Peter L./LUCKMANN, Thomas: Modernität, Pluralismus und Sinnkrise: Die Orientierung des modernen Menschen, 2. Aufl., Gütersloh 1995.

BERGER, Peter L./LUCKMANN, Thomas: Die gesellschaftliche Konstruktion der Wirklichkeit. Eine Theorie der Wissenssoziologie, 5. Aufl., Frankfurt a.M. 1990, zuerst 1966.

BIELEFELDT, Heiner: Menschenrechte und Toleranz, in: WIERLACHER, Alois (Hrsg.): Kulturthema Toleranz. Zur Grundlegung einer interdisziplinären und interkulturellen Toleranzforschung, München 1996.

BIELEFELD, Uli (Hrsg.): Das Eigene und das Fremde. Neuer Rassismus in der Alten Welt?, Hamburg 1991.

BILDUNGSKOMMISSION NRW: Zukunft der Bildung - Schule der Zukunft: Denkschrift der Bildungskommission NRW, Neuwied u.a. 1995.

BILDUNGSBÜRGERTUM IM 19. JAHRHUNDERT hrsg. von CONZE, Werner/KOCKA, Jürgen/LEPSIUS, Mario Rainer, 4. Bde., Stuttgart 1983-1992.

BLANKERTZ, Herwig: Die Geschichte der Pädagogik. Von der Aufklärung bis zur Gegenwart, Wetzlar 1982.

BOCHENSKI, Joseph M.: Die zeitgenössischen Denkmethoden, 7. Aufl., München 1975.

BÖHM, Winfried: "Deutsche Pädagogik", Ein prospektiver Rückblick, in: RUHLOFF, Jörg/SCHALLER, Klaus (Hrsg.): Pädagogische Einsätze 1991, Sankt Augustin 1991, S. 11-26.

BÖHME, Gernot: Natur, in: WULF, Christoph (Hrsg.): Vom Menschen. Handbuch Historische Anthropologie, Weinheim u.a. 1997, S. 92-116.

BÖHME, Günther/TENORTH, Heinz-Elmar: Einführung in die Historische Pädagogik, Darmstadt 1990.

BÖHME, Günther: Bildungsgeschichte des europäischen Humanismus, Darmstadt 1986.

BÖHME, Hartmut/BÖHME, Gernot: Das Andere der Vernunft. Zur Entwicklung von Rationalitätsstrukturen am Beispiel Kants, Frankfurt am Main 1983.

BOKELMANN, Hans: Streiten für die Menschen. Zum Verständigungsproblem in der Pädagogik, in: RÖHRS, Hermann/SCHEUERL, Hans (Hrsg.): Richtungsstreit in der Erziehungswissenschaft und pädagogische Verständigung, Frankfurt am Main 1989, S. 367-393.

BOKELMANN, Hans: Pädagogik: Erziehung, Erziehungswissenschaft, in: SPECK, Josef/WEHLE, Gerhard (Hrsg.): Handbuch pädagogischer Grundbegriffe, Bd. 2, München 1970, S. 180ff.

BOLLENBECK, Georg: Bildung und Kultur. Glanz und Elend eines deutschen Deutungsmusters, 2. Aufl., Frankfurt am Main u.a. 1994.

BOLZ, Norbert: Die Sinngesellschaft, Düsseldorf 1997.

BOUDON, Raymond: Soziale Bedingtheit und die Freiheit des Individuums - das Problem des homo sociologicus, in: EICHNER, K./HABERMEHL, W. (Hrsg.): Probleme der Erklärung sozialen Verhaltens, Meisenheim a. G. 1977, S. 214-276.

BREINBAUER, Ines M.: Einführung in die allgemeine Pädagogik, Wien 1996.

BREINBAUER; Ines M.: Allgemeine Pädagogik als Kritik pädagogischer Vernunft. Oder: Die Sorge um die Identität eines Faches unter Bedingungen des Pluralismus, in: Vierteljahrsschrift für wissenschaftliche Pädagogik, Jg. 71, 1995, S. 298-311.

BREINBAUER; Ines M.: Was heißt und zu welchem Ende studiert man Allgemeine Pädagogik?, in: Vierteljahrsschrift für wissenschaftliche Pädagogik, Jg. 66, 1990, S. 95-109.

BREZINKA, Wolfgang: "Allgemeinbildung": Sinn und Grenzen eines Ideals, in: Pädagogische Rundschau, Jg. 52, 1998, S. 47-58.

BREZINKA, Wolfgang: Moralerziehung in einer pluralistischen Gesellschaft. Kulturelle Erfolgsbedingungen und Grenzen, in: Vierteljahrsschrift für wissenschaftliche Pädagogik, 1997, S. 116-125.

BREZINKA, Wolfgang: Aufstieg und Krise der wissenschaftlichen Pädagogik, in: Zeitschrift für internationale erziehungs- und sozialwissenschaftliche Forschung, 1995, S. 41-64.

BREZINKA, Wolfgang: Rückblick auf 50 Jahre erlebt Pädagogik, in: Pädagogische Rundschau, Jg. 48, 1994, S. 639-654.

BREZINKA, Wolfgang: 'Werte-Erziehung' in einer wertunsicheren Gesellschaft, in: Pädagogische Rundschau, Jg. 48, 1994, S. 47-60.

BREZINKA, Wolfgang: Empirische Erziehungswissenschaft und andere Erziehungstheorien: Differenzen und Verständigungsmöglichkeiten, in: BORRELLI, Michele (Hrsg.): Deutsche Gegenwartspädagogik, Baltmannsweiler 1993, S. 69-83.

BREZINKA, Wolfgang: Glaube, Moral und Erziehung, München u.a. 1992.

BREZINKA, Wolfgang: Werterziehung? Problematik und Möglichkeiten, in: Pädagogische Rundschau, Jg. 44, 1990, S. 371-394.

BREZINKA, Wolfgang: Aufklärung über Erziehungstheorien. Beiträge zur Kritik der Pädagogik, München u.a. 1989.

BREZINKA, Wolfgang: Tüchtigkeit. Analyse und Bewertung eines Erziehungszieles, München u.a. 1987.

BREZINKA, Wolfgang: Erziehung in einer wertunsicheren Gesellschaft. Beiträge zur Praktischen Pädagogik, München u.a. 1986.
BREZINKA, Wolfgang: Metatheorie der Erziehung, 4. Aufl. München/Basel 1978.
BRINEK, Gertrude/SCHIRLBAUER, Alfred (Hrsg.): Pädagogik im Pluralismus, Wien 1993.
BRINKMANN, Wilhelm/PETERSEN, Jörg (Hrsg.): Theorien und Modelle der allgemeinen Pädagogik. Eine Orientierungshilfe für Studierende der Pädagogik und in der pädagogischen Praxis Tätige, Donauwörth 1998.
BRINKMANN, Wilhelm: Zur Geschichte der pädagogischen Soziologie in Deutschland. Dogmenhistorische Studien zu ihrer Entstehung und Entwicklung, Würzburg 1986.
BRÜGGEN, Michael: Wissen, in: BAUMGARTNER, Hans Michael/WILD, Christoph: Handbuch philosophischer Grundbegriffe, München 1974, S. 1723-1739.
BRUMLIK, Micha: Advokatorische Ethik. Zur Legitimation pädagogischer Eingriffe, Bielefeld 1992.

CASSIRER, Ernst: Versuch über den Menschen. Einführung in eine Philosophie der Kultur, Hamburg 1996 (zuerst 1944).
COMBE, Arno/HELSPER, Werner (Hrsg.): Pädagogische Professionalität. Untersuchungen zum Typus pädagogischen Handelns, Frankfurt am Main 1996.
COMBE, Arno/HELSPER, Werner : Einleitung: Pädagogische Professionalität. Historische Hypotheken und aktuelle Entwicklungstendenzen, in: Dies. (Hrsg.): Pädagogische Professionalität. Untersuchungen zum Typus pädagogischen Handelns, Frankfurt am Main 1996, S. 9-48.

DAHRENDORF, Ralf: Gesellschaft und Freiheit. Zur soziologischen Analyse der Gegenwart, München 1963.
DANN, Otto: Begriffe und Typen des Nationalen in der frühen Neuzeit, in: GIESEN, Bernhardt (Hrsg.): Nationale und kulturelle Identität: Studien zur Entwicklung des kollektiven Bewußtseins in der Neuzeit, Frankfurt am Main 1991, S. 56-73.
DANN, Otto: Nationalismus und sozialer Wandel in Deutschland, in: DERS. (Hrsg.): Nationalismus und sozialer Wandel, Hamburg 1978.
DEMANDT, Alexander/FARRENKOPF, John (Hrsg.): Der Fall Sprengler. Eine kritische Bilanz, Köln u.a. 1994.
DEN HOLLANDER, A.N.J.: Der "Kulturkonflikt" als soziologischer Begriff und als Erscheinung, in: Kölner Zeitschrift für Soziologie und Sozialpsychologie, Jg. 7, 1955, S. 161-187.
DEUTSCHE GEGENWARTSPÄDAGOGIK, Band 1-3, hrsg. von Michele BORRELLI und Jörg RUHLOFF, Baltmannsweiler 1993-1998.

DEUTSCHE ZEITSCHRIFT FÜR PHILOSOPHIE: Zweimonatsschrift der internationalen philosophischen Forschung, Jg. 46, Heft 3, Berlin 1998.

DEUTSCHE ZEITSCHRIFT FÜR PHILOSOPHIE: Zweimonatsschrift der internationalen philosophischen Forschung, Jg. 43, Heft 2, Berlin 1995.

DEWEY, John: Demokratie und Erziehung. Eine Einleitung in die philosophische Pädagogik, Weinheim u.a. 1964.

DEWEY, John: Wie wir denken. Eine Untersuchung über die Beziehung des reflektiven Denkens zum Prozeß der Erziehung, Zürich 1993 (zuerst 1910).

DIE DEUTSCHE SCHULE: Jg. 91, Heft 2, 1999

DIEHM, Isabell/RADTKE, Frank-Olaf: Erziehung und Migration. Eine Einführung, Stuttgart u.a. 1999.

DILTHEY, Wilhelm: Pädagogik. Geschichte und Grundlinien des Systems, 4. unveränderte Auflage, Stuttgart u.a. 1974.

DILTHEY, Wilhelm: Über die Möglichkeit einer allgemeingültigen pädagogischen Wissenschaft, in: NICOLIN, Friedhelm (Hrsg.): Pädagogik als Wissenschaft, Darmstadt 1969, S. 36-67.

DILTHEY, Wilhelm: System der Ethik. Gesammelte Schriften, hrsg. von Hermann NOHL, Bd. X, Stuttgart u.a. 1958.

DITTRICH, Eckard J./RADTKE, Frank-Olaf (Hrsg.): Ethnizität. Wissenschaft und Minderheiten, Opladen 1990.

DRERUP, Heiner: Orientierungsprobleme der wissenschaftlichen Pädagogik – Anmerkungen zu neueren Bilanzierungen einer Disziplin, in: Pädagogik und Schulalltag, Jg. 48, 1993, S. 450-457.

EDELMANN, Walter: Lernpsychologie, 3., neu bearbeitete Aufl., Weinheim 1993.

EINFÜHRUNGSKURS ERZIEHUNGSWISSENSCHAFT, Band I-IV, hrsg. von Heinz-Hermann KRÜGER, Opladen 1995-1997.

ELIAS, Norbert: Ein Exkurs über Nationalismus, in: DERS.: Studien über die Deutschen. Machtkämpfe und Habitusentwicklung im 19. und 20. Jahrhundert, Frankfurt am Main 1989, S. 159-222.

ELIAS, Norbert: Engagement und Distanzierung, 2. Aufl., Frankfurt am Main 1987 (zuerst 1956 im engl. Original).

ELIAS, Norbert: Zur Soziogenese der Begriffe 'Kultur' und 'Zivilisation', in: Über den Prozeß der Zivilisation. Sozio- und psychogenetischen Untersuchungen, Bd.1, Frankfurt am Main 1976 (zuerst 1936), S. 1-64.

ELWERT, Georg: Nationalismus und Ethnizität. Über die Bildung von Wir-Gruppen, in: Kölner Zeitschrift für Soziologie und Sozialpsychologie, Jg. 41, Opladen 1989, S. 440-464.

ENZYKLOPÄDIE PHILOSOPHIE UND WISSENSCHAFTSTHEORIE hrsg. von Jürgen Mittelstraß, 5. Bände, Stuttgart 1980ff.

ESSER, Hartmut: Ethnische Konflikte als Auseinandersetzung um den Wert von kulturellem Kapitel, in: HEITMEYER, Wilhelm/DOLLASE; Rainer: Die bedrängte Toleranz, Frankfurt am Main 1996.

ESSER, Hartmut: Die multi-kulturelle Gesellschaft. Ethnische Konflikte, in: DEUTSCHES INSTITUT FÜR FERNSTUDIEN an der Universität Tübingen: Funkkolleg Humanökologie. Studienbrief 3, Weinheim u.a. 1991, S. 11-46.

ESSER, Hartmut: Ethnische Differenzierung und moderne Gesellschaft, in: Zeitschrift für Soziologie, 17. Jg., 1988, S. 235-248.

ETZIONI, Amitai: Die Verantwortungsgesellschaft. Individualismus und Moral in der heutigen Demokratie, 2. Aufl., Frankfurt 1997.

FATKE, Reinhard (Hrsg.): Forschungs- und Handlungsfelder der Pädagogik. Eine Einführung, in: Zeitschrift für Pädagogik, Jg. 43, 1997,S. 7-11.

FELT, Ulrike/NOWOTNY, Helga/TASCHWER, Klaus: Wissenschaftsforschung. Eine Einführung, Frankfurt am Main u.a. 1995.

FEYERABEND, Paul: Autoritäre Konstruktionen oder demokratische Entschlüsse? Bemerkungen zum Problem des kulturellen Pluralismus, in: SCHMID-KOWARZIK, Wolfdietrich (Hrsg.): Objektivationen des Geistigen: Beiträge zur Kulturphilosophie, Berlin 1985, S. 137-144.

FIRSCHING, Horst R.: Moral und Gesellschaft. Zur Soziologie des ethischen Diskurses in der Moderne, Frankfurt am Main 1994.

FISCHER, Wolfgang: Kleine Texte zur Pädagogik in der Antike, Baltmannsweiler 1997.

FISCHER, Wolfgang: Pädagogik und Skepsis. Bemerkungen zum skeptisch-transzendentalkritischen Einsatz in der Pädagogik, in: BORELLI, Michele (Hrsg.): Deutsche Gegenwartspädagogik, Bd. 2, Baltmannsweiler 1996, S. 16-27.

FISCHER, Wolfgang: Erziehungswissenschaft und Systematische Pädagogik – Bemerkungen zu ihrem Verhältnis untereinander, in: Vierteljahrsschrift für wissenschaftliche Pädagogik, Jg. 60, 1984, S. 411-424.

FISCHER, Wolfgang/RUHLOFF, Jörg (Hrsg.): Skepsis und Widerstreit. Neue Beiträge zur skeptisch-transzendentalkritischen Pädagogik, Sankt Augustin 1993.

FLACH, Werner: Grundzüge der Erkenntnislehre. Erkenntniskritik, Logik, Methodologie, Würzburg 1994.

FLITNER, Elisabeth: Vom Kampf der Professoren zum "Kampf der Götter", in: Zeitschrift für Pädagogik, Jg. 44, 1998, S. 889-906.

FLITNER, Wilhelm: Allgemeine Pädagogik, 15. Aufl., Stuttgart 1997.

FLITNER, Wilhelm: Das Selbstverständnis der Erziehungswissenschaft in der Gegenwart (1957/1966), in: Theoretische Schriften. Abhandlungen zu normativen Aspekten und theoretischen Begründungen der Pädagogik, in: Ders.: Gesammelte Schriften, Bd. 3, Paderborn u.a. 1989, S. 310-349.

FLITNER, Wilhelm: Rückschau auf die Pädagogik in futurischer Absicht, in: Zeitschrift für Pädagogik, Jg. 26, 1976, S. 1-8.

FREYER, Hans: Die Wissenschaften des 20. Jahrhunderts und die Idee der humanistischen Bildung, in: DERBOLAV, Josef/NICOLIN, Friedhelm (Hrsg.): Erkenntnis und Verantwortung, Düsseldorf 1960, S. 142-151.

FRISCHEISEN-KÖHLER, Max: Bildung und Weltanschauung. Eine Einführung in die pädagogischen Theorien. Charlottenburg 1921.

FROMME, Johannes: Die Vielfalt der Wissensformen in der Pädagogik. Überlegungen zur Pluralisierung im Zeichen der Postmoderne, in: Pädagogische Rundschau, Jg. 53, 1999, S. 83-101.

FROMME, Johannes: Pädagogik als Sprachspiel. Zur Pluralisierung der Wissensformen im Zeichen der Postmoderne, Neuwied u.a. 1997.

FUHR, Thomas: Was ist Allgemeine Pädagogik? Begriff, Leistungen, Defizite, in: Pädagogische Rundschau, Jg. 53, Frankfurt 1999, S. 59-82.

FUHR, Thomas/SCHULTHEIS, Klaudia (Hrsg.): Zur Sache der Pädagogik. Untersuchungen zum Gegenstand der allgemeinen Erziehungswissenschaft, Bad Heilbrunn 1999b.

FUHR, Thomas/SCHULTHEIS, Klaudia: Zur Sache der Pädagogik: Auf der Suche nach dem Gegenstand der Allgemeinen Erziehungswissenschaft. Einleitende Bemerkungen zum Thema und zu den Beiträgen des Bandes, in: Dies. (Hrsg.): Zur Sache der Pädagogik. Untersuchungen zum Gegenstand der allgemeinen Erziehungswissenschaft, Bad Heilbrunn u.a. 1999a, S. 7-17.

GADAMER, Hans-Georg: Wahrheit und Methode. Grundzüge einer philosophischen Hermeneutik, Bd. 1, 6. Aufl., Tübingen 1990.

GANTER, Stephan: Ethnizität und ethnische Konflikte. Konzepte und theoretische Ansätze für eine vergleichende Analyse, Freiburg im Breisgau 1995.

GEHLEN, Arnold: Der Mensch. Seine Natur und Stellung in der Welt, 12. Aufl., Wiesbaden 1978.

GEIGER, Theodor: Ideologie und Wahrheit. Eine soziologische Kritik des Denkens, Stuttgart/Wien 1943.

GEIßLER, Georg: Die Differenzierung der Erziehungswissenschaft in der Universität und das Problem einer Pädagogischen Fakultät, in: Zeitschrift für Pädagogik, Jg. 10, 1964, S. 1-23.

GEULEN, Dieter: Die historische Entwicklung sozialisationstheoretischer Paradigmen, in: HURRELMANN, Klaus/ULICH, Dieter (Hrsg.): Handbuch der Sozialisationsforschung, 2. Aufl., Weiheim/Basel 1982, S. 14-49.

GEULEN, Dieter: Das vergesellschaftete Subjekt. Zur Grundlegung der Sozialisationstheorie, Frankfurt a. M. 1977.

GEULEN, Dieter/HURRELMANN, Klaus: Zur Programmatik einer umfassenden Sozialisationstheorie, in: HURRELMANN, Klaus/ULICH, Dieter (Hrsg.): Handbuch der Sozialisationsforschung, 2. Aufl., Weiheim/Basel 1982, S. 51-67.

GELLNER, Ernest: Pflug, Schwert und Buch. Grundlinien der Menschheitsgeschichte, München 1993.

GELLNER, Ernest: Nations and Nationalism, Oxford 1983.

GETHMANN, Carl F.: Vernunft, in: MITTELSTRAß, Jürgen (Hrsg.): Enzyklopädie Philosophie und Wissenschaftstheorie, Bd. 4, Stuttgart/Weimar 1996, S. 518-524.

GIESECKE, Hermann: "Das Ende der Erziehung". Ende oder Anfang pädagogischer Professionalisierung, in: COMBE, Arno/HELSPER, Werner (Hrsg.): Pädagogische Professionalität. Untersuchungen zum Typus pädagogischen Handelns, Frankfurt am Main 1996, S. 391-403.

GIESECKE; Hermann: Das Ende der Erziehung. Neue Chancen für Familie und Schule, Stuttgart 1985.

GIESEN, Bernhard: Die Intellektuellen und die Nation. Eine deutsche Achsenzeit, Frankfurt am Main 1993.

GIESEN, Bernard/EISENSTADT Shmuel Noah (Hrsg.): Nationale und kulturelle Identität. Studien zur Entwicklung des kollektiven Bewusstseins in der Neuzeit, Franfurt a.M. 1991.

GÖSTEMEYER, Karl-Franz: Pädagogik nach der Moderne? Vom kritischen Umgang mit Pluralismus und Dogmatismus, in: Zeitschrift für Pädagogik, Jg. 39, 1993, S. 857-870.

GOGOLIN, Ingrid: "Kultur" als Thema der Pädagogik. Das Beispiel interkulturelle Pädagogik, in: STROß, Annette M./THIEL, Felicitas (Hrsg.): Erziehungswissenschaft, Nachbardisziplinen und Öffentlichkeit. Themenfelder und Themenrezeption der allgemeinen Pädagogik in den achtziger und neunziger Jahren, Weinheim 1998, S. 123-150.

GOGOLIN, Ingrid: Der monolinguale Habitus der multilingualen Schule, Münster u.a. 1994.

GOGOLIN, Ingrid/OTTO, Hans-Uwe: Vorwort, in: Programm zur professionspolitischen Konferenz. Deutsche Gesellschaft für Erziehungswissenschaften, Dortmund 1999.

GOGOLIN, Ingrid/KRÜGER-POTRATZ, Marianne/MEYER, Meinert A. (Hrsg.): Pluralität und Bildung, Opladen 1998.

GOODMAN, Nelson: Weisen der Welterzeugung. Frankfurt am Main 1984.

GROOTHOFF, Hans-Hermann: Wilhelm Dilthey. Zur Erneuerung der Theorie der Bildung und des Bildungswesens, Hannover 1981.

GROSS, Peter: Die Multioptionsgesellschaft, Frankfurt am Main 1994.

GROTH, Günther: Die gesellschaftliche Verantwortung der Universität, Festvortrag anläßlich der Absolventenfeier der Diplom-Handelslehrer im Studienjahr SS 97 – WS 97/98, gehalten am 19.06.1998.
GROTH, Günther: Wissenschaft – Bildung – Verantwortung, Festvortrag anlässlich der Eröffnungsfeier der Jugendakademie Mannheim Rhein-Neckar-Dreieck am 15. Oktober 1997.
GROTH, Günther: Der lernende Mensch – Probleme und Umrisse einer pädagogischen Anthropologie, in: Mannheimer Berichte 19, Mannheim 1981, S. 519-527.
GRUSCHKA, Andreas: Funktionalisierung von Mündigkeit, in: Jahrbuch für Pädagogik, Bildung nach dem Zeitalter der großen Industrie, Frankfurt am Main u.a. 1998, S. 99-115.
GRUSCHKA, Andreas: Bürgerliche Kälte und Pädagogik. Moral in Gesellschaft und Erziehung, Darmstadt 1994.
GUDJONS, Herbert: Pädagogisches Grundwissen. Überblick – Kompendium – Studienbuch, 6. Aufl., Bad Heilbrunn 1999.

HABERMAS, Jürgen: Der interkulturelle Diskurs über Menschenrechte. Vermeintliche und tatsächliche Probleme, in: Frankfurter Rundschau, 4. Februar 1997, S. 10.
HABERMAS, Jürgen: Die Einbeziehung des Anderen. Studien zur politischen Theorie, Frankfurt am Main 1996.
HABERMAS, Jürgen: Nachmetaphysisches Denken. Philosophische Ansätze, 3. Aufl., Frankfurt am Main 1989.
HABERMAS, Jürgen: Technik und Wissenschaft als ‚Ideologie', Frankfurt a.M., 11. Aufl., 1981.
HARRIS, Marvin: Kulturanthropologie. Ein Lehrbuch, Frankfurt am Main/New York 1989.
HARNEY, Klaus/KRÜGER, Heinz-Hermann (Hrsg.): Einführung in die Geschichte von Erziehungswissenschaft und Erziehungswirklichkeit, Opladen 1997.
HAUENSCHILD, H./HERRLITZ, Hans-Georg/KRUSE, B.: Die Lehrgestalt der westdeutschen Erziehungswissenschaft von 1945-1990, Göttingen 1993.
HECKMANN, Friedrich: Ethnische Minderheiten, Volk und Nation - Soziologie inter-ethnischer Beziehungen, Stuttgart 1992.
HEID, Helmut: Plädoyer für erziehungswissenschaftlichen Pluralismus. Ein Beitrag zur Politisierung pädagogischen Denkens und Handelns?, in: HEYTING, Frieda/TENORTH, Heinz-Elmar (Hrsg.): Pädagogik und Pluralismus. Deutsche und niederländische Erfahrungen im Umgang mit Pluralität in Erziehung und Erziehungswissenschaft, Weinheim 1994, S. 121-130.

HEID, Helmut: Anmerkungen zur Forschungssituation in den Erziehungswissenschaften, in: Mitteilungsblatt der Deutschen Gesellschaft für Erziehungswissenschaft, Jg. 4, 1993, S. 110-111.
HEID, Helmut: Das Theorie-Praxis-Verhältnis in der Pädagogik, in: ROTH, Leo (Hrsg.): Pädagogik. Handbuch für Studium und Praxis, München 1991, S. 949-957.
HEID, Helmut: Über "falsche" Abstraktionen und Segmentierungen pädagogischen Denkens und Handelns, in: Unterrichtswissenschaften, Zeitschrift für Lernforschung, Jg. 18, 1990, S. 29-34.
HEID, Helmut: Zur Situation der Erziehungswissenschaft in der Bundesrepublik Deutschland, in: Zeitschrift für internationale erziehungs- und sozialwissenschaftliche Forschung, Jg. 4, 1987, S. 225-271.
HEITGER, Marian: Über die Notwendigkeit und Möglichkeit einer systematischen Pädagogik, in: Vierteljahrsschrift für wissenschaftliche Pädagogik, Jg. 60, 1984, S. 396-410.
HEITGER, Marian: Das Allgemeine der allgemeinen Pädagogik, in: Vierteljahrsschrift für wissenschaftliche Pädagogik, Jg. 75, 1999, S. 1-11.
HEITMEYER, Wilhelm (Hrsg.): Was treibt die Gesellschaft auseinander? Frankfurt am Main 1997.
HELM, Ludger u.a.: Autonomie und Heteronomie. Erziehungswissenschaft im historischen Prozeß, in: Zeitschrift für Pädagogik, Jg. 36, 1990, S. 29-49.
HELMER, Karl: Bildungswelten des Mittelalters. Denken und Gedanken, Vorstellungen und Einstellungen, Baltmannsweiler 1997.
HELSPER, Werner: Antinomien des Lehrerhandelns in modernisierten pädagogischen Kulturen. Paradoxe Verwendungsweisen von Autonomie und Selbstverantwortlichkeit, in: COMBE, Arno/HELSPER, Werner (Hrsg.), Pädagogische Professionalität. Untersuchungen zum Typus pädagogischen Handelns, Frankfurt am Main 1996, S. 521-569.
HELSPER, Werner: Pädagogisches Handeln in den Widersprüchen der Moderne, in: KRÜGER, Heinz-Hermann/DERS. (Hrsg.): Einführung in Grundbegriffe und Grundfragen der Erziehungswissenschaft, Opladen 1995, S. 15-34.
HENNINGSEN, Jürgen: Sprachen und Signale der Erziehungswissenschaft, Stuttgart 1980.
HENRICH, Dieter: Die Anfänge der Theorie des Subjekts, in: HONNETH, Axel u.a. (Hrsg.): Zwischenbetrachtung. Im Prozeß der Aufklärung, Frankfurt am Main 1989, S. 106-170.
HENTIG, Hartmut von: Bildung. Ein Essay, München u.a. 1996.
HERBART, Johann Friedrich: Allgemeine Pädagogik aus dem Zweck der Erziehung abgeleitet, in: BENNER, Dietrich (Hrsg.): Johann Friedrich Herbart Systematische Pädagogik, Bd. 1, ausgewählte Texte, Weinheim 1997 (zuerst 1806), S. 57-158.
HERBART, Johann Friedrich: Pädagogische Schriften, in: ASMUS, Walter (Hrsg.): Herbarts Leben und Wirken, Bd. 3, Düsseldorf/München 1964/65.

HERRLITZ, Hans-Georg: Daten und Überlegungen zur Lage der Historischen Erziehungswissenschaft, in: HOFFMANN, Dietrich/NEUMANN, Karl (Hrsg.): Die Gegenwärtige Struktur der Erziehungswissenschaft. Zum Selbstverständnis einer undisziplinierten Disziplin, Weinheim 1998, S. 65-78.

HERRLITZ, Hans-Georg: Kontinuität und Wandel der erziehungswissenschaftlichen Lehrgestalt. Materialien zur Analyse des Lehrangebots westdeutscher Universitäten 1945/46-1989, in: Zeitschrift für Pädagogik, 34. Beiheft, 1996, S. 265-282.

HERRMANN, Ulrich: Zukunft und Erziehung, in: Neue Sammlung, Jg. 35, 1995, S. 45-60.

HERRMANN, Ulrich: Erziehungsstaat – Staatserziehung - Nationalbildung, Staatliche und gesellschaftliche Funktionen und Leistungen von Erziehung und Unterricht im Übergang vom Untertanenverbands - Staat zur modernen Staatsbürger - Gesellschaft, in: Zeitschrift für Pädagogik, Jg. 39, 1993, S. 567-582.

HERRMANN, Ulrich: Aufklärung und Erziehung. Studien zur Funktion der Erziehung im Konstitutionsprozeß der bürgerlichen Gesellschaft im 18. und frühen 19. Jahrhundert in Deutschland, Weinheim 1993a.

HERRMANN, Ulrich: Abschied vom Erziehungsstaat? Zur Einführung in den Themenschwerpunkt, in: Zeitschrift für Pädagogik, Jg. 39, 1993, S. 563-565.

HERRMANN, Ulrich: "Es gibt einen pädagogischen Grundgedankengang". Das Systematische und die Systematik in Wilhelm Flitners Entwurf und Begründung der Erziehungswissenschaft, in: PEUKERT, Helmut/SCHEUERL, Hans (Hrsg.): Ortsbestimmung der Erziehungswissenschaft. Wilhelm Flitner und die Frage nach einer allgemeine Erziehungswissenschaft im 20. Jahrhundert, Weinheim u.a. 1992, S. 31-57.

HERRMANN, Ulrich: Pädagogisches Denken und Anfänge der Reformpädagogik, in: BERG, Christa (Hrsg.): Handbuch der Deutschen Bildungsgeschichte, Bd. 4, München 1991, S. 141-178.

HERRMANN, Ulrich: Die "Kommission Wissenschaftsforschung" der Deutschen Gesellschaft für Erziehungswissenschaft. Gründung, Entwicklung, Perspektiven, in: ZEDLER, Peter/KÖNIG, Eckard (Hrsg.): Rekonstruktionen pädagogischer Wissenschaftsgeschichte, Fallstudien, Ansätze, Perspektiven, Weinheim 1989, S. 1-20.

HERRMANN, Ulrich: Natur und Kultur. Anthropologie und Bildungstheorie im ausgehenden 18.Jahrhundert, in: Brinkmann, Richard (Hrsg.): Natur in den Geisteswissenschaften, Erstes Blaubeurer Symposion vom 23. bis 26. September 1987, Bd. 1, Tübingen 1988, S. 59-74.

HERRMANN, Ulrich: Aufklärung als pädagogischer Prozeß. Konzeptionen, Hoffnungen und Desillusionierungen im pädagogischen Denken der Spätaufklärung in Deutschland, in: Aufklärung, Jg. 2, 1987, S. 35-55.

HERRMANN, Ulrich (Hrsg.): Die Bildung des Bürgers. Die Formierung der bürgerlichen Gesellschaft und die Gebildeten im 18. Jahrhundert, Weinheim 1982.
HERRMANN, Ulrich (Hrsg.): "Das pädagogische Jahrhundert". Volksaufklärung und Erziehung zur Armut im 18. Jahrhundert in Deutschland, Weinheim u.a. 1981.
HEYTING, Frieda: Erziehung zum Zusammenleben. Abschied von Moral und Tugend als gesellschaftliche Integrationsmedien, in: Neue Sammlung, Jg. 39, 1999, S. 3-17.
HEYTING, Frieda: Über Pluralität und Verantwortung. Stellungnahme zu Hartmut von Hentigs Vernunft, Verständigung, Verantwortung, in: Neue Sammlung, Jg. 39, 1999, S. 39-45.
HEYTING, Frieda: Kontingenz und Common sense. Zwischen Liberalismus und Kommunitarismus. Die Resonanz politisch-philosophischer Gerechtigkeitsdebatten in der internationalen Erziehungswissenschaft, in: Zeitschrift für Erziehungswissenschaft, Jg. 1, 1998, S. 341-357.
HEYTING, Frieda: Konstruktiver Pluralismus – Diversität als Baustein erziehungswissenschaftlicher Theoriebildung, in: HEYTING, Frieda/ TENORTH, Heinz-Elmar (Hrsg.): Pädagogik und Pluralismus, Weinheim 1994, S. 101-120.
HEYTING, Frieda: Pädagogischer Relativismus als Antwort auf die Moderne? Konstruktivistische Überlegungen zum Verhältnis von Erziehungstheorie und Erziehungspraxis, in: Zeitschrift für Pädagogik, Jg. 38, 1992, S. 279-298.
HEYTING, Frieda/TENORTH, Heinz-Elmar (Hrsg.): Pädagogik und Pluralismus. Deutsche und niederländische Erfahrungen im Umgang mit Pluralität in Erziehung und Erziehungswissenschaft, Weinheim 1994.
HISTORISCHES WÖRTERBUCH DER PHILOSOPHIE herausgeg. von: RITTER, Joachim u.a., 11 Bände, Darmstadt/Basel 1971-2001.
HOBSBAWN, Eric J.: Nationen und Nationalismus: Mythos und Realität seit 1780, Frankfurt am Main/New York 1991.
HÖFFE, Otfried: Lexikon der Ethik, 5., neubearb. u. erweiterte Aufl., München 1997.
HÖFFE, Otfried: Kein Geschenk, sondern Gabe. Identität im Verschiedenen – Menschenrechte im interkulturellen Diskurs, in: Frankfurter Rundschau, 1. Oktober 1996, S. 12.
HÖFFE, Otfried: Philosophische Handlungstheorie als Ethik, in: POSER, Hans (Hrsg.): Philosophische Probleme der Handlungstheorie, Freiburg u.a. 1982, S. 233-261.
HÖFFE, Otfried: Sittliches Handeln. Ein ethischer Problemaufriß, in: LENK, Hans (Hrsg.): Handlungstheorien interdisziplinär, Bd. 2/2 München 1979, S. 617-641.
HOFFMANN, Dietrich: Wie die Disziplin ihr Wissen strukturiert – und wie sie es strukturieren sollte, in: DERS./NEUMANN, Karl (Hrsg.): Die gegenwärtige

Struktur der Erziehungswissenschaft. Zum Selbstverständnis einer undisziplinierten Disziplin, Weinheim 1998, S. 15-31.

HOFFMANN, Dietrich/NEUMANN, Karl (Hrsg.): Die gegenwärtige Struktur der Erziehungswissenschaft. Zum Selbstverständnis einer undisziplinierten Disziplin, Weinheim 1998.

HOFFMANN, Dietrich/LANGEWAND, Alfred/NIEMEYER, Christian (Hrsg.): Begründungsformen der Pädagogik in der "Moderne", Weinheim 1992.

HOFFMAN, Dietrich/HEID, Helmut (Hrsg.): Bilanzierungen erziehungswissenschaftlicher Theorieentwicklung. Erfolgskontrolle durch Wissenschaftsforschung, Weinheim 1991.

HOFFMANN-NOWOTNY, Hans-Joachim: Soziologische Aspekte der Multikulturalität, in: BADE, Klaus J. (Hrsg.): Migration – Ethnizität – Konflikt: Systemfragen und Fallstudien, Osnabrück 1996, S. 103-126.

HOFFMEISTER, Johannes (Hrsg.): Wörterbuch der philosophischen Begriffe, 2. Aufl. Hamburg 1955.

HOHMANN, Manfred: Interkulturelle Erziehung - Eine Chance für Europa?, in: DERS./REICH, Hans H. (Hrsg.): Ein Europa für Mehrheiten und Minderheiten. Diskussionen um interkulturelle Erziehung, Münster u.a. 1989, S. 1-32.

HOLLIS, Martin/LUKES, Steven (Ed.): Rationality and Relativism, Oxford 1982.

HONNETH, Axel: Schwerpunkt Multikulturalismus II, Deutsche Zeitschrift für Philosophie, Jg. 46, Heft 3, Berlin 1998, S. 367-368.

HONNETH, Axel: Schwerpunkt Multikulturalismus, in: Deutsche Zeitschrift für Philosophie, Jg. 43, Heft 2, Berlin 1995, S. 271-272.

HORKHEIMER, Max: Dialektik der Aufklärung und Schriften 1940-1950, Gesammelte Schriften, Bd. 5, Frankfurt am Main 1987 (zuerst 1944).

HORN, Christoph: Handlung, in: HÖFFE, Otfried: Lexikon der Ethik, 5., neubearbeitete u. erweiterte Aufl., München 1997, S. 123-125.

HORN, Klaus-Peter/TENORTH, Heinz-Elmar/HELM, Ludger: Zur Klassifikation des Wissens der Erziehungswissenschaft im 20. Jahrhundert, in: HORN, Klaus-Peter/BOHLENDER, Matthias (Hrsg.): Systematiken und Klassifikationen in der Erziehungswissenschaft, Weinheim 1994, S. 237-268.

HORN, Klaus-Peter/WIGGER, Lothar (Hrsg.): Systematiken und Klassifikationen in der Erziehungswissenschaft, Weinheim 1994.

HORSTMANN, Rolf-Peter: Die Grenzen der Vernunft. Eine Untersuchung zu Zielen und Motiven des Deutschen Idealismus, 2. Aufl., Weinheim 1995.

HROCH, Miroslav: Das Bürgertum in den nationalen Bewegungen des 19. Jahrhunderts. Ein europäischer Vergleich, in: KOCKA, Jürgen (Hrsg.): Bürgertum im 19. Jahrhundert. Deutschland im europäischen Vergleich, Bd. 3, München 1988, S, 337-359.

HÜBNER, Kurt: Warum gibt es ein wissenschaftliches Zeitalter?, in: LUXEN, Wolfgang (Hrsg.): Tradition und Innovation, XIII. Deutscher Kongreß für Philosophie, Hamburg 1988, S. 93-109.

HUNTINGTON, Samuel P.: Der Kampf der Kulturen. Die Neugestaltung der Weltpolitik im 21. Jahrhundert, München 1996.

HURRELMANN, Klaus: Einführung in die Sozialisationstheorie. Über den Zusammenhang von Sozialstruktur und Persönlichkeit, Weinheim/ Basel 1986.

HURRELMANN; Klaus/ULICH, Dieter: Neues Handbuch der Sozialisationsforschung, 4., völlig neu bearb. Aufl., Weinheim 1991.

HUSCHKE-RHEIN, Bernhard: Das Wissenschaftsverständnis der geisteswissenschaftlichen Pädagogik, Stuttgart 1979.

HUSSERL, Edmund: Die Krisis der europäischen Wissenschaften und die Transzendentale Phänomenologie, in: Gesammelte Schriften, hrsg. von Elisabeth Ströker, Bd. 8, Hamburg 1992, S. 1-276.

INGLEHART, Ronald: Modernisierung und Postmodernisierung. Kultureller, wirtschaftlicher und politischer Wandel in 43 Gesellschaften, Frankfurt am Main u.a. 1998.

INGLEHART, Ronald: Kultureller Umbruch. Wertewandel in der westlichen Welt, in: Frankfurt am Main 1995.

JAMES, William: Das pluralistische Universum. Vorlesungen über die gegenwärtige Lage der Philosophie, Darmstadt 1994 (zuerst 1909 im engl. Original).

JEISMANN, Karl-Ernst: "Nationalerziehung". Bemerkungen zum Verhältnis von Politik und Pädagogik in der Zeit der preußischen Reform 1806-1815, in: Geschichte in der Wissenschaft und Unterricht, Jg. 19, 1968, S. 201-218.

JERSCH-WENZEL, Steffi: Minderheiten in der bürgerlichen Gesellschaft. Juden in Amsterdam, Frankfurt und Posen, in: KOCKA, Jürgen (Hrsg.): Bürgertum im 19. Jahrhundert. Deutschland im europäischen Vergleich, Bd. 3, München 1988, S. 392-420.

JOAS, Hans: Die Entstehung der Werte, Frankfurt am Main 1997, S. 10-36.

JUNGMANN, Walter: Vom Nutzen und Nachteil der Allgemeinen Pädagogik für die Diskussion um die Interkulturelle Erziehung – Überlegungen zu einem schwierigen Verhältnis in konstruktiver Absicht, in: Pädagogische Rundschau, Jg. 52, 1998, S. 401-419.

JUNGMANN, Walter: Kulturbegegnung als Herausforderung der Pädagogik – Studie zur Bestimmung der problemstrukturierenden Prämissen und des kategorialen Bezugsrahmens einer Interkulturellen Pädagogik, Münster u.a. 1995.

JUNGMANN, Walter: Pädagogische Soziologie als empirische Kulturwissenschaft im Sinne Max Webers, in: RÖSLER, Winfried/JUNGMANN, Walter (Hrsg.): Horizonte der Pädagogik – oder Pädagogik auf der Suche nach sich selbst, Würzburg 1994, S. 11-44.

JUNGMANN, Walter: Interkulturelle Pädagogik und europäische Bildungsreform, in: Die Deutsche Schule, Jg. 84/1992, S. 465-480.

KANT, Immanuel: Kritik der reinen Vernunft, 3. Aufl., Hamburg 1990 (zuerst 1781).

KANT, Immanuel: Logik, Akademie Textausgabe, Bd. IX, Berlin 1968 (zuerst 1923), S.1-150.

KETTNER, Matthias: Das Menschenrecht auf Kommunikation, Plädoyer für eine Makroethik der globalen Institutionen, in: Frankfurter Rundschau, 7. Januar 1997, S. 10.

KIESEL, Doron: Das Dilemma der Differenz. Zur Kritik des Kulturalismus in der Interkulturellen Pädagogik, Frankfurt am Main 1996.

KLAFKI, Wolfgang: Schlüsselprobleme der modernen Welt und die Aufgaben der Schule – Grundlinien einer neuen Allgemeinbildungskonzeption in internationaler interkultureller Perspektive, in: GOGOLIN, Ingrid/KRÜGER-POTRATZ, Marianne/MEYER, Meinert A. (Hrsg.): Pluralität und Bildung, Opladen 1998, S. 235-249.

KLAFKI, Wolfgang: Die Stufen des pädagogischen Denkens. Ein Beitrag zum methodologischen Problem der Pädagogik, in: RÖHRS, Hermann (Hrsg.): Erziehungswissenschaft und Erziehungswirklichkeit, 2. Aufl., Frankfurt am Main 1967, S. 145-176 (zuerst 1954).

KLAGES, Helmut/HIPPLER, Hans-Jürgen/HERBERT, Willi: Werte und Wandel. Ergebnisse und Methoden einer Forschungstradition, Frankfurt 1992.

KLEIN, Wolfgang: Argumentation und Argument, in: Zeitschrift für Literaturwissenschaft und Linguistik, Jg. 38/39, 1980, S. 9-57.

KLIX, Fridhart/SPADA, Hans: Wissen. Enzyklopädie Psychologie, Göttingen 1998.

KÖNIG, Eckard: Gibt es einheimische Begriffe in der Erziehungswissenschaft?, in: Pädagogische Rundschau, Jg. 53, 1999, S. 29-42.

KÖNIG, Eckhard/ZEDLER, Peter: Theorien der Erziehungswissenschaft. Einführung in Grundlagen, Methoden und praktische Konsequenzen, Weinheim 1998.

KÖNIG, Helmut: Zur Geschichte der bürgerlichen Nationalerziehung in Deutschland zwischen 1807 und 1815, Teil 2, Monumenta Paedagogica, Bd. 13, hrsg. von der Kommission für deutsche Erziehungs- und Schulgeschichte der Akademie der Pädagogischen Wissenschaften der Deutschen Demokratischen Republik, Berlin 1973.

KÖNIG, Helmut: Zur Geschichte der bürgerlichen Nationalerziehung in Deutschland zwischen 1807 und 1815, Teil 1, Monumenta Paedagogica, Bd. 12, hrsg. von der Kommission für deutsche Erziehungs- und Schulgeschichte der Akademie der Pädagogischen Wissenschaften der Deutschen Demokratischen Republik, Berlin 1972.

KÖNIG, Helmut: Zur Geschichte der Nationalerziehung in Deutschland im letzten Drittel des 18.Jahrhunderts, Monumenta Paedagogica, Bd. 1, hrsg. von der Kommission für deutsche Erziehungs- und Schulgeschichte der Deutschen Akademie der Wissenschaften zu Berlin, Berlin 1960.

KÖPPING, Klaus-Peter: Ethik in Ethnographischer Praxis. Zwischen Universalismus und pluralistischer Autonomie, in: SCHMIED-KOWARZIK, W./STAGL, J. (Hrsg.): Grundlagen der Ethnologie. Beiträge zur gegenwärtigen Theorie-Diskussion, 2. überarb. u. erw. Aufl., Berlin 1993.

KONRAD, Helmut: Gedanken über Theorie und Praxis. Wissen und Handeln im Blick auf pädagogisches Ethos, in: Vierteljahrsschrift für wissenschaftliche Pädagogik, Jg. 70, 1994, S. 454-483.

KOPPERSCHMIDT, Josef: Grundfragen einer Allgemeinen Argumentationstheorie unter besonderer Berücksichtigung formaler Argumentationsmuster, in: WOHLRAPP, Harald (Hrsg.): Wege der Argumentationsforschung, Stuttgart Bad Cannstatt 1995, S. 50-73.

KORING, Bernhard: Eine Theorie pädagogischen Handelns. Theoretische und empirisch-hermeneutische Untersuchungen zur Professionalisierung der Pädagogik, Weinheim 1989.

KOSELLECK, Reinhart: Einleitung – Zur anthropologischen und semantischen Struktur der Bildung, in: DERS. (Hrsg.): Bildungsbürgertum im 19. Jahrhundert, Stuttgart 1990, S. 11-46.

KRAFT, Viktor: Die Grundlage der Erkenntnis und der Moral, Berlin 1968.

KREIMENDAHL, Lothar: Hauptwerke der Philosophie. Rationalismus und Empirismus, Stuttgart 1994, S. 5-15.

KREMENDAHL, Hans: Pluralismustheorie in Deutschland. Entstehung, Kritik, Perspektiven, Leverkusen 1977.

KRIECK, Ernst: Philosophie der Erziehung, Jena 1922.

KRINGS, Hermann/BAUMGARTNER, Hans Michael: Handbuch philosophischer Grundbegriffe, 3 Bände, München 1973-1974.

KRON, W. Friedrich: Wissenschaftstheorie für Pädagogen, München u.a. 1999.

KRÜGER, Heinz-Hermann: Wozu noch Allgemeine Pädagogik? Notizen zur Entwicklung und Neuvermessung der Erziehungswissenschaft, in: BRINKMANN, Wilhelm/PETERSEN, Jörg (Hrsg.): Theorien und Modelle der Allgemeinen Pädagogik, Donauwörth 1998, S. 101-116.

KRÜGER, Heinz-Hermann (Hrsg.): Einführung in Theorien und Methoden der Erziehungswissenschaft (Einführungskurs in die Erziehungswissenschaft, Band II, Opladen 1997.

KRÜGER, Heinz-Hermann: Erziehungswissenschaft und ihre Teildisziplinen, in: DERS. (Hrsg.)/HELSPER, Werner: Einführung in Grundbegriffe und Grundfragen der Erziehungswissenschaft, Opladen 1995, S. 303-318.

KRÜGER, Heinz-Hermann: Allgemeine Pädagogik auf dem Rückzug? Notizen zur disziplinären Neuvermessung der Erziehungswissenschaft, in: Ders./RAUSCHENBACH, Thomas (Hrsg.): Erziehungswissenschaft: Die Disziplin am Beginn einer neuen Epoche, Weinheim u.a. 1994, S. 115-130.

KRÜGER, Heinz-Hermann: Erziehungswissenschaft im Spannungsfeld von Kontinuitäten und Zäsuren der Modernen, in: DERS. (Hrsg.): Abschied von der Aufklärung? Perspektiven der Erziehungswissenschaft, Opladen 1990, S. 7-22.

KRÜGER, Heinz-Hermann/HELSPER, Werner: Einführung in Grundbegriffe und Grundfragen der Erziehungswissenschaft, Opladen 1995.

KRÜGER, Heinz-Hermann/RAUSCHENBACH, Thomas: Einführung in die Arbeitsfelder der Erziehungswissenschaft (Einführungskurs Erziehungswissenschaft, Band IV, Opladen 1995.

KRÜGER, Heinz-Hermann/RAUSCHENBACH, Thomas (Hrsg.): Erziehungswissenschaft. Die Disziplin am Beginn einer neuen Epoche, Weinheim u.a. 1994.

KUHN, Thomas S.: Die Struktur wissenschaftlicher Revolutionen, Frankfurt 1972

KUPFFER, Heinrich: Pädagogik der Postmoderne, Weinheim u.a. 1990.

KUTSCHERA, Franz von: Grundfragen der Erkenntnistheorie, Berlin/New York 1982

LADENTHIN, Volker: Normative Pluralität. Zur Kritik der absoluten Relativität, in: Vierteljahrsschrift für Pädagogik, Jg. 69, 1993, S. 145-158.

LANDMANN, Michael: Problematik. Nichtwissen und Wissensverlangen im philosophischen Bewußtsein, Göttingen 1994.

LANDMANN, Michael: Pluralität und Antinomie. Kulturelle Grundlagen seelischer Konflikte, München 1963.

LANGEWAND, Alfred: Pädagogik und Ästhetik. Auf dem Weg zu einer Bildungstheorie?, in: STROß, Annette M./THIEL, Felicitas (Hrsg.): Erziehungswissenschaft, Nachbardisziplinen und Öffentlichkeit. Themenfelder und Themenrezeption der allgemeinen Pädagogik in den achtziger und neunziger Jahren, Weinheim 1998, S. 214-238.

LASSAHN, Rudolf: Das Beziehungsgefüge einer Allgemeinen Pädagogik, in: BRINKMANN, Wilhelm/PETERSEN, Jörg (Hrsg.): Theorien und Modelle der Allgemeinen Pädagogik, Donauwörth 1998, S. 282-307.

LASSAHN, Rudolf: Kontext und Wirkung, Der Weg der Pädagogik zur universitären Disziplin, in: Pädagogische Rundschau, Jg. 50, Frankfurt 1996, S. 339-351.

LASSAHN, Rudolf: Grundriß einer allgemeinen Pädagogik, 3. erg. Auflage, Heidelberg/Wiesbaden 1993.

LENK, Hans: Über Verantwortungsbegriffe und das Verantwortungsproblem in der Technik, in: DERS./ROPOHL, Günther (Hrsg.): Technik und Ethik, Stuttgart 1989, S. 112-148.

LENK, Hans (Hrsg.): Handlungstheorien interdisziplinär, 4 Bde., München 1977-1984.

LENZEN, Dieter: Allgemeine Pädagogik – Teil- oder Leitdisziplin der Erziehungswissenschaft?, in: BRINKMANN, Wilhelm/PETERSEN, Jörg (Hrsg.): Theorien und Modelle der Allgemeinen Pädagogik, Donauwörth 1998a, S. 32-55.

LENZEN, Dieter: Eine neue erziehungswissenschaftliche Zeitschrift!, in: Zeitschrift für Erziehungswissenschaft, Jg. 1, 1998b, S. 3-5.

LENZEN, Dieter: Pädagogik – Erziehungswissenschaft, in: DERS. (Hrsg.): Pädagogische Grundbegriffe, Bd. 2, Reinbek bei Hamburg 1998c, S. 1105-1117.

LENZEN, Dieter. Professionelle Lebensbegleitung. Erziehungswissenschaft auf dem Weg zur Wissenschaft des Lebenslaufs und der Humanontogenese, in: Erziehungswissenschaft, Jg. 8/Heft 15, 1997a, S. 5-22.

LENZEN, Dieter: Universitätsfächer seit 1779 – Erziehungswissenschaft und Pädagogik, in: Forschung & Lehre, Jg. 3, 1997b, S. 83-86.

LENZEN, Dieter: Handlung und Reflexion. Vom pädagogischen Theoriedefizit zur Reflexiven Erziehungswissenschaft, Weinheim u.a. 1996.

LENZEN, Dieter: Erziehungswissenschaft – Pädagogik, in: DERS. (Hrsg.): Erziehungswissenschaft. Ein Grundkurs, Reinbek bei Hamburg 1994, S. 11-41.

LENZEN, Dieter: Reflexive Erziehungswissenschaft am Ausgang des postmodernen Jahrzehnts, in: Zeitschrift für Pädagogik, Beiheft 29, 1992, S. 75-91.

LENZEN, Dieter: Mythos, Metapher und Simulation. Zu den Aussichten Systematischer Pädagogik in der Postmoderne, in: Zeitschrift für Pädagogik, Jg. 33, 1987, S. 41-60.

LENZEN, Dieter (Hrsg.): Enzyklopädie Erziehungswissenschaft, 12 Bände, Stuttgart 1983-1986.

LENZEN, Dieter/KRÜGER, Heinz-Hermann: Allgemeine Erziehungswissenschaft und andere Teildisziplinen, in: Zeitschrift für Erziehungswissenschaft, Jg. 1, 1998, S. 152-155.

LENZEN, Dieter/LUHMANN, Niklas (Hrsg.): Bildung und Weiterbildung im Erziehungssystem. Lebenslauf und Humanontogenese als Medium und Form, Frankfurt am Main 1997.

LEPSIUS, Rainer M.: Nationalstaat oder Nationalitätenstaat als Modell für die Weiterentwicklung der Europäischen Gemeinschaft, in: WILDENMANN; Rudolf (Hrsg.): Staatswerdung Europas? Optionen für eine Europäische Union, Baden-Baden 1991, S. 19-40.

LEPSIUS, Rainer M.: Der europäische Nationalstaat, Erbe und Zukunft, in: DERS.: Interessen, Ideen und Institutionen, Opladen 1990, S. 256-269.

LEPSIUS, Rainer M.: Soziologische Theoreme über die Sozialstruktur der "Moderne" und die "Modernisierung", in: KOSELLECK, Reinhart (Hrsg.): Studien zum Beginn der modernen Welt, Stuttgart 1977, S. 10-29.

LICHTENSTEIN, Ernst: Zur Entwicklung des Bildungsbegriffs von Meister Eckhart bis Hegel, Heidelberg 1966.

LIEGLE, Ludwig: Erziehung als Reaktion auf die Entwicklung des Kindes und als Entwicklungshilfe, in: Neue Sammlung, Jg. 39, 1999, S. 199-212.

LIEGLE, Ludwig: Kulturvergleichende Ansätze in der Sozialisationsforschung, in: HURRELMANN, Klaus/ULICH, Dieter (Hrsg.): Neues Handbuch der Sozialisationsforschung. Weinheim/Basel 1991, S. 215-231.

LITT, Theodor: Die Methodik des pädagogischen Denkens, in: Kantstudien, 26. Jg, Berlin 1921, S. 17-51.

LOCHNER, Rudolf: Deutsche Erziehungswissenschaft, Meisenheim am Glan 1963.

LOHMANN, Ingrid: Allgemeinbildung – Metawissen – Urteilskraft, in: TENORTH, Heinz-Elmar (Hrsg.): Allgemeine Bildung. Analysen zu ihrer Wirklichkeit, Versuche über ihre Zukunft, Weinheim u.a. 1986, S. 215-230.

LÖWISCH, Dieter-Jürgen: Das Dilemma von Menschenrechtserziehung, in: Vierteljahrsschrift für wissenschaftliche Pädagogik, Jg. 72, 1996, S. 233-242.

LÖWISCH, Dieter-Jürgen: Die Herausforderung der Postmoderne an die Pädagogik, in: Vierteljahrsschrift für wissenschaftliche Pädagogik, Jg. 67, 1991, S. 77-99.

LÖWISCH, Dieter-Jürgen: Schule im Einflußfeld von Wertewandel und Werte – Indifferenz in einer pluralistischen Gesellschaft, in: Pädagogische Rundschau, Jg. 38, 1984, S. 755-767.

LÖWISCH, Dieter-Jürgen: "Kulturmündigkeit" und Zukunftsverantwortung, Aufgaben pädagogischer Ethik, in: BREINBAUER, Ines M./ LANGER, Michael: Gefährdung der Bildung, Gefährdung des Menschen, Köln u.a. 1987, S. 189-198.

LÖWITH, Karl: Die Entzauberung der Welt durch Wissenschaft, in: SZCEZESNY, Gerhard (Hrsg.): Club Voltaire. Jahrbuch für kritische Aufklärung II, 2. Aufl., München 1966, S. 135-155.

LÖWITH, Karl: Max Weber und Karl Marx. Einleitung, in: Gesammelte Abhandlungen. Zur Kritik der geschichtlichen Existenz, Stuttgart 1966, S. 1-67.

LÜBBE, Hermann: Bewußtsein in Geschichten, Studien zur Phänomenologie der Subjektivität, Freiburg 1972.

LUCKMANN; Thomas (Hrsg.): Moral im Alltag. Sinnvermittlung und moralische Kommunikation in intermediären Institutionen, Gütersloh 1998.

LUCKMANN, Thomas: Die intersubjektive Konstitution der Moral, Fachgruppe Soziologie, Konstanz 1996.

LUCKMANN, Thomas: Theorie des sozialen Handelns, Berlin u.a. 1992.

LUCKMANN, Thomas: Lebenswelt: Modebegriff oder Forschungsprogramm, in: Grundlagen der Weiterbildung, Jg. 1, 1990, S. 9-13.

LUCKMANN, Thomas: Persönliche Identität, Soziale Rolle und Rollendistanz, in: MARQUARD, Odo/ STIERLE, Karlheinz (Hrsg.): Identität, München 1979, S. 293-313.

LUCKMANN, Thomas: Zwänge und Freiheiten im Wandel der Gesellschaftsstruktur, in: GADAMER, Hans-Georg/VOGLER, Paul (Hrsg.): Neue Anthropologie, Sozialanthropologie, Bd. 3, , Stuttgart 1972, S. 168-222.

LUHMANN, Niklas/ SCHORR, Karl Eberhard: Zwischen Absicht und Person. Fragen an die Pädagogik, Frankfurt am Main 1992.

LUHMANN, Niklas/ SCHORR, Karl-Eberhard: Reflexionsprobleme im Erziehungssystem, Stuttgart 1979.

LUNDGREEN, PETER: Zur Konstituierung des "Bildungsbürgertums": Berufs- und Bildungsauslese der Akademiker in Preußen, in: KOCKA, Jürgen/ CONZE, Werner (Hrsg.): Bürgertum im 19. Jahrhundert. Deutschland im europäischen Vergleich, Bd. 1, München 1985, S. 79-108.

LYOTARD, Jean-Francois: Das postmoderne Wissen, Graz/Wien 1986.

MacIntyre, Alasdair C.: Geschichte der Ethik im Überblick, Frankfurt a.M. 1994.

MACKE, Gerd: Disziplinärer Wandel. Erziehungswissenschaft auf dem Weg zur Verselbständigung ihrer Teildisziplin, in: KRÜGER, Heinz-Hermann/RAUSCHENBACH, Thomas: Erziehungswissenschaft. Die Disziplin am Beginn einer neuen Epoche, Weinheim u.a. 1994, S. 49-68.

MACKE, Gerd: Ausbildung von Teildisziplin – Differenzierung zwischen den Teildisziplinen. Erziehungswissenschaft auf dem Wege zu einer ausdifferenzierten Disziplin, in: Mitteilungsblatt der Deutschen Gesellschaft für Erziehungswissenschaft, Jg. 3, 1992, S. 111-134.

MACKE, Gerd: Disziplinformierung als Differenzierung und Spezialisierung. Einwicklungen der Erziehungswissenschaft unter dem Aspekt der Ausbildung und Differenzierung von Teildisziplin, in: Zeitschrift für Pädagogik, Jg. 36, 1990, S. 51-72.

MANDL, Heinz/SPADA, Hans: Wissenspsychologie: Einführung, in: DIES. (Hrsg.): Wissenspsychologie, Weinheim 1988, S. 1-16.

MANNHEIM, Karl: Ideologie und Utopie, 7. Aufl., Frankfurt am Main 1985 (zuerst 1929).

MARKL, Hubert: Homo Sapiens: Zur fortwirkenden Naturgeschichte des Menschen, in: Merkur, Jg. 52, 1998, S. 564-581.

MAROTZKI, Winfried: Das hermeneutisch-pragmatische Erbe Wilhelm Flitners und Möglichkeiten der Weiterführung, in: BRINKMANN, Wilhelm/ PETERSEN, Jörg (Hrsg.): Theorien und Modelle der Allgemeinen Pädagogik, Donauwörth 1998, S. 241-260.

MAROTZKI, Winfried: Neue Konturen Allgemeiner Pädagogik: Biographie als vermittelnde Kategorie, in: BORELLI, Michele/ RUHLOFF, Jörg (Hrsg.): Deutsche Gegenwartspädagogik, Bd. 2, Baltmannsweiler 1996, S. 67-84.

MARQUARD, Odo (Hrsg.): Einheit und Vielheit. XIV. Deutscher Kongreß für Philosophie in Gießen 1987, Hamburg 1990.

MEAD, Georg H.: Geist, Identität und Gesellschaft. Aus der Sicht des Sozialbehaviorismus, 7. Aufl., Frankfurt am Main 1988, zuerst 1934.

MEINECKE, Friedrich: Weltbürgertum und Nationalstaat. Studien zur Genesis des deutschen Nationalstaates, 6. Aufl., München u.a. 1922.

MENZE, Clemens/ BUNK, Gerhard P./ OFENBACH, Birgit (Hrsg.): Menschenbilder, Frankfurt am Main u.a. 1993.

MEYER, Thomas (Hrsg.): Fundamentalismus. Der Aufstand gegen die Aufklärung, Hamburg 1989.

MEYER-DRAWE, Käte: Herausforderung der Dinge. Das Andere im Bildungsprozeß, in: Zeitschrift für Pädagogik, Jg. 45, 1999, S. 329-335.

MEYER-DRAWE, Käte: Streitfall "Autonomie". Aktualität, Geschichte und Systematik einer modernen Selbstbeschreibung von Menschen, in: Jahrbuch für Bildungs- und Erziehungsphilosophie, Baltmannsweiler 1998, S. 31-49.

MEYER-DRAWE, Käte: Individuum, in: WULF, Christoph (Hrsg.): Vom Menschen. Handbuch Historische Anthropologie, Weinheim u.a. 1997, S. 698-708.

MEYER-DRAWE, Käte: Tod des Subjekts – Ende der Erziehung? Zur Bedeutung "Postmoderner" Kritik für Theorien der Erziehung, in: Pädagogik, Jg. 48, 1996, S. 48-57.

MEYER-DRAWE, Käte: Versuch einer Archäologie des pädagogischen Blicks, in: Zeitschrift für Pädagogik, Jg. 42, 1996, S. 655-664.

MEYER-DRAWE, Käte: "Projekt der Moderne" oder Antihumanismus. Reflexionen zu einer falsch gestellten Alternative, in: Zeitschrift für Pädagogik, Jg. 38, 1992, S. 93-103.

MEYER-DRAWE, Käte: Grenzen pädagogischen Verstehens – Zur Unlösbarkeit des Theorie-Praxis-Problems in der Pädagogik, in: Vierteljahrsschrift für wissenschaftliche Pädagogik, Jg. 60, 1984, S. 249-259.

MEYER-DRAWE, Käte/ PEUKERT, Helmut/ RUHLOFF, Jörg (Hrsg.): Pädagogik und Ethik. Beiträge zu einer zweiten Reflexion, 2. Aufl., Weinheim 1996.

MITTELSTRAß, Jürgen: Das Undenkbare denken. Über den Umgang mit dem Undenkbaren und Unvorstellbaren in der Wissenschaft, Konstanz 1998.

MITTELSTRAß, Jürgen: Vernunft, in: DERS. (Hrsg.): Enzyklopädie Philosophie und Wissenschaftstheorie, Bd. 4, Stuttgart u.a. 1996, S. 518-521.

MITTELSTRAß, Jürgen: Der Flug der Eule. Von der Vernunft der Wissenschaft und der Aufgabe der Philosophie, Frankfurt am Main 1989.

MITTELSTRAß, Jürgen: Wissenschaft als Lebensform. Reden über philosophische Orientierungen in Wissenschaft und Universität, Frankfurt am Main 1982.

MOLLENHAUER, Klaus: Über Mutmaßungen zum "Niedergang" der Allgemeinen Pädagogik – eine Glosse, in: Zeitschrift für Pädagogik, Jg. 42, 1996, S. 277-285.

MOLLENHAUER, Klaus: Kinder- und Jugendhilfe. Theorie der Sozialpädagogik – ein thematisch-kritischer Grundriß, in: Zeitschrift für Pädagogik, Jg. 42, 1996, S. 869-886.

MÜHLMANN, Wilhelm E.: Geschichte der Anthropologie, 2. verb. u. erw. Auflage, Frankfurt am Main/Bonn 1968.

MÜHLMANN, Wilhelm E.: Homo Creator. Abhandlungen zur Soziologie, Anthropologie und Ethnologie, Wiesbaden 1962.

NASSEHI, Armin: Der Fremde als Vertrauter. Soziologische Beobachtungen zur Konstruktion von Identitäten und Differenzen, in: Kölner Zeitschrift für Soziologie und Sozialpsychologie, Jg. 47, 1995, S. 443-463.

NATORP, Paul: Sozialpädagogik, in: REIN, Wilhelm (Hrsg.): Encyclopädisches Handbuch der Pädagogik, Bd. 8, 2. Aufl., Langensalza 1908, S. 675-682.

NEUMANN, Dieter u.a. (Hrsg.): Die Natur der Moral. Evolutionäre Ethik und Erziehung, Stuttgart u.a. 1999.

NICOLIN, Friedhelm (Hrsg.): Pädagogik als Wissenschaft, Darmstadt 1969.

NIEKE, Wolfgang: Interkulturelle Erziehung und Bildung. Wertorientierungen im Alltag, Opladen 1995.

NIEMEYER, Christian: Klassiker der Sozialpädagogik. Einführung in die Theoriegeschichte einer Wissenschaft, Weinheim u.a. 1998.

NIESER, Bruno: Aufklärung und Bildung. Studien zur Entstehung und gesellschaftlichen Bedeutung von Bildungskonzeptionen in Frankreich und Deutschland im Jahrhundert der Aufklärung, Weinheim 1992.

NOHL, Herman: Die Deutsche Bewegung. Vorlesungen und Aufsätze zur Geistesgeschichte von 1770-1830, hrsg. von Otto Friedrich BOLLNOW und Frithjof RODI, Göttingen 1970.

NOHL, Herman: Die pädagogische Bewegung in Deutschland und ihre Theorie, 3. unv. Aufl., Frankfurt am Main 1949.

NUNNER-WINKLER, Gertrud: Individuelle Voraussetzungen pädagogischen Handelns, in: KRÜGER, Heinz-Hermann/HELSPER, Werner: Einführung in Grundbegriffe und Grundfragen der Erziehungswissenschaft, Opladen 1995, S. 257-276.

OELKERS, Jürgen: "Allgemeine Pädagogik": Zur Geschichte und Struktur einer öffentlichen Reflexion, in: BRINKMANN, Wilhelm/ PETERSEN, Jörg

(Hrsg.): Theorien und Modelle der Allgemeinen Pädagogik, Donauwörth 1998b, S. 352-377.

OELKERS, Jürgen: Pädagogische Reform und Wandel der Erziehungswissenschaft, in: FÜHR, Christian/ FURCK, Carl-Ludwig: Handbuch der deutschen Bildungsgeschichte, 1945 bis zur Gegenwart, Bd. VI, München 1998a, S. 217-243.

OELKERS, Jürgen: Wissen, in: WULF, Christoph (Hrsg.): Vom Menschen. Handbuch Historische Anthropologie, Weinheim u.a. 1997, S. 1095-1105.

OELKERS, Jürgen: Lernen, in: WULF, Christoph (Hrsg.): Vom Menschen. Handbuch Historische Anthropologie, Weinheim u.a. 1997, S. 750-756.

OELKERS, Jürgen: Allgemeine Pädagogik, in: Zeitschrift für Pädagogik, Jg. 43, 1997, S. 237-267.

OELKERS, Jürgen: Die Erziehung zum Guten. Legitimationspotentiale Allgemeiner Pädagogik, in: Zeitschrift für Pädagogik, Jg. 42, 1996, S. 235-254.

OELKERS, Jürgen: Neue Seiten der "Pädagogischen Anthropologie", in: Zeitschrift für Pädagogik, Jg. 40, 1994, S. 195-199.

OELKERS, Jürgen: Topoi der Sorge. Beobachtungen zur öffentlichen Verwendung pädagogischen Wissens, in: DERS./ TENORTH, Heinz-Elmar (Hrsg.): Pädagogisches Wissen, Weinheim u.a. 1993, S. 213-231.

OELKERS, Jürgen: Pädagogische Ethik. Eine Einführung in Probleme, Paradoxien und Perspektiven, Weinheim u.a. 1992.

OELKERS, Jürgen: Theorie der Erziehung, in: Zeitschrift für Pädagogik, Jg. 37, 1991, S. 13-18.

OELKERS, Jürgen: Die große Aspiration. Zur Herausbildung der Erziehungswissenschaft im 19. Jahrhundert, Darmstadt 1989.

OELKERS, Jürgen: Die Wiederkehr der Postmoderne, in: Zeitschrift für Pädagogik, Jg. 32, 1987, S. 21-40.

OELKERS, Jürgen/ TENORTH, Heinz-Elmar: Pädagogisches Wissen als Orientierung und als Problem, in: DIES. (Hrsg.): Pädagogisches Wissen, Weinheim u.a. 1993, S. 13-35.

OERTER, Rolf: Wissen und Kultur, in: MANDL, Heinz/ SPADA, Hans (Hrsg.): Wissenspsychologie, München u.a. 1988, S. 333-356.

OPWIS, Klaus: Reflexionen über eigenes und fremdes Wissen, in: KLIX, Fridhart/SPADA, Hans: Enzyklopädie Psychologie. Wissen, Göttingen 1998, S. 369-401.

OSER, Fritz: Werterziehung in einer pluralistischen Gesellschaft – Entgegnungen an den Relativismus, Sankt Gallen 1988.

OSWALD, Margit E./Steinvorth, Ulrich (Hrsg.): Die offene Gesellschaft und ihre Fremden, Göttingen u.a. 1998.

PASCHEN, Harm: Allgemeine Pädagogik und Erziehungswissenschaft, in: Bildung und Erziehung, Jg. 51, 1998, S. 85-91.

PASCHEN, Harm: Pädagogiken. Zur Systematik pädagogischer Differenzen, Weinheim 1997.

PASCHEN, Harm: Das pädagogische Dilemma der Erziehungswissenschaft, in: Bildung und Erziehung, Jg. 45, 1992, S. 345-354.

PASCHEN, Harm: Zur Systematik der Erziehungswissenschaft und ihrer Repräsentation an Wissenschaftlichen Hochschulen, in: Bildung und Erziehung, Jg. 34, Köln 1981, S. 20-34.

PASCHEN, Harm: Logik der Erziehungswissenschaft, Düsseldorf 1979.

PASCHEN, Harm/ WIGGER, Lothar: Zur Analyse pädagogischer Argumente, Weinheim 1992.

PATZIG, Günther: Ethik ohne Metaphysik, 2. durchges. u. erw. Aufl., Göttingen 1983.

PAULSEN, Friedrich: Wandlungen des Bildungsideals in ihrem Zusammenhang mit der sozialen Entwicklung. Vortrag auf dem evangelisch-sozialen Kongreß in Kiel 1899, in: Gesammelte Pädagogische Abhandlungen, hrsg. von SPRANGER, Eduard, Stuttgart u.a. 1912, S. 224-246.

PETERSEN, Jörg/ REINERT, Gerd-Bodo (Hrsg.): Pädagogische Konzeptionen. Eine Orientierungshilfe für Studium und Beruf, Donauwörth 1992.

PEUKERT, Helmut/ SCHEUERL, Hans (Hrsg.): Ortsbestimmung der Erziehungswissenschaft. Wilhelm Flitner und die Frage nach einer allgemeinen Erziehungswissenschaft im 20. Jahrhundert, Weinheim u.a. 1992.

PICO della MIRANDOLA, Giovanni: Über die Würde des Menschen, 4. Aufl., Zürich 1996 (zuerst 1486).

PLESSNER, Helmuth: Die Frage nach der Conditio humana (1961), in: Gesammelte Schriften, Bd. VIII, hrsg. von Günter DUX/Elisabeth, STRÖKER, Frankfurt am Main 1983 (zuerst 1961), S. 136-217.

PLESSNER, Helmuth: Die verspätete Nation, in: Gesammelte Schriften, hrsg. von Günter DUX/Odo MARQUARD/ Elisabeth STRÖKER, Bd. VI, Frankfurt am Main 1982 (zuerst 1935), S. 7-223.

PLEINES, Jürgen-Eckardt: Praktische Wahrheit oder Normenethik?, in: Vierteljahrsschrift für wissenschaftliche Pädagogik, Jg. 73, 1997, S. 181-195.

PLEINES, Jürgen-Eckardt: Autonomie und vernünftiges Handeln, in: Vierteljahrsschrift für wissenschaftliche Pädagogik, Jg. 72, 1996, S. 163-174.

PLEINES, Jürgen-Eckardt: Studien zur Ethik, Hildesheim u.a. 1992.

PRANGE, Klaus: Was muß man wissen, um erziehen zu können? Didaktischtheoretische Voraussetzungen der Professionalisierung von Erziehung, in: Vierteljahrsschrift für wissenschaftliche Pädagogik, Jg. 34, 1998, S. 39-50.

PRANGE, Klaus: Übergänge – Zum Verhältnis von Erziehung von Lernen, in: BORELLI, Michele/ RUHLOFF, Jörg (Hrsg.): Deutsche Gegenwartspädagogik, Bd. 2, Baltmannsweiler 1996, S. 136-147.

PRANGE, Klaus: Aufklärung unter Vorbehalt, Motive der Gegenaufklärung in der Erziehung, in: Vierteljahrsschrift für wissenschaftliche Pädagogik, Jg. 66, 1990, S. 18-30

PRANGE, Klaus: Bildung in dürftiger Zeit, Epochale Aspekte der pädagogischen Reflexion, in: Zeitschrift für internationale erziehungs- und sozialwissenschaftliche Forschung, Jg. 5, 1988, S. 1-18.

PRENGEL, Annedore: Pädagogik der Vielfalt. Verschiedenheit und Gleichberechtigung in Interkultureller, Feministischer und Integrativer Pädagogik, Opladen 1993.

PRONDCZYNSKY, Andreas von: Zwischen "Vermittlung" und "Distanz". Entparadoxierung des Theorie-Praxis-Problems der Pädagogik durch Wissenschaftsforschung, in: Vierteljahrsschrift für wissenschaftliche Pädagogik, Jg. 72, 1996, S. 401-425.

PRONDCZYNSKY, Andreas von: Die Vielfalt des Allgemeinen. Methodologische Verarbeitungsprobleme von Pluralität in der "Philosophischen Pädagogik" Eduard Sprangers, in: UHLE, Reinhard/ HOFFMANN, Dietrich (Hrsg.): Pluralitätsverarbeitung in der Pädagogik. Unübersichtlichkeit als Wissenschaftsprinzip?, Weinheim 1994, S. 51-81.

RADTKE, Frank-Olaf: Wissen und Können – Grundlagen der wissenschaftlichen Lehrerbildung, Opladen 1996.

RADTKE, Frank-Olaf: Interkulturelle Erziehung. Über die Gefahren eines pädagogisch halbierten Anti-Rassismus, in: Zeitschrift für Pädagogik, Jg. 41, 1995, S. 854-864.

RADTKE, Frank-Olaf: Das Pluralismusdilemma und die Pädagogik, in: UHLE, Reinhard/ HOFFMANN, Dietrich (Hrsg.): Pluralitätsverarbeitung in der Pädagogik. Unübersichtlichkeit als Wissenschaftsprinzip?, Weinheim 1994, S. 101-127.

RADTKE, Frank-Olaf: Multikulturalismus und Erziehung, in: Fremde – Heimat: Neuer Nationalismus und interkulturelles Lernen, Frankfurt a.M. 1992, S. 185-208.

RANG, Adalbert: Konstruktivismus und Pluralismus. Aspekte ihrer Relevanz für die Kultur- und Sozialwissenschaften, in: DREWEK, Peter et al. (Hrsg.): Ambivalenzen der Pädagogik. Zur Bildungsgeschichte der Aufklärung und des 20. Jahrhunderts, Weinheim 1995, S. 351-363.

RANG, Adalbert: Pädagogik und Pluralismus, in: HEYTING, Frieda/ TENORTH, Heinz-Elmar (Hrsg.): Pädagogik und Pluralismus: deutsche und niederländische Erfahrungen im Umgang mit Pluralität in Erziehung und Erziehungswissenschaft, Weinheim 1994, S. 23-50.

RANG, Adalbert: Zur Bedeutung des `Allgemeinen´ im Konzept der allgemeinen Bildung, in: Zeitschrift für Pädagogik, Jg. 32, 1986, S. 477-487.

RAUHUT, Franz: Die Herkunft der Worte und Begriffe "Kultur", "civilisation" und Bildung", in: FURCK, Carl-Ludwig et al. (Hrsg.): Beiträge zur Geschichte des Bildungsbegriffs, Weinheim 1965, S. 11-22.

RAUSCHENBACH, Thomas/ CHRIST, Bettina: Erziehungswissenschaftlerinnen und Erziehungswissenschaftler auf dem Arbeitsmarkt, in: Der pädagogische Blick, Jg. 3, 1995, S.168-170).

REIMANN, Horst: Die Vitalität "autochthoner" Kulturmuster. Zum Verhältnis von Traditionalität und Moderne, in: Kölner Zeitschrift für Soziologie und Sozialpsychologie, Jg. 38, 1986, S. 358-379.

REKUS, Jürgen: Bildung und Moral. Zur Einheit von Rationalität und Moralität in Schule und Unterricht, Weinheim u.a. 1993.

RINGER, Fritz K.: Die Gelehrten. Der Niedergang der deutschen Mandarine, 1890-1933, München 1987.

RIPPE, Klaus Peter: Ethischer Relativismus. Seine Grenzen, seine Geltung, Paderborn 1993.

RITSERT, Jürgen: Gerechtigkeit und Gleichheit, Münster 1997.

RITSERT, Jürgen: Einführung in die Logik der Sozialwissenschaften, Münster 1996.

RITZEL, Wolfgang: Die Vielheit der pädagogischen Theorien und die Einheit der Pädagogik, Wuppertal 1968.

ROEDER, Peter M.: Erziehungswissenschaften. Kommunikation in einer ausdifferenzierten Sozialwissenschaft, in: Zeitschrift für Pädagogik, Jg. 36, 1990, S. 651-670.

RÖHRS, Hermann: Allgemeine Erziehungswissenschaft – eine Disziplin im Wandel, in: BRINKMANN, Wilhelm/PETERSEN, Jörg (Hrsg.): Theorien und Modelle der Allgemeinen Pädagogik, Donauwörth 1998, S. 261-281.

RÖHRS, Hermann: Allgemeine Erziehungswissenschaft. Eine Einführung in die erziehungswissenschaftlichen Methoden, Gesammelte Schriften, Bd. 1, 3. Aufl., Weinheim 1993 (zuerst 1968).

RÖHRS, Hermann/ SCHEUERL, Hans (Hrsg.): Richtungsstreit in der Erziehungswissenschaft und pädagogische Verständigung, Frankfurt am Main u.a. 1989.

RÖMELT, Josef (Hrsg.): Ethik und Pluralismus, Innsbruck 1997.

ROSSI, Paolo: Die Geburt der modernen Wissenschaft in Europa, München 1997.

RÖSSNER, Lutz: Empiristisch-utilitaristische Pädagogik, in: BORELLI; Michele (Hrsg.): Deutsche Gegenwartspädagogik, Baltmannsweiler 1993, S. 174-189.

ROTH, Heinrich: Pädagogische Anthropologie, Bildsamkeit und Bestimmung, Bd. 1, Hannover 1966.

ROTHACKER, Erich: Die dogmatische Denkform in den Geisteswissenschaften und das Problem des Historismus, in: Abhandlungen der geistes- und sozialwissenschaftlichen Klassen, Wiesbaden 1954.

RUHLOFF, Jörg: Vom Gottesknecht zum Selbstliebhaber. Ausblicke auf Individualität, Subjektivität, Autonomie in Interpretationen des Menschen zwischen Renaissance und Aufklärung, in: Bildung und Erziehung, Jg. 46, 1993a, S. 167-182.

RUHLOFF, Jörg: Über den gedanken-geschichtlichen Raum. Zur Idee einer Historiologie, in: Vierteljahrsschrift für wissenschaftliche Pädagogik, Jg. 69, 1993, S. 269-278.

RUHLOFF, Jörg: Traditionen der Postmoderne in der Antike und Renaissance, in: FISCHER, Wolfgang/ DERS. (Hrsg.): Skepsis und Widerstreit. Neue Beiträge zur skeptisch-transzendentalkritischen Pädagogik, Sankt Augustin 1993, S. 97-119.

RUHLOFF, Jörg: Kulturbegegnung als Herausforderung an Bildung und Erziehung – Überlegungen im Hinblick auf "Europa 1993", in: Zeitschrift für Pädagogik, Jg. 38, 1992, S. 345-356.

RUHLOFF, Jörg: *Eine* Allgemeine Pädagogik?, in: PEUKERT, Helmut/ SCHEUERL, Hans (Hrsg.): Wilhelm Flitner und die Frage nach einer allgemeinen Erziehungswissenschaft im 20. Jahrhundert, Weinheim u.a. 1991a, S. 211-219.

RUHLOFF, Jörg: Über Kultur, Barbarei und Bildung, in: Vierteljahrsschrift für wissenschaftliche Pädagogik, Jg. 61, 1991c, S. 421-443.

RUHLOFF, Jörg: Widerstreit – Eine Architektonische Konstante im Aufbau der Pädagogik, in: DERS./SCHALLER, Klaus (Hrsg.): Pädagogische Einsätze , Sankt Augustin 1991b, S. 71-85.

RUHLOFF, Jörg: Widerstreitende statt harmonische Bildung? Grundzüge eines „postmodernen" pädagogischen Konzepts, in: BERING, Kunibert/ HOHMANN, Werner L. (Hrsg.): Wie postmodern ist die Postmoderne?, Essen 1990a, S. 25-37.

RUHLOFF, Jörg: Pluralität pädagogischer Konzepte – ein Hemmnis der sozialen Wirksamkeit pädagogischer Theorie?, in: Vierteljahrsschrift für wissenschaftliche Pädagogik, Jg. 66, 1990b, S. 436-448.

RUHLOFF, Jörg: Harmonisierung oder Widerstreit? Über die Bildungsaufgabe in der Kulturenvielfalt, in: Materialien zur politischen Bildung, 1989, S. 8-15.

RUHLOFF, Jörg (Hrsg.): Renaissance-Humanismus. Zugänge zur Bildungstheorie der Neuzeit, Essen 1989.

RUHLOFF, Jörg: Zur Kritik der schultheoretischen Urteilskraft – Theodor Ballauffs Konversionstheorie, in: Vierteljahrsschrift für wissenschaftliche Pädagogik, Jg. 60, 1984, S. 464-479.

RUHLOFF, Jörg: "Ausländerpädagogik" als pädagogische Spezialdisziplin?, in: Zeitschrift für Pädagogik, 18. Beiheft, 1983, S. 259-296.

RUHLOFF, Jörg: Bildung und national-kulturelle Orientierung, in: DERS. (Hrsg.): Aufwachsen im fremden Land, Frankfurt am Main u.a. 1982, S. 177-194.

SANDKÜHLER, Hans-Jörg: Für einen epistemologischen Pluralismus – nicht nur in der Wissenschaft, in: DERS. (Hrsg.): Einheit des Wissens. Zur Debatte über Monismus, Dualismus und Pluralismus, Bremen 1996, S. 9-26.

SANDKÜHLER, Hans-Jörg: Pluralität von Welten und Wahrheiten, in: DERS. (Hrsg.)/ABEL, Günter: Pluralismus – Erkenntnistheorie, Ethik und Politik, Hamburg 1996, S. 23-48.

SANDKÜHLER, Hans-Jörg: Epistemologischer Realismus und die Wirklichkeit des Wissens. Eine Verteidigung der Philosophie des Geistes gegen Naturalismus und Reduktionismus, in: DERS. (Hrsg.): Wirklichkeit des Wissens, Bremen 1992, S. 57-85.

SCHÄFER, Alfred: Universalität und Differenz. Zur Ambivalenz modernen Selbst- und Fremdverständnisses, in: GOGOLIN, Ingrid/ KRÜGER-POTRATZ, Marianne/ MEYER, Meinert A. (Hrsg.): Pluralität und Bildung, Opladen 1998, S. 115-126.

SCHÄFER, Alfred: Allgemeine Pädagogik – zwischen philosophischer Theorie und wissenschaftliche Empirie, in: Vierteljahrsschrift für wissenschaftliche Pädagogik, Jg. 66, 1990, S. 61-80.

SCHELER, Max: Probleme einer Soziologie des Wissens, in: DERS.: Die Wissensformen und die Gesellschaft, 3. Aufl., München 1980, S. 15-190.

SCHEUERL, Hans, Pädagogische Anthropologie. Eine historische Einführung, Stuttgart u.a. 1982

SCHEUERL, Hans: Probleme einer systematischen Pädagogik, in: ELLWEIN, Thomas (Hrsg.): Erziehungswissenschaftliches Handbuch: Pädagogik als Wissenschaft, Bd. 4, Berlin 1975, S. 13-88.

SCHLEIERMACHER, Friedrich D.: Theorie der Erziehung, in: DERS.: Ausgewählte Schriften, Paderborn 1959, S. 36-243.

SCHLUCHTER, Wolfgang: Die Entwicklung des okzidentalen Rationalismus. Eine Analyse von Max Webers Gesellschaftsgeschichte, Tübingen 1979.

SCHLÜTER, Carsten/ CLAUSEN, Lars: Renaissance der Gemeinschaft? Stabile Theorien und neue Theoreme, Berlin 1990.

SCHMIED-KOWARZIK, Wolfdietrich (Hrsg.): Kultur – Theorien. Annähreru ngen an die Vielschichtigkeit von Begriff und Phänomen der Kultur, 2. Auflage, Kassel 1995.

SCHNÄDELBACH, Herbert: Vernunft, in: MARTENS, Ekkehard/DERS (Hrsg.): Philosophie. Ein Grundkurs, Reinbek bei Hamburg 1985, S. 77-115.

SCHNEIDER, Helmut: Philosophia perennis, in: RITTER, Joachim/GRÜNDER, Karlfried (Hrsg.): Historisches Wörterbuch der Philosophie, Bd. 7, Darmstadt 1989, S. 898-900.

SCHNEEWIND, Klaus. A.: Psychologie der Erziehung und Sozialisation, Göttingen 1994.

SCHOLTZ, Gunter: (Hrsg.): Historismus am Ende des 20. Jahrhunderts, Berlin 1997.

SCHOLTZ, Gunter (Hrsg.): Zwischen Wissenschaftsanspruch und Orientierungsbedürfnis zu Grundlage und Wandel der Geisteswissenschaften, Frankfurt am Main 1991a.

SCHOLTZ, Gunter: Das Historismusproblem und die Geisteswissenschaften im 20. Jahrhundert, in: DERS. (Hrsg.): Zwischen Wissenschaftsanspruch und Orientierungsbedürfnis zu Grundlage und Wandel der Geisteswissenschaft, Frankfurt am Main 1991b.

SCHOLTZ, Gunter: Historismus, Historizismus, in: RITTER, Joachim (Hrsg.): Historisches Wörterbuch der Philosophie, Bd. 3, Basel 1974, Spal. 1141-1147.

SCHRIEWER, Jürgen: Vergleichende Erziehungswissenschaft: Konstitutive Probleme und neue Herausforderungen, in: HOFFMANN, Dietrich/ NEUMANN, Karl (Hrsg.): Die gegenwärtige Struktur der Erziehungswissenschaft. Zum Selbstverständnis einer undisziplinierten Disziplin, Weinheim 1998, S. 79-103.

SCHRIEWER, Jürgen: Internationalisierung der Pädagogik und vergleichende Erziehungswissenschaft, in: MÜLLER; Detlef K. (Hrsg.): Pädagogik – Erziehungswissenschaft – Bildung, Köln 1994, S. 427-462.

SCHÜTZ, Alfred: Der sinnhafte Aufbau der sozialen Welt. Eine Einleitung in die verstehende Soziologie, 6. Aufl., Frankfurt am Main 1993 (zuerst 1932).

SCHÜTZ, Alfred: Der gut informierte Bürger. Ein Versuch über die soziale Verteilung des Wissens, in: DERS.: Gesammelte Aufsätze. Studien zur soziologischen Theorie, hrsg. Von BRODERSEN, Arvid, Bd. II, Den Haag 1972 (zuerst 1946), S. 85-101.

SCHÜTZ, Alfred/LUCKMANN, Thomas: Strukturen der Lebenswelt, Bd. 1, 5. Aufl., Frankfurt am Main 1994 (zuerst 1979).

SCHULTHEIS, Klaudia: Ästhetisierung als Regression oder Chance? Anmerkungen zur Rezeption der Postmoderne in der Pädagogik, in: Vierteljahrsschrift für wissenschaftliche Pädagogik, Jg. 73, 1997, S. 354-366.

SCHULZ, Wolfgang K.: Das Konstitutionsproblem der Pädagogik in der Weimarer Zeit, in: ZEDLER, Peter/ KÖNIG, Eckard (Hrsg.): Rekonstruktionen pädagogischer Wissenschaftsgeschichte. Fallstudien, Ansätze, Perspektive, Weinheim 1989, S. 161-178.

SCHULZE, Gerhard: Steigerungslogik und Erlebnisgesellschaft, in: Politische Bildung, Gesellschaft neu verstehen, Jg. 30, 1997, S. 77-94.

SCHULZE, Gerhard: Gehen ohne Grund. Eine Skizze zur Kulturgeschichte des Denkens, in: KUHLMANN, Andreas (Hrsg.): Philosophische Ansichten der Kultur der Moderne, Frankfurt am Main 1994, S. 79-130.

SCHULZE, Gerhard: Die Erlebnisgesellschaft. Kultursoziologie der Gegenwart, 2. Aufl., Frankfurt u.a. 1992.
SCHULZE, Hagen: Der Weg zum Nationalstaat. Die deutsche Nationalbewegung vom 18. Jahrhundert bis zur Reichsgründung, München 1985.
SCHWEMMER, Oswald: Die kulturelle Existenz des Menschen, Berlin 1997.
SCHWEMMER, Oswald: Kulturelle Identität und moralische Verpflichtung. Zum Problem des ethischen Universalismus, in: HONNEFELDER, Ludger (Hrsg.): Sittliche Lebensform und praktische Vernunft, Paderborn u.a. 1992.
SCHWEMMER, Oswald: Rationaler Pluralismus. Zur Kritik der Regel- und Prinzipienethik, in: MARQUARD, Odo (Hrsg.): Einheit und Vielheit, XIV Dt. Kongress für Philosophie, Hamburg 1990, S. 187-203.
SCHWEMMER, Oswald: Die Vielfalt der Kulturen und die Einheit der Wissenschaft, in: MÜLLER-ROLLI, Sebastian: Das Bildungswesen der Zukunft, Stuttgart 1987, S. 52-73.
SCHWEMMER, Oswald: Praktische Begründung, rationale Rekonstruktion und methodische Überprüfung. Über die handlungstheoretischen Grundlagen der Sozialwissenschaften, in: LENK, Hans (Hrsg.): Handlungstheorien – interdisziplinär. Kritische Informationen, Bd. 2/2, München 1979, S. 535-580.
SCHWENK, Bernhard: Paedagogia perennis?, in: HOFFMAN, Dietrich/ LANGEWAND, Alfred/ NIEMEYER, Christian (Hrsg.): Begründungsformen der Pädagogik in der "Moderne", Weinheim 1992, S. 125-134.
SEIFFERT, Helmut: Geschichtstheorie, in: DERS./RADNITZKY, Gerard (Hrsg.): Handlexikon zur Wissenschaftstheorie, München 1989, S. 106-112.
SEIFFERT, Helmut/RADNITZKY, Gerard: Handlexikon zur Wissenschaftstheorie, München 1989.
SERRES, Michel (Hrsg.): Elemente einer Geschichte der Wissenschaften, Frankfurt am Main 1994.
SIMMEL, Georg: Exkurs über den Fremden, in: Gesamtausgabe, hrsg. von Otthein, RAMMSTEDT, Bd. 2, Frankfurt am Main 1992, S. 764-771 (zuerst 1908).
SIMMEL, Georg: Zur Philosophie der Kultur, in: DERS.: Philosophische Kultur. Über das Abenteuer, die Geschlechter und die Krise der Moderne. Gesammelte Essays, Berlin 1984 (zuerst 1911), S. 183-207.
SPADA, Hans/ MANDL, Heinz: Wissenspsychologie. Einführung, in: MANDL, Hans/ SPADA, Hans (Hrsg.): Wissenspsychologie, München u.a. 1988, S. 1-16.
SPECK, Josef: Handbuch wissenschaftstheoretischer Grundbegriffe, 3 Bände, Göttingen 1980.
SPINNER; Helmut F.: Die Architektur der Informationsgesellschaft, Bodenheim 1998.
SPINNER, Helmut F.: Die Wissensordnung. Ein Leitkonzept für die dritte Grundordnung des Informationszeitalters, Opladen 1994.

SPINNER, Helmut F.: "Erst kommt das Wissen und dann die Moral", in: STEIGLEDER, Klaus/ MIETH, Dietmar (Hrsg.): Ethik in den Wissenschaften. Ariadnefaden im technischen Labyrinth?, 2. Aufl., Tübingen 1991, S. 188-229.

SPINNER, Helmut F.: Pluralismus als Erkenntnismodell, Frankfurt am Main 1974.

STEGMÜLLER, Wolfgang: Hauptströmungen der Gegenwartsphilosophie, 4 Bände, Wien 1952ff.

STEHR, Nico: Arbeit, Eigentum und Wissen. Zur Theorie von Wissensgesellschaften, Frankfurt am Main 1994.

STEINDORF, Gerhard: Lernen und Wissen, Bad Heilbrunn 1985.

STEINER-KHAMSI, Gita: Multikulturelle Bildungspolitik in der Postmoderne, Opladen 1992.

STICHWEH, Rudolf: Wissenschaft, Universität, Professionen. Soziologische Analysen, Frankfurt am Main 1994.

STROß, Annette M.: "Postmoderne" als Thema des deutschen pädagogischen Diskurses: Zur Rekonstruktion eines flüchtigen Phänomens, in: DIES./THIEL, Felicitas (Hrsg.): Erziehungswissenschaft, Nachbardisziplinen und Öffentlichkeit. Weinheim 1998, S. 237-252.

STROß, Annette/ THIEL, Felicitas: Erziehungswissenschaft, Nachbardisziplinen und Öffentlichkeit. Themenfelder und Themenrezeption der allgemeinen Pädagogik in den achtziger und neunziger Jahren, Weinheim 1998.

TAJFEL, Henri: Gruppenkonflikt und Vorurteil. Entstehung und Funktion sozialer Stereotypen, Bern u.a. 1982.

TAYLOR, Charles: Das Unbehagen an der Moderne. Frankfurt am Main 1995a

TAYLOR, Charles: Negative Freiheit? Zur Kritik des neuzeitlichen Individualismus, 2. Auflage, Frankfurt am Main 1995b.

TAYLOR, Charles: Multikulturalismus und die Politik der Anerkennung, Frankfurt am Main 1993.

TENBRUCK, Friedrich H.: Was war der Kulturvergleich, ehe es den Kulturvergleich gab? in: MATTHES, Joachim (Hrsg.): Zwischen den Kulturen? Die Sozialwissenschaften vor dem Problem des Kulturvergleiches, Göttingen 1992, S. 13-37.

TENBRUCK, Friedrich H: Der Mensch: ein Kulturwesen, in: DERS.: Die kulturellen Grundlagen der Gesellschaft, Opladen 1989, S. 45-58.

TENBRUCK, Friedrich H.: Zur Anthropologie des Handelns, in: LENK, Hans (Hrsg.): Handlungstheorien – interdisziplinär. Kritische Informationen, München 1978, S. 89-138.

TENORTH, Heinz-Elmar: Technologiedefizit in der Pädagogik? Zur Kritik eines Mißverständnisses, in: FUHR, Thomas/ SCHULTHEIS, Klaudia (Hrsg.): Zur Sache der Pädagogik. Untersuchungen zum Gegenstand der allgemeinen Erziehungswissenschaft, Bad Heilbrunn 1999, S. 252-266.

TENORTH, Heinz-Elmar: Der Status der Erziehungswissenschaft – Kritik des wissenschaftstheoretischen Fatalismus, in: POLLAK, Guido/ PRIM, Rolf (Hrsg.): Erziehungswissenschaft und Pädagogik zwischen kritischer Reflexion und Dienstleistung, Weinheim 1999, S. 58-69.

TENORTH, Heinz-Elmar: Theorie, nicht Moral ist das Defizit – Eine Randbemerkung zu den Debatten über das Allgemeine von Pädagogik und Erziehungswissenschaft, in: BRINKMANN, Wilhelm/ PETERSEN, Jörg (Hrsg.): Theorien und Modelle der Allgemeinen Pädagogik, Donauwörth 1998, S. 87-100.

TENORTH, Heinz-Elmar: Erziehungswissenschaft in Deutschland – Skizze ihrer Geschichte von 1900 bis zur Vereinigung 1990, in: HARNEY, Klaus/ KRÜGER, Heinz-Hermann: Einführung in die Geschichte von Erziehungswissenschaft und Erziehungswirklichkeit, Opladen 1997, S. 111-158.

TENORTH, Heinz-Elmar: Normalisierung und Sonderweg – Deutsche Erziehungswissenschaft in historischer Perspektive –, in: BORELLI, Michele/ RUHLOFF, Jörg (Hrsg.): Deutsche Gegenwartspädagogik, Bd. 2, Baltmannsweiler 1996, S. 170-182.

TENORTH, Heinz-Elmar: Engagierte Beobachter, distanzierte Akteure. Eine Ermunterung, pädagogische Grundprobleme wieder zu erörtern, in: Zeitschrift für Pädagogik, Jg. 41, 1995, S. 3-12.

TENORTH, Heinz-Elmar: "Alle alles zu lehren". Möglichkeiten und Perspektiven allgemeiner Bildung, Darmstadt 1994.

TENORTH, Heinz-Elmar: Profession und Disziplin. Zur Formierung der Erziehungswissenschaft, in: KRÜGER, Heinz-Hermann/ RAUSCHENBACH, Thomas (Hrsg.): Erziehungswissenschaft: die Disziplin am Beginn einer neuen Epoche, Weinheim et al. 1994, S. 17-28

TENORTH, Heinz-Elmar: Vielfalt pädagogischen Wissens und Formen seiner Einheit. Eine Erinnerung an Bekanntes, in: HEYTING, Frieda/ DERS. (Hrsg.): Pädagogik und Pluralismus. Deutsche und niederländische Erfahrungen im Umgang mit Pluralität in Erziehung und Erziehungswissenschaft, Weinheim 1994, S. 51-64.

TENORTH, Heinz-Elmar: "Das Selbstverständnis der Erziehungswissenschaft in der Gegenwart". Wilhelm Flitners Bestimmungen des methodischen Charakters der "theoretischen Pädagogik", in: PEUKERT, Helmut/ SCHEUERL, Hans (Hrsg.): Ortsbestimmung der Erziehungswissenschaft. Wilhelm Flitner und die Frage nach einer allgemeine Erziehungswissenschaft im 20. Jahrhundert, Weinheim u.a. 1992, S. 85-107.

TENORTH, Heinz-Elmar: Paradoxa, Widersprüche und Aufklärungspädagogik. Versuch, die pädagogische Denkform vor ihren Kritikern zu bewahren, in: Zeitschrift für Pädagogik, 44. Jg., Beiheft 28, 1992, S. 117-134.

TENORTH, Heinz-Elmar: Laute Klage, stiller Sieg. Über die Unaufhaltsamkeit der Pädagogik in der Moderne, in: Zeitschrift für Pädagogik, Beiheft 29, 1992a, S. 129-139.

TENORTH, Heinz-Elmar: Vermessung der Erziehungswissenschaft, in: Zeitschrift für Pädagogik, Jg. 36, 1990c, 15-27.

TENORTH, Heinz-Elmar: Verwissenschaftlichung Pädagogischer Rationalität – Über die Möglichkeiten eines gescheiterten Programms, in ALISCH, Lutz-Michael/ BAUMERT, Jürgen/ BECK, Klaus (Hrsg.): Professionswissen und Professionalisierung, Braunschweig 1990a. S. 271-290.

TENORTH, Heinz-Elmar: Profession und Disziplin. Bemerkungen über die krisenhafte Beziehung zwischen pädagogischer Arbeit und Erziehungswissenschaft, in: DRERUP, Heiner/Terhart, Ewald (Hrsg.): Erkenntnis und Gestaltung. Vom Nutzen erziehungswissenschaftlicher Forschung in praktischen Verwendungskontexten, Weinheim 1990, S. 81-97.

TENORTH, Heinz-Elmar: Geschichte der Erziehung - Einführung in die Grundzüge ihrer neuzeitlichen Entwicklung, Weinheim/München 1988.

TENORTH, Heinz-Elmar: Transformation der Pädagogik. 25 Jahre Erziehungswissenschaft in der "Zeitschrift für Pädagogik", in: Zeitschrift für Pädagogik, Jg. 32, 1986, S. 21-85.

TENORTH, Heinz-Elmar: Berufsethik, Kategorialanalyse, Methodenreflexion. Zum historischen Wandel des "Allgemeinen" in der wissenschaftlichen Pädagogik, in: Zeitschrift für Pädagogik, Jg. 30, 1984, S. 49-68.

TENORTH, Heinz-Elmar: Die Krisen der Theoretiker sind nicht die Krisen der Theorie, in: Zeitschrift für Pädagogik, Jg. 29, 1983, S. 347-358.

TERHART, Ewald: Sprache der Erziehungswissenschaft. Eine Einführung in den Thementeil, in: Zeitschrift für Pädagogik, Jg. 45, 1999, S. 155-159.

TERHART, Ewald: Pädagogisches Wissen. Überlegungen zu seiner Vielfalt, Fiktion und sprachliche Form am Beispiel des Lehrerwissens, in: OELKERS, Jürgen/ TENORTH, Heinz-Elmar (Hrsg.): Pädagogisches Wissen, Weinheim u.a. 1993, S. 129-141.

TERHART, Ewald: Reden über Erziehung. Umgangssprache, Berufssprache, Wissenschaftssprache, in: Neue Sammlung, Jg. 32, 1992, S. 195-214.

TERHART, Ewald: Pädagogisches Wissen in subjektiven Theorien: das Beispiel Lehrer, in: DRERUP, Heiner/ DERS. (Hrsg.): Erkenntnis und Gestaltung: vom Nutzen erziehungswissenschaftlicher Forschung in praktischen Verwendungskontexten, Weinheim 1990, S. 117-134.

TADDEN; Rudolf von: Aufbau nationaler Identität. Deutschland und Frankreich im Vergleich, in: GIESEN, Bernard/EISENSTADT Shmuel Noah (Hrsg.): Nationale und kulturelle Identität. Studien zur Entwicklung des kollektiven Bewusstseins in der Neuzeit, Franfurt a.M. 1991, S.493-510.

TIBI, Bassam: Im Schatten Allahs. Der Islam und die Menschenrechte, 2. Aufl., München/Zürich 1994.

TROELTSCH, Ernst: Aufsätze zur Geistesgeschichte und Religionssoziologie, in: Gesammelte Schriften, Bd. 4, Tübingen 1925 (zuerst 1913).

TROMMSDORFF, Gisela (Hrsg.): Sozialisation im Kulturvergleich. Der Mensch als soziales und personales Wesen, Bd. 10, Stuttgart 1989.

TÖNNIES, Ferdinand: Gemeinschaft und Gesellschaft. Grundbegriffe der reinen Soziologie, 2., unveränderte Aufl., Darmstadt 1988 (zuerst 1935).

TOULMIN, Stefan E.: Der Gebrauch von Argumenten, 2. Aufl., Weinheim 1996.

TOYNBEE, Arnold J.: Studie zur Weltgeschichte: Wachstum und Zerfall der Zivilisationen, 3. Auflage, Hamburg 1952.

TREIBEL, Annette: Migration in modernen Gesellschaften. Soziale Folgen von Einwanderung und Gastarbeit, Weinheim 1990.

TUGENDHAT, Ernst: Vorlesungen über Ethik, 2. Aufl., Frankfurt am Main 1993.

TUGENDHAT, Ernst: Philosophische Aufsätze, Frankfurt am Main 1992.

TUGENDHAT, Ernst: Die Hilflosigkeit der Philosophie angesichts der moralischen Herausforderungen unserer Zeit, in: Information Philosophie, 1990, S. 5-15.

TWELLMANN, Walter (Hrsg.): Handbuch Schule und Unterricht, 14 Bände, Düsseldorf 1981-1986.

UHLE, Reinhard: Das Allgemeine als Spezialthema, in: HOFFMANN, Dietrich/ NEUMANN, Karl (Hrsg.): Die gegenwärtige Struktur der Erziehungswissenschaft. Zum Selbstverständnis einer undisziplinierten Disziplin, Weinheim 1998, S. 105-147.

UHLE, Reinhard: Individualität oder Sozialerziehung. Zur Ambivalenz von Autonomie und Re-Vergemeinschaftung, Bad Heilbrunn 1995.

UHLE, Reinhard/ Hoffmann, Dietrich: Pluralitätsverarbeitung in der Pädagogik – Unübersichtlichkeit als Wissenschaftsprinzip?, Weinheim 1994.

VIERHAUS. Rudolf: Bildung, in: BRUNNER, Otto/CONZE, Werner/ KOSELLEK, Reinhart: Geschichtliche Grundbegriffe, Stuttgart 1972, S. 508-551.

VOGEL, Peter: Stichwort: Allgemeine Pädagogik, in: Zeitschrift für Erziehungswissenschaft, Jg. 1, 1998a, S. 157-180.

VOGEL, Peter: Vorschlag für ein Modell erziehungswissenschaftlicher Wissensformen, in: BORELLI, Michele/ RUHLOFF, Jörg (Hrsg.): Deutsche Gegenwartspädagogik, Bd. 3, Baltmannsweiler 1998b, S. 173-185.

VOGEL, Peter: Scheinprobleme in der Erziehungswissenschaft: Das Verhältnis von "Erziehung" und "Sozialisation", in: Zeitschrift für Pädagogik, Jg. 42, 1996, S. 481-490.

VOGEL, Peter: System – die Antwort der Bildungsphilosophie?, in: Zeitschrift für Pädagogik, 27. Beiheft, 1991, S. 333-345.

VOGEL, Peter: Von Umfang und Grenzen der Lernfähigkeit empirisch-analytischer und systematischer Pädagogik, in: HOFFMANN, Dietrich (Hrsg.): Bilanz der Paradigmendiskussion in der Erziehungswissenschaft, Weinheim 1991, S. 17-30.

VOGEL, Peter: Kausalität und Freiheit in der Pädagogik. Studien im Anschluß an die Freiheitsantinomie bei Kant, Frankfurt am Main u.a. 1990.

VOGEL, Peter: Zur Rekonstruktion pädagogischer Wissensformen, in: ZEDLE, P./KÖNIG, E. (Hrsg.): Rekonstruktion pädagogischer Wissenschaftsgeschichte, Weinheim 1989, S. 429-445).

VOGEL, Peter: Zum Zusammenhang pädagogischer Wissensformen, in: Vierteljahrsschrift für wissenschaftliche Pädagogik, Jg. 32, 1986, S. 472-486.

VOSSENKUHL, Wilhelm: Jenseits des Vertrauen und Fremden, in: MARQUARD, Odo (Hrsg.): Einheit und Vielheit, XIV Dt. Kongress für Philosophie, Hamburg 1990, S. 101-113.

WALLENSTEIN, Immanuel Maurice: The capitalist world-economy. Essays by Immanuel Wallerstein, Cambridge 1993.

WALZER, Michael: Über Toleranz. Von der Zivilisierung der Differenz, hrsg. von Otto KALLSCHEUER, Hamburg 1998.

WEBER, Max: Wissenschaft als Beruf, in: DERS. (Hrsg.): Gesammelte Aufsätze zur Wissenschaftslehre, 7. Aufl., Tübingen 1988, S. 582-613.

WEBER, Max: Die ‚Objektivität' sozialwissenschaftlicher und sozialpolitischer Erkenntnis, in: DERS.: Gesammelte Aufsätze zur Wissenschaftslehre, hrsg. von WINCKELMANN, Johannes, 4. erneut durchges. Aufl., Tübingen 1973a, S. 146-214.

WEBER, Max: Über einige Kategorien der verstehenden Soziologie, in: DERS.: Gesammelte Aufsätze zur Wissenschaftslehre, hrsg. von Johannes WINCKELMANN, 4. Aufl., Tübingen 1973b, S. 427-474.

WEBER, Max: Der Beruf zur Politik, in: DERS.: Soziologie –Universalgeschichtliche Analysen – Politik, hrsg. Von Johannes Winckelmann, 5. Aufl., Stuttgart 1973c, S. 167-185.

WEBER, Max: Ethnische Gemeinschaftsbeziehungen, in: DERS.: Wirtschaft und Gesellschaft. Grundriß der verstehenden Soziologie, 5. rev. Aufl., besorgt von Johannes WINCKELMANN, Tübingen 1972 (zuerst 1922), S. 234-240.

WEHLER, Hans-Ulrich: Nationalismus als fremdenfeindliche Integrationsideologie, in: HEITMEYER, Wilhelm (Hrsg.): Das Gewalt-Dilemma, Frankfurt am Main 1994, S. 73-111.

WEHLER, Hans-Ulrich: Deutsches Bildungsbürgertum in vergleichender Perspektive – Elemente eines "Sonderweges"?, in: KOCKA, Jürgen (Hrsg.): Bürgertum im 19. Jahrhundert. Deutschland im europäischen Vergleich, Bd. 4, Stuttgart 1989, S. 215-237.

WEINERT, Franz E.: Psychologie der Erwachsenenbildung, Göttingen 1997.

WEINERT, Franz E.: Psychologie des Lernens und der Instruktion, Göttingen 1996.

WEIß, Johannes: Die zweite Moderne, in: Soziologische Revue, Jg. 21, 1998, S. 415-426.

WELSCH, Wolfgang: Unsere postmoderne Moderne, 5. Aufl., Berlin 1997.
WELSCH, Wolfgang: Vernunft. Die zeitgenössische Vernunftkritik und das Konzept der transversalen Vernunft, Frankfurt am Main 1996.
WELSCH, Wolfgang: Eurozentrismus oder Universalität? Über die Menschenrechte und die Gefahr einer rechtstheoretischen Kolonialisierung, in: Frankfurter Rundschau, 3. September 1996, S. 10.
WELSCH, Wolfgang: Einleitung, in: DERS. (Hrsg.): Wege aus der Moderne. Schlüsseltexte der Postmoderne-Diskussion, 2. Aufl., Berlin 1994, S. 1-43.
WELSCH, Wolfgang: Subjektsein heute, Überlegungen zur Transformation des Subjekts, in: Deutsche Zeitschrift für Philosophie, Jg. 39, 1991, S. 347-365.
WENDEL, Hans Jürgen: Moderner Relativismus. Zur Kritik antirealistischer Sichtweisen des Erkenntnisproblems, Tübingen 1990.
WENIGER, Erich: Zur Geistesgeschichte und Soziologie der pädagogischen Fragestellung, in: RÖHRS, Hermann (Hrsg.): Erziehungswissenschaft und Erziehungswirklichkeit, 2. Aufl., Frankfurt am Main 1967, S. 346-362.
WENIGER, Erich: Theorie und Praxis in der Erziehung, in: DERS. (Hrsg.): Die Eigenständigkeit der Erziehung in Theorie und Praxis. Probleme der akademischen Lehrerbildung, Weinheim (o.J.) [1952] (zuerst 1929), S. 7-22.
WIGGER, Lothar: Pädagogik und Ethik. Themen und Referenzen im allgemeinpädagogischen Zeitschriftendiskurs, in: STROß, Annette M./ THIEL, Felicitas (Hrsg.): Erziehungswissenschaft, Nachbardisziplinen und Öffentlichkeit. Themenfelder und Themenrezeption der allgemeinen Pädagogik in den achtziger und neunziger Jahren, Weinheim 1998, S. 193-211.
WIGGER, Lothar: Die aktuelle Kontroverse um die Allgemeine Pädagogik. Eine Auseinandersetzung mit ihren Kritikern, in: Zeitschrift für Pädagogik, Jg. 42, 1996, S. 915-931.
WIGGER, Lothar: Theorie des pädagogischen Argumentierens, Bielefeld (Habilitationsschrift) 1995.
WIGGER, Lothar: Die praktische Irrelevanz pädagogischer Ethik. Einige Reflexionen über Grenzen, Defizite und Paradoxien pädagogischer Ethik und Moral, in: Zeitschrift für Pädagogik, Jg. 36, 1990, S. 309-330.
WILLMANN, Otto: Arbeiten aus den Jahren 1882-1901. Sämtliche Werke, Bd. 7, Aalen 1982.
WIMMER, Andreas: Interethnische Konflikte. Ein Beitrag zur Integration aktueller Forschungsansätze, in: Kölner Zeitschrift für Soziologie und Sozialpsychologie, Jg. 47, 1995, S. 464-493.
WIMMER, Klaus-Michael: Von der Identität als Norm zur Ethik der Differenz. Das Verhältnis zum Anderen als zentrales Problem einer pädagogischen Ethik, in: MEYER-DRAWE, Käte/ PEUKERT, Helmut/ RUHLOFF, Jörg (Hrsg.): Pädagogik und Ethik. Beiträge zu einer zweiten Reflexion, 2. Aufl., Weinheim 1996, S. 151-180.
WIMMER, Michael: Fremde, in: WULF, Christoph (Hrsg.): Vom Menschen. Handbuch Historische Anthropologie, Weinheim u.a. 1997, S. 1066-1078.

WIMMER, Michael: Zerfall des Allgemeinen – Wiederkehr des Singulären. Pädagogische Professionalität und Wert des Wissens, in: COMBE, Arno/ HELSPER, Werner (Hrsg.), Pädagogische Professionalität. Untersuchungen zum Typus pädagogischen Handelns, Frankfurt am Main 1996, S. 404-447.

WINCH, Peter: Versuchen zu verstehen. Frankfurt am Main 1992.

WINKLER, Heinrich A.: Der Nationalismus und seine Funktionen, in: DERS. (Hrsg.) Nationalismus, 2. Aufl., Königstein/Ts. 1985.

WINKLER, Michael: Maria und die positive Haltung – auch ein Zugang zur Allgemeinen Pädagogik, in: BRINKMANN, Wilhelm/ PETERSEN, Jörg (Hrsg.): Theorien und Modelle der Allgemeinen Pädagogik, Donauwörth 1998, S. 55-86.

WINKLER, Michael: Die Glosse als systematische Darstellungsform – ein Replik, in: Zeitschrift für Pädagogik, Jg. 42, 1996, S. 905-913.

WINKLER, Michael: Wo bleibt das Allgemeine? Vom Aufstieg der allgemeinen Pädagogik zum Fall der Allgemeinen Pädagogik, in: KRÜGER, Heinz-Hermann/ RAUSCHENBACH, Thomas (Hrsg.): Erziehungswissenschaft: die Disziplin am Beginn einer neuen Epoche, Weinheim et al. 1994, S. 93-14.

WOHLRAPP, Harald (Hrsg.): Wege der Argumentationsforschung, Stuttgart Bad Cannstatt 1995.

WOLFF, Kurt H.: Soziologie in der gefährdeten Welt. Zur Rehabilitierung des Individuums, Frankfurt am Main 1998.

WOLFF, Kurt H.: Karl Mannheim, in: KÄSLER, Dirk (Hrsg.): Klassiker des soziologischen Denkens, Bd. 2, München 1978, S. 286-387.

WULF, Christoph: Bildung als interkulturelle Aufgabe, in: BORELLI, Michele/ RUHLOFF, Jörg (Hrsg.): Deutsche Gegenwartspädagogik, Bd. 3, Baltmannsweiler 1998, S. 41-55.

WUNDERLICH, Dieter: Pro und Kontra, in: Zeitschrift für Literaturwissenschaft und Linguistik, Jg. 38/39, 1980, S. 109-128.

ZABECK, Jürgen: Die Berufs- und Wirtschaftspädagogik als erziehungswissenschaftliche Teildisziplin, in: HOFFMANN, Dietrich/ NEUMANN, Karl (Hrsg.): Die gegenwärtige Struktur der Erziehungswissenschaft. Zum Selbstverständnis einer undisziplinierten Disziplin, Weinheim 1998, S. 171-185.

ZABECK, Jürgen: Paradigmenpluralismus als wissenschaftstheoretisches Programm – Ein Beitrag zur Überwindung der Krise der Erziehungswissenschaft, in: DERS.: Die Berufs- und Wirtschaftspädagogik als erziehungswissenschaftliche Teildisziplin, Baltmannsweiler 1992 (zuerst 1978), S. 101-125.

ZABECK, Jürgen: Zur Stellung der Berufs- und Wirtschaftspädagogik in der Erziehungswissenschaft. Zugleich ein Aufriß der semiotischen Struktur der Pädagogik, in: DERS.: Die Berufs- und Wirtschaftspädagogik als erzie-

hungswissenschaftliche Teildisziplin, Baltmannsweiler 1992 (zuerst 1965), S. 9-34.
ZDARZIL, Herbert: Zum Menschenbild J.G. Herders, in: MENZE, Clemens/BUNK, Gerhard P./OFENBACH; Birgit (Hrsg.): Menschenbilder. Festschrift für Rudolf Lassahn, Frankfurt am Main 1993, S. 125-137.
ZECHA, Gerhard: Viele Ethiken und keine Moral. Zur Problematik des wissenschaftlichen Wertrelativismus, in: WEINGARTNER, Paul (Hrsg.): Die eine Ethik in der pluralistischen Gesellschaft, Innsbruck/ Wien 1987, S. 157-182.
ZEITSCHRIFT FÜR PÄDAGOGIK, Jg. 36, Heft 1, 1990.
ZEITSCHRIFT FÜR Erziehungswissenschaft; Jg.1, Heft 2, 1998.

GRUNDFRAGEN DER PÄDAGOGIK
Studien - Texte - Entwürfe

Herausgegeben von Prof. Dr. Jürgen Rekus

Band 1 Christian Langer: Medien und Pädagogik. Zur Legitimation von Medienpädagogik auf prinzipienwissenschaftlicher Grundlage. 2002.

Band 2 Stefan Gönnheimer: Schule und Verantwortung. Zur Bedeutung einer ethischen Kategorie in Erziehung und Unterricht. 2002.

Band 3 Albert Berger: Bildung und Ganzheit. Normkritisch-skeptische und prinzipienwissenschaftliche Untersuchung zur Einheit von Unterricht und Erziehung. 2002.

Band 4 Christopher Korn: Bildung und Disziplin. Problemgeschichtlich-systematische Untersuchung zum Begriff der Disziplin in Erziehung und Unterricht. 2003.

Band 5 Volker Ladenthin: Zukunft und Bildung. Entwürfe und Kritiken. 2004.

Band 6 Henriette Lägeler: Interesse und Bildung: Bildungstheoretische und -praxisbezogene Überlegungen zu einem pädagogischen Grundverhältnis. 2005.

Band 7 Henrik Westermann: Prinzip und Skepsis als Grundbegriffe der Pädagogik. 2005.

Band 8 Stephan Chmielus: Ökonomie, Moral und Bildung. Zur Möglichkeit bildender Vermittlung ökonomischen Wissens in der Schule. 2006.

Band 9 Walter Jungmann: Gibt es moralisches Wissen? Zum Konstituierungsproblem der Erziehungswissenschaft unter den Bedingungen des ‚postmodernen' Pluralismus. 2007.

www.peterlang.de

FSC
www.fsc.org
MIX
Papier | Fördert
gute Waldnutzung
FSC® C083411

Kolibri 360 GmbH
Ferdinand-Jühlke-Straße 7
99095 Erfurt, Deutschland
produktsicherheit@kolibri360.de

Druck:
CPI Druckdienstleistungen GmbH
im Auftrag der
Kolibri 360 GmbH
Ferdinand-Jühlke-Str. 7
99095 Erfurt